Stephen Yale-Loehr, Mike Meier

Arbeiten, Leben, Studieren in den USA

Ausgabe 2000/2001

 # Pressestimmen:

„[...]eine profunde Ausgangsplattform nicht nur für Leute, die sich grob informieren wollen, sondern[...]eine Fundgrube für Kandidaten mit ernsthaften Absichten."

*Süddeutsche Zeitung*

„Ratgeber[...]nach amerikanischer Art: umfassend, fachlich präzise und angefüllt mit praktischen Tips. [...]Vorschläge für Bewerbungsschreiben werden ebenso veröffentlicht wie regelrechte Insider-Informationen zum Anmieten oder Kauf einer Wohnung. Besonders gut lesen sich die persönlichen Erfahrungsberichte von Studenten oder Green-Card-Gewinnern."

*Business USA*

„ [...] eine fundierte Orientierung und Handlungsanleitung für die Vorbereitung eines Aufenthalts in den Vereinigten Staaten. Sei es, dass man eine Arbeitsstelle sucht, eine Aufenthaltsgenehmigung oder eine Green Card zur Einwanderung zu beantragen beabsichtigt oder ein Studium an einer Top-Universität aufnehmen möchte – für alle Zwecke hält das Buch eine große Palette an Vorschlägen und Hinweisen parat.

*Zeitschrift für Kulturaustausch*

„Ratgeber" klingt trocken. Wer den Wälzer der beiden Einwanderungsexperten Stephen Yale-Loehr und Mike Meier zur Hand nimmt, findet jedoch einen leicht geschriebenen und klar strukturierten Wegweiser vor, der von der ersten bis zur letzten Seite auf Service setzt. [...] „eine Pfadfinderbibel", die den direkten Weg in die USA weist sowohl für Tellerwäscher als auch für Geschäftsleute.

*General-Anzeiger Bonn*

„Ein Muss für alle USA-Interessierten."

*DUZ. Das unabhängige Hochschulmagazin.*

„[...] darin ist alles Wissenswerte über Arbeitssuche, Visa-Recht, Immobilienmarkt, Studium, Praktikum Einwanderung  – inklusive ausgefallener Wege, eine Green Card zu erlangen – aufgelistet. Das Buch ist fachlich präzise geschrieben und angefüllt mit praktischen Ratschlägen sowie Hunderten nützlicher Adressen. Auch wer es geschafft hat, profitiert noch von den Insider-Tips zum American Way of Life. Ein richtig dickes Ding – im positiven Sinne.

*Heilbronner Stimme*

„Der Wälzer ist eine informative Neuerscheinung und gibt nicht nur Einwanderungs-Tips für Festentschlossene, sondern ist auch eine wunderbare Fundgrube über den amerikanischen Alltag."

*Oskar's. Das deutsch-amerikanische Jugendmagazin*

Liebe Leserin, lieber Leser,

## Wir möchten von Ihnen hören: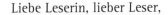

Wir sind stets bemüht, Ihnen aktuellste Informationen zu liefern, um Ihnen Wege in die USA zu zeigen und diese zu ebnen. Aber natürlich macht jeder individuelle Erfahrungen. Wir sind immer daran interessiert, wie es Ihnen bei der Jobsuche, beim Auswandern, bei Ihrem Praktikum, Studium oder dem, was Sie sonst noch in die USA gezogen hat, ergangen ist. Schreiben Sie uns, natürlich sind auch Kritik und Anregungen immer willkommen und werden in der nächsten Ausgabe berücksichtigt. Wir veröffentlichen gerne Ihren Erfahrungsbericht.

Viel Glück in den USA,

Ihr TIA Verlag

**TIA** TIA Verlag • Hans-Böckler-Str. 19 • 53225 Bonn

Tel.: 0228-9735-120

Fax: 0228-9735-190

Email: TIAverlag@aol.com und TIAservice@aol.com

Internet: http://www.thisisamerica.de

# Die Autoren

## Mike Meier, J.D., LL.M., Herausgeber von *Arbeiten, Leben, Studieren in den USA*

Mike Meier, J.D. LL.M, Jahrgang 1964, studierte ursprünglich in Berlin, wechselte dann in die USA und studierte dort in Washington D.C. an der *University of Georgetown*. Als Juris Doctor und Master of Laws ist er zugelassener Anwalt in Washington D.C. und New York. Gegenwärtig ist er als Anwalt für Einwanderungsrecht bei AIS, Inc. in Maryland tätig und arbeitet mit TIA zusammen, um Investoren die Einwanderung zu ermöglichen. Mike Meier veröffentlichte zahlreiche Artikel zu den Themen Einwanderungsrecht und internationales Umweltrecht in Fachpublikationen wie beispielsweise dem *Colorado Journal of International Environmental Law & Policy* und dem *Yearbook of International Environment Law*. Zusammen mit Professor John Schmertz ist er Herausgeber des *International Law Update*, einem monatlich erscheinenden Bericht über die Entwicklungen im Völkerrecht. Mike Meier, selbst deutscher Auswanderer, ist mit der Auswanderungsproblematik in all ihren Facetten, rechtlichen und persönlichen, aus eigener Erfahrung vertraut. In *Arbeiten, Leben, Studieren in den USA* schreibt Mike Meier über die Einwanderung durch Investition. Im TIA Verlag hat Mike Meier zudem „Business Chance USA" veröffentlicht.

## Professor Stephen Yale-Loehr, J.D., Herausgeber von *Arbeiten, Leben, Studieren in den USA*

Stephen W. Yale-Loehr ist in den USA ein angesehener und national geachteter Rechtsexperte für US-amerikanisches Einwanderungsgesetz. Er ist Mitautor der 12bändigen, führenden wissenschaftlichen Abhandlung über Einwanderungsgesetze *Immigration Law and Procedure*, die bei Matthew Bender & Company veröffentlicht wird. Stephen Yale-Loehr unterrichtet Einwanderungsrecht an der renommierten

Cornell Law School, New York und ist als beratender Anwalt für Einwanderungsrecht in der Kanzlei True, Walsh & Miller in Ithaca, New York, tätig. 1994 und 1995 war Stephen Yale-Loehr *Senior Associate* für die *Carnegie Endowment for International Peace* in Washington D.C. und für Fragen der Einwanderungsgesetzgebung zuständig. Bis 1994 war er Mitherausgeber der *Interpreter Releases* und Herausgeber der *Immigration Briefings*, beides führende Newsletter zur Einwanderungsgesetzgebung, die von Federal Publications, Inc. veröffentlicht werden. In *Arbeiten, Leben, Studieren in den USA* gibt Stephen Yale-Loehr einen Überblick über das US-Einwanderungsrecht.

## Axel Baumann

Axel Baumann ist selbst glücklicher Green Card Gewinner 1997 und so aus eigener Erfahrung mit allen Fragen, die die Auswanderung betreffen, bestens vertraut. Sein Interesse galt schon immer dem amerikanischen Kontinent, sowohl Nord- als auch Südamerika.1996 kam er als Kundenbetreuer zu TIA. Seit 1998 leitet Herr Baumann die TIA-Gewinnerseminare. Mit diesem Jahr übernahm Herr Baumann die gesamte TIA-Service Abteilung, welche Gewinner bei allen Fragen der Auswanderung betreut, Fachseminare zu Recht- und Steuerfragen durchführt und einen umfangreichen Übersetzungs- und Jobbewerbungsservice unter sich faßt.

## Jessica Bellinder

Jessica Bellinder studiert im zweiten Jahr an der New York University Law School. Ihr schwerpunktmäßiges Interesse gilt der Einwanderungsgesetzgebung. 1994 beendete sie die Cornell Universität Phi Beta Kappa.

## Victoria Berg

Victoria Berg, Historikerin, ist Jahrgang 1969. Sie studierte Geschichte, Politik, Französisch und Kunstgeschichte in Berlin und Bonn. Längere Reisen führten sie unter anderem nach Paris und in verschiedene Gegenden der USA. Nach Beendigung ihres Studiums war sie redaktionell für das Von-der-Heydt Museum in Wuppertal tätig. Nach einer Tätigkeit für eine WDR-Fernsehsendung in Köln, ist Frau Berg seit seit 1998 leitende Redakteurin der im TIA Verlag vierteljährlich erscheinenden Zeitung „This is America".

## Jan Frederichs

Jan Frederichs ist Jahrgang 66. Er studierte Rechtswissenschaften in Bonn und absolvierte sein Referendariat in Aachen. Schon während seines Studiums befaßte er sich intensiv mit dem amerikanischen Einwanderungsrecht. Seit Anfang 1997 ist er als Rechtsanwalt in Bonn niedergelassen und hat sich auf das amerikanische Einwanderungsrecht spezialisiert. Herr Frederichs ist staatlich zugelassener Auswandererberater für die USA.

## Judith Geisler

Judith Maria Geisler, Jahrgang 1973, ist Kunsthistorikerin mit dem Spezialgebiet amerikanische Kunst. In diesem Jahr wurde sie ebenfalls stolze Green-Card-Gewinnerin. Frau Geisler hat schon zahlreiche Studienreisen in die USA unternommen und ist besonders mit der Kunstszene an der Ostküste bestens vertraut. Sie arbeitete drei Jahre als Kundenberaterin bei TIA. Während dieser Zeit beriet sie Kunden, die sich für die Einwanderung durch Investition (Investor Visum) interessieren. Zur Zeit ist sie nur noch freiberuflich journalistisch tätig und arbeitet in einer Kölner Galerie.

## Kai Martell

Kai Martell, Jahrgang 1968, studierte Betriebswirtschaft und Rechtswissenschaften in Göttingen und Bonn. Nach längeren Aufenthalten in Kanada verbrachte er mehrere Jahre in den USA, wo er unter anderem in den Kanzleien von Einwanderungsanwälten in Los Angeles und San Francisco arbeitete und anschließend als Leiter einer deutsch-amerikanischen Groß- und Außenhandelsfirma tätig war. Von den Aufenthalten in Los Angeles, San Francisco und New York inspiriert, gründete er 1994 die Firma *This is America* (TIA) in Bonn. Selbst begeistert von Amerika baute er eine Firma auf, die besonders ein amerikanisches Prinzip beherzigt: Service.

TIA besteht mittlerweile aus verschiedenen Firmen, die verschiedene Leistungen anbieten, welche das umfangreichste USA- Dienstleistungsangebot darstellt, was wir kennen. TIA bietet neben den Dienstleistungen rund um die Green Card Lotterie und ausführlicher Beratung zum Thema „Arbeiten und Leben in den USA" die Betreuung eines Programms zur Einwanderung durch Investition. TIA Services bietet einen Jobbewerbungs-Service, führt Übersetzungen von Dokumenten durch, die vom Generalkonsulat anerkannt sind und richtet anerkannte Gewinnerseminare aus. Dazu kommen noch USA-Fachseminare zu Rechts- und Steuerfragen.

Der TIA Verlag veröffentlicht neben einer USA-Sachbuchreihe das Magazin „this is america" für Amerika-Begeisterte und unterhält einen Buchversand für amerikanische Ratgeber. Der TIA-Travel-Service ist ein Reiseunternehmen, das sich besonders auf Reisen und Weiterbildungen in den USA spezialisiert hat.


Holger Miß

Holger Miß, Jahrgang 1972, ist Jurist. Er betätigt sich zudem als freier Journalist in Bonn. Sein Interesse gilt privat den USA. Für vorliegendes Buch hat er umfangreiche Recherchen zum Thema Immobilien in den USA unternommen.


Ferit Özdemir

Ferit Özdemir ist EDV Experte und seit 1996 für TIA auch als Kundenberater tätig. Aus persönlicher Erfahrung mit der Migrationsproblematik vertraut - er selbst spielt mit dem Gedanken auszuwandern - hat er sich ausgiebig mit den praktischen Fragen beschäftigt, die sich Auswanderungswilligen immer wieder bei der Planung stellen.

Julia Stein

Julia Stein, Jahrgang 1969, zog es schon als Schülerin an eine High school in den USA. Anschließend studierte sie an den amerikanischen Universitäten Berkeley, Wesleyan und Stanford und erhielt 1992 einen B.A. mit dem Schwerpunkt Literatur, später absolvierte sie ein Philosophiestudium in Bonn und Paris. Frau Stein absolvierte mehrere Praktika in den USA, unter anderem bei den Vereinten Nationen in New York. 1998 kam Sie zu TIA, um den TIA Verlag aufzubauen, deren Leiterin und Geschäftsführerin sie ist. Julia Stein ist Mitherausgeberin des Magazins *this is america*.

Mike Meier und Stephen Yale-Loehr (Hrsg.)

# Arbeiten, Leben, Studieren in den USA

## 2000/2001 Ausgabe

Einwanderungsexperten,

die zeigen, wie es wirklich geht

Machen Sie Ihren USA-Traum wahr!

Arbeiten,

Leben,

Einwandern,

Studieren,

Immobilien,

Praktikum

Die deutsche Bibliothek – CIP Einheitsaufnahme

Arbeiten, Leben, Studieren in den USA, hg. v. Mike Meier und Stephen Yale-Loehr

2. überarbeitete Auflage, Bonn, TIA Verlags GmbH 1999

ISBN 3-933155-096 (Erstausgabe ISBN 3-933155-00-2).

TIA▬▬

© 1999 und 1998 by TIA Verlags GmbH, Hans-Böckler-Str. 19, 53225 Bonn. Tel.: 0228-9735-120, Fax: 0228-9735-190, Email: tiaverlag@aol.com

## ACHTUNG

Dieses Buch enthält keine rechtlichen Ratschläge. Es ist kein Ersatz für professionellen rechtlichen Rat. Haftung für etwaige Personen-, Sach- und Vermögensschäden ist in jeder Beziehung ausgeschlossen.

Die Informationen in diesem Buch sind sorgfältig überprüft worden und es ist beabsichtigt, aktuelle und genaue Informationen zu den einzelnen Themen bereitzustellen. Das Buch kann aber keine rechtlichen oder andere professionellen Ratschläge geben. Bevor Sie sich auf die Informationen in diesem Buch verlassen, sollten Sie professionellen Rat, zum Beispiel von einem Rechtsanwalt, einholen.

Layout: Michael Paduch, Julia Stein, Tom Stahlhut

Lektorinnen: Feray B. Kurt, Dagmar Giersberg

Printed in Germany, ISBN 3-933155-09-6

# Icons

Wir wollen es Ihnen so leicht wie möglich machen. Zur besseren Übersicht benutzen wir Bilder, die es Ihnen ermöglichen, mit einem Blick die wichtigsten Informationen zu finden.

Die Informationen neben diesem Icon können Ihnen Zeit, Geld und überflüssige Arbeit sparen.

Die Hinweise an diesem Icon sollten Sie immer im Hinterkopf behalten.

Wenn Sie dieses Icon sehen, finden Sie weiterführende Literatur.

Ihnen sollte ein Licht aufgehen, wenn Sie dieses Icon sehen, hier finden Sie nützliche Definitionen.

Die Erfahrungen anderer sind oft eine hilfreiche Quelle für Informationen. Erfahrungsberichte finden Sie hier.

Adressen finden Sie im Adressenteil am Ende des Buches, aber einige erschienen uns wichtig genug, schon vorher aufgeführt zu werden.

Im World Wide Web gibt es viel zum Thema USA, und die amerikanische Öffentlichkeit ist viel stärker vernetzt als die deutsche. Hilfreiche Adressen finden Sie bei diesem Icon.

# Inhaltsverzeichnis

# Einleitug

# Einleitung

*von Mike Meier*

**D**ie Medien, Erzählungen und vielleicht Ferienaufenthalte haben uns allen ein jeweils eigenes Amerika-Bild vermittelt, und wir haben uns aufgrund dieser Erfahrungen unsere Meinung gebildet. Wer sich überlegt, für einige Zeit in den USA zu leben, dort zu arbeiten, zu studieren, ein Praktikum zu absolvieren oder sich dort ein Haus zu kaufen, tut gut daran, sich seine Urteile über die amerikanische Gesellschaft nicht nach deutschen Maßstäben zu bilden. Gerade die Ähnlichkeiten zwischen den USA und dem westlichen Europa lassen uns manchmal die tiefgreifenden Unterschiede unterbewerten. Das mag bei einem Urlaub zwar auch einen Teil des Reizes ausmachen, wenn Sie aber überlegen, einige Monate, vielleicht Jahre, in den USA zu verbringen, ist es unbedingt empfehlenswert, sich auf die Andersartigkeiten Amerikas einzustellen, anstatt auf Ähnlichkeiten mit Europa zu hoffen. Mit der richtigen Vorbereitung können Sie Ihren Aufenthalt weitaus unbeschwerter genießen und verbauen sich keine Chancen durch falsches Verhalten.

TIA oder auch „This is Amerika" beantwortet seit mehreren Jahren die vielen Fragen von Personen, die an den USA interessiert sind - und der Bedarf an Informationen zu diesem Thema ist groß -, so daß ich mich entschlossen habe, auch einen Teil dazu beizutragen, den Weg zwischen den USA und Deutschland, den ich selber gegangen bin, zu ebnen und zusammen mit Professor Stephen Yale-Loehr und TIA durch diesen Ratgeber viele Probleme zu klären, die sich aus unserer gemeinsamen Erfahrung heraus immer wieder ergeben. In vorliegendem Ratgeber haben verschiedene Autoren alles Wissenswerte für diejenigen, die sich für die USA begeistern, zusammengetragen. Egal ob Sie dort leben, arbeiten, studieren, ein Praktikum absolvieren oder ein Haus kaufen möchten oder einfach nicht wissen, welches Visum Sie benötigen, wir haben für Sie aus jedem Bereich die *aktuellsten und wichtigsten* Informationen zusammengefaßt, um Ihnen Ihr individuelles Vorhaben zu erleichtern.

Um sich über einen längeren Zeitraum hinweg in den USA aufhalten zu können, benötigen Sie entweder eine Green Card, also die unbefristete Arbeits- und Aufenthaltsgenehmigung oder ein befristetes Visum. Wie und wo Sie solche Visa beantragen und wie Sie zum Besitzer einer Green Card werden können, kann ausführlich nachgelesen werden.

Ergänzend zu nützlichen und praktischen Tips zu einzelnen Bereichen können Sie interessante Berichte über die Geschichte der deutschen Einwanderung nachlesen und von den Erfahrungen von Auswanderern, Studenten und Praktikanten profitieren, die wir für Sie in Form von Erfahrungsberichten gesammelt haben.

## In den USA Arbeiten

Hier finden Sie alle nötigen Informationen über die Lage auf dem amerikanischen Arbeitsmarkt. Umfassende Beiträge über die Gestaltung Ihrer schriftlichen Bewerbung und nützliche Tips für das Bewerbungsgespräch können Ihnen konkret bei der Bewerbung auf dem amerikanischen Arbeitsmarkt helfen. Zahlreiche exemplarische Lebensläufe runden die Informationen zur Jobsuche ab.

## Einwanderung/Visa

Wenn Sie noch nicht in Besitz der Green Card, der unbefristeten Arbeits- und Aufenthaltsgenehmigung für die USA sind, erfahren Sie in drei Kapiteln, welche Schritte Sie unternehmen müssen, um eine solche Aufenthaltsgenehmigung zu bekommen.
Von der Green Card Lotterie bis zur Einwanderung durch Investition stellen wir Ihnen sämtliche Möglichkeiten, die Green Card zu erhalten, ausführlich vor, damit Sie genau wissen, welche Optionen auf die Green Card für Sie persönlich in Frage kommen.

Im Falle, daß Sie daran interessiert sind, lediglich ein befristetes Visum für die Vereinigten Staaten zu beantragen, werden Ihnen vorliegende Ausführungen ebenfalls weiterhelfen und es Ihnen erleichtern, sich in den Visakategorien zurechtzufinden. Alle Informationen wurden sorgfältig von einem Anwalt mit dem Spezialgebiet USA zusammengefaßt. Mit diesem Beitrag soll Ihnen das System der Visakategorien näher gebracht und der Umgang mit den amerikanischen Einwanderungsbehörden erleichtert werden.

Interessant ist für viele sicherlich der Sonderbeitrag über die amerikanischen Einwanderungsgesetze von Prof. Stephen Yale-Loehr, Experte auf dem Gebiet der Einwanderung, der aufschlußreiches Hintergrundwissen vermittelt.

## USA, Ihre neue Heimat

Wenn Sie bereits eine Aufenthaltsgenehmigung haben und Ihre Übersiedlung in die USA planen möchten, werden Ihnen unsere Tips rund um das Thema Umzug sicher und fachkundig weiterhelfen. Fragen, wie die nach dem für Sie geeignetsten Wohngebiet, werden ausführlich beantwortet. Darüber hinaus erfahren Sie, welche Aspekte Sie bei der Wahl Ihres zukünftigen Wohnortes beachten müssen oder wie Sie die richtige Schule für Ihre Kinder finden.

Des weiteren können Sie den Ausführungen entnehmen, wie Sie Ihren Umzug am besten und günstigsten organisieren, um möglichst problemlos in ihre neue Heimat überzusiedeln.

Zusätzlich bietet dieses Kapitel auch Angaben über die Themen Rentenversicherung, Steuerfragen und Sozialversicherung, die für jeden Auswanderer von großer Wichtigkeit sind.

Falls Sie sich dafür entschieden haben, in den USA eine Wohnung oder ein Haus zu erwerben oder dies in Erwägung ziehen, können Sie sich über die Eigenheiten des amerikanischen Immobilienmarktes informieren. Praktische Tips zum richtigen Umgang mit Wohnungsmaklern und zu günstigen Finanzierungsmöglichkeiten ergänzen die Ausführungen.

## Praktika

Etliche deutsche Studenten und Arbeitnehmer haben zwar nicht vor, in die USA auszuwandern, sind aber daran interessiert, in Amerika zusätzliche Berufserfahrungen zu sammeln, die für Bewerbungen auf dem deutschen Arbeitsmarkt von großem Vorteil sind.

Wir zeigen Ihnen, wie und wo Sie einen Praktikumsplatz finden, wie Sie die richtige Bewerbung verfassen und ein entsprechendes Visum beantragen können. Darüber hinaus stellen wir Ihnen Austauschprogramme vor, über die Sie studien- und berufsspezifische Erfahrungen sammeln können.

## Studium

Sie möchten in den USA zu studieren? Dann lesen Sie im umfangreichen Kapitel „Studieren in den USA" nach, worauf Sie bei der Wahl der Universität achten müssen, wie Sie sich dort bewerben und wie ein Studium an einer amerikanischen Hochschule aussieht und abläuft. Lassen Sie sich nicht von den hohen Studiengebühren abschrecken, denn wir zeigen Ihnen Finanzierungsmöglichkeiten auf, die Ihnen Ihr Wunschstudium in den USA ermöglichen können.

Darüber hinaus lernen Sie die an amerikanischen Universitäten angebotenen *Summer Sessions* kennen und werden mit den Möglichkeiten vertraut gemacht, die die dort abgehaltenen Kurse für Ihre Weiterbildung bieten.

Zusätzlich bietet Ihnen dieser Ratgeber im Anhang einen umfangreichen Adressenteil, Tips zur weiteren Informationssuche sowie etliche Literaturhinweise, die ein spezielles Gebiet vertiefend behandeln. Als besonderen Service bietet TIA Ihnen an, die amerikanische weiterführende Literatur, die für Sie von Interesse ist, direkt telefonisch bei TIA zu bestellen. Außerdem kann TIA Ihnen zu allen Themengebieten Fragen beantworten, rufen Sie TIA einfach an unter Tel.: 0228-97350.

# USA ist nicht gleich USA

## 1. Kapitel

# USA ist nicht gleich USA

*von Axel Baumann*

S eit mit Kolumbus die erste Kunde der Neuen Welt Europa erreichte, strömten Generationen von Auswanderern in das Land, von dem es von jeher heißt, daß die Möglichkeiten unbegrenzt seien. Voller Enthusiasmus, mit den unterschiedlichsten Wünschen, Motiven und Voraussetzungen ausgestattet, wagten sie den großen Schritt in eine neue, unbekannte Zukunft.

Stets hatte Amerika eine magische Anziehungskraft auf Menschen aus allen Teilen der Welt. Aus welchem Grund auch immer Auswanderungswillige Amerika zu ihrem Ziel machten, jeder einzelne von ihnen stand vor einer einfachen und doch so entscheidenden Frage.

## Wo werde ich leben?

In früheren Zeiten war es häufig eine Glückssache, mehr oder weniger durch Zufall in Regionen Amerikas zu gelangen, die den eigenen Wünschen ungefähr entsprachen. Diese Zeiten sind erfreulicherweise längst vorbei. Heutzutage hat der *American Way of Life* längst in Europa Einzug gehalten, und wir wissen sehr viel mehr über den Kontinent, der die ersten Mondfahrer, Disneyland und Microsoft hervorgebracht hat. Mittlerweile können wir genau planen, wo, wie und wie lange wir auf der anderen Seite des Großen Teichs bleiben wollen. Auswandern ist längst nicht mehr ein Schritt ohne Wiederkehr. Dieses Kapitel soll denjenigen Hilfestellung leisten, die sich entschieden haben, ihre Zukunft selbst in die Hand zu nehmen.

Die Unterschiede hinsichtlich Klima, Lebensstil und Lebenshaltungskosten sind teilweise von einer Größenordnung, die vergleichbar ist mit den Unterschieden der einzelnen Länder innerhalb Europas. Es ist daher sehr ratsam, sich genau zu überlegen, wie das Umfeld aussehen soll, in dem man einen Teil oder vielleicht sogar sein ganzes Leben verbringen möchte. Eine gute Planung verhindert eventuelle Enttäuschungen, die sich aus der Wahl des falschen Ortes ergeben können.

Grundsätzlich hat jeder seine eigene Vorstellung von einer goldenen Zukunft in dem Land, das heute noch Tellerwäscher zu Millionären macht. Es sind ganz individuelle Vorstellungen und Wünsche, die jeder einzelne mit seiner neuen Wahlheimat verbindet. Was dem einen gefällt, kann dem anderen zuwider sein, wo der eine sich wohl fühlt, ist der andere unglücklich. Den richtigen Ort zu finden ist eine spannende Aufgabe, deren Bewältigung viel Spaß machen kann.

## Was gilt es zu beachten?

Der Ort ihres ersten Wohnsitzes wird weitgehend davon abhängen, wo Sie arbeiten werden. Es kann am Anfang sehr hilfreich sein, nicht sofort das gesamte Hab und Gut mitzunehmen, sondern sich zunächst provisorisch einzurichten. Veränderungen, die sich vielleicht erst vor Ort ergeben, können Sie so besser begegnen.

Je nachdem, aus welchen Gründen Sie sich entschieden haben, die Vereinigten Staaten von Amerika zu Ihrer neuen Heimat zu machen, gibt es verschiedene Kriterien, die Sie beachten sollten.

Wollen Sie in einer neuen Umgebung Ihren Ruhestand genießen, werden für Sie andere Dinge wichtig sein, als wenn Sie sich langfristig eine neue Existenz aufbauen wollen.

**Faktoren für die Wohnortwahl**

Ein kurzer Weg zur Arbeit, zur Schule und zu den wichtigsten Einrichtungen, wie Verwaltungsstellen und Einkaufszentren, werden die Wahl Ihres Wohnsitzes ebenso bestimmen wie einige andere Faktoren. Im folgenden finden Sie eine Beschreibung der wichtigsten Umstände, die Ihre zukünftige Lebensqualität beeinflußen können. Die Reihenfolge ist bewußt willkürlich gestaltet, da es für jeden ganz individuelle Gründe sind, die für die eine oder die andere Region sprechen.

- Verwandte und Freunde

- Klima und Natur

- Schule und kinderfreundliche Umgebung

- Kriminalität

- Gesundheitsversorgung

- Lebensart, -kosten und -qualität

# Verwandte und Freunde

Wenn Sie Verwandte oder Freunde in den USA haben, wird das sicher die Wahl der Gegend, in die Sie ziehen wollen, beeinflussen.
Vielerlei Veränderungen werden auf Sie zukommen. Eine andere Kultur, ein neuer Alltag, eine neue Sprache und viele andere Kleinigkeiten. Es ist nicht zu unterschätzen, welche Hilfe Verwandte oder Freunde sein können, die sich in der neuen Umgebung schon auskennen. Nützliche Tips zum täglichen Allerlei, zur Haus- oder Wohnungssuche, zu Ämtergängen oder geeigneten Schulen und Nachbarschaften können vieles vereinfachen.

# Klima und Natur

Eine alte Weisheit besagt, wer in einem Gebiet mit ausgeprägten Jahreszeiten wohnt, muß nicht verreisen - er wartet einfach bis sich das Wetter ändert. Das ist wohl eine etwas zu optimistische Einschätzung. Dennoch ist es von entscheidender Bedeutung, welches Klima in Zukunft den eigenen Biorhythmus bestimmen soll. Die meisten Aspekte des täglichen Lebens werden durch das Klima beeinflußt. Es entscheidet darüber, welche Kleidung wir tragen, wann wir Ferien machen, wieviel wir für ein gemütliches Heim investieren müssen und schließlich, wie wir uns fühlen und verhalten. Das Wetter ist der Teil des Lebens, den man nicht kaufen, bauen oder beeinflussen kann. Mit Hilfe von einem halben Dutzend Faktoren läßt sich das Wetter in jedem Winkel der Erde bestimmen. Gewässer, Breitengrade, Höhen, Winde, Gebirge und Feuchtigkeit in jeweils unterschiedlicher Kombination sind ausschlaggebend dafür, welches Klima auf Dauer zu erwarten ist. Natürlich gibt es diverse andere Faktoren, die unser Wetter beeinflussen. Die grobe Einteilung in sechs Bereiche ermöglicht dennoch eine erste Orientierung.

### Gewässer

Die Nähe zu größeren Gewässern hat direkte Auswirkungen auf die vorherrschende Durchschnittstemperatur. Wasser erwärmt sich langsamer als Land, hält die Wärme länger und kühlt langsamer ab. Plätze in der Nähe von Gewässern neigen dazu, im Sommer kühler und im Winter wärmer zu sein, verglichen mit Orten auf dem Land. Neben der Temperatur können Gewässer auch direkt das lokale Klima beeinflussen. Utahs großer Salzsee im Westen der USA ist zum Beispiel der Grund dafür, daß die direkt an seinem Ufer gelegene Salt Lake City im Winter wesentlich mehr Schneefälle zu verzeichnen hat als alle anderen Städte in der Region.

## Breitengrade

Fehlt das mäßigende Element eines großen Gewässers, unterliegen Regionen sehr viel größeren Klimaschwankungen. Je weiter man in höhere Breitengrade vordringt, desto strenger wird das Klima. Nähert man sich den Polen, werden die jahreszeitlichen Schwankungen in Anzahl und Intensität von Sonnentagen immer größer. Ist man in Deutschland aufgewachsen, kennt man den stetigen Wechsel der Jahreszeiten. Fällt ein Winter vielleicht einmal etwas wärmer aus oder ein Sommer hat weniger Sonnentage, sind wir insgesamt in den gemäßigten Breiten den Wechsel der vier Jahreszeiten gewöhnt. Möchte man auf eine größere Variabilität beim Wetter nicht verzichten, sollte man einen Wohnsitz in den nördlichen Breitengraden Amerikas wählen.

## Höhe

Die Höhe eines Ortes über dem Meeresspiegel hat den gleichen Effekt wie höhere Breitengrade. In den USA finden sich in Orten, die hohe Lage mit südlichen Breiten verbinden, kurze, gemäßigte Winter in insgesamt mildem Vier-Jahreszeiten-Klima. In der Regel verändert sich das Klima in den höheren Lagen auf die gleiche Weise, wie wir es aus Europa kennen.

## Wind

Da der Wind stetig von West nach Ost über den Kontinent weht, findet sich an der Westküste ein eher mildes Klima. Nachdem er zunächst Tausende Kilometer über Wasser weht, trifft er schließlich auf das Festland. Noch Hunderte Kilometer in das Land hinein ist der wohltuende Effekt der pazifischen Winde spürbar. Im Osten hingegen fehlen diese Auswirkungen. Das Klima wird dadurch rauher und variabler.

### Gebirge

Das einzige, was sich Winden, Regen und Schnee dauerhaft in den Weg stellen kann, sind die Gebirge. Wind und Niederschläge können abprallen oder umgeleitet werden. Es ist keine Seltenheit, daß das jeweilige Wetter auf den verschiedenen Seiten von größeren Gebirgen völlig unterschiedlich ist. Zieht es einen also in Gebiete, die von Gebirgen umgeben sind, sollte man sich über die lokalen klimatischen Eigenheiten genau informieren.

### Luftfeuchtigkeit

Feuchtigkeit ist für den klimatischen Komfort ein wichtiger Faktor. Die Wärme, die man subjektiv empfindet, kann durch die Luftfeuchtigkeit stark beeinflußt werden. In heißen, feuchten Gebieten hält die Feuchtigkeit der Luft die Wärme bis weit nach Sonnenuntergang. Die Nächte sind beinahe so warm wie die Tage. Im Gegensatz dazu sind trockenere Gebiete angenehmer für den Organismus. Der Kontrast von Nacht und Tag ist größer, die Nächte sind kälter. Zu hohe Feuchtigkeit fördert rheumatische Erkrankungen sowie das Wachstum einer großen Zahl von Bakterien, Schimmel und Ungeziefer, wie man es aus tropischen Gebieten kennt. Zu niedrige Feuchtigkeit hat dagegen zur Folge, daß Haut und Schleimhäute dazu neigen auszutrocknen. Das sind natürlich Extreme, die in den meisten Regionen in dieser intensiven Form nie auftreten. Auf diese Weise läßt sich jedoch der dauerhafte Einfluß der Luftfeuchtigkeit auf den eigenen Organismus verdeutlichen.

### Naturgewalten

Tornados
Tornados sind Stürme, die auf kleinem Gebiet ungeheure Zerstörungen anrichten können. Obwohl die Spitzengeschwindigkeit des Windes bis zu 400 km/h erreichen kann, ist der größte Teil der wirklich vorkommenden Tornados zu schwach, um eine ernsthafte Gefahr zu bedeuten. Die meisten entstehen und bewegen sich im südlichen Teil der

USA, genauer in Oklahoma, Texas, Arkansas, Kansas, Missouri, Illinois, Iowa und Teilen von Nebraska.

**Hurrikane** In einigen Regionen der USA kommt es daneben auch immer wieder zum Auftreten von Hurrikans, tropischen Zyklonstürmen, die meist ihren Anfang auf hoher See nehmen. In der Regel treten sie gegen Ende des Sommers auf und bewegen sich von der See auf das Land zu. Der Golf von Mexiko und die südliche Atlantikküste sind die Gebiete, in denen Hurrikans am häufigsten auftreten. Ihre zerstörerische Kraft entfaltet sich weniger mit dem Wind als vielmehr mit der einhergehenden Wellenbildung, die die Küsten bedrohen und große Schäden anrichten kann.

**Erdbeben** Erdbeben entstehen, wenn sich die riesigen Erdplatten der Erdkruste aneinanderreiben. Während in Deutschland ein Erdbeben ein seltenes Ereignis ist, gibt es in den USA Regionen, in denen sie öfter und mit großer Gewalt auftreten. Die geologischen Gegebenheiten, die für das Auftreten von Erdbeben notwendig sind, finden sich in wenigen begrenzten Gebieten. Die stärksten seismischen Aktivitäten wurden bisher im südwestlichen Teil der USA beobachtet. Besonders Kalifornien und Nevada sind davon betroffen. Die Menschen in Los Angeles, der am meisten von Erdbeben heimgesuchten Stadt Amerikas, haben sich schon daran gewöhnt. Während eines Verkehrsstaus achten sie zum Beispiel darauf, nicht unterhalb von Brücken stehen zu bleiben, da sie jederzeit mit kleineren oder größeren Erdbeben rechnen müssen.

*Buchtip*

Savageau, David und Geoffrey Loftus, *Places Rated Almanac. Your Guide to Finding the Best Places to Live in North America*, Simon and Schuster 1997.

Savageau, David, Retirement Places Rated/*The Single Best Sourcebook for Planning your Retirement or Finding Your Second Home*, MacMillan 1995.

Villani, John, *The 100 Best Small Art Towns in America: Where to Discover Creative Communities, Fresh Air, and Affordable Living*, John Muir Publications 1996.

Crampton, Norman *The 100 Best Small Towns in America*, Arco Publications 1996.

Ausführlichere Buchbeschreibungen finden Sie am Ende des Buches.

## Schule und kinderfreundliche Umgebung

Für Familien mit Kindern ist der wohl wichtigste Faktor bei der Wahl
eines neuen Wohnsitzes, ob eine kontinuierliche, qualitativ hochwertige und zudem in sicherer Gegend stattfindende Ausbildung ihrer
Kinder gewährleistet ist. In Deutschland haben wir einen der höchsten
Ausbildungsstandards der Welt. Dieser Standard ist mit kleineren regionalen Variationen im ganzen Land zu finden. Bei einem Land von
der Größe der USA trifft man auf wesentlich größere Unterschiede.

Das amerikanische Bildungssystem ist in vier Bereiche aufgeteilt. *Primary Education, Secondary Education, College* und *University.*

**Primary Education**

Unter *Primary Education* fällt die schulische Ausbildung bis zum
zwölften Lebensjahr. Mit vier Jahren ist es möglich, die Kinder in
Vorschulen *(Preschool)* zu schicken. Mit fünf Jahren kommen die Kinder in den Kindergarten (*Kindergarten*), mit sechs schließlich, wie wir
es auch aus Deutschland kennen, in die Grundschule (*Primary school,
Grammar school, Grade school* oder *Elementary school* bezeichnen
dasselbe). Der Übergang von der Grundschule in die High school voll-
zieht sich über eine Übergangsschule (*Middle school, Junior High
school* oder *Intermediate school*). Dort sammeln die Kinder in halbjäh-
rigen Kursen mit ihren Zensuren Punkte, anhand derer bei Abschluß
ihre High-school-Befähigung gemessen wird.

**Secondary Education**

Die *Secondary Education* bezeichnet den Eintritt in die High school
(*Secondary school*), den Kern des amerikanischen Schulwesens, die mit
der 9. Klasse beginnt. Im Durchschnitt beenden die Kinder die High
school nach vier Jahren. Während des dritten und vierten High-
school-Jahres entscheiden sich die Schüler, ob sie anschließend ein
College besuchen oder direkt ins Berufsleben einsteigen. Die meisten
öffentlichen Schulen (und alle Privatschulen) bieten Vorbereitungs-
kurse für das College an.

**Das College** Das College ist der nächste Schritt auf der Bildungsleiter. Gehört man zu den besten Schülern seines Jahrgangs, wird man kaum Probleme haben, das College seiner Wahl besuchen zu können. Die Schüler können sich an einem der 3 500 Colleges im Land bewerben und werden je nach Begabung akzeptiert oder abgelehnt. Es gibt verschiedene College-Typen, die zwei oder vier Jahre dauern. Beachten Sie zu diesem Thema die Hinweise im Kapitel von Julia Stein. Das 4-Year-College dient der stärker akademisch ausgerichteten Ausbildung. In den ersten zwei Jahren werden Fächer aus den verschiedensten Bereichen gelehrt. Die letzten beiden Jahre der vierjährigen Ausbildung dienen dazu, sich auf ein Themengebiet zu spezialisieren. Werden die vier Jahre erfolgreich absolviert, erhalten die Studenten ihren Abschluß (*Bachelor*).

**Die Universität** Nach dem College besteht noch die Möglichkeit, die *University* zu besuchen. Der technische Ablauf ist der gleiche wie für das College. Die Absolventen müssen sich erneut für die jeweilige Universität ihrer Wahl bewerben. Zwischen ein und drei Jahren dauert die Ausbildung, an deren Ende der Abschluß des *Master* steht. Je nachdem, auf welches Gebiet die Studenten spezialisiert sind, gibt es verschiedene Abschlüsse (*Master of arts, Master of music, Master of business administration* etc.). Näheres dazu entnehmen Sie bitte dem Kapitel „Studieren in den USA."

## NEIGHBORHOODS

Bei der Auswahl des Stadtteils (*Neighborhood*) ist es besonders wichtig auf vorhandene Schulen zu achten. Das Bildungssystem in den USA obliegt den einzelnen Bundesstaaten. Diese wiederum haben das Schulsystem den Gemeinden übertragen. Während das Schulwesen in Deutschland weitgehend in der Verantwortung der Bundesländer liegt, sind in den USA die Gemeinden Träger der örtlichen Schulen. Bei einer so großen Vielfalt von verschiedenen Trägern liegt es auf der Hand, daß es, trotz gewisser staatlicher Vorgaben, keinen einheitlichen Standard für alle Schulen geben kann.

### Buchtip

Keogh, James Edward, *Getting the Best Education for Your Child: A Parent's Checklist,* Fawcett Books 1997.

Ryan, Carol, *How to Get the Best Public School Education for Your Child*, Mass Market 1993.

### Öffentliche oder Private Schulen?

Öffentliche Schulen

Öffentliche Schulen (*Public Schools*) variieren in hohem Maße hinsichtlich Qualität und Sicherheit. Jede Stadt ist in sogenannte *School Districts* eingeteilt. Dabei handelt es sich um die Einzugsgebiete der jeweiligen Schulen. Wenn Sie sich in einer Stadt niederlassen, entscheidet der *School District*, in dem Sie sich befinden, welche öffentliche Schule Ihre Kinder besuchen werden. Bevor Sie sich endgültig für einen Wohnsitz entscheiden, ist es daher sehr ratsam, sich zunächst die Schulen anzusehen, in die Sie Ihre Kinder vielleicht schicken werden. Ein Beispiel: In einigen der *School Districts* in Long Island werden die Adressen der Schüler überprüft, um festzustellen, ob diese Kinder auch in demselben Bezirk, *District* wohnen, in dem sie zur Schule gehen. Der Hintergrund liegt in der unterschiedlichen Qualität und Sicherheit der Schulen. Es gibt Eltern, die versuchen ihre Kinder in einem anderen *School District* zur Schule zu schicken, indem sie sie unter dem Namen von Freunden oder Verwandten anmelden.

Ähnlich wie die Gesamtschulen in Deutschland sind die verschiedenen Schularten und Sporteinrichtungen in einem Komplex untergebracht. Die Kinder verbringen also die Zeit von Schulbeginn bis zum Schulschluß, meist von 8.00-15.00, an einer Einrichtung. Haben Sie eine qualitativ gute und sichere Schule gefunden, kommen die Kinder die gesamte Schulzeit über in den Genuß einer einwandfreien Ausbildung.

 Es gibt einige Tips, die Sie beachten sollten, wenn Sie sicher sein wollen, daß Ihre Kinder in der richtigen Schule gut aufgehoben sind.

- Die Klassenlehrer in den USA können an öffentlichen Schulen bereits mit einer Standardbescheinigung lehren. Achten Sie darauf, daß die Lehrer an der Schule neben dieser Standardbescheinigung zusätzlich über einen *Master*-Abschluß oder einen entsprechenden Abschluß in dem Fach verfügen, das Sie lehren.

- Der Anteil der Schüler, der die High school beendet, sollte um die 90% betragen. Anhand dieser Quote können Sie ermessen, in welchem Maße Schule und Eltern zusammen hinter der Ausbildung ihrer Kinder stehen.

- Lassen Sie sich nicht von der Anzahl der Lehrer an einer Schule täuschen. Viele Lehrer müssen nicht gleich eine gute Ausbildung bedeuten. Es könnte gleichermaßen ein Anzeichen dafür sein, daß der *District* aufgrund von Sparmaßnahmen unerfahrene Anfänger beschäftigt.

- Mit ortsansässigen Eltern über die verschiedenen Schulen zu sprechen, kann viel Zeit sparen.

- An einer High school sollte die Schülerzahl pro Klasse im Durchschnitt nicht über 30 Schülern liegen. In einer Grundschule sollte die Zahl von 20 nicht überschritten werden.

Eine gute High school sollte folgendes anbieten:

- 4 Jahre Englisch; 3 Jahre Mathematik; 3 Jahre Naturwissenschaften; 3 Jahre Sozialkunde; 2 Jahre Fremdsprachen; weiterführende Kurse in Biologie, Astronomie, Chemie und Physik, des weiteren collegevorbereitende Kurse in Geisteswissenschaften sowie Computerkurse.

- In einem guten *School District* können Sie sich einen festgeschriebenen Lehrplan aushändigen lassen. Weist der Lehrplan über die letzten Jahre Konstanz und Qualität auf, spricht das für die Schule.

Private Schulen

Private Schulen (*Private Schools*) haben ihre Zahl seit den 30er Jahren verdoppelt. Mittlerweile besuchen ca. 11% der amerikanischen Schüler private Schulen. Statistisch betrachtet besuchen Schüler an privaten Schulen mehr Kurse in kleineren Klassen als Schüler an öffentlichen Schulen. Im Vergleich mit öffentlichen Schulen sind private Schulen in den USA höher angesehen, wobei es auch sehr gute öffentliche Schulen gibt, die jedem Vergleich mit Privatschulen standhalten. Ein großer Teil der Privatschulen wird von religiösen Gruppierungen getragen. Hier sind besonders die katholischen zu nennen.

Es gibt Statistiken, die darauf verweisen, daß an Privatschulen im Lauf der Schulzeit insgesamt mehr Wissen vermittelt wird. Das liegt weniger an dem tatsächlich gelehrten Stoff als vielmehr am größeren Engagement der Schulen, der Eltern und der Schüler. Die meist in den Vororten gelegenen *Private Schools* lassen durch das zu entrichtende Schulgeld einen gewissen Erfolgsdruck für alle Beteiligten entstehen. Mit diesem Druck und einer teilweise besseren schulischen Organisation lassen sich die Hauptvorteile einer Privatschule benennen. Ebenfalls gelten Privatschulen aufgrund ihrer Lage in den oftmals ruhigeren Vororten als sicherer als manche öffentliche Schulen, wobei man für jede einzelne Schule die regionalen Gegebenheiten beachten sollte.

Grundsätzlich kann man festhalten, daß das etwas gemächlichere Leben in den amerikanischen Kleinstädten im Gegensatz zur hektischen Betriebsamkeit der großen Metropolen ein kinderfreundlicheres und vor allem sichereres Umfeld bietet.

# Kriminalität

Es gibt in der ganzen Welt Gegenden, in denen man nachts nicht unbedingt allein herumspazieren sollte. Dieses Kapitel soll verdeutlichen, daß es in den USA regional begrenzte Kriminalität gibt, deren Intensität wir in dieser Form in Deutschland nicht gewohnt sind.

**Kriminalitätsraten**

Hohe Kriminalitätsraten finden sich überwiegend in gewissen Teilen der Großstädte, während es auf dem Land dagegen kaum nennenswerte Kriminalitätszahlen gibt. Die Vorstellung von der Kriminalität in den USA ist für viele Menschen geprägt durch das Bild, das uns immer wieder in Film und Fernsehen geboten wird. Tatsächlich gibt es Gegenden in den USA, die eine sehr hohe Kriminalitätsrate aufweisen. Mit etwas Vorbereitung und einfachen Sicherheitsregeln kann man aber davon ausgehen, daß man übermäßige Kriminalität nicht fürchten muß. Es handelt sich immer nur um begrenzte Gebiete, die eine erhöhte kriminelle Aktivität aufweisen. Diese Regionen werden für die meisten Auswanderer meist sowieso nicht in Frage kommen. Nichtsdestotrotz sollte man sich über die Risiken durch Kriminalität genau informieren, um Vorsorge treffen zu können.

**Sicherheitsfaktoren:**

**• Einwohnerzahl**

**• Wirtschaft**

**• Polizeikräfte**

Es gibt einige Faktoren, die die jeweilige Sicherheit an verschiedenen Orten bestimmen.

- Einwohnerzahl: Die Zahl der Bevölkerung steht in engem Zusammenhang mit der Kriminalitätsrate. In Großstädten herrscht in der Regel eine höhere Kriminalität als in kleineren Kommunen. Allerdings sollte man nicht aus den Augen verlieren, daß es meist nur einzelne Stadtteile sind, die sich durch eine erhöhte Kriminalität auszeichnen. Ebenso gibt es Stadtteile, in denen Sie durchaus sicher sind.

- Wirtschaft: Steigt in Metropolen die Arbeitslosigkeit, ist damit auch häufig ein Anstieg der polizeilichen Verhaftungen verbunden. Es ist immer wieder zu beobachten, daß erhöhte Armut in Zusammenhang mit erhöhter Kriminalität steht.

- Polizeikräfte: Die meisten amerikanischen Städte beschäftigen im Schnitt drei Polizisten pro 1000 Einwohner. Eine höhere oder niedrigere Anzahl von Polizisten läßt normalerweise auf die jeweils vorhandene Kriminalität schließen. Ein Extrem: Manhattan, New York 1300 Polizisten pro Quadratmeile.

 Das Federal Bureau of Investigation (FBI) veröffentlicht jedes Jahr eine Kriminalitätsstatistik für die einzelnen Bundesstaaten der USA, an der man sich orientieren kann.

Nachbarschaften, in denen die Menschen enger zusammenleben und sich untereinander kennen, sind in der Regel sicherer als andere. Während der Urlaubszeit hat zum Beispiel stets ein Nachbar auch ein Auge auf die anderen Häuser in seiner Straße.

## Gesundheitsversorgung

*Private oder staatliche Krankenversicherung*

Wir sind aus Deutschland ein sicheres Gesundheitssystem gewöhnt, das trotz Gesundheitsreform und mehr Eigenbeteiligung eines der umfangreichsten und am besten abgesicherten der Welt ist. In den USA liegt der Fall etwas anders. Die amerikanischen Krankenversicherungen decken nur lebenswichtige Behandlungen, Krankenhausaufenthalte und Operationen ab. Für andere Arten von Behandlungen, wie zum Beispiel Zahnersatz, wird der Patient selbst zur Kasse gebeten. Um eine gesundheitliche Versorgung nach deutschem Vorbild zu gewährleisten, werden Sie nicht umhinkommen, eine private Krankenversicherung abzuschließen. Ob Sie sich nun für eine staatliche oder eine private Krankenversicherung entscheiden, in jedem Fall sollten Sie die medizinischen Einrichtungen und Möglichkeiten prüfen und darauf achten, daß im Krankheitsfall eine sichere und gute Versorgung gewährleistet ist, denn schließlich geht es um Ihre Gesundheit. Die Gesundheitsversorgung in den verschiedenen amerikanischen Metropolen weist große Unterschiede auf. Ähnlich wie in Deutschland ist eine bessere Gesundheitsversorgung gewährleistet, je größer die Stadt ist. In kleineren Städten auf dem Land hat man ein wesentlich kleineres Angebot an medizinischen Einrichtungen.

**Abilene, Texas**

Einwohnerzahl: 122 931

Krankenhäuser: 3 (465 Betten)

Allgemeinärzte: 50 d.h./100 000 Einw. ca. 40-50

Spezialisten: 52 d.h. /100 000 Einw. ca. 40-50

Chirurgen: 55 d.h. /100 000 Einw. ca. 40-50

**New York, New York**

Einwohnerzahl: 8 592 030

Krankenhäuser: 79 (39 863 Betten)

Allgemeinärzte: 1 352 d.h. /100 000 Einw. weniger als 30

Spezialisten: 7 876 d.h. /100 000 Einw. mehr als 50

Chirurgen: 4 395 d.h. /100 000 Einw. mehr als 50

Mit Abilene und New York sind natürlich zwei Extreme herausgestellt. Wenn man nicht allzuweit ins Land, weitab der nächsten größeren Städte zieht, wird eine für den normalen Bedarf völlig ausreichende Gesundheitsversorgung gewährleistet sein. Bei den Kosten der Versorgung sollten Sie sich jedoch genau überlegen, ob es innerhalb Ihres finanziellen Rahmens möglich ist, eine private Krankenversicherung abzuschließen. Im Notfall werden Sie für jede Hilfe dankbar sein.

## Lebensart, -kosten und –qualität

Europäische und amerikanische Lebensart

Ein neues Land. Das bedeutet eine fremde Sprache und eine neue Lebensart. Der *American Way of Life* ist eine eigene, für uns in Deutschland ungewohnte Lebensart. Die großen Unterschiede, die in allen Bereichen der USA zu finden sind, wirken sich ebenfalls auf die jeweilige regionale Lebensart aus. Es ist kaum möglich jeden Unterschied zu dokumentieren. Um eine grobe Vorstellung zu vermitteln, ist es hilfreich, zwischen einer eher „europäischen" und einer eher „amerikanischen" Lebensart zu unterscheiden. Die uns vertrauteste Lebensart findet sich ohne Zweifel in den großen Metropolen im Nordosten des Landes. New York, Boston oder Philadelphia lassen erkennen, daß dort die Kolonialisierung des amerikanischen Kontinents begann. Das Erbe der ersten europäischen Auswanderer wurde hier am längsten bewahrt.

Je weiter man nach Westen und Süden vorstößt, desto mehr verändern sich die jeweiligen Eigenheiten der Bewohner. Ein Reisender aus Norddeutschland wird vielleicht in Südspanien ähnliche Erfahrungen machen, wie ein New Yorker in Texas. Hinzu kommt der Unterschied zwischen städtischen und ländlichen Gebieten. Großstadtgebiete werden uns Deutschen, was die Lebensweise betrifft in der Regel weniger fremd vorkommen als Orte auf dem Land.

**Lebenshaltungskosten**

Eben jener Unterschied zwischen Stadt und Land ist besonders bei der Kalkulation der Lebenshaltungskosten wichtig. In der Stadt wird man in der Regel mehr für das tägliche Leben aufwenden müssen als auf dem Land. Die Steuern in den USA sind in den jeweiligen Staaten unterschiedlich. Dementsprechend können die Preise in großem Maße variieren. Besonders bei der Finanzierung eines Eigenheims gilt es, auf die Kosten zu achten. Je nach Lage und Ausstattung, und damit Schätzwert, müssen Sie eine Besitzsteuer (*Property tax*) entrichten, die schon in *Neighborhoods*, die nebeneinander liegen, sehr unterschiedlich sein kann.

| Einkommen/Ort | Ort/Einkommen |
|---|---|
| $ 100 000 in Bonn entsprechen | $ 88 304 in Boston, MA |
| $ 100 000 in Bonn entsprechen | $ 68 207 in Attleboro, MA |
| $ 100 000 in München entsprechen | $ 77 845 in Los Angeles, CA |
| $ 100 000 in München entsprechen | $ 54 844 in Twin Falls, ID |

**Lohnniveau**

Die Tabelle verdeutlicht die unterschiedlichen Lebenshaltungskosten in verschiedenen Regionen der USA. Verdient man 100 000 US-Dollar im Jahr, muß man den entsprechenden Betrag an dem entsprechenden Ort verdienen, um den in Deutschland gewohnten Lebensstandard halten zu können. Grundsätzlich sind die Kosten für das tägliche Leben in den USA zwar geringer als in Deutschland, das durchschnittliche Lohnniveau ist aber auch entsprechend niedriger. Zwischen Boston, MA und Twin Falls, ID besteht eine Differenz von ca. 34 000 US$, die man weniger benötigt, um den deutschen Lebensstandard entsprechend der 100 000 US$/Jahr zu gewährleisten.

| Ort | Einwohnerzahl | Kosten für ein Eigenheim |
|---|---|---|
| Ocala, FL | 60 000 | ca.  61 400 US$ |
| Palm Springs, CA | 42 000 | ca. 230 000 US$ |
| San Antonio, TX | 1 052 900 | ca.  80 800 US$ |
| Las Vegas, NV | 352 821 | ca. 120 000 US$ |

Ein Vergleich der unterschiedlichen Steuerlast an den jeweiligen Orten gibt bereits erste Hinweise auf die vorherrschenden Lebenshaltungskosten. Schauen Sie im Internet auf folgender Seite nach, um die Kosten für andere Standorte zu berechnen:

www.homefair.com/homefair/cmr/salcalc.html

Mindestens ebenso wichtig wie Arbeit- und Schulbedingungen sind die angenehmen Seiten des Lebens. Freizeit, Erholung und kulturelles Leben erhöhen die Lebensqualität ganz erheblich. Schließlich soll man sich auch wohl fühlen an dem Ort, wo man für eine längere Zeit seine Zelte aufschlägt.

Freizeitmöglichkeiten

Die üblichen Freizeitmöglichkeiten und klassischen Kulturangebote wie Restaurants, Kino oder Theater gibt es in den meisten amerikanischen Städten. Kleinere Städte haben den Vorteil, daß man die entsprechenden Örtlichkeiten schnell erreichen kann. Demgegenüber ist das Angebot in größeren Städten wesentlich umfangreicher. Opernhäuser, Zoos, Vergnügungsparks oder Sportstätten sind eher in den Großstädten angesiedelt.

Einmal mehr ist es die enorme Größe Nordamerikas, die eine erste grobe Orientierung für Freizeitgestaltung in der Natur erfordert. Sind Sie es aus Deutschland gewohnt, nach ein paar Stunden Fahrt in Österreich oder in Frankreich zum Skifahren einzutreffen oder im Fichtelgebirge wandern zu gehen, kann sich dies in vielen Regionen der USA durchaus schwieriger gestalten.

Nationalparks    Viele Amerikaner, die ihre Freizeit gern draußen in der Natur verbringen, besuchen jedes Jahr einen der vielen wunderschönen Nationalparks. Hier bietet sich für jeden Naturliebhaber ein breites Spektrum an Freizeitmöglichkeiten. Skigebiete, Wanderrouten und Campingplätze stehen der Öffentlichkeit frei zur Verfügung. Im Gegensatz zu den geschützten Waldreservaten, die ausschließlich dem Erhalt und der Sicherung des Waldbestandes dienen, sind die Nationalparks eigens für Freizeit und Erholung angelegt worden. Die meisten von ihnen liegen in der Nähe von wenig besiedelten Gebieten. Einige lassen sich jedoch problemlos von größeren Metropolen aus erreichen, wie zum Beispiel das *San Pablo Bay National Wildlife Refuge* in Kalifornien.

### Buchtip

---

Tilton, Buck, *America's Wilderness*, Foghorn Press 1996.

Puterbaugh, Parke und Alan Bisbort, *California Beaches*, Foghorn Press, 1996.

Ausführliche Buchbeschreibungen finden Sie am Ende des Buches.

---

Skigebiete    In Nordamerika gibt es 610 Skigebiete. Mehr als die Hälfte davon liegt in neun Staaten im Nordosten der USA. Minnesota, New Hampshire, New York, Ontario, Pennsylvania, Vermont und Wisconsin. Hier findet man den besten Schnee im ganzen Land. Aber selbst im eher warmen Süden gibt es ausgezeichnete Skigebiete, wie zum Beispiel in der California Sierra Nevada im Südwesten, nicht weit entfernt von Los Angeles.

### Die höchsten Skigebiete

| Skigebiet | Höhe |
|---|---|
| Whistler/Blackcomb Mountains, BC | 5 280 m |
| Jackson Hole, WY | 4 140 m |
| Aspen Highlands, CO | 3 800 m |
| Panorama, BC | 3 800 m |
| Snowmass at Aspen, CO | 3 615 m |

### Die längsten Pisten

| Skigebiet | Länge |
|---|---|
| Killington Ski Resort, VT | ca. 16 km |
| Jackson Hole, WY | ca. 11 km |
| Whistler/Blackcomb Mountains, BC | ca. 11 km |
| Heavenly Valley, CA | ca. 9 km |
| Taos Ski Valley, CA | ca. 8 km |

### Die größte Liftkapazität

| Skigebiet | Skifahrer/h |
|---|---|
| Squaw Valley, CA | ca. 47 000 |
| Mammouth Mountain, CA | ca. 46 000 |
| Vail, CO | ca. 35 000 |
| Keystone Mountain/The Outback, CO | ca. 32 000 |
| Heavenly Valley, CA | ca. 31 000 |

An der Liftkapazität läßt sich gut erkennen, inwieweit ein Skigebiet mit Liften, Hotels und natürlich dem bei jedem Skifahrer beliebten Après Ski für die Öffentlichkeit erschlossen ist.

Bevorzugt man eher die wärmeren Gefilde am Wasser, bieten sich die südlicheren Küstengebiete an, wie beispielsweise Kalifornien oder Florida. Für das Surfen, Schwimmen oder Faulenzen am Strand finden sich viele angenehme Möglichkeiten.

## Schlußbetrachtung

Es scheint doch ganz einfach zu sein. Man sucht „nur" einen Ort mit einem milden Klima, einem aufstrebenden Arbeitsmarkt, bester Gesundheitsversorgung, niedriger Kriminalität, mit besten Bildungseinrichtungen und einem breiten Angebot an Freizeitmöglichkeiten. Nun ist nur noch die Frage zu klären, ob es diesen Ort tatsächlich gibt.

Sie werden in jeder Region eine Reihe von Vor- und Nachteilen feststellen, die dafür oder dagegen sprechen, sich dort dauerhaft niederzulassen. Zu Beginn Ihrer Suche sollten Sie sich klarmachen, sofern die Entscheidung für einen Ort nicht ohnehin durch ein Jobangebot festgelegt ist, welche Faktoren für Sie wichtig sind. Meist ist es ein einziger Bereich, der schließlich den Ausschlag gibt, in welchen Ort man letztendlich übersiedelt.

Hohe Mobilitätsrate

Die Vereinigten Staaten von Amerika sind das Land mit der höchsten Mobilitätsrate der Welt in bezug auf seine Einwohnerzahl. Nirgendwo wird so oft der Wohnsitz gewechselt wie in den USA. Man kann durchaus davon ausgehen, daß es nicht bei einem einzigen Ort bleiben wird, an dem man den Rest seines Lebens verbringt.

Der einzige Grundsatz, dem man vielleicht stets nachgehen sollte, besteht darin, daß man Extreme möglichst meiden sollte. Erkundigen Sie sich noch in Deutschland so gut es geht über den Ort, an dem Sie sich voraussichtlich niederlassen werden. Sie können sich so einen ersten Eindruck verschaffen und eventuell auftretende Probleme so von vornherein vermeiden. Im
Adressenteil am Ende des Buches finden Sie Institutionen und An-

sprechpartner, die Sie bei Ihrer Suche tatkräftig unterstützen können. Eine gute Vorbereitung kann vieles erleichtern.

**Nützliche Webadressen, wenn Sie umziehen möchten:**

http://www.homefair.com

http://www.relocationcentral.com

http://www.movequest.com

# Arbeiten in den USA

## 2. Kapitel

# Arbeiten in den USA

*von Julia Stein*

## Der amerikanische Arbeitsmarkt

**D**er eigentliche „amerikanische" Traum ist die Selbständigkeit. Natürlich sind nicht alle Amerikaner selbständig, aber der Schritt in die Selbständigkeit wird mit einer größeren Leichtigkeit vollzogen als hierzulande. Eine Existenzgründung ist vergleichsweise unkompliziert, was an der relativ unternehmensfreundlichen Gesetzgebung liegt. Für Arbeitnehmer sieht die Arbeitsmarktsituation ebenfalls anders aus als in vielen europäischen Ländern, was für den einzelnen Vor- und Nachteile mit sich bringt.

*Verträge per Handschlag*

Die Arbeitsverträge mit Gehalt, Sozialleistungen und Kündigungsfristen werden meist individuell ausgehandelt. Es gibt auch Verträge ohne Kündigungsfristen, die einfach per Handschlag getroffen werden. So kann man manchen Job zwar genauso schnell verlieren, wie man ihn gewonnen hat, allerdings fördert diese individuelle, unbürokratische und für beide Parteien risikolose Handhabung von Arbeitsverträgen die schnelle und unkomplizierte Vergabe von Arbeitsstellen.

*Gesetzliche Krankenversicherung*

Zudem bedeutet das Fehlen eines schriftlichen Vertrags keinesfalls, daß Ihr Boss Ihnen tatsächlich ohne Vorwarnung kündigt, und wenn Sie sich bewähren, kann immer noch ein „geregelter" Vertrag abgeschlossen werden. Eine gesetzliche Krankenversicherung gibt es nicht. Viele Unternehmen bieten allerdings eine Krankenversicherung an.

*Arbeitsstellenfluktuation*

Insgesamt herrscht eine größere Arbeitsstellenfluktuation. Viele Amerikaner wechseln ihren Job häufiger als Europäer und sind insgesamt mobiler – auch was den Wechsel des Wohnortes betrifft.

*Everybody gets a chance*

Wenn Ihnen Bescheinigungen oder sachspezifische Erfahrungen für eine bestimmte Arbeitsstelle fehlen, so erhalten Sie in den USA eher die Chance, sich trotzdem zu bewähren: *Everybody gets a chance*. In der Regel werden Selbständigkeit und persönlicher Einsatz schnell honoriert. Die Firmenhierarchie ist weniger starr als in Deutschland, was bedeuten kann, daß gute Arbeit und sichtbares Engagement schnell zu einer Beförderung führen.

**Arbeitszeiten**

Insgesamt wird in den USA mehr gearbeitet als hierzulande. Die Arbeitszeiten sind länger, und es gibt weniger bezahlte Urlaubstage als in Deutschland. Allerdings wird von vielen Firmen auf ein gutes Arbeitsklima wert gelegt und dieses wird mit Partys, Seminaren und anderen sogenannten *Social events* meist intensiver gefördert, als dies in Deutschland üblich ist. An den offiziellen amerikanischen Feiertagen, die Sie unten aufgeführt finden, wird natürlich nicht gearbeitet. Einige Firmen oder Geschäfte bestimmen zusätzliche Feiertage, wenn diese religiös begründet sind: Ein jüdisch geführtes Geschäft würde möglicherweise an *Rosh Hashanah* schließen.

**Mutterschaftsurlaub, Lohnfortzahlung im Krankheitsfall**

Bezahlten Mutterschaftsurlaub gibt es gesetzlich nicht. Die Lohnfortzahlung im Krankheitsfall ist ebenfalls nicht gesetzlich geregelt und wird individuell festgelegt.

Es bleibt festzuhalten, daß die amerikanischen Gesetze grundsätzlich den Arbeitgebern und Arbeitnehmern viel Freiraum bei der Aushandlung von Verträgen zusichern. Entsprechend haben Gewerkschaften in den USA einen wesentlich geringeren Stellenwert als in Deutschland, nur ca. 17% der Arbeitnehmer sind gewerkschaftlich organisiert.

**Gewerkschaften**

**Amerikanische Einkommen**

Über die amerikanischen Einkommen lassen sich allgemein nur schwer Aussagen treffen. Ein Dollar in New York und ein Dollar in Oklahoma besitzen eine völlig unterschiedliche Kaufkraft. Wenn Sie sich in Süd-Dakota ein Haus mit Grundstück möglicherweise mit nur einem Jahreseinkommen kaufen können, bekommen Sie für die gleiche Dollarsumme noch nicht einmal ein winziges Appartement in New York City. Es gibt Vergleichsstudien, die die Lebenshaltungskosten der verschiedenen Regionen vergleichen. Einen guten Überblick über die Kaufkraft Ihres Einkommens verschafft Ihnen folgende Webseite:

http://www.homefair.com/homefair/cmr/salcalc.html

Auf dieser Seite finden Sie Übersichten, die vierteljährlich auf den neuesten Stand gebracht werden und über Lebenshaltungskosten in über 450 Städten informieren. Die Erhebung basiert auf Daten, die von Handelskammern, lokalen Behörden und vergleichbaren Institutionen stammen. Darüber hinaus kann man mit Hilfe dieser Seite das Einkommen ausrechnen, das man benötigt, um seinen jetzigen oder einen angestrebten Lebensstandard zu halten. Dies dürfte zur Orientierung sehr interessant sein. Wie hoch die Einkommen für die jeweiligen Berufsgruppen sind, können Sie einigen Studien entnehmen, die im Abschnitt zur Stellensuche angegeben sind, etwa *Jobs '99*.

### Buchtip

Savageau, David und Geoffrey Loftus, *Places Rated Almanac. Your Guide to Finding the Best Places to Live in North America*, Macmillan 1997.

Ausführlichere Buchbeschreibungen finden Sie am Ende des Buches.

Die Berufe, für die die größte Stellenwachstumsrate von 1996-2006 prognostiziert wird:

| Beruf | Zunahme in Prozent von 1996-2006 |
|---|---|
| Database administrators, computer support specialists, and all other computer scientists | 118 |
| Computer engineers | 109 |
| Systems analysts | 103 |
| Personal and home care aides | 85 |
| Physical and corrective therapy assistants and aides | 79 |
| Home health aides | 76 |
| Medical assistants | 74 |
| Desktop publishing specialists | 74 |
| Physical therapists | 71 |
| Occupational therapy assistants and aides | 69 |
| Paralegals | 68 |
| Occupational therapists | 66 |
| Teachers, special education | 59 |
| Human services workers | 55 |
| Data processing equipment repairers | 52 |
| Medical records technicians | 51 |
| Speech-language pathologists and audiologists | 51 |
| Dental hygienists | 48 |
| Amusement and recreation attendants | 48 |

Quelle: *Bureau of Labor Statistics*, US Department of Labor, September 1999

 Sie können sich die neuesten Daten des *Bureau of Labor* auch auf folgender Webseite ansehen: http://stats.bls.gov/blshome.html. Dort finden Sie auch Beschäftigungsquoten für bestimmte Regionen und Berufsgruppen.

# Deutsche auf dem amerikanischen Arbeitsmarkt

Die Beschaffung eines entsprechenden Visums stellt die größte Hürde bei der Verwirklichung Ihres Vorhabens, in den USA zu arbeiten, dar. Ein amerikanischer Arbeitgeber wird nicht ohne triftige Gründe eine Green Card, die unbefristete Arbeits- und Aufenthaltsgenehmigung, oder eine andere befristete Arbeits- und Aufenthaltserlaubnis für Sie beantragen, da dies für ihn mit lästigen Formalitäten verbunden ist. Über die Voraussetzungen und Formalitäten informiert das Kapitel von Rechtsanwalt Jan Frederichs.

**Den Arbeitgeber überzeugen**

Deutsche sind in den USA prinzipiell als Arbeitskräfte beliebt. Falls Sie für einige Zeit in den USA arbeiten möchten, müssen Sie den Arbeitgeber davon überzeugen, daß Sie Qualitäten haben, die Sie einem amerikanischen Arbeitnehmer überlegen machen. Dies ist nicht einfach, aber eben auch nicht unmöglich, sondern kommt auf die individuellen Umstände an. Die beste Voraussetzung dafür, daß sich jemand

**Persönliche Kontakte spielen eine entscheidende Rolle**

für Sie einsetzt, um Ihnen bei der Beschaffung der nötigen Unterlagen, Bürgschaften und Dokumente für einen erfolgreichen Visumantrag zu helfen, sind persönliche Kontakte. Wenn Sie persönliche Kontakt zu einem Arbeitgeber haben, so ist dieser wahrscheinlich eher bereit, Sie bei der Beschaffung einer Green Card oder einer anderen Arbeitsgenehmigung zu unterstützen. Wenn Sie schon über Kontakte verfügen, sollten Sie diese unbedingt nutzen. Auch wenn Ihnen die jeweilige Kontaktperson selbst nicht weiterhelfen kann, so kann sie Sie möglicherweise an einen anderen Ansprechpartner verweisen.

## IT-Jobs

Computerfachleute
gesucht!

Jeder zehnte Informatik-Job in den USA ist unbesetzt: das Motto für ambitionierte Informatikabsolventen kann also nur lauten: „Go West!"

*Computerwoche Young Professional 1/98.*

Die USA suchen eine Millionen Fachkräfte, die aus dem Bereich der neuen Technologien, Multimedia, Computer, Internet, Biotech kommen. Top-Chance für Absolventen einer Lehrausbildung oder für Studenten! Adressen von Ansprechpartnern finden Sie in folgendem Buch:

Hunt, Christopher W. und Scott A. Scanlon, *Job Seekers Guide to Silicon Valley Recruiters*, John Wiley and Sons 1998.

Sie können dieses Buch auch unter Tel.: 0228-97350 bestellen.

Ansonsten müssen Sie Kontakte herstellen, zum Beispiel durch ein Praktikum. Auch wenn Sie dann vielleicht für eine begrenzte Zeit unentgeltlich oder für geringen Lohn arbeiten müssen, können die geknüpften Kontakte unbezahlbar sein. Zur Absolvierung eines Praktikums brauchen Sie ebenfalls ein Visum. Ein solches Visum ist allerdings wesentlich einfacher zu bekommen als ein normales „Arbeitsvisum". In der Regel nehmen Sie an einem Austauschprogramm teil und erhalten durch dieses Programm die nötigen Papiere. Es gibt Austauschprogramme, die auch längerfristige, bezahlte Praktika organisieren und unterstützen, es handelt sich dann eigentlich nicht um Praktika, sondern um Arbeitsaufenthalte.

Austauschprogramme

Falls Sie an einem solchen Programm teilnehmen, ist man Ihnen in der Regel bei der Beschaffung des Visums und bei der Erledigung anderer Formalitäten behilflich. Sie müssen sich in vielen Fällen zwar selbst um eine Stelle bemühen, können dann aber schon im Bewerbungsanschreiben anmerken, daß die Arbeitsgenehmigung von der jeweiligen Programmorganisation beschafft wird. Beschreibungen einiger interessanter Programme finden Sie im Kasten, zusätzliche Kontaktadressen befinden sich im Anhang. Weitere Informationen zu

Praktika finden Sie im Abschnitt über Praktika am Ende dieses Kapitels.

### *Buchtip*

Oldman, Mark und Hamadeh, Samer *The Internship Bible 1999 Edition*, Princeton Review 1998.

Mills, Andrew, *Praktika in den USA*, TIA Verlag 1999.

Ausführliche Buchbeschreibungen finden Sie am Ende des Buches.

Andere Möglichkeiten, Kontakte zu knüpfen: Sprachkurse Arbeitsaufenthalte

Eine andere Möglichkeit, Kontakte zu knüpfen, bietet die Teilnahme an Sprachkursen, an Weiterbildungskursen der Universitäten oder der Erwerb einer beruflichen Qualifikation wie des *M.B.A*. Auch wenn Sie sich nur einige Wochen in den USA aufhalten, können Sie sich dann direkt vor Ort umsehen und den Kontakt zu potentiellen Arbeitgebern aufnehmen. Die Möglichkeit einer persönlichen Vorstellung kann Ihre Chancen erheblich verbessern.

Wenn Sie eine Ausbildung in den USA absolviert haben, so haben Sie die Möglichkeit, nach ihrem Abschluß für einen gewissen Zeitraum in den USA zu arbeiten. Auch hier bietet sich natürlich die Möglichkeit, Kontakte zu knüpfen. Genauere Informationen zu den relevanten Visabestimmungen finden Sie im Kapitel von Rechtsanwalt Jan Frederichs.

Bei deutschen oder internationalen Firmen in den USA arbeiten

Eine letzte Möglichkeit, auf begrenzte Zeit in den USA zu arbeiten, besteht, wenn Sie bei einer deutschen oder internationalen Firma arbeiten und als Angestellter dieser Firma in den USA tätig werden. Informieren Sie sich also auch über solche Firmen.

Der Erfolg hängt in der Hauptsache von Ihrer Motivation und Ihrem Einsatz ab. Solange Sie in Deutschland im Sessel sitzen, wird niemand Ihnen anbieten, in den USA zu arbeiten, ergreifen Sie die Initiative!

Falls Sie sich von Deutschland aus um einen Arbeitsplatz in den USA bemühen, können Sie Kontakte folgendermaßen herstellen:

- Mobilisieren Sie alle Bekannten, die vielleicht jemanden kennen, der jemanden kennt, der jemanden kennt!

- Nehmen Sie an einem Austauschprogramm für Berufstätige teil!

- Informieren Sie sich, bei welchen deutschen und internationalen Firmen Sie als Angestellter auch in den USA arbeiten können!

Sie haben keine Kontakte?

- Machen Sie eine Zusatzausbildung in den USA!

- Absolvieren Sie ein Praktikum!

... und Ihr Englisch ist auch nicht das Beste?

- Belegen Sie einen Sprachkurs, am besten in den USA!

 Weitere Informatiionen unter Tel.: 0228-9735-0 oder Fax: 0228-9735-190

## Die richtige Stelle finden

Hier soll keine Berufsberatung stattfinden, ich gehe davon aus, daß Sie bereits recht konkret wissen, was für eine Arbeitsstelle Sie suchen. Organisieren Sie sich, sobald Sie mit Ihrer Arbeitsuche beginnen (und die beginnt mit der Informationsbeschaffung, also jetzt), ansonsten werden Sie sehr schnell den Überblick verlieren. Firmenadressen, Informationen über die Firmen (möglichst mit Quelle), die Namen der Ansprechpartner usw. sollten an einem Ort gesammelt werden. Ordnen Sie jeder Firma, bei der Sie sich beworben haben, die jeweilige Bewerbung zu, damit Sie bei Telefonaten und späteren Interviews genau wissen, auf welchem Informationsstand sich Ihr Gegenüber befindet. Sehr praktisch ist eine Art Logbuch, in dem Sie notieren, wann Sie welche Bewerbung für welches Unternehmen abgeschickt haben, wann Sie sich telefonisch mit wem in Verbindung gesetzt haben, wie das Gespräch verlaufen ist, mit wem Sie gesprochen haben, wann ein Interview wo beziehungsweise zu welcher Zeit stattfindet.

Auswahlkriterien für Betriebe

Für die Auswahl der Betriebe, die für eine Bewerbung in Frage kommen, sollten Sie Ihre persönlichen Auswahlkriterien bestimmen. Solche Kriterien könnten folgendermaßen aussehen:

- Ruf des Unternehmens

- Liquidität des Unternehmens

- Betriebliche Zukunftschancen

- Modernität des Betriebs

- Sozialleistungen

- Berufliche Zukunftschancen

- Harmonische Atmosphäre

- Positive Firmenphilosophie

- Förderung von Eigeninitiative

- Sympathische Vorgesetzte

- Fort- und Weiterbildungsmöglichkeiten

- Bessere Chancen durch Kontakte

Vielleicht fallen Ihnen noch weitere Aspekte ein, die für Sie persönlich wichtig sind. Entscheidend ist jetzt, daß Sie an die richtigen Informationen gelangen. Der nächste Abschnitt stellt verschiedene Wege der Informationsbeschaffung vor.

### *Buchtip*

Haft, Tim et.al, *Job Smart, What You Need to Know to Get the Job You Want*, Princeton Review 1997.

Bolles, Richard Nellson, *The 1999 What Color is Your Parachute: A Practical Manual for Job-Hunters and Career Changers*, Ten Speed Press 1998.

Ausführlichere Buchbeschreibungen finden Sie am Ende des Buches.

Die großen Firmen scheinen häufig attraktiv und prestigeträchtig zu sein. Unterschätzen Sie aber nicht die vielen Vorteile einer kleinen Firma. Handelt es sich um eine dynamische Firma, in der die Hierarchie flexibel gehandhabt wird, in der man von einem Aufgabenbereich in den anderen wechseln und lernen kann, wie man neue Aufgaben erfüllt, so bietet das viele Vorteile. Man fällt leichter auf, kann eventuell schneller an größeren Projekten mitarbeiten und so auch schneller aufsteigen, was später vielleicht auch den Einstieg in eine größere Firma erleichtert.

# Wissen ist Erfolg

### Das Netz

Nutzen Sie die Mund-zu-Mund-Propaganda

Nutzen Sie Ihre Bekanntschaften gezielt für Ihre Jobsuche. Gezielt heißt, daß Sie sich überlegen sollten, wer eventuell über nützliche Informationen verfügen könnte. Vielleicht kennen Sie persönlich niemanden, der Beziehungen in die USA hat, möglicherweise aber jemanden, der wiederum jemanden kennt, der Beziehungen in die USA hat. Nutzen Sie die Mund-zu-Mund-Propaganda, fragen Sie Freunde, Bekannte und Verwandte, ob sie nicht jemanden kennen, der vielleicht für die Arbeitssuche von Nutzen sein könnte, etwa ein entfernter Onkel, der mal in den USA gearbeitet hat und vielleicht noch über einen Kontakt verfügt beziehungsweise einen herstellen könnte. Das mag sich etwas banal anhören, persönliche Kontakte sollten aber bei der Arbeitssuche nicht unterschätzt werden.

### Zeitungen

Sie können Anzeigen für Arbeitsstellen in den USA von Deutschland aus in überregionalen Tages- und Wochenzeitungen finden, etwa in der Frankfurter Allgemeinen Zeitung, der Zeit oder der Süddeutschen Zeitung.

Amerikanische Zeitungen sind mancherorts auch in Deutschland verfügbar, sehen Sie sich in großen Zeitschriftenhandlungen und Universitätsbibliotheken nach diesen Zeitungen um. Falls Sie sich in den USA aufhalten, so können Sie die amerikanischen Zeitungen zur Stellensuche nutzen. Zudem verfügen einige Zeitungen über einen Stellenmarkt auf ihren zeitungseigenen Webseiten.

### World Wide Web

Das World Wide Web ist für jegliche Informationsbeschaffung ein hervorragendes Hilfsmittel. Wenn Sie sich selbst nicht gut damit auskennen und keinen Internetzugang haben, bitten Sie Bekannte, Ihnen bei der Suche behilflich zu sein. Sie können das Internet bei Ihrer Stellensuche auf vielfältige Weise nutzen. Sie können

- Informationen über Ihren Industriezweig, Ihre Branche oder bestimmte Firmen finden,

- Stellenangebote finden,

- Ratschläge für das Verfassen von Lebensläufen und Bewerbungsschreiben erhalten und

- Ihre Bewerbung der vernetzten Öffentlichkeit zugänglich machen.

Durch das Internet können Sie im World Wide Web Informationen über viele Firmen erhalten, denn gerade in den USA sind Firmen aller Größenordnungen im Internet anzutreffen. Einige Firmen geben ihre Stellenangebote direkt im Web auf, und viele Firmen akzeptieren Bewerbungen per Email. Sie finden die entsprechenden Internetadressen entweder in Publikationen der jeweiligen Firma mit Hilfe einer der gängigen Suchmaschinen (http://www.yahoo.com, http://www.altavista, http://www.infoseeek.com) oder Sie begeben sich anhand der hier vorgestellten Adressen auf die Suche. Stellenangebote und Bewerbungstips gibt es ebenfalls auf unzähligen Webseiten, im folgenden finden Sie eine Auswahl. Viele dieser Webseiten bieten verschiedene Informationen auf einmal, Sie können beispielsweise Datenbanken mit Stellenangeboten durchforsten und gleichzeitig Ihr *Resume* veröffentlichen.

### Nützliche Webadressen

http://www.zeit.de

http://www.FAZ.de

http://www.handelsblatt.de

http://www.sueddeutsche.de

Hier finden Sie auch internationale Stellenanzeigen.

http://www.nbew.com/weddle/index.htm

*Hier finden Sie eine hervorragende Übersicht über Datenbanken zur Stellensuche.*

http://www.ajb.dni.us (America's Job Bank)

http://www.bestjobsusa.com

http://www.careermag.com

http://www.careermosaic.com

http://www.careerpath.com

http://www.careersite.com

http://www.joboptions.com (früher Espan)

http://www.jobweb.org

http://www.monster.com

http://www.jobtrak.com

http://www.collegegrad.com

*Diese beiden letztgenannten Sites sind besonders interessant, wenn Sie in den USA studiert haben. Hier gibt es vor allem Jobangebote für Berufsein-steiger.*

http://195.185.214.164/iv/auslandsverm.html

*Auch die Auslandsvermittlung der Zentralstelle für Arbeitsvermittlung der Bundesanstalt für Arbeit (ZAV) bietet Jobs und Praktika in den USA an.*

Warnung! Der Nachteil von WWW-Adressen ist, daß sie schnell ihre Aktualität verlieren. Die WWW-Tips in diesem Ratgeber wur-den kurz vor der Drucklegung noch einmal überprüft. Es kann je-doch nicht ausgeschlossen werden, daß sich die Adressen ändern können.

Hier wird Ihre Bewerbung automatisch den gerade aktuellen Jobange-boten zugeordnet und entsprechenden Firma per Email zugesandt.

http://www.hoovers.com

*Auf dieser Seite können Sie sich über 8 000 Firmen mit Hilfe einer Suchma-schine informieren.*

http://www.companiesonline.com

*Auch hier finden Sie Firmeninformationen, zwar nicht ganz so ausführlich, dafür aber von über 100 000 Unternehmen.*

**Buchtip**

Bolles, Richard Nelson, *Job Hunting on the Internet*, Ten Speed Press 1998.

Jandt, Fred et al, *Using the Internet and the World Wide Web in Your Job Search*, Jist Works 1996.

**Literatur**

Um die Anschriften Ihrer Ansprechpartner für die Jobbewerbung zu finden, können Sie eine der vielen Adressensammlungen amerikanischer Firmen nutzen, welche recht erschwinglich sind und häufig aktualisiert werden. In diesen Sammlungen finden Sie Firmenadressen der verschiedensten Branchen nach unterschiedlichen Gesichtspunkten geordnet, manchmal gepaart mit Zukunftsprognosen, Informationen über übliche Gehälter und vieles mehr. Beachten Sie die Literaturhinweise!

Nachschlagewerke

Auch in bekannten Nachschlagewerken wie den folgenden sind Firmenprofile enthalten:

- Petersons's Annual Guide
- College Placement Council Annual
- Standard and Poor's Register of Corporations, Directors and Executives
- Dun and Bradstreet's Million Dollar Directory
- Ward's Business Directory
- Thomas Register for American Manufacturers

Diese Nachschlagewerke werden regelmäßig in verschiedenen zeitlichen Abständen aktualisiert. Sie sind meist zu teuer, als daß sich eine eigene Anschaffung lohnen würde. In Deutschland können Sie versuchen, diese Nachschlagewerke in Universitätsbibliotheken einzusehen. In den USA sind die Chancen, sie zu finden, auch in öffentlichen Bibliotheken gut. Die Bibliotheksangestellten in den USA sind äußerst hilfsbereit, scheuen Sie sich also nicht, zu fragen, wenn Sie nicht wissen, wo Sie die Suche beginnen sollen.

*2. Kapitel*

### Buchtip

*Job Hunter's Sourcebook*, hg. v. Michelle Lecompte, Gale Research 1996.

Hunt, Christopher W. und Scott A. Scanlon, *Job Seekers Guide to Silicon Valley Recruiters,* John Wiley and Sons 1998.

Hunt, Christopher W. und Scott A. Scanlon, *Job Seekers Guide to Wall Street Recruiters*, John Wiley and Son 1998.

*National Trade and Professional Associations of the United States*, hg. v. Buck Downs, Columbia Books 1998.

*The Occupational Outlook Handbook*, hg. v. US Department of Labor, Jist Works 1998.

*US Industrial Outlook*, hg. v. US Department of Commerce, Government Printing Office 1994.

Ausführlichere Buchbeschreibungen finden Sie am Ende des Buches.

Bibliotheken

Viele amerikanische Städte verfügen über gute öffentliche Bibliotheken, hier sollte man sich in der *Business Section* umsehen. Achten Sie aber darauf, wie alt die jeweiligen Informationen sind. Viele Büchereien haben zudem eine Abteilung mit Informationen über lokale Firmen. Befinden Sie sich in der Nähe einer Universität, können Sie möglicherweise die Informationen im *Career Planning Center* benutzen, über das jede Universität verfügt und die normalerweise gut ausgestattet sind.

*New York Public Library* an der 42. Straße: Wer hier an die heimische Stadtbücherei denkt, ist auf dem Holzweg. Die in einem monumentalen Gebäude untergebrachte Bücherei ist zwar keine Ausleihbibliothek, die über 13 Millionen (!) Bücher können allerdings zum großen Teil in der Bücherei eingesehen werden, abgesehen von einigen Schätzen – unter anderem auch einer Gutenberg-Bibel –, die nur zu bestimmten Zeiten ausgestellt werden. Die *Business Section* der Bibliothek ist nicht etwa eine Abteilung, sondern füllt eine weitere Bibliothek, die in einem anderen Gebäude untergebracht ist. Sie dürfte vielen deutschen Universitätsbibliotheken an Modernität bei weitem überlegen sein.

Telefonbücher

Vergessen Sie als Quelle für Firmenadressen nicht die örtlichen Telefonbücher. Die amerikanischen *White pages* und *Yellow pages* sind die am einfachsten zugänglichen Mittel, um an Firmenadressen zu gelangen.

### Öffentliche Stellen und Organisationen

Zudem gibt es Vereine, staatlich organisierte Programme und ähnliches, die Arbeitsstellen im Ausland vermitteln. Die vielleicht bekannteste ist die ZAV, die Zentralstelle für Arbeitsvermittlung der Bundesanstalt für Arbeit. Es gibt aber zudem noch zahlreiche, zum Teil geförderte Programme öffentlicher Träger, deren Adressen Sie im Adressenteil am Ende dieses Buches finden. Sie können auch bei den Handelskammern beziehungsweise den amerikanischen *Trade Associations* nach Informationen fragen. Die Adressen finden Sie in den schon genannten Büchern oder auf den folgenden Webseiten, die noch weitere hochinteressante Informationen enthalten. Geben Sie bei Yahoo "Trade Associations" (in Anführungsstrichen) als Suchbegriff ein.

### Nützliche Webseiten

www.us-botschaft.de/trade/d22_4.htm

www.amcham.de

Beschränken Sie Ihre Jobsuche am Anfang nicht zu sehr auf ein Gebiet, sondern bewerben Sie sich bei vielen Unternehmen. Nur dann haben Sie die Möglichkeit, sich einen Job aussuchen zu können.

### Telefon

Sie können bei den Firmen direkt anrufen, um herauszufinden, ob momentan Bewerber gesucht werden. In den USA heißen solche Anfragen *Cold Calls*.

Anfragen per Telefon

Möchten Sie bei einer Firma anfragen, ob und wie man sich bewerben kann, so gehen Sie folgendermaßen vor:

Rufen Sie das Unternehmen an. Nennen Sie deutlich Ihren Namen. Sie sollten in jedem Fall Ihren Vor- und Zunamen nennen, in den USA ist es aber nicht unüblich, daß Ihr Ansprechpartner, die Sekretärin oder *Hostess* Ihnen nur ihren Vornamen nennt.

Fragen Sie nach der Person, die für die Einstellungen zuständig ist. Seien Sie freundlich.

Haben Sie die gewünschte Person in der Leitung, notieren Sie sich den Namen. Stellen Sie sich selbst nochmals vor und fragen Sie nach, ob in der nächsten Zeit Stellen ausgeschrieben werden beziehungsweise ob Ihre Bewerbung eine Chance hätte. Notieren Sie sich die Antwort und etwaige Zusatzinformationen.

Bei Initiativanrufen sollten Sie bei den Unternehmen anfangen, die Sie nicht ganz so stark interessieren. Denn die Anrufe verlaufen nach einiger Übung flüssiger, und Sie gewinnen mehr Selbstvertrauen.

## Die Bewerbung

*von Dagmar Giersberg, Autorin des Buches „10 Schritte zu einer erfolgreichen Bewerbung in den USA"*

Die Bewerbungsunterlagen bestehen in den Vereinigten Staaten in der Regel nur aus zwei Teilen: dem *Resume* (Lebenslauf) und dem *Cover letter* (Anschreiben). Bei der Erstellung Ihrer Bewerbungsunterlagen sollten Sie mit dem *Resume* beginnen, da Sie im *Cover letter* auf Informationen aus Ihrem Lebenslauf Bezug nehmen.

## Was soll ein *Resume* leisten?

Positive Selbstdarstellung

Das *Resume* soll den schulischen und beruflichen Werdegang skizzieren sowie Auskunft über Qualifikationen, Leistungen und Stärken geben. Gefragt ist eine positive Selbstdarstellung. Negativaspekte oder Unsicherheiten sind hier fehl am Platz. Das *Resume* soll eine Werbung für Sie sein; es ist Teil Ihres *Self-Marketings*.

Betonen Sie Ihre für den Job relevanten Fähigkeiten

Das *Resume* soll erkennen lassen, wie Sie dem potentiellen Arbeitgeber von Nutzen sein können. Machen Sie sich daher zunächst ein genaues Bild von der Firma und den dort gestellten Anforderungen; betonen Sie vornehmlich die Fähigkeiten, die bei Ausübung der angestrebten Tätigkeit von Bedeutung sein können.

Machen Sie sich
interessant

Das Ziel Ihres *Resume* sollte sein, den Personalchef davon zu überzeugen, daß es für ihn interessant ist, Sie persönlich kennenzulernen. Das *Resume* soll Ihnen den Weg zum Vorstellungsgespräch ebnen. Ihr Lebenslauf ist also die erste zu überwindende Hürde auf dem Weg zu einem neuen Job.

Wichtig ist dafür nicht allein der Inhalt. Verlieren Sie nicht aus dem Auge, daß die Gestaltung des *Resume* entscheidend ist für den ersten Eindruck, den Ihr potentieller Arbeitgeber von Ihnen gewinnt.

Möglichst keine Lücken
lassen

Ihre Angaben sollten vollständig sein. Beachten Sie, daß Ihr *Resume* keine größeren Zeiträume in Ihrem Berufsleben ungeklärt läßt. Lücken im Lebenslauf sind verdächtig.

Formulieren Sie prägnant – Stichworte sind oft geeigneter als ganze Sätze. Eine rasch erfaßbare Gliederung erleichtert dem Personalchef die Orientierung.

Nur eine Seite lang

Das *Resume* sollte in der Regel eine Seite lang sein. Nur bei langjähriger Berufserfahrung oder, wenn dies ausdrücklich gefordert wird, können Sie es auf zwei Seiten ausdehnen. Orientieren Sie sich aber zunächst an der Vorgabe von einer Seite. Die Kunst liegt in der Beschränkung auf das Wesentliche.

Gerade bei einem *Resume*, das nur wenige, sorgfältig gewählte Wörter beinhaltet, sollte es möglich sein, Fehler aller Art zu vermeiden. Achten Sie darauf, daß Ihr *Resume* (wie Ihre gesamten Bewerbungsunterlagen) frei von Rechtschreib- und Grammatikfehlern sind. Nutzen Sie dabei die Rechtschreibprüfung im PC. Geben Sie Ihre Texte zusätzlich mindestens zwei kritischen Lesern zur Durchsicht.

## Was gehört in ein *Resume*?

Das *Resume* muß eine ganze Reihe von Angaben enthalten. Ein Teil davon ist dringend erforderlich, andere können auch entfallen. Zunächst sind das Ihre persönlichen Daten – also Name und Anschrift. Sie bilden den Kopf des *Resume*.

*Objective,*
*Relevant Skills*

In den USA ist es zudem üblich, Ihr Berufsziel (*Objective, Career Goal*) an den Anfang des Lebenslaufs zu stellen. Unter der Rubrik *Relevant*

*Skills* (auch *Key Qualifications*, *Summary*) können Sie eine kurze Beschreibung Ihrer wichtigsten Qualifikationen anschließen.

Nach diesen einleitenden Informationen folgt unter *Experience* oder *Employment Work History* eine Auflistung Ihrer Berufserfahrungen. Skizzieren Sie anschließend Ihre berufliche und schulische Ausbildung (*Education*). Sie können auch mit *Education* beginnen, falls Sie noch keine Berufserfahrung gesammelt haben.

**Haben Sie besondere Kenntnisse?** Denken Sie auch an Ihre Kenntnisse im Bereich EDV (*Computer Skills*) oder Fremdsprachen (*Languages*). Ergänzen Sie bei Bedarf Kategorien wie *Related Skills* oder *Other Qualifications* (für die Arbeit nützliche Fertigkeiten), *Professional Training* oder *Relevant Course Work* (Fortbildungskurse), *Honors* (Auszeichnungen), *Publications* (Publikationen), *Activities* (Aktivitäten) oder *Professional Affiliations* (berufsbezogene Mitgliedschaften).

Ihr *Resume* kann mit dem Hinweis „References available upon request" enden, wenn Ihnen Referenzpersonen zur Verfügung stehen.

## Was gehört nicht in ein *Resume*?

Eine ganze Reihe von Angaben sind im amerikanischen Lebenslauf fehl am Platz, auch wenn sie im europäischen Raum durchaus zu den Standardangaben gehören. Bei solchen Angaben handelt es sich zumeist um persönliche Informationen, die zur Diskriminierung führen könnten.

**Kein Paßbild** So ist dem *Resume* kein Paßbild beizufügen, da man verhindern möchte, daß die Vorauswahl durch das äußere Erscheinungsbild des Bewerbers beeinflußt wird.

**Keine Angaben zu Familienstand und Alter** Schutz vor Diskriminierung soll auch dadurch gewährleistet sein, daß keine Angaben zu Ihrem Familienstand und Kindern in Ihrem *Resume* erscheinen. Auch Ihr Geburtsdatum und Ihr Alter sind nicht anzugeben.

**Keine Angaben zu Herkunft und Eltern** Ebenso sind Angaben über Ihre Herkunft und Ihre Eltern überflüssig und unerwünscht. Falls dies nicht unmittelbar zu Ihrem Beruf gehört, spielt auch Ihre Religionszugehörigkeit keine Rolle. Vermeiden Sie zudem Informationen über Ihren Gesundheitszustand.

*2. Kapitel*

<table>
<tr>
<td>Keine Kündigungs-<br>gründe und<br>Gehalsvorstellungen</td>
<td>Kündigungsgründe aus ehemaligen Arbeitsverhältnissen sind fehl am Platz. Beachten Sie auch, daß Gehaltsvorstellungen im *Resume* nichts zu suchen haben. Falls diese in der Stellenausschreibung ausdrücklich erbeten werden, sollten Sie sie im *Cover letter* formulieren.</td>
</tr>
<tr>
<td>Keine Hobbys</td>
<td>Im Gegensatz zu deutschen Lebensläufen sollten Sie keine Hobbys angeben. Auch Mitgliedschaften, die nichts mit der angestrebten Stelle zu tun haben, haben hier nichts verloren.</td>
</tr>
</table>

Geben Sie keine Gründe an, warum Sie Ihren Wehrdienst nicht geleistet haben. Ihren geleisteten Militär- oder Zivildienst sollten Sie vor allem dann erwähnen, wenn er mit dem angestrebten Beruf im Zusammenhang steht.

Ihr *Resume* sollte keine Überschrift tragen. Überschreiben Sie Ihren Lebenslauf also nicht mit „Resume" oder „Curriculum Vitae". Die Gestaltung Ihres Lebenslaufs sollte für sich sprechen. Wenn der Leser nicht auch ohne Überschrift merkt, daß ihm ein *Resume* vorliegt, dann stimmt etwas nicht.

Keine Unterschrift

Und zuletzt: Ein amerikanischer Lebenslauf wird im Unterschied zu einem deutschen nicht unterschrieben.

## Wie ist ein *Resume* aufgebaut?

Von neu zu alt –
*reverse chronological*

Es gibt verschiedene Möglichkeiten, die einzelnen Informationen im *Resume* anzuordnen. Wichtig ist für alle diese Optionen: Amerikanische *Resumes* präsentieren die Informationen grundsätzlich nicht chronologisch von den ältesten bis zu den neuesten Daten. In den USA können Lebensläufe zwar auch chronologisch aufgebaut sein, dann aber rückläufig (*Reverse chronological*). Beginnen Sie also mit den neuesten Informationen und schließen Sie mit den ältesten ab. So präsentieren Sie dem Leser zuerst die wichtigsten und aktuellsten Fakten.

Sie sollten in jedem Fall das Format wählen, mit dem Sie Ihre Fähigkeiten und Erfahrungen am eindrucksvollsten präsentieren können.

### Reverse chronological resumes

Chronologisch aufgebaute *Resumes* eignen sich vor allem für Bewerber, die einen lückenlosen, stringenten Lebenslauf aufweisen können. Mit dieser Art der Präsentation Ihres beruflichen Werdegangs können Sie besonders gut zeigen, wie die einzelnen Etappen aufeinander aufbauen.

**Für Bewerber mit geradlinigem Werdegang**

Dieses Format eignet sich vor allem für Bewerber, deren letzte Berufserfahrungen auf dem Gebiet des neuen Jobs liegen. So können Sie effektvoll demonstrieren, daß Ihr beruflicher Werdegang genau auf die angestrebte Stelle hingeführt hat.

Ordnen Sie die einzelnen Kategorien (wie *Experience, Education, Professional Training* etc.) nach der Bedeutung für den angestrebten Job an; innerhalb der Gruppen sollten Sie die einzelnen Fakten chronologisch auflisten. Doch: Ordnen Sie diese rückläufig an. Beginnen Sie also mit den neuesten.

Bei einem *Chronological resume* sollten Sie zu jeder Etappe Ihres Werdegangs folgende Informationen geben: Zeitraum der Beschäftigung, Name des Unternehmens und Beschreibung Ihrer Tätigkeit und Position.

**Entscheidungshilfe**

Benutzen Sie ein *Reverse chronological* Format, wenn

- Ihre letzte Anstellung / Ausbildung mit dem angestrebten Job in Verbindung steht,

- Sie einen lückenlosen und stetigen Werdegang aufweisen können,

- sich der angestrebte Job optimal in Ihren bisherigen Werdegang einfügt.

### Skill-based oder Functional resumes

**Für Bewerber mit verschlungenem Werdegang**

Ein *Skill-based oder Functional resume* ordnet Ihre Daten nicht zeitlich, sondern hinsichtlich bestimmter Fertigkeiten. Ein solcher Lebenslauf eignet sich vor allem die Bewerber, deren Werdegang nicht ganz geradlinig verlaufen ist. Falls Sie viele Sprünge und Wechsel in Ihrem Berufsleben hatten, ist diese Art der Präsentation deutlich besser geeignet als ein chronologischer Lebenslauf.

Mit einen *Skill-based resume* können Sie zum Beispiel auch Phasen der Arbeitslosigkeit besser kaschieren. Wenn Sie beispielsweise lange Zeit in einem anderen Berufsfeld tätig waren als dem des angestrebten Jobs, können Sie davon mit einem *Functional resume* leicht ablenken. Auch wenn Sie über wenig Berufserfahrung verfügen, bietet sich ein *Skill-based resume* an.

**Angabe ehemaliger Arbeitgeber nicht erforderlich**

Mit einem *Skill-based resume oder Functional resume* zeigen Sie, was Sie können, ohne den Schwerpunkt darauf zu legen, wann Sie Ihr Können bei welcher Firma unter Beweis gestellt haben. Im Gegensatz zum *Chronological resume* sind bei diesem Format Angaben über den Zeitraum der Beschäftigung, den Namen des Unternehmens etc. nicht unbedingt erforderlich.

**Qualifikationen nach Kategorien ordnen**

Ihre Qualifikationen sollten Sie in einem *Functional resume* in Kategorien ordnen. Diese Kategorien bezeichnen dann die Fähigkeiten, die in direktem Zusammenhang mit dem Job stehen, für den Sie sich bewerben. Mögliche Kategorien sind *Marketing, Planning, Budgeting, Research, Writing, Housekeeping* etc. Auch allgemeinere, zusammenfassende Kategorien sind gut brauchbar, zum Beispiel *Communication Skills, Leadership Skills, Organizational Skills, Analytical Skills, Writing Skills* etc.

Writing Experience

Wrote articles about Resume Writing and Salary Negotiations

Wrote articles about EU

Wrote press releases concerning Proliferation in India

**Zuschnitt auf die Firma**

Mit einem solchen *Resume* können Sie Ihren Lebenslauf direkt auf die Stelle und die Firma zuschneiden. Sucht die Firma beispielsweise jemanden, der Qualifikationen in den Bereichen Korrekturlesen, Schreiben und Herausgeben hat, so können diese drei Stichwörter schon die gesuchten Kategorien für Ihr *Skill-based resume* sein.

Auch wenn Sie Ihre Erfahrungen nicht während einer festen Anstellung gesammelt haben, sondern zum Beispiel bei einem Volontariat, im Praktikum oder auf Reisen, bietet das *Skill-based resume* eine ausgezeichnete Alternative zum *Chronological resume.*

Denken Sie auch an ein *Functional resume*, wenn Sie in verschiedenen Bereichen gearbeitet haben, in denen jedoch immer dieselben Fähigkeiten zum Einsatz kamen. Ein solches Format hat dann den Vorteil, daß Sie nicht zu jedem Job die gleichen Tätigkeitsbereiche auflisten müssen.

Es gibt allerdings Arbeitgeber, die Vorbehalte gegenüber dem *Skill-based* Format haben. Sie halten dieses Format gegenüber dem althergebrachten chronologischen Ansatz für schwieriger zu lesen. Sie sollten also gerade das *Skill-based resume* möglichst klar gestalten. Ihr *Resume* muß so überzeugend sein, daß der Personalchef nicht auf den Gedanken kommt, Sie hätten dieses Format nur gewählt, um Lücken und sonstiges zu verbergen.

Vielen Arbeitgebern fehlt auch gerade bei einem *Functional resume* die Angabe der früheren Arbeitgeber. Mit einem erweiterten *Skill-based* Format ist es möglich, diese Angaben zu ergänzen.

**Writing Experience**

1998-1997    TIA Verlag, Bonn, Germany

- Wrote articles about Resume Writing and Salary Negotiations

1997-1996        Monitor Verlag, Bonn, Germany

- Wrote articles about EU

1998-1994        Institute for Proliferation Studies, Bonn, Germany

- Wrote press releases concerning Proliferation in India

**Entscheidungshilfe**

Das *Skill-based* Format sollten Sie wählen, wenn

- Sie nur begrenzt Erfahrungen in dem angestrebten Berufsfeld gemacht haben,

- Sie Ihre Erfahrungen vor allem bei Studien, Reisen, Hilfsjobs oder Praktika erworben haben,

- Ihr Werdegang nicht geradlinig verlaufen ist, Lücken aufweist oder Sie Ihren Beruf gewechselt haben,

- Sie in vielen unterschiedlichen Jobs immer dieselben Fähigkeiten eingesetzt haben.

### Mischformen

Sie können diese unterschiedlichen Formen des *Resume* auch kombinieren. So könnte Ihr *Resume* aus zwei verschiedenen Sektionen bestehen. Ihre Berufserfahrungen können Sie nach *Skills* geordnet präsentieren und Ihre Ausbildung rein chronologisch auflisten.

*Targeted reverse-chronological format*

Eine andere Mischform ist das sogenannte *Targeted reverse-chronological* Format. Es eignet sich vor allem für diejenigen, die zwar über Erfahrungen im angestrebten Berufsfeld verfügen, deren letzte Erfahrungen jedoch nicht in diesem Zielfeld liegen. Unter der Rubrik „Targeted experience" werden dann (chronologisch rücklaufend) alle Stationen Ihres Werdegangs angegeben, die im angestrebten Berufsfeld liegen. Die restlichen Erfahrungen können unter „Other experiences" verbucht werden.

*Reverse-chronological format with a skills based twist*

Mit einem *Reverse-chronological format with a skills based twist* steht Ihnen eine weitere Mischform zur Verfügung. Hiermit können Sie, ausgehend von einem chronologischen Lebenslauf, Ihre Fähigkeiten betonen. Dabei werden die einzelnen chronologisch aufgelisteten Stationen Ihrer Erfahrungssuche mit hervorgehobenen Zwischenüberschriften versehen. Diese Zwischenüberschriften bezeichnen dann die Bereiche Ihrer Fähigkeiten, die Sie bei jeder Anstellung eingesetzt haben.

1997-Present   TIA Verlag, Bonn, Germany
ORGANIZATION

- Organized work-shops for Green Card winners
COUNSELING

- Informed customers about Diversity-Visa Program

Mit einem solchen Format markieren Sie Ihre Stärken deutlich und geben dem Arbeitgeber zugleich eine vollständige Beschreibung Ihres Werdegangs.

# Vorbereitungen für das *Resume-Writing*

Jetzt haben Sie die wichtigsten Informationen zum amerikanischen Lebenslauf; bleibt nur noch die Umsetzung in die Tat. Viele Jobsuchende haben große Probleme bei der Erstellung eines Lebenslaufs. Im folgenden finden Sie daher einige Tips, wie Sie beim *Resume-writing* konkret vorgehen können.

### Was kann ich? Was weiß ich? Wie bin ich?

**Verschaffen Sie sich Klarheit über Ihre Fähigkeiten**

Um Ihre Fähigkeiten gekonnt präsentieren zu können, müssen Sie sich zunächst einmal darüber im klaren sein, wo Ihre Stärken liegen. Verdeutlichen Sie sich daher zunächst selbst, was Sie Ihrem potentiellen Arbeitgeber anzubieten haben. Folgende Fragen sollten Sie dazu beantworten:

- Wie bin ich?

- Was weiß ich?

- Was kann ich?

**Skills package erstellen**

Ziel der Überlegungen ist es, ein Paket an Fähigkeiten (*Skills package*) zusammenzustellen. Unterscheiden Sie dabei verschiedene Arten von Fähigkeiten: angeborene, erlernte und persönliche.

Stellen Sie sich Fragen wie: Kann ich gut Probleme analysieren? Bin ich ein angenehmer Gesprächspartner? Beneiden meine Freunde mich um meine Fremdsprachenkenntnisse? Bittet man mich häufig um Rat bei Computerproblemen? Kann ich Arbeit delegieren? Kann ich gut mit Kindern umgehen?

Erstellen Sie anschließend eine Liste Ihrer Fähigkeiten. Wählen Sie in einem zweiten Schritt acht Fähigkeiten aus, die Ihnen im Hinblick auf den angestrebten Job besonders wichtig erscheinen.

**Denken Sie über Ihren Charakter nach**

Denken Sie nun über Ihre Eigenschaften nach. Fragen Sie auch Freunde und Bekannte, wie sie Sie sehen. Vielleicht können Sie in Streßsituationen einen kühlen Kopf bewahren, wenn alle anderen schon verzweifeln. Oder sind Sie enthusiastisch, vertrauensvoll, diplomatisch, tatkräftig, flexibel, loyal, realistisch, organisiert, ernsthaft, taktvoll oder kreativ? Listen Sie auch hier Ihre Eigenschaften auf. Wählen Sie nun die sechs Adjektive, die Sie am besten beschreiben.

Notieren Sie zuletzt alle Gebiete, auf denen Sie über Wissen verfügen. Schreiben Sie es auf, wenn Sie sich im deutschen Zollwesen auskennen. Wissen Sie zufällig, wie man sich in Japan bewirbt, dann notieren Sie es. Sammeln Sie Ihre Kenntnisse, und wählen Sie dann sechs für den angestrebten Job relevante Wissensbereiche aus.

**Alles auf einer Karte** Ihr *Skills package* setzt sich aus den ausgewählten acht Fähigkeiten, sechs Eigenschaften und sechs Wissensbereichen zusammen. Halten Sie diese auf einer Karteikarte fest. Diese Karte kann Ihnen für das gesamte Bewerbungsverfahren gute Dienste leisten. Im *Cover letter* werden Sie darauf ebenso zurückgreifen müssen wie im *Interview*.

### Fakten sammeln

**Auch Kleinigkeiten nicht vergessen** Neben Ihren Fähigkeiten sind die Fakten Ihres Werdegangs für das Verfassen eines Lebenslaufs wichtig. Natürlich haben Sie die großen Meilensteine Ihrer Berufsgeschichte oder Ausbildung vor Augen. Doch oft sind es die kleinen Schritte (etwa ein Ferienkurs oder ein kurzes Seminar), die Ihren Werdegang interessant erscheinen lassen. Diese sollten Sie keinesfalls vergessen.

**Brain storming**

Schreiben Sie daher zunächst alle Informationen, die im entferntesten relevant sein könnten, auf. Notieren Sie erst einmal alles, was Ihnen zu Ihrer Ausbildung, Ihrem beruflichen Werdegang und Ihren Fähigkeiten einfällt. Notieren Sie, was Sie bereits geleistet oder erreicht haben. Lassen Sie sich dabei Zeit. Fragen Sie auch Freunde oder Verwandte, die Sie und Ihre Aktivitäten gut kennen. Wichtig ist, in dieser Sammel-Phase noch nichts wegzulassen, was Ihnen unbedeutend erscheint.

### Präzisieren

**Hilfe durch Infobögen** Nun sitzen Sie wohl vor einem Berg von Stichwörtern. Diese gilt es jetzt zu präzisieren. Vervollständigen Sie Ihre Stichwortsammlung nach den unten aufgeführten Mustern.

## Informationen zur schulischen Ausbildung

Schulform

Name der Schule

Zeitraum des Schulbesuchs

Ort und Land des Sitzes der Schule

Erlangte Abschlüsse

Notendurchschnitt

Leistungskurse oder besondere fachliche Ausrichtung

Rangposition im Vergleich zu den Mitschülern

(zum Beispiel: „unter den besten 15 % der Schüler")

Stipendien

Auszeichnungen / Preise

## Informationen zur weiterführenden Ausbildung (Lehre, Fachhochschule, Universität usw.)

Name der Institution

Stadt und Land der Institution

Zeitraum der Ausbildung

Ausbildungsfach / Studienfach (Hauptfach, Nebenfach)

Erlangter Abschluss

Notendurchschnitt

Noten für Abschlussarbeit und Abschlussprüfungen

Größere Forschungsprojekte oder Untersuchungen

Stipendien

Auszeichnungen

Beachten Sie, daß es das System der Lehre und betrieblichen Ausbildung in den USA nicht gibt. Viele deutsche Lehrberufe (wie Krankenpfleger, Erzieher, Rechtsanwaltsgehilfe, Technischer Zeichner, Reisebürokaufmann) erfordern in den USA ein Studium. Falls Sie eine Lehre gemacht haben, weisen Sie auf diese fachspezifische Ausbildung und Ihren Abschluß (*Diploma*) hin. Eine deutsche Berufsausbildung wird in den USA im allgemeinen hoch geschätzt. Um die Anerkennung Ihrer Ausbildung in den USA müssen Sie sich daher keine großen Sorgen machen.

## Informationen zu anderen Ausbildungen, Kursen etc.

Art des Kurses

Name der Ausbildungsinstitution

Sitz der Ausbildungsinstitution

Zeitraum der Fortbildung

Erreichtes Niveau / Erlernte Fertigkeiten

Zertifikate / Zeugnisse

Notendurchschnitt

## Informationen zur Berufserfahrung

Name des Arbeitgebers

Arbeitgeberanschrift

Art der Firma / Arbeitsfeld

Zeitraum der Beschäftigung

Stellenbezeichnung

Name und Telefonnummer des direkten Vorgesetzten

Was waren Ihre größten Leistungen während Ihrer Arbeit?

Sind Sie befördert worden?

Welche Aufgaben hatten Sie?

Was haben Sie Neues erfahren?

Welche Fertigkeiten haben Sie erlernt oder verbessert?

Haben Sie neue Kenntnisse erworben?

**Informationen zu Ihren Aktivitäten, Mitgliedschaften etc.**

Name des Vereins, der Aktivität

Ihr Titel, Ihre Position (Mannschaftsführer, Schatzmeister, Mitglied etc.)

Hauptaktivitäten des Clubs

Was haben Sie dort erreicht?

Was waren Ihre Verantwortungsbereiche?

Welche Fähigkeiten haben Sie erlernt oder verbessert?

Haben Sie Preise / Auszeichnungen erhalten?

Wenn Sie die Informationsbögen ausgefüllt haben, werden Sie eine große Menge von Fakten vor sich haben. Wahrscheinlich wird Ihnen schnell klar, welche davon wichtig sind und welche keine große Rolle spielen.

### Ordnen

Ihr Lebenslauf muß eine übersichtliche Gliederung aufweisen, die eine schnelle Orientierung ermöglicht. Daher ist es sehr wichtig, daß Sie sich die Anordnung Ihrer Informationen im *Resume* genau überlegen.

## Formulieren Sie Ihr *Resume* effektvoll

Tatsächlich ist die Art und Weise, wie Sie Ihre Erfahrungen und Qualifikationen formulieren, extrem wichtig. Aussagekräftige, prägnante und positive Formulierungen charakterisieren Sie als aktiven und dynamischen Menschen.

Wichtig für die dynamische Ausdrucksweise sind die verwendeten Verben. Vermeiden Sie den Gebrauch von Hilfsverben wie „be" oder „can". Sätze mit diesen Verben wirken passiv.

Statt

Was responsible for the billing and the correspondence

sollten Sie schreiben:

*2. Kapitel*

Handled billing and correspondence

Sehen Sie sich die folgende Liste an, und versuchen Sie einzelne Punkte in Ihrem Lebenslauf mit Hilfe dieser *Action Verbs* - oft auch *Power Verbs* genannt - zu beschreiben. Diese Verben beschreiben Sie in Ihrem *Resume* als einen tatkräftigen und aktiven Menschen.

## *Action Verbs*

| | | | |
|---|---|---|---|
| adapted | achieved | acquainted | administered |
| advertised | advocated | analyzed | applied |
| approved | arbitrated | arranged | assembled |
| assessed | assumed | attained | audited |
| balanced | budgeted | built | calculated |
| charted | classified | combined | communi- |
| cated | compiled | composed | compounded |
| computed | conducted | controlled | coordinated |
| counseled | created | delegated | delivered |
| designated | determined | diagnosed | directed |
| disproved | dissected | edited | educated |
| eliminated | enforced | established | estimated |
| examined | executed | extracted | fixed |
| formulated | founded | gathered | generated |
| handled | headed | helped | hypothesized |
| identified | illustrated | implemented | improved |
| installed | instituted | instructed | interpreted |
| investigated | learned | lectured | led |
| maintained | marketed | memorized | mentored |
| modeled | modernized | modified | negotiated |
| operated | ordered | organized | oversaw |
| performed | piloted | prepared | processed |
| programmed | promoted | proofread | publicized |
| published | realized | recommended | recorded |
| recruited | referred | regulated | reported |
| represented | researched | resolved | responded |

| | | | |
|---|---|---|---|
| reviewed | routed | scheduled | selected |
| separated | served | shaped | shared |
| solved | sorted | sponsored | strengthened |
| suggested | supervised | supplemented | surveyed |
| systematized | talked | tested | translated |
| traveled | treated | tutored | unified up- |
| dated | upgraded | utilized | wrote |

### Nützliche Webadresse

http://www.aboutwork.com/rescov/resinfo/verbs.html

*Auf dieser Seite finden Sie eine umfangreiche Liste der* Action Verbs.

Besonders effektvoll ist es, die Beschreibung Ihrer Tätigkeiten mit einem *Action Verb* zu beginnen.

Designed and developed marketing brochures, advertisements, and promotional items

Ihr *Resume* sollte klar und verständlich sein. Vermeiden Sie daher fachspezifische Abkürzungen und Spezialausdrücke, die Ihr Personalchef nicht kennen kann. Das *Resume* sollte in einer einfachen, direkten, klaren und präzisen Sprache verfaßt sein.

**Formulieren Sie kurz und prägnant** Halten Sie das *Resume* möglichst knapp. Sie sollten nur kurze Sätze oder aussagekräftige Stichwörter verwenden. Ihr *Resume* muß so einfach wie möglich zu lesen sein. Der Personalchef muß die wichtigsten Informationen schnell erfassen können. Vermeiden Sie jede Art von ausschweifender Erzählung.

In Ihrem *Resume* sollte statt

I compiled information and wrote the first draft for a launch book introducing the first sinus relief product with daytime and nighttime formulations in a single package.

besser stehen:

Completed draft of launch book introducing a unique sinus relief product

Tun Sie also alles, um Ihre Beschreibungen auf das wirklich Wesentliche zu reduzieren. Fragen Sie sich bei jedem Wort, ob es wichtige Informationen hinzufügt, ob es Ihr *Resume* klarer macht und ob es Ihren Marktwert steigert. Wenn dies nicht der Fall ist, sollten Sie es streichen. Auf Artikel („a", „the") kann in der Regel verzichtet werden.

Vermeiden Sie das Personalpronomen „I". Schließlich ist klar, wer die Leistungen, die Sie beschreiben, erbracht hat.

**Beschreiben Sie Leistungen in Zahlen**

Wo immer es sich anbietet, sollten Sie Ihre Leistungen mit Zahlen und Mengenangaben verdeutlichen. Überlegen Sie auch, wie Sie mit ausdrucksstarken Adjektiven Ihre Aussage gewichtiger machen können.

Directed a technical team responsible for telecommunications and data networks

können Sie folgendermaßen aufwerten:

Directed a 24-person technical team responsible for telecommunications and data networks ($1.3 million budget)

Oder:

Resolved staff-management conflicts

können Sie durch folgende Ergänzung aufbessern:

Resolved staff-management conflicts in a diplomatic and sensitive way

Achten Sie auf durchgängig einheitlichen Zeitengebrauch. Schreiben Sie am besten immer im *Past tense* (wrote, assisted, promoted usw.). Schließlich wollen Sie ja beschreiben, was Sie bereits gemacht und geleistet haben. Auch wenn Sie die Tätigkeiten beschreiben, die Sie in Ihrer momentanen Anstellung ausüben, sollten Sie bei dieser Vergangenheitsform bleiben.

Statt

Have organized a work-shop for German teachers in Seoul, Korea sollten Sie schreiben:

Organized work-shop for German teachers in Seoul, Korea

**Einheitliche Anordnung**

Hilfreich für den Leser ist auch eine systematische und einheitliche Anordnung der Informationen. Sie sollten die Angaben zu den einzelnen Rubriken immer in der gleichen Reihenfolge präsentieren. Zum Beispiel sollte bei der Angabe der einzelnen Jobs unter „Experiences" immer erst der Name der Firma, dann der Firmensitz und Ihre Position folgen. Legen Sie daher zuvor fest, in welcher Reihenfolge Sie die Informationen anordnen wollen. Daran sollten Sie sich in allen Fällen ausnahmslos halten.

Ihr *Resume* ist kein Dokument, das einmal geschrieben, für alle Zeiten unverändert bleibt. Ein *Resume* muß regelmäßig aktualisiert werden. Außerdem ist es zweckmäßig, den Lebenslauf für jede Bewerbung noch einmal kritisch durchzusehen. Oft ist es nötig, das *Resume* im Hinblick auf eine bestimmte Stelle leicht umzuformulieren oder andere Schwerpunkte zu setzen. Kurz: Ihr *Resume* lebt!

## Die einzelnen Rubriken

Im folgenden finden Sie ausführliche Informationen zu den einzelnen Bestandteilen Ihres *Resume*. Einige der genannten Rubriken sind allerdings nur für den chronologisch aufgebauten Lebenslauf zu verwenden. Für ein *Resume* im *Functional format* beispielsweise sieht die Darstellung Ihrer Berufserfahrung anders aus.

### Persönliche Daten

**Persönliche Daten im Briefkopf**

Ihre persönlichen Daten gehören in den Kopf des *Resume*, ganz gleich, für welches *Resume*-Format Sie sich entscheiden. Diesen Briefkopf können Sie auf der ersten Seite Ihres *Resume* am rechten oder linken Seitenrand oder auch in der Seitenmitte plazieren – ganz nach Ihrem Geschmack. Der Briefkopf sollte Ihren Vor- und Zunamen enthalten. Schreiben Sie Ihren ersten Vornamen unbedingt aus; der zweite kann auch abgekürzt werden (zum Beispiel Karl P. Meyer). In den Vereinigten Staaten ist es üblich, den Namen vor allem bei einem Briefkopf in der Seitenmitte deutlich hervorzuheben. Dies geschieht zumeist mit Fettsetzung und größerer Schrift.

Richten Sie sich bei allen Angaben nach den amerikanischen Standards:

> Lösen Sie Umlaute auf.
>
> Verwenden Sie „ae" statt „ä".

Geben Sie zudem Ihre vollständige Adresse mit Länderkennzeichen und Postleitzahl an (beispielsweise „D-53111 Bonn" oder „53111 Bonn, Germany"). Falls Sie über zwei Adressen verfügen, zum Beispiel über eine *Permanent address* und eine *Temporary address*, geben Sie beide an. Stellen Sie dann nur sicher, daß dem Leser des *Resume* klar wird, wo er Sie wann erreichen kann.

**Geben Sie auch die Länderkennzahl an**

Geben Sie Ihre Telefonnummer inklusive der Länderkennzahl (für Deutschland beispielsweise „+49") an. Bei der Ortskennzahl fällt dann die erste „0" weg. Am günstigsten ist es, wenn Sie sich auch hier amerikanischen Standards anpassen: Gruppieren Sie die Nummern auf übersichtliche Weise. Machen Sie deutlich, bei welchen Ziffern es sich um die Vor- bzw. Durchwahl handelt. Sie können sich an folgendem Beispiel orientieren: +49 (221) 65 87 24.

**Stellen Sie Ihre Erreichbarkeit sicher**

Ebenso selbstverständlich wie wichtig ist, daß Sie unter den angegebenen Telefonnummern auch wirklich persönlich erreichbar sind. Geben Sie Ihre betriebliche Erreichbarkeit nur dann weiter, wenn Sie während der Arbeit ungestört über Ihre neue Joboption reden können. Die angegebenen Telefonnummern sollten Sie so kennzeichnen, daß für den Leser des *Resume* deutlich ist, ob es sich um einen privaten oder einen Firmenanschluß handelt. Hier können Sie mit einem vorangestellten „Home:" oder „Office:" Zweifel beseitigen. Sie können auch Ihre Fax-Nummer und Email-Adresse angeben.

**Thomas S. Mueller**

Bluetenstrasse 68
D-66798 Wallerfangen
t.mueller@hotmail.com

Home: +49 (68 31) 96 46 51
Office: +49 (68 31) 78 48 35

Bei zwei- oder mehrseitigen *Resumes* sollten Sie Ihren Vor- und Zunamen auf jeder Seite in der Kopfzeile wiederholen. Am rechten Rand der Kopfzeile der zweiten und folgenden Seiten sollten Sie zudem die Seitenzahl einfügen.

Thomas S. Mueller                                                      Page 2

### Berufsziel – Objective

Ihre berufliche
Zukunft

Mit der Kategorie Berufsziel (*Objective, Job Objective, Position Sought, Career Goal* oder auch *Career Objective*) kann Ihr *Resume* beginnen. Hier können Sie mit wenigen Worten Ihre beruflichen Zukunftspläne beschreiben. Formulieren Sie das *Objective* im Hinblick auf die Firma und die angebotene Tätigkeit. Mit der Formulierung Ihres Berufsziels geben Sie darüber Auskunft, ob Sie sich über Ihre berufliche Zukunft im klaren sind.

Das Berufsziel kann im Zweifelsfall auch weggelassen werden, vor allem dann, wenn Ihre Berufsplanung noch nicht so weit fortgeschritten ist, daß Sie eine konkrete Aussage darüber fällen könnten.

Ihr Berufsziel sollte klar und präzise formuliert sein. Es sollte zudem mit Ihren Voraussetzungen und Erfahrungen in Verbindung stehen.

Objective

Position as a Supermarket Checker or Head Clerk

oder

Objective

Position in healthcare field sales that allows me to take advantage of a successful career in Customer Service.

Es gibt einen Unterschied zwischen *Job Objective* und *Career Objective*. Das *Job Objective* muß im Hinblick auf die Stelle formuliert sein, um die Sie sich bewerben. Das *Career Objective* kann sich hingegen auf eine langfristig geplante Karriere beziehen. Falls Sie ein solches Ziel angeben, kann der Job, um den Sie sich gerade bewerben, auch nur eine (wesentliche) Etappe auf dem Weg dorthin sein.

Bei der Formulierung Ihres Berufsziels können Ihnen die umfangreichen Listen von Berufsbeschreibungen (*Job descriptions*) weiterhelfen, die Sie in folgenden Veröffentlichungen finden:

### Nützliche Webadressen

http://www.wageweb.com/jobdesc.htm

### Buchtip

Giersberg, Dagmar und Hashmi, Terik *10 Schritte zu einer erfolgreichen Bewerbung in den USA*, TIA Verlag 1999.

Krantz, L.: *Job Finder's Guide 1999*, World Almanac Books 1998.

Beatty, Richard: *175 High Impact Resumes*, John Wiley & Sons 1996.

Das *Objective* steht als erster Punkt unter dem Briefkopf, ganz gleich, welches Format Sie gewählt haben.

### Kurze Zusammenfassung – Relevant Skills

Geben Sie einen kurzen Überblick

Mit der Rubrik *Relevant Skills* (auch *Key Qualifications, Summary, Summary of Qualifications, Profile*) kann sich dann eine kurze Beschreibung Ihrer wichtigsten Qualifikationen anschließen. Sie sollte nicht länger als drei bis vier Zeilen sein, da sie dem eiligen Leser als kurzer Überblick dient. Bedenken Sie, daß Personalchefs oft wenig Zeit haben und eine prägnante Zusammenfassung zu schätzen wissen.

Ihre Zusammenfassung kann als kurzer Text mit stichwortartigen Sätzen erfolgen.

### Profile

Seven years of experience providing for the needs of companion animals, farm livestock, and native and exotic wildlife in a variety of animal care facilities.

Sie können Ihre Qualifikationen aber auch in Form einer Aufzählung präsentieren.

**Summary of Qualifications**

- 15 years experience in the grocery industry as head of clerk, checker, and cashier

- Excellent reputation with customers as a competent, knowledgeable and helpful professional

- Honest, reliable, and productive

Diese Art von Zusammenfassung ist vor allem dann hilfreich, wenn Ihr *Resume* zwei Seiten lang ist, oder wenn Ihr Werdegang nicht sehr geradlinig verlaufen ist. Diese Rubrik ist nicht zwingend notwendig, im Zweifelsfall können Sie sie auch weglassen.

Möglich ist auch, die beiden Rubriken *Objective* und *Summary* zu einer zusammenzufassen. Diese könnte dann *Qualifications and Objectives* heißen.

### *Berufserfahrung* – Experience

Nach den oben vorgestellten einleitenden Informationen sollte unter der Überschrift *Experience* eine Auflistung Ihrer Berufserfahrungen folgen.

Dies gilt jedoch nur für chronologisch aufgebaute *Resumes.* Bei *Skillbased resumes* folgt jetzt eine Kategorie, die Ihre Fähigkeiten beschreibt (zum Beispiel: „Communication Skills").

Berufserfahrungen als wichtigster Teil des Lebenslaufs

Ihre bisherigen Berufserfahrungen (*Experience, Professional Experience oder Relevant Experience*) stellen den wichtigsten Teil Ihres Lebenslaufs dar. Der Schwerpunkt sollte dabei auf jenen Beschäftigungsverhältnissen liegen, die für Ihre zukünftige Tätigkeit aussagekräftig sind. Nennen Sie dabei den Zeitraum, in dem Sie tätig waren, Ihren Arbeitgeber, die Position, die Sie bekleidet haben, und die Tätigkeit, die Sie ausgeübt haben.

Vollzeitarbeitsverhältnisse, in denen Sie bislang tätig waren, sollten Sie lückenlos angeben, auch wenn diese sich nicht unmittelbar mit Ihrem *Job Objective* in Zusammenhang bringen lassen.

*Vergessen Sie nicht: Sommerjob, Praktika etc.*

Jede weitere Berufserfahrung, die auch nur entfernt mit Ihrem Berufsziel in Zusammenhang steht, kann wichtig sein. Dazu gehören auch Teilzeittätigkeiten, Sommerjobs und Praktika.

Verzichten Sie dann auf die Angabe von Nebenjobs, wenn diese sich beim besten Willen nicht mit Ihrem Berufsziel in Einklang bringen lassen. Falls Sie sich also beispielsweise für eine Stelle als Automechaniker bewerben, können Sie Ihren Ferienjob als Hundetrainer getrost weglassen.

Wichtig ist in jedem Fall, daß Sie die Tätigkeit, die Sie ausgeübt haben, beschreiben. Die bloße Liste der Firmen, bei denen Sie angestellt waren, ist wenig aussagekräftig. Die folgenden Beispiele sollten verdeutlichen, wieviel mehr Informationen Sie geben, wenn Sie Ihre Tätigkeiten beschreiben.

Statt

Office of Public Information,

Rheinische Friedrich-Wilhelms-Universitaet, Bonn, Germany

Secretarial Assistant, Fall 1995

sollte in Ihrem *Resume* stehen:

**Office of Public Information,**
**Rheinische Friedrich-Wilhelms-Universitaet, Bonn, Germany**

SECRETARIAL ASSISTANT, FALL 1995

Proofread press releases, answered phones, mailed information about the University to newspapers and advertisers, researched possible advertisers.

Gerade bei Berufen, die wenig spektakulär klingen (wie Hausfrau), können Sie mit einer solchen Beschreibung Ihre Tätigkeit aufwerten.

Statt

Household management, Berlin, Germany

1994 - 1996

sollten Sie schreiben:

**1994 - 1996: Household management, Berlin, Germany**

- Successfully managed a five-member household with an annual budget of $55,000, while completing a public relation consultant diploma at the Deutsche Angestellten Akademie, Berlin, Germany.

### *Ausbildung* – Education

Skizzieren Sie dann Ihre berufliche und schulische Ausbildung (*Education*). Je jünger Sie sind, je weniger Berufserfahrung Sie vorweisen können, desto genauer sollten Sie Ihre Ausbildung beschreiben. Wenn Sie bereits seit mehreren Jahren im Berufsleben stehen, müssen Sie bei der Beschreibung Ihrer Ausbildung nicht zu sehr ins Detail gehen. Dann reicht unter Umständen auch die Nennung Ihres letzten Abschlusses (zum Beispiel Abschluß Ihrer Lehre oder Hochschulabschluß).

Education

- Diploma 1980 (Diplom)

- Deutsche Kochschule Hamburg, Germany

- Germany's leading cooking school

Oder

*Education*

M.S. (Magister) Political Science, 1994

University of Muenchen, Germany

GPA: 3,7

Minor: Economics

Falls Sie Ihre schulische Laufbahn genauer beschreiben wollen, beginnen Sie Ihre Liste mit dem letzten Abschluß, den Sie gemacht haben. Darunter listen Sie in zeitlich umgekehrter Reihenfolge die anderen besuchten Schulen mit Abschlüssen auf. Fügen Sie immer auch (zum Beispiel in Klammern) die deutsche Entsprechung der Abschlüsse hinzu.

**Nur gute Noten angeben**

Sie können Ihre Durchschnittsnote („GPA = Grade Point Average") unter dem erzielten Abschluß angeben. Das sollten Sie jedoch nur dann tun, wenn die Note über 3.0 auf der amerikanischen Notenskala liegt. Ordnen Sie Ihre Noten in das amerikanische Notensystem ein. Dabei kann Ihnen die Umrechnungstabelle im Kapitel über Studieren in den USA helfen.

**Schwelgen Sie nicht in alten Zeiten**

Gehen Sie jedoch nicht zu weit in die Vergangenheit zurück. Die weiterführende Schule (Haupt-, Real-, Gesamtschule, Gymnasium) muß nicht mehr auftauchen. Falls Sie allerdings so weit zurückgehen, muß dies Ihr letzter Eintrag sein. Die Grundschule interessiert niemanden mehr. Bedenken Sie auch, daß es nicht darum geht, jeden Schulwechsel zu dokumentieren.

Legen Sie Ihren Schwerpunkt eher auf die Berufsausbildung. Beschreiben Sie Ihre Tätigkeiten während der Ausbildung (was haben Sie in Ihrer Lehre genau gemacht? Welches waren Ihre Hauptstudiengebiete? Wie lautet der Titel Ihrer Abschlußarbeit?).

Vergessen Sie auch nicht die Angabe und Beschreibung möglicher Zusatzausbildungen (wie Sprachkurse, Fachkurse etc.). Sie können sie auch in einer gesonderten Kategorie (zum Beispiel unter *Professional Training*) behandeln. Wenn es sich allerdings nur um ein oder zwei Kurse handelt, lohnt es sich oft nicht, eine eigene Kategorie zu erstellen.

### *Fortbildungskurse* – Professional Training

Bei Fortbildungskursen oder ähnlichem sollten Sie angeben, in welchem Zeitraum Sie die betreffende Schule oder Institution besucht haben. Geben Sie den Namen der Institution an, und erklären Sie – wenn nötig –, um welche Art Schule es sich handelt. Nennen Sie auch den Ort und das Land des Sitzes der Schule. Listen Sie erlangte Abschlüsse oder Zertifikate auf.

Die Überschrift dieser Rubrik könnte *Relevant Course Work* oder *Professional Training* lauten.

4/1997-6/1997

French Language Course for Beginners

Alliance Française, Paris, France

### *Fremdsprachenkenntnisse* – Languages

Denken Sie auch daran, Ihre Fremdsprachenkenntnisse anzugeben. Verzeichnen Sie diese zum Beispiel unter dem Oberbegriff *Languages*. Listen Sie die Sprachen auf, die Sie beherrschen, und geben Sie den Grad Ihrer Sprachkenntnisse an.

Languages

English and French (fluent)

German (mother tongue)

Je nachdem, wie wichtig die Fremdsprachenkenntnisse für Ihren Job sind, sollten Sie bei der Beschreibung näher ins Detail gehen. Geben Sie dann an, wie gut Sie lesen, schreiben, übersetzen, dolmetschen etc. können.

### *Computer-Kenntnisse* – Computer Skills

Unter *Computer Skills* wären Computer-Kenntnisse aufzulisten. Erwähnen Sie dabei die Programme und Programmiersprachen, die Sie beherrschen.

Computer Skills

PC: Word 8.0, WordPerfect 5.2, Excel, Lotus 1-2-3, MS Power Point

Macintosh: MacWrite, MS Word, Excel

Languages: Pascal, BASIC

*Mögliche andere Kategorien*

Ergänzen sollten Sie bei Bedarf Kategorien wie *Related Skills* oder *Other Qualifications* (für die Arbeit nützliche Fertigkeiten), *Honors* (Auszeichnungen), *Publications* (Publikationen), *Activities* (Aktivitäten) oder *Professional Affiliations* (berufsbezogene Mitgliedschaften). Mitgliedschaften und Aktivitäten sollten Sie nur dann auflisten, wenn sie etwas mit der angestrebten Stelle zu tun haben.

Nicht vergessen! Ihr *Resume* sollte mit dem Hinweis enden, daß Sie auf Wunsch gerne Empfehlungsschreiben einreichen: „References available upon request".

## Die Gestaltung Ihres *Resume*

Bei der Gestaltung Ihres *Resume* sind Sie im Grunde recht frei. Ihr Grundsatz dabei sollte jedoch die Übersichtlichkeit sein.

*Papier einseitig bedrucken*

Auch wenn Ihr *Resume* zwei Seiten lang ist: Bedrucken Sie immer nur eine Seite des Papiers! Vergessen Sie auch nicht, Ihren Namen auf der zweiten Seite in der Kopfzeile zu wiederholen. Denken Sie zudem an die Seitenzahl (ebenfalls in der Kopfzeile).

### Buchtips

Beatty, R. H., *175 High-Impact Resumes*, John Wiley and Sons 1998.

Betrus, M. / Block, J., *101 Best Resumes*, McGraw Hill 1997.

Giersberg, Dagmar und Hashmi, Terik, *10 Schritte zu einer erfolgreichen Bewerbung in den USA*, TIA Verlag 1999.

Krannich, R. L., *Dynamite Resumes: 101 Great Examples and Tips for Success*, Impact Publications 1996.

Parker, Y., *Damn Good Resume Guide: A Crash Course in Resume Writing*, Ten Speed Press 1996.

Parker, Y., *Resume Catalog: 200 Damn Good Examples*, Ten Speed Press 1996.

Rosenberg, A. / Hizer, D., *The Resume Handbook. How to Write Outstanding Resumes and Cover letters for Every Situation*, Adams Media Corporation 1996.

Yate, M., *Resumes that Knock 'Em Dead*, Adams Media Corporation 1997.

### Nützliche Webadressen

http://www.collegrad.com/resumes

http://www.collegrad.com/book/3-0.shtml

http://jobsmart.org/tools/resume/index.htm

http://www.aboutwork.com/rescov/index.html

http://www.aboutwork.com/knowyourself/links.html

http://www.damngood.com/

http://www.liglobal.com/b_c/career/res.shtml

http://www.msstate.edu/dept/coop/interview/resume.html

http://www1.umn.edu/ohr/ecep/resume/

http://www.stetsonedu/~rhansen/resume.html

## Das Wichtigste zum Resume

### FORM:

- Höchstens zwei Seiten lang
- Nur hochwertige Originalausdrucke, keine Kopien
- Hochwertiges Papier
- Ansprechende, übersichtliche Gestaltung
- Fehlerfrei und sauber
- Zuerst die aktuellste Information (von neu nach alt)

### INHALT:

- Berufsziel
- Schulischer und beruflicher Werdegang
- Erfahrungen, Qualifikationen, Stärken, Kenntnisse
- Erfolge und Leistungen
- Zuschnitt auf die Stelle, um die Sie sich bewerben

- Nutzen für die Firma

FORMULIERUNG:

- Gebrauch von *Action Verbs*

- Präzise, prägnante Formulierungen

- Stichwörter statt ganze Sätze

ORGANISATORISCHES:

- Kritische Leser zur Durchsicht

- Eine Kopie für Ihre Unterlagen

- Datum des Postausgangs vermerken

FEHL AM PLATZ SIND:

- Paßfoto

- Unterschrift

- Negativeinschätzungen und Kündigungsgründe

- Gehaltsvorstellungen

- Angaben zu Familienstand, Alter, Herkunft, Eltern, Aussehen, Gesundheitszustand, Religionszugehörigkeit

*Chronological resume*

# Annette Saarikoski
Waldstr. 23
38421 Wolfsburg
Germany
+49-8497-329-557

CAREER GOAL: To become a systems or network administrator.

EDUCATION
Diplom (=M.S.) (1995)     University of Hamburg, Germany
Major: Information Technology
Minor: Physics

EXPERIENCE
5-93 to present          *Network Administrator*
                         Volkswagen AG, Wolfsburg, Germany
- Managed IPX/SPX Cluster environment.
- Installed software and developed file security.
- Supervised DEC workstations.

9-90 to 4-93             *Computer Programmer*
                         Hansa Computers Ltd., Hamburg Germany
- Analyzed computer systems (hardware and software).
- Produced documentation for systems developed.
- Utilized UNIX and ORACLE software.

4-87 to 7-90            *Assistant Network Administrator*
                         Hamburg Science Foundation, Hamburg, Germany-
Designed, developed, and tested MS Office applications for company products
and services.

HONORS
- Scholarship for Academic Achievement (1993)

SPECIAL ABILITIES
- Fluent in German, French, and English
- SAP R/3 FI/CO Certification Course

PROFESSIONAL MEMBERSHIPS
- German Society for Automotive Technology
- Hamburg Computer Programmer Club

*2. Kapitel*

*Mixed resume* (Bewerber mit wenig Arbeitserfahrung)

# Doerte Stein

Campus Address
Krumpterstr. 23
81497 Munich
Germany
Phone: +49-89-820114

Permanent Address
Kappelerweg 116
81544 Augsburg
Germany

**OBJECTIVE**
To work in an accounting department of an international finance corporation

**EDUCATION**
Ludwig-Maximilians University, Munich, Germany
M.B.A. in Accounting with minor in banking, 1999

Earned a 3.7 GPA in marketing. Voluntarily enrolled in a research colloquium in which our class compiled statistical reports of the yearly economic indicators for Germany. Applicable skills include:

- **Communicating:** public speaking, talking to clients and representatives
- **Managing:** computer programming, meeting daily deadlines
- **Accounting**: payroll, tax laws, spreadsheet applications

Spent a summer on an international exchange program in Zurich, Switzerland, to learn more about the Swiss banking industry.

**CAMPUS ACTIVITIES**
Representative in the student governing body.
Managed bookkeeping for Student Committee for Extra-Curricular Activities.
Founded *The Wall Street Circle*, a club which met to discuss American securities industry, organized group trips to New York and San Francisco, host guest speakers.

**WORK EXPERIENCE**
**Siemens AG**                                                          7/97-10/97
Internship in accounting department
- Assisted in office duties, including responding to employee concerns
- Provided initial processing of payroll accounting
- Attended organizational meetings and contributed suggestions
- Designed new payroll database program to increase efficiency

**SPECIAL SKILLS**
Native German speaker, beginning Spanish
Windows 95, MS Word, Excel, PowerPoint, Adobe Acrobat

**References available upon request**

*Chronological resume*

# Peter Jonas

Lenbachstrasse 89
Hospital
24392 Hamburg
Germany
+ 49 (40) 349 8734

St. Thomas

4151 Ridgewood Road
Akron, OH 44313, USA

## EDUCATION

| | |
|---|---|
| 10/1993-Present | Medical studies at the University of Frankfurt |
| 9/1997 | Secondary State Examination |
| 9/1996 | Primary State Examination |
| 8/1995 | Pre-clinical Examinations |

## CLINICAL ELECTIVES

11/1997-12/1997     Surgery, *C.P.R. Hospital, Madrid, Spain*
Learned OR procedures by participating in various operations.

9/1997-10/1997     Gynecology, *Dublin Memorial, Dublin, Ireland*
Taught to examine pregnant women and assisted with births.

7/1995-8/1995     Internal Medicine, *Marien-Hospital, Cologne*
Assisted with work in the ward, including patient examinations and corresponding paper work.

6/1995-7/1995     Neurology, *Schiller-Hospital, Bonn*
Assisted doctors by taking patients' medical histories and seeing to their general well-being.

## VOCATIONAL TRAINING

1995-Present     Taught gynecology at the local nursing school in Kiesby.

1994-Present     Auxiliary nurse during night-duty in the internal ward at
the *Martin Luther Hospital* in Kiesby.

2/1993-9/1998     Relevant courses: Sonographic Diagnostics, Manuel Medicine, and Medical English from the University of Frankfurt.

11/1992     Worked as a volunteer for the Winter Special Olympics in Duesseldorf.

## DOCTORAL THESIS

Since 9/1995 Researched work concerning obstetrical brachial plexus
palsy at the Department of Neurology, University of Frankfurt, under the direction of Prof. Dr. Steinbrenner.

**LANGUAGES**
German, French, English, Spanish

Krankenschwestern/-pfleger müssen eine besondere Prüfung ablegen, um in den USA zugelassen zu werden. Unterlagen/Anmeldungen bei:

Commission on Graduates of Foreign Nursing Schools (CGFNS)
3600 Market Street, Suite 400
Philadelphia, Pennsylvania 19104-2651

Wenn Sie Hilfe bei der Gestaltung Ihres Lebenslaufes oder Ihrer gesamten Bewerbung wünschen, können Sie unter Tel.: 0228-9735-111 oder Fax: 0228-9735-190 Informationen über folgenden Service anfordern:

Servicepaket 1: Falls Sie schon einen deutschen Lebenslauf und ein Anschreiben angefertigt haben, die auch USA-geeignet sind, können Sie sich beides von TIA in das vorgegebene Format übersetzen lassen.

Servicepaket 2: Übersetzung, Umformulierung und Layout eines allgemeinen Lebenslaufes und Anschreibens. Sie geben nur die Inhalte vor.

Servicepaket 3: Zielgerichtete Bewerbung. Wenn Sie sich bei mehreren Firmen zielgerichtet bewerben möchten, so kann TIA Ihnen helfen Lebenslauf und Anschreiben abgestimmt auf die von Ihnen vorgegebenen Zielgruppen zu erstellen.

Servicepaket 4: Wenn Sie überhaupt nicht wissen, wie Sie die Jobsuche beginnen sollen, wie Sie Arbeitgeber ausfindig machen, wie Sie sich präsentieren sollen, wie Sie überzeugen können, so erhalten Sie auf Wunsch individuelle Beratung durch Bewerbungsprofis.

### Der Cover letter, das Anschreiben

Das Anschreiben sollte eine Art Leitfaden und Ergänzung zum Lebenslauf sein. Es sollte idealerweise das Interesse des potentiellen Arbeitgebers wecken und präzisieren, was genau Sie für die entsprechende Arbeitsstelle zu bieten haben. Das Anschreiben sollte den Leser an die Stellen des Lebenslaufes führen, die im Zusammenhang mit der angestrebten Position am interessantesten sind. Es sollte den Lebenslauf unterstützen und bestimmte Fähigkeiten herausstreichen. Auf diese Weise bekommt Ihr Arbeitgeber einen Eindruck Ihres Ausdrucksvermögen, versuchen Sie also gut, interessant und überzeugend zu sein. Leichter gesagt als getan, vor allem da Sie in einer Fremdsprache formulieren müssen. Bitten Sie möglichst jemanden, der über sehr gute Englischkenntnisse verfügt, Ihren Lebenslauf Korrektur zu lesen. Sie können auch an entsprechenden Orten, etwa am „schwarzen Brett" des Anglistischen Seminars einer Universität oder in der örtlichen Stadtbibliothek, einen Zettel aushängen oder die Kleinanzeigen Ihrer Tageszeitung durchsehen, wenn Sie keine zum Korrekturlesen geeigneten Bekannten haben. Ansonsten können Sie sich direkt an TIA wenden oder an ein Übersetzungsbüro, was natürlich etwas teurer werden kann. Aber mit einer einfachen Übersetzung ist es eben nicht getan, die Bewerbung muß „amerikanisiert" werden, beachten Sie also unsere Ratschläge genau. Orientieren Sie sich bei Ihren Formulierungen am besten an den Beispielen und beachten Sie die folgenden Hinweise.

*Eine einfache Übersetzung ist nicht ausreichend*

Erheblich problemloser gestaltet sich die Arbeitssuche, wenn Sie über eine Green Card verfügen, da dann Ihre Anstellung für den Arbeitgeber mit keinerlei zusätzlichem Aufwand verbunden ist. Erwähnen Sie es also unbedingt schon im Anschreiben, wenn Sie Inhaber einer Green Card sind oder über ein anderes Arbeitsvisum verfügen.

**Beachten Sie zusätzlich folgende Regeln:**

- Das Anschreiben sollte nicht länger als eine Seite sein

- Benutzen Sie möglichst eine persönliche Anrede wie: Dear Mr. Connor oder Dear Ms. Connor (Miss sollten Sie genausowenig verwenden wie das Deutsche „Fräulein"), gefolgt von einem Doppelpunkt

- Falls Sie keinen persönlichen Ansprechpartner ausfindig machen konnten, lassen Sie die Anrede weg oder schreiben Sie: *Dear Sir or Madam*:

- Machen Sie Absätze und gestalten Sie das Anschreiben übersichtlich

- Schreiben Sie individuell, gehen Sie auf das Unternehmen ein, verschicken Sie keine „Rundschreiben"

- Unterschreiben Sie Ihr Anschreiben

*Sehen Sie sich folgendes Beispiel an:*

## Gliederung

Ein Anschreiben könnte typischerweise folgendermaßen aufgebaut sein:

*Ad response letter*

Maria Kaestner
Gabelsberger Strasse 18
42103 Wuppertal
Germany

March 22, 1999

First Trust of Idaho
Human Resources Department
P.O. Box 1123
Boise, ID 83713

Dear Sir/Madam:

Growing international trade makes it more necessary for banks to have well-coordinated foreign exchange departments. Your advisement in the Boise Tribune on March 21, 1999, attracted my attention, and I would very much like to be part of your organization.

For the past six years I have worked as a foreign currency officer for the Commerz Bank in Wuppertal, Germany. Our bank developed a private banking and transfer service that increased the number of foreign currency accounts by 42%.

In addition, we have the highest customer service rating of all northern German banks. Providing customers with foreign currency for business and travel purposes, quoting and monitoring exchange rates, and processing transfer requests are at the top of our list of priorities. Therefore, I think I would be the perfect candidate for the position.

As the enclosed resume indicates, I have a Master's degree in Finance with a minor in Business Administration. I am well trained in common software applications such as Lotus 123, Excel and WordPerfect. My knowledge of global financial markets is very strong, and many of my customers have complimented me on that.

Any additional information about my educational or professional background is available upon request. I would welcome the opportunity to discuss this position with you to see how my skills and my experience can match your needs.

Sincerely,      *Maria Kästner*
Maria Kaestner
Phone: +49-202-152-89

*Ad response letter*

Michael Schneider
Altendorfer Strasse 57
D-71063 Sindelfingen

July 25, 1999

Mr. James Minich
Cromcor, Inc.
9985 Brownstone Drive
St. Louis, MO 63131

Dear Mr. Minich:

The position of Chief Financial Officer, outlined in your advertisement of July 18, 1999, matches my career interests and is strongly compatible with my skills and experience.

The fact that your company is a manufacturer and distributor in both international and domestic locations is of particular interest, since these responsibilities coincide with my recent activities.

As Financial Officer for an international corporation, I have considerable experience in directing the full spectrum of accounting and financial management activities. Specifically, I have:

*designed* and directed the installation of an international data communication network for reporting sales and marketing office activity;

*initiated* and designed data processing systems providing significant improvement in reporting accuracy, management control, and organizational productivity during a period of rapid expansion;

*directed* the cash management and treasury function (including planning and investment of $34 million), as well as all the forecasting for four divisions and seventeen markets.

My academic qualifications include a Diplom Betriebswirtschaft and a Diplom in finance. These are the German equivalents of the American M.B.A. and B.S. respectively.

I believe a review of my qualifications via the telephone would be worthwhile. You can contact me during the day at +49 (511) 451 21 or by letter at my home address.

Sincerely,

*Michael Schneider*

Michael Schneider

### Buchtip

Hansen, Katherine, *Dynamic Cover Letters*, Ten Speed Press 1995.

Beatty, Richard H., *175 High Impact Cover Letters*, John Wiley and Sons 1998.

Ausführlichere Buchbeschreibungen finden Sie am Ende des Buches.

### Zeugnisse, Empfehlungsschreiben und andere Zusätze

In manchen Fällen verlangt der Stellenausschreiber Zeugnisse, Empfehlungsschreiben und Arbeitsproben. Diese Dokumente werden allerdings erst auf Anfrage verschickt. Alle Dokumente sollten übersetzt sein, falls erwünscht, auch beglaubigt. Für die Übersetzung von Zeugnissen mit Noten beachten Sie bitte die Hinweise im Kapitel über Studieren in den USA, für Referenzen die Hinweise im Kapitel „Studieren in den USA".

**Häufig werden nur Adressen von Referenzen erbeten**

In vielen Fällen verlangen die Arbeitgeber aber auch nur die Adresse und Telefonnummer von Referenzpersonen, die dann vom Arbeitgeber beziehungsweise Personalverantwortlichen selbst angerufen werden. Sie sollten natürlich die jeweilige Referenzperson darüber informieren, daß Sie deren Adresse als Referenz angegeben haben und eventuell mit einem Anruf zu rechnen ist!

Abschließend noch einige formale Hinweise:

- Benutzen Sie für alle Teile der Bewerbung qualitativ hochwertiges Papier

- Benutzen Sie ein übersichtliches Schriftbild

- Achten Sie darauf, daß der Umschlag für die Bewerbung groß genug ist, damit die Bewerbung nicht verknickt wird

- Achten Sie unbedingt auf ausreichende Frankierung

- Achten Sie auf gute Qualität der miteingereichten Kopien

- Schreiben Sie die Bewerbung auf einem Computer und drucken Sie sie möglichst mit Laserdrucker oder gutem Tintenstrahldrucker aus

- Selbstverständlich soll die Bewerbung insgesamt ORDENTLICH und
  SAUBER sein

## Das Bewerbungsgespräch, *the Interview*

Zu diesem Zeitpunkt ist schon viel geschafft, Sie haben wahrscheinlich aufgrund Ihres Anschreibens und eines guten Lebenslaufes Aufmerksamkeit erweckt und sind eingeladen worden, sich persönlich
vorzustellen. Der Trend geht in den USA immer mehr dahin, Interviews per Telefon durchzuführen, da die großen Distanzen innerhalb
der USA auch für viele Amerikaner eine persönliche Vorstellung er-
schweren. Dies ist für ausländische Bewerber natürlich von Vorteil, da
persönliche Abwesenheit dann keinen Nachteil gegenüber Amerikanern darstellt. In jedem Fall ist das Interview ein sehr wichtiger Teil
Ihrer Arbeitssuche, denn hier wird endgültig über Anstellung oder
Nicht-Anstellung entschieden. Wenn Sie die Bewerbung von Deutschland aus angegangen sind, das Interview aber in den USA stattfindet,
sollten Sie natürlich versuchen, verschiedene Interviews zeitlich zu
koordinieren, oder versuchen, ein telefonisches Interview zu führen.

*Bewerbungsgespräche zunehmend nur telefonisch*

Ein Interview ist kein Glücksspiel, man kann lernen, sich positiv dar-
zustellen. Betrachten Sie Ihr Interview als eine Herausforderung, nicht
als Grund für Panikattacken. Ein Interview kann Spaß machen, jemand ist interessiert an Ihnen, hört Ihnen zu und Sie haben die Chance, überzeugend zu sein.

*Ein gutes Interview ist keine Glücksache*

Die Ratschläge in diesem Kapitel beziehen sich überwiegend auf das
erste Interview, das sogenanntes *Screening*, das in den USA im Normalfall etwa eine halbe Stunde dauert und dem Unternehmen, der
Firma oder dem Arbeitgeber dazu dient, die Bewerber vorab zu selek-
tieren. Bei kleineren Firmen/Betrieben werden nach diesem Gespräch
schon endgültige Entscheidungen getroffen. Die Hinweise gelten aber
allgemein auch für Folgeinterviews, bei denen meist nur umfassender
und detaillierter gefragt wird, oder aber bei denen es vielmehr bereits
darum geht, Ihnen das Unternehmen und seine Angestellten vorzustellen.

*Screening*

Auf spezielle, langwierige Auswahlverfahren, psychologische Tests, Assessment-Center usw. wird hier nicht weiter eingegangen, allerdings gibt es auch zu diesem Thema Literatur zur gezielten Vorbereitung.

**Buchtip**

Page, Brian, T., *Assessment Center Handbook*, Gold Publications 1997.

Sie sollten sich bei Ihrem Interview darüber im klaren sein, daß keiner Sie „reinlegen" möchte. Der Personalverantwortliche, mit dem Sie reden, will den bestmöglichen Mitarbeiter, und die sind nicht leicht zu finden. Wenn eine große Investment-Firma mehrere Tausend Bewerbungen bekommt und keine Kosten für aufwendige Auswahlverfahren scheut, so liegt das daran, daß die Firma weiß, wie schwer es ist, qualifizierte Mitarbeiter zu finden. Sicherlich gibt es Gespräche, bei denen einem der Gesprächspartner unsympathisch erscheint, aber Sie sind doch auch deshalb zum Gespräch gekommen, um sich ein besseres Bild von der Firma oder Arbeitsstelle zu machen, und wenn Ihnen schon dieser Repräsentant der Firma unsympathisch ist, sollten Sie selbst überlegen, ob Sie bei einer derartigen Firma überhaupt arbeiten wollen.

Vergessen Sie nie, daß es sich hier nicht um ein normales Gespräch handelt, auch wenn Ihr Interview-Partner Ihnen diesen Eindruck vermitteln sollte. Die Gesprächsregeln für ein alltägliches „angenehmes Gespräch" treffen nur bedingt zu, seien Sie nicht zu bescheiden und stellen Sie Ihre Qualifikationen und bisherigen Erfolge heraus. Das ist keine Angeberei, sondern genau das, was Ihr Arbeitgeber wissen möchte.

Es gibt bestimmte Regeln, die Sie bei der Vorbereitung auf ein Interview beachten sollten.

Informieren Sie sich über Ihren zukünftigen Arbeitgeber

**1** Am allerwichtigsten ist es, daß Sie sich auf das Gespräch vorbereiten. Sie sollten sich Informationen über die Firma, bei der Sie sich bewerben, beschaffen, sich zusätzlich über Ihr angestrebtes Arbeitsfeld informieren und eine möglichst genaue Vorstellung von der Art der Arbeit haben, um die Sie sich bewerben. Natürlich werden

Sie selbst einige Fragen haben, aber diese sollten sich nicht auf Basiswissen über die Firma beziehen. Orientieren Sie sich bei der Informationsbeschaffung zum Beispiel an folgenden Fragen:

- Wie lange existiert das Unternehmen?

- Wie groß ist es, wie viele Angestellte sind beschäftigt?

- Welche Dienstleistungen oder Produkte werden vertrieben?

- Welche Tochterfirmen gibt es an welchen Standorten?

- Wie ist der Ruf der Firma?

- Wie sind die Wachstumsraten der Branche einzuschätzen?

- Welche Konkurrenten gibt es?

- Wie hoch sind die Umsätze?

- Welche Produkte oder Projekte sind gerade aktuell?

### Buchtip

Deluca, Matthew, *Best Answers to the 201 Most Frequently Asked Interview Questions*, Mc Graw-Hill 1996.

Washington, Tom, *Interview Power Selling Yourself Face to Face*, Mount Vernon Press 1995.

Die Informationen können Sie anhand der Quellen finden, die bereits für die Vorbereitung auf die Stellensuche angegeben wurden. Vergessen Sie darüber hinaus nicht, die firmeneigenen Publikationen zu studieren.

Überlegen Sie sich Antworten zu typischen Bewerbungsfragen im voraus

**2** Erkennen Sie sich selbst! Sie sollen Auskunft über sich selbst geben, da genügt keine schwammige Selbsteinschätzung wie: „Ich glaube, daß ich manchmal nicht so schnell gestreßt bin...". Bereiten Sie sich darauf vor, auf Fragen, die Ihren persönlichen Charakter betreffen, antworten zu können. Ein Interview ist kein Beratungsgespräch, bei dem eigene Fähigkeiten gemeinsam entdeckt werden sollen. Denken Sie vor dem Gespräch über einige Punkte nach, die Sie unbedingt sagen wollen, und fügen Sie diese im Gespräch ein. Haben Sie Ihr *Resume* noch im Kopf? Das sollten Sie, da es der Ansatzpunkt für Fragen sein kann. Etwa: „ Was waren denn beim TIA Verlag in Bonn genau Ihre Aufgaben?" Üben Sie sich auch darin, auf „unpräzise" Fragen wie: „Erzählen Sie mir etwas über sich selbst!" Antwort zu geben. Orientieren Sie sich an den Beispielfragen im Kasten. Diese vierzig Fragen sollten eine gute Vorbereitung für jedes Vorstellungsgespräch sein. Es sind typische Fragen, wie sie auch von großen amerikanischen Firmen, die in Deutschland Personal rekrutieren, benutzt worden sind. Überlegen Sie sich auf jede Frage eine Antwort. Denken Sie sich diese Antworten nicht aus, sondern artikulieren Sie sich in vollständigen Sätzen. Gut wäre, wenn Sie mit einem Bekannten diese Fragen trainieren und somit die vollständige Gesprächssituation simulieren könnten. Ihr Gegenüber kann Sie dann auch auf Dinge hinweisen, die Ihnen im Selbstgespräch vielleicht nicht auffallen würden, zum Beispiel ständiges Fingerzucken oder ähnliches.

Sie werden mit Sicherheit gegen Ende des Gesprächs gefragt, ob Sie noch Fragen haben: *„Do you have any questions*?" Dies ist Ihre Chance, Ihr Interesse zu zeigen, wissen Sie auf diese Frage unbedingt etwas zu antworten!!

**Regeln der Höflichkeit beachten!**

**3** Beachten Sie die Regeln der Höflichkeit. Seien Sie pünktlich, eher zu früh, besonders wenn Sie nicht genau wissen, wo Ihr Interview stattfindet, öffentliche Verkehrsmittel benutzen oder mit dem Auto auf „staugefährdeten Straßen" fahren und in einer Ihnen fremden Stadt sind. Es macht keinen guten Eindruck, das Interview gleich mit einer Entschuldigung beginnen zu müssen. Wenn Sie aber den Ort des Interviews gefunden und noch viel Zeit haben, dann gehen Sie lieber in ein Café oder schauen Sie sich die Gegend an. Denn wenn sie stundenlang warten müssen, könnten Sie zunehmend unruhiger werden und unter Umständen fühlen sich dann die dortigen Angestellten ebenfalls unwohl.

Kauen Sie kein Kaugummi und gehen Sie keinen anderen unangenehmen Angewohnheiten nach, wie dauerndes Beinzucken, mit den Fingern auf den Schreibtisch klopfen usw.

**Bleiben Sie immer höflich**

Bleiben Sie immer höflich, auch wenn Ihr Interviewer Ihnen nicht so höflich erscheint. Wenn Sie noch nicht lange im Land sind, ist es manchmal besonders schwer, das Verhalten des anderen richtig einzuschätzen. Bei Beendigung des Gesprächs, sollten Sie Ihrem Gesprächspartner für dessen Mühe danken: *„Thank you for your time"*. Denken Sie daran, daß die Amerikaner im allgemeinen sehr höfliche Umgangsformen haben, und scheuen Sie sich nicht vor „Floskeln". Sie können nach Ihrem Gespräch auch eine kurze Notiz an den Interviewer senden, vielleicht noch etwas zum Gespräch hinzufügen, Ihr anhaltendes Interesse zum Ausdruck bringen und sich für das Gespräch bedanken. Das ist eine absolut übliche Geste der Höflichkeit.

**Achten Sie unbedingt auf professionelle Kleidung**

**4** Kleiden Sie sich professionell und der Bewerbungsstelle angemessen. Beachten Sie, daß in amerikanischen Firmen strengere Kleidungsvorschriften herrschen als in deutschen Firmen. Normalerweise werden im Büro immer Anzüge oder Kostüme getragen. In der Freizeit geben sich die Amerikaner oft sehr leger, um so genauer aber werden die Kleidervorschriften während der Arbeitszeiten eingehalten. Viele Betriebe haben einen *Dress down day* am Freitag, an dem die Kleidervorschriften gelockert sind. Für ein Interview sollten Sie natürlich immer vorschriftsmäßig angezogen sein, das heißt, auch wenn Sie sich als Student „nur" für ein Praktikum bewerben, sollten Sie im Anzug, Kostüm oder in einer Rock/Bluse/Jackett-Kombination erscheinen.

**Interview-Fragen, auf die man sich vorbereiten sollte.**

- What are your long and short range goals and objec ives?

- How are you preparing yourself to achieve them?

- What specific goals, beside your professional goals I ave you established for yourself for the next ten years?

- What do you see yourself doing five years from now?

- What do you expect to earn then?

- What do you really want to do in your life?

- Why did you choose this career?

- What is more important for you, the money or the j( b?

- What is your greatest strength?

- What is your greatest weakness?

- How would you describe yourself?

- How would somebody describe you, who knows you well?

- What motivates you?

- Why should I hire you?

- How did your schooling prepare you for your career '

- What qualifications do you have that will make you successful?

- What is success in your opinion?

- How can you contribute to this company?

- What kind of relationship should exist between the I oss and the people reporting to him/her?

- What qualities should a good manager possess?

- Describe an experience that was most rewarding to ) ou

- What qualities would you look for if you would hire somebody for the position you are applying for?

- What kind of work environment are you looking for '

- How do you work under pressure?

- What are the two or three things most important to you in your job?

- What criteria are important to you in choosing a place to work?

- Why do you want to work here?

- Is the geographical location important to you?

- Are you willing to relocate, travel?

- Why did you choose the college/university you went to?

- Why did you choose your field of study?

- What were your favorite subjects?

- Which subjects/courses did you like least and why?

- What would you do differently in planning your academic studies next time?

- Do you think your grades indicate your ability?

- What other activities did you participate in and why?

- What did you gain from these activities?

- What do you do in your leisure time?

- What kind of large problems have you confronted so far?

- How did you deal with them and what did you learn?

**Bewahren Sie die Ruhe**

**5** Bleiben Sie ruhig und zuversichtlich, egal was passiert (versuchen Sie's einfach). Manchmal wissen die Interviewer selber nicht so genau, was Sie machen sollen und sind ebenfalls nervös. Oder aber, man versucht, Sie aus der Ruhe zu bringen, Sie in eine Streß-Situation zu versetzen. ABER: Das erwarten viel zu viele, und nur selten wird diese Technik bei einem normalen ersten Interview benutzt. Also machen Sie sich nicht verrückt, daß Ihnen das passieren könnte. Denken Sie nur daran, daß Sie hier sind, um allen zu beweisen „Ich bin der/die Richtige für Sie!" Seien Sie selbstbewußt.

**6** Beantworten Sie die Fragen. Dies mag selbstverständlich klingen, aber in der Aufregung hat schon mancher Fragen beantwortet, die gar niemand gestellt hat. Hören Sie also zu! Schweifen Sie nicht zu stark ab. Sie möchten vielleicht gewisse Informationen geben, aber die sollten auch von Nutzen für denjenigen sein, der einfach wissen will, ob Sie der/die Richtige für den Job sind. Seien Sie ehrlich. Das hat nichts mit Bescheidenheit zu tun. Versuchen Sie nicht auffällig das zu sagen, von dem Sie annehmen, daß es der andere hören will. Antworten Sie positiv, auch wenn die Frage auf Ihre negativen Seiten abzielt. Lassen Sie sogleich auch Ihre positiven Seiten mit in das Gespräch einfließen. Sprechen Sie dabei überlegt, jedoch ohne endlos über Ihre Antwort nachdenken.

Fragen über Alter, Schwangerschaft oder Familienstand sind in den USA nicht erlaubt. Sie werden normalerweise nicht gefragt, allerdings sollten Sie sich vorher überlegen, wie Sie mit einer solchen Frage umgehen möchten, ob Sie bereit sind, Auskunft zu geben oder nicht.

**7** Beenden Sie das Gespräch zukunftsorientiert. Wenn sich das Gespräch dem Ende nähert, vergessen Sie nicht zu fragen, wie der Bewerbungsprozeß weiter verlaufen wird, bis wann Sie mit einer Zusage rechnen können, ob dies mündlich oder schriftlich geschieht und ob eventuell noch weitere Informationen von Ihnen benötigt werden, etwa Empfehlungen oder ähnliches.

Dies sind allgemeine Regeln für ein recht formelles Gespräch. Suchen Sie Arbeit in einer sozialen Einrichtung oder als Erzieher/-in, so wird das Gespräch wahrscheinlich lockerer sein, man ist daran interessiert, ob Sie mit Menschen umgehen können, ob Sie Mitgefühl haben, wo Ihre Motivation für die Arbeit liegt etc. Gleiches gilt für Vorstellungsgespräche in sehr kleinen Firmen, auch hier können die Vorstellungsgespräche unter Umständen äußerst informell gehalten werden.

Möchten Sie sich gezielt auf ein telefonisches oder persönliches Vorstellungsgespräch vorbereiten? Wenn Sie eine individuelle Beratung wünschen und sich optimal auf die Fragen vorbereiten möchten, so bietet TIA Ihnen an, Sie in einem Interviewtraining sprachlich und inhaltlich optimal auf Ihr Bewerbungsgespräch vorzubereiten. Weitere Informationen gibt es direkt bei TIA unter Tel.: 0228-97350 oder Fax: 0228-9735190.

Wenn Ihnen sofort eine Stelle angeboten wird, sollten Sie nur zusagen, wenn Sie absolut davon überzeugt sind, daß Sie den Job auch wollen. Normalerweise wird niemand etwas dagegen haben, wenn Sie sich zumindest einen oder ein paar Tage Bedenkzeit erbeten.

Häufig gibt es ein zweites Interview. Hier reden Sie meist schon mit zukünftigen Vorgesetzten und Mitarbeitern, und es ist detaillierter als das erste Interview, da die Firma offensichtlich ernsthaft an Ihnen interessiert ist. Beachten Sie die Regeln für das erste Interview. Versuchen Sie, sich Namen zu merken, vielleicht notieren Sie diese auf einem diskreten Notizblock.

Erhalten Sie mehrere Zusagen, sollten Sie bei der nicht gewählten Stelle höflich und schriftlich absagen, Zusagen sollten Sie ebenfalls schriftlich erledigen. Viel Glück!

## Sich selbständig machen

*In den USA findet man leichter Kapitalgeber als in Deutschland*

Für viele ist die Selbständigkeit das ultimative Berufsziel. Die gesetzliche Lage in den USA fördert diese Tendenz durch ihre relative Unkompliziertheit. Zudem erleichtert der größere Freiraum bei der Bewerbung von Produkten oder Service-Ideen den Einstieg in die Selbständigkeit. Hinzu kommt, daß sich in den USA meist leichter Kapitalgeber zur Unterstützung vielversprechender Unternehmensideen finden lassen. Aber auch kleine Unternehmen, das Versandgeschäft von zu Hause aus oder etwa Internet-Business werden von vielen Amerikanern als Neben- oder Hauptberuf getätigt. Nicht unüblich sind mehrere verschiedene Beschäftigungen gleichzeitig. Wer sich gern selbständig machen möchte, kann sich am besten anhand der umfassenden Literatur zum Thema kundig machen, die über Rechtslage, Marketing-Strategien und Organisation informiert. Allein die Menge an Literatur, die auf dem amerikanischen Buchmarkt zu diesem Thema existiert, verdeutlicht die Popularität, die die Selbständigkeit hat.

 Es lohnt sich auch, folgende Webadresse aufzusuchen, wenn Sie Informationen über Geschäftsgründung, Steuern, Marketing und Werbung suchen sowie organisatorische Tips erhalten wollen:

http://www.AmericanExpress.com/smallbusiness

 *Buchtip*

Meier, Mike, *Business Chance USA,* TIA Verlag 1999.

*The Entrepreneur Magazine Small Business Advisor,* John Wiley and Sons 1995.

Mancuso, Anthony, *Starting a Limited Liability Company,* Nolo Press 1998.

Pollan, Stephen und Mark Levin, *Starting over: How to Change Careers or Start Your Own Business,* Warner Books 1997.

Cook, James, *The Start-Up Entrepreneur: How You Can Succeed in Building Your Own Company,* Plume 1997.

Lauramaery Gold und Dan Post, *J.K. Lasser's Invest Online,* Macmillan 1998.

Nicholas, Ted, *The Ted Nicholas Small Business Course: A Step-By Step Guide to Starting and Running Your Own Business,* Dearborn Trade 1994.

Schewe, Charles D. und Alexander Hiam, *The Portable MBA in Marketing,* John Wiley and Sons 1998.

Dicks, J.W., *How to Incorporate and Start a Business in Florida,* Adams 1997.

Ausführlichere Buchbeschreibungen finden Sie am Ende des Buches.

# Ein Praktikum machen!

Ein Praktikum ist eine erstklassige Möglichkeit, Land und Arbeitswelt kennenzulernen. Und wie schon erwähnt: Ein Praktikum ist eine der besten Möglichkeiten, die zudem noch relativ problemlos zu verwirklichen ist, Kontakte zu knüpfen, die unter Umständen helfen können, wenn Sie auf Dauer in den USA arbeiten wollen. Wenn Sie eine Aufgabe haben und in ein Unternehmen integriert sind, lernen Sie die USA und die Amerikaner viel leichter kennen, als wenn Sie in Florida am Strand liegen. Außerdem, was spricht gegen ein Praktikum in Florida oder in Kalifornien? Sie können Urlaub und Praktikum kombinieren. Wenn Sie einen Praktikumsplatz suchen, so gilt prinzipiell das gleiche wie für die Jobsuche. Es gibt zusätzlich einige Bücher und viele Webseiten, welche Praktikumsmöglichkeiten anbieten. Wenn Sie sich gerade in den USA aufhalten, so ist die Praktikumssuche vor Ort natürlich eine hervorragende Möglichkeit. Manchmal kann eine Zusage besonders leicht von einer Firma, die in irgendeiner Form etwas mit Deutschland zu tun hat, erhalten werden.

*Für die Bewerbung gilt prinzipiell das gleiche wie für die Stellensuche*

Einen Praktikumsplatz zu finden, sich ein Visum zu beschaffen, das alles ist mit lästigen Formalitäten verbunden, aber es gibt viele Programme, zum Beispiel von der Carl Duisberg Gesellschaft, ZAV oder vom Council, die einem viel Arbeit abnehmen. Doch auch allein ist die Organisation eines Praktikums zu bewältigen. Nicht nur der berufliche, sondern auch der persönliche Gewinn solcher Erfahrungen sind eigentlich immer die Mühe wert. Problematisch ist dann allerdings das Visum. Mit einem Besuchervisum können nur unbezahlte Praktika absolviert werden und auch das ist nicht immer erlaubt. Für eine bezahlte Stelle können Sie am besten mit einem H1-B-Visum in die USA. Lesen Sie dazu die Hinweise im Kapitel über Visa.

Falls Sie an einem Programm teilnehmen oder eine Green Card besitzen, so haben Sie natürlich keinerlei Probleme, wenn es darum geht, ein bezahltes Praktikum zu absolvieren, und viele lästige Formalitäten in Zusammenhang mit dem Visum entfallen. Schreiben Sie unbedingt in Ihre Bewerbung, daß Sie im Besitz einer Green Card sind. Wenn ihre Austauschorganisation das Visum besorgt, sollten Sie dies ebenfalls erwähnen.

Wenn Sie eine Mitwohngelegenheit suchen, empfiehlt sich folgende Webadresse:

http://www.roommate-assistant.com

Interessante Jobangebote finden Sie unter:

http://www.internshipprograms.com

http://www.rsinternships.com

http://www.internships.com

http://www.ksu.edu/ces/explearn/intresource.html

http://www.review.com

http://www.welltech.com/careercenter

http://www.ciee.org

http://www.indiana.edu/~careers/

http://www.samford.edu/groups/cardev/webinte.html

http://www.americanexpress.com/students/moneypit/getjob/intern/intern.html

http://www.summerjobs.com

http://www.coolworks.com

Auf all diesen Seiten gibt es zahlreiche Adressen, bei denen man sich für ein Praktikum oder für zeitlich begrenzte Sommerjobs bewerben kann.

Sie halten sich in den USA auf und möchten gern ein Unternehmen „von innen" betrachten? Bei vielen Firmen sind die Bewerbungsformalitäten für eine unbezahlte Praktikantenstelle so gering, daß es manchmal gelingt, mit Telefon und den gelben Seiten einen Platz zu finden. Aber Achtung, das richtige Visum muß vorhanden sein und für die meisten Visa muß eine Arbeitsstelle vor Ausreise nachgewiesen werden. Deshalb kann die Stelle normalerweise erst beim nächsten Besuch angetreten werden.

### Buchtip

Mills, Andrew, *Die besten Praktika in den USA*, TIA Verlag 1999.

Oldman, Mark und Hamadeh, Samer *The Internship Bible, 1999 Edition*, Princeton Review 1998.

*Petersons's Internships 1998: More Than 40,000 Opportunities to Get an Edge in Today's Competitive Job Market*, Peterson Guides 1997.

Ausführlichere Buchbeschreibungen finden Sie am Ende des Buches.

## If you're goin' to San Francisco...

*Erfahrungsbericht einer Bonner Rechtsreferendarin über ihre Wahlstation im kalifornischen San Francisco von Dezember 1997 bis März 1998*

*Nicole Denise Rademacher, Bonn*

Es ging mir wie vielen anderen Deutschen: Das Land der unbegrenzten Möglichkeiten wollte ich schon seit langer Zeit kennenlernen. Meine Kenntnisse über Land und Leute hatte ich bislang nur aus populären TV-Serien wie "Hart aber herzlich" und 9 x13 cm-Urlaubsfotos weitgereister Familienmitglieder und Freunde bezogen. Um es einerseits nicht bei diesen Secondhand-Erfahrungen zu belassen und andererseits Amerika und die Amerikaner nicht mit verklärtem Touristenblick zu erleben, packte ich die Gelegenheit beim Schopfe und verbrachte die Stage meiner Referendarzeit in San Francisco/California. Im übrigen bedeutete dies, zwei Fliegen mit einer Klappe zu schlagen, bedurften meine Fertigkeiten der englischen Sprache doch einer dringenden Auffrischung... Davon, ob und wie aus meiner Zeit in *sunny California* ein amerikanischer Traum wurde, soll im folgenden die Rede sein. Der Leser möge mir jetzt schon die zahlreichen englischen Ausdrücke verzeihen, die wegen fehlender deutscher Pendants jedoch oft unverzichtbar sind.

Einen Traum zu haben ist schön. Ihn in die Wirklichkeit umzusetzen ist etwas anderes. Besonders, wenn es um einen mehrmonatigen Aufenthalt am anderen Ende der Welt geht. Ich persönlich habe meine Wahlstation in einem sogenannten *Law Office*, d.h. bei einem *Attorney* und seinen *Associates* absolviert. Denkbar ist dies jedoch auch bei einer deutschen Industrie- und Handelskammer oder einer Botschaftsvertretung. Woher bekommt man Adressen für Bewerbungen? Der Deutsche Anwaltverein sendet auf Anfrage eine Liste mit amerikanischen Anwälten zu, die gewillt sind, Referendare auszubilden. Noch viel hilfreicher ist allerdings "Vitamin B", das heißt die Empfehlung eines Kollegen oder Freundes. So kann man vorher abklären, ob die Kanzlei und die Stadt mit den eigenen Vorstellungen übereinstimmen. Für beide Varianten gilt: So früh wie möglich bewerben!

Nicht selten haben die Kanzleien ein- bis eineinhalbjährige Wartezeiten. Ist die schriftliche Zusage des amerikanischen Ausbilders endlich da, gilt es, die tausend Kleinigkeiten zu erledigen, ohne die die Reise nicht beginnen kann, wie zum Beispiel ein geeignetes Transportmittel zu finden. Der Vergleich zwischen den Fluggesellschaften lohnt sich. Besonders attraktiv sind Angebote zu Studententarifen, sofern man noch über diesen Status verfügt. Frühzeitig sollte man sich auch um eine leistungsfähige Auslandskrankenversicherung sowie eine breite Streuung der Zahlungsmittel kümmern. Bargeld, Traveller-Schecks und möglichst zwei verschiedene, in den USA akzeptierte Kreditkarten sind optimal.

Daß man über einen solchen Zeitraum eine Vertrauensperson braucht, die ein Auge auf "Haus und Hof" zu Hause hat und in regelmäßigen Abständen wichtige Post nachschickt, versteht sich von selbst. Viel schwieriger ist die Frage der Unterkunft in den USA zu lösen. So mancher Referendar muß feststellen, daß die USA aufgrund des starken Dollar zur Zeit ein teures Pflaster sind. Auch der vom Auswärtigen Amt gewährte Kaufkraftausgleich tröstet nur wenig darüber hinweg, daß ein Zimmer in einer *Residence* in San Francisco nicht unter $ 650 zu bekommen ist. Deren Adressen geben das *San Francisco-Visitors and Convention Bureau*, die Deutsch-Amerikanische Juristenvereinigung und teilweise auch die *Law Firms* selbst heraus. Eine letzte Hürde, die man nicht unterschätzen sollte, stellt das Visum dar. Meine eigene Abreise wäre fast in letzter Sekunde ins Wasser gefallen, weil es erst der Visum-Beamte in der amerikanischen Botschaft war, der nach einer Bescheinigung des amerikanischen Ausbilders über Unentgeltlichkeit und Art der sogenannten *Internships* fragte...

Alle Formalitäten sind erledigt. Das Kofferpacken geht los. Wenn Sie wie ich im kalifornischen Winter einreisen wollen, dann können Sie getrost Strickjacke, Schal und Handschuhe zu Hause lassen, sollten statt dessen aber unbedingt Regenstiefel, Regenjacke und Schirm mitnehmen. Kalifornien ist nicht nur bei deutschen Touristen, sondern auch bei El Nino beliebt. Tagelange Regenschauer mit Sturmböen, die die Straßen San Franciscos in reißende Sturzbäche und Schirme in Metallknäuel verwandeln, sind keine Seltenheit. Ansonsten wurde eher legere Bekleidung bevorzugt, auch im Büro. Das schicke Kostüm oder der dunkle Anzug rief, abgesehen von den Nobelkanzleien im *Financial District*, bei den amerikanischen Juristen eher Belustigung oder Befremden hervor. Nach ca. 13stündigem Flug endlich am Ziel meiner Wünsche angekommen, ging es mit dem *Airport-Shuttle* Richtung *Downtown*, direkt vor die Haustür.

Was meine Sitznachbarin im Flugzeug bemerkte ist wahr: "*San Francisco's architecture is great. You'll love it !*" Als ich nach zwei Tagen den neunstündigen Jet-leg erfolgreich besiegt hatte, begriff ich erst richtig, in welch tolle Stadt es mich da verschlagen hatte. Unzählige Straßen mit viktorianischen Häusern, gepflegten Vorgärten, teuren europäischen Fahrzeugen in der Einfahrt, kleinere und größere Parks, wie den Golden Gate Park und vieles mehr. Selbst *Downtown* zeichnen sich die Straßen durch ihre Sauberkeit und, bedingt durch die ständige Erdbebengefahr, oft nur bis zu sechs Stockwerke hohen Häuser aus. Zu den Ausnahmen gehört das *Embarcadero-Center* und die *Transamerica*-Pyramide, die die Skyline beherrschen. Genauso wie die unzähligen *Hills*: *Nobhill, Russian Hill, Telegraph Hill* etc. Wanderer und Bergsteiger kommen hier auf ihre Kosten. Die Tatsache, daß in einigen Straßen Fahrzeuge nur rechtwinklig zum Bordstein parken dürfen, gehört ebenso zum Stadtbild, wie die überproportional große Anzahl von Obdachlosen und Chinesen. Während letztere nicht nur in *Chinatown* ihren Geschäften nachgehen, sondern einen Teil der Bevölkerung in allen Bereichen des öffentlichen Lebens darstellen, brachten mich erstere zum Nachdenken darüber, ob bei allem amerikanischen Wirtschaftsaufschwung nicht das Sozialsystem vernachlässigt worden ist.

Ganz sicher nicht vernachlässigt haben die Amerikaner ihr *Personal-Management*. In diesem Feld sind sie uns Deutschen mindestens zehn Jahre voraus. Ihre Arbeitsweise ist beeindruckend und effektiv. Für mein *Law Office* bedeutet dies, daß die *Attorneys* miteinander, nicht gegeneinander arbeiten. Juristische und praktische Probleme werden auch mit nicht am Fall beteiligten Kollegen diskutiert und versucht zu lösen. Das allwöchentliche Freitagsmorgens-*Briefing*, zu dem auch die Sekretärin, der Bürovorsteher und wir Referendare geladen wurden, dient dem allgemeinen Gedankenaustausch und der Festsetzung der Marschroute für die nächste Woche. *Manpower* wird geschickt eingesetzt. Die notwendigen Arbeitsmittel wie Computer, Zugang zum Internet und zu verschiedenen Juradateien, werden bereitgestellt. Zweitwichtigstes Arbeitsmittel neben dem Computer ist die *Businesscard*. Der „Rheinische Klüngel" ist auch in den USA bestens bekannt. Amerikanische Rechtsanwälte verstehen ihre Kanzlei als Dienstleistungsunternehmen und versuchen, bei jeder sich bietenden Gelegenheit Kontakte zu knüpfen und Mandanten zu gewinnen. Für deutsche Referendare bietet das *Office* nicht nur die Möglichkeit, einen Eindruck vom amerikanischen Rechtssystem zu gewinnen, sondern auch über den eigenen Umgang miteinander nachzudenken.

All die Möglichkeiten aufzuzählen, die Freizeit an der Westküste zu gestalten, würde hier zu weit führen. Genannt seien als Beispiele für die nähere Umgebung nur *Sausolito*, die Hausbootsiedlung aus der Hippiezeit, *Tiburon*, *Nappa Valley* mit seinen berühmten Weinbergen, sowie die Nationalparks *Yosemite* und *Muir Woods*. In weiterer Umgebung sind sicher *Lake Tahoe*, *Los Angeles* und *Disneyland* eine Reise wert.

Natürlich herrscht während eines Auslandsaufenthaltes nicht nur Freude. Die ist mir zum Beispiel vergangen, als mein schönes Raleigh-Mountainbike trotz dicken Bügelschlosses und Sichtweite zur Nachtwache eines nachts gestohlen wurde. Zu hören, daß andere deutsche Kollegen im *Tenderloin* überfallen und ausgeraubt wurden, stimmt auch nicht gerade fröhlicher. Der "Franziskaner" an sich ist jedoch freundlich, hilfsbereit und einfach liebenswert. Neben Erinnerungen an Surfer im blauen *Pacific*, untergehender Sonne hinter der *Golden Gate Bridge* und *Alcatraz* im Nebel habe ich mindestens ebenso viele Lebensweisheiten mit nach Hause genommen, wie zum Beispiel die meines Bosses, als wir stundenlang in einem neuen Gerichtsgebäude den richtigen Sitzungssaal suchten und ich kurz vorm Explodieren war: *"Always do it with a smile !"*

**Praktikantenprogramme**

Ein unbezahltes Praktikum können Sie in vielen Fällen auch mit einem Besuchervisum absolvieren, wenn Sie nachweisen können, daß Sie keine Bezahlung erhalten und einer mehr „beobachtenden" Tätigkeit nachgehen. Für eine bezahlte Praktikantenstelle ist ein entsprechendes Visum entscheidend und zwingend. Dies kann entweder vom Arbeitgeber beantragt werden und ist mit diesem abzusprechen oder man kann es durch ein von den USA genehmigtes Programm erhalten, wie es beispielsweise der Council, die Carl Duisberg Gesellschaft, das Deutsche Komitee der IAESTE im DAAD oder AIESEC anbieten. Möchten Sie sich ein Visum über den Arbeitgeber beschaffen, so ist dies für ihn mit lästigen Formalitäten verbunden und kann deshalb abschreckend wirken. Weitere Informationen zur Visabeschaffung, besonders wenn Sie nicht über ein Programm teilnehmen, finden Sie im Kapitel von Jan Frederichs.

**Programmadressen und auch Anlaufstellen für Au Pair-Interessierte finden Sie im Anhang.**

Adressen der Programme, die Visa beziehungsweise das Formular, das für den endgültigen Antrag benötigt wird, ausstellen dürfen oder den gesamten Austausch organisieren, finden Sie im Anhang. Es gibt hier einige ausgezeichnete Programme, die den Austausch von Amerikanern und Deutschen fördern und auf die verschiedensten Zielgruppen abgestimmt sind. Auch wenn Sie ein Jahr als Au pair in den USA verbringen wollen, sollten Sie die Anschriften im Adressenteil beachten.

Wenn Sie an einem Programm teilnehmen wollen, sollten Sie aber in jedem Fall die Preise vergleichen. Teilweise nehmen diese Stellen, obwohl als gemeinnützige Vereine operierend, für wenig mehr als die Beschaffung der Visa doch recht hohe „Gebühren". Auch Zahlungen von mehreren Tausend DM allein für die Vermittlung eines Praktikantenplatzes sind schon vorgekommen. Es gilt: Preise und Service vergleichen! Viele Programme besorgen Ihnen nur das Visum und die nötige Auslandskrankenversicherung. Um den Praktikumsplatz müssen Sie sich selbst bemühen, können dadurch allerdings auch frei wählen. Wenn Sie nur eine unbezahlte Praktikantenstelle finden oder insgesamt Probleme mit der Finanzierung haben, so bieten einige Programme finanzielle Unterstützung an.

## PRAKTIKUMSPROGRAMME DER ZENTRALSTELLE FÜR ARBEITSVERMITTLUNG

Interessierte können sich bei der ZAV in einer schriftlichen Anfrage unter dieser Anschrift über folgende Programme informieren:

Zentralstelle für Arbeitsvermittlung
Studentenvermittlung 21.21
Postfach 17 05 45
60079 Frankfurt/Main

<u>Wichtig</u>: Bitte das Programm angeben, für das Sie sich interessieren! Hilfreich ist auch ein Blick auf die Webseite: http://www.arbeitsamt.de

### Camp Counselors USA

Die gemeinnützige amerikanische Organisation *Camp Counselors USA* bietet verschiedene Tätigkeiten in einem US-Camp für Jugendliche an. Das Praktikum kann absolviert werden als „Camp Counselor", was die Betreuung von Kindern und Jugendlichen, eventuell die Leitung eines Spezialbereichs wie Sport, *Lifeguard*, Musik, Theater, Betreuung von Behinderten, bildende Kunst etc. umfaßt. Möglich ist auch die Arbeit als *Support Staff*, als Aushilfe in der Campküche, im Garten, im Fuhrpark o.ä. Standorte der

Praktika sind in zahlreichen verschiedenen *Summercamps* in fast allen Bundesstaaten der USA.

### EPCOT-Center Florida

Diese Praktikumsmöglichkeit bietet Praktikanten die Gelegenheit, als *Cultural Representatives* im deutschen Pavillon des *EPCOT-Center* der *Walt Disney World Corporation (WDW Co.)* tätig zu sein. Das *EPCOT-Center* ist ein Freizeitpark, in dem Praktikanten zwölf Monate lang als Bedienungshilfe im deutschen Restaurant oder beim Verkauf deutscher Artikel arbeiten können.

### California-International Educational Program

Dieses Programm basiert auf einer Kooperation mit dem *Foothill-College* in Kalifornien. Hierbei arbeiten Praktikanten im Handel, in Hotels, Restaurants, Freizeitparks, in der Kinderbetreuung, im Kundendienst, in Banken und in Büros. Die Standorte der Praktika sind u.a. die San Francisco Bay Area, der Großraum Los Angeles, San Diego und Sacramento.

### InterExchange Praktikantenprogramm USA

Die gemeinnützige amerikanische Organisation *InterExchange* vermittelt Studenten Fachpraktika bis zu 18 Monaten. Zusätzlich zu den Tätigkeitsbereichen des Sommerprogramms (siehe oben) bestehen hierbei auch Vermittlungsmöglichkeiten in den Fachgebieten Medien und Kommunikation, Architektur, Mathematik, öffentliche Verwaltung und Rechtswesen. Es besteht zudem die Möglichkeit, sich die Praktikumsstelle in den USA selbst zu suchen.

### Midwest Sommerjob-Programm

Die ZAV arbeitet mit der amerikanischen Hochschule *Calvin College* zusammen, um Sommerjobs in Handwerk und mittelständischer Industrie, in Hotels, Restaurants, auf Farmen und in Altenheimen zu vermitteln. Praktika finden in Grand Rapids (Michigan) und Umgebung statt.

### Transamerica Job-Programm

Die amerikanische Organisation *InterExchange* bietet Sommerjobs im Hotel- und Gaststättengewerbe und im Verkauf in den USA an. Praktika finden vorwiegend in landschaftlich reizvollen Urlaubsgebieten und in US-Nationalparks statt.

### Work Experience USA

Hierbei handelt es sich um ein sehr offenes Programm für Studierende in Kooperation mit dem *Camp Counselors USA*. Angeboten wird entweder ein Job im Dienstleistungssektor oder der Bewerber sucht sich auf eigene Faust einen passenden Job.

## COUNCIL ON INTERNATIONAL EDUCATIONAL EXCHANGE E.V.

Der *Council* bietet eine Reihe von Austauschprogrammen an, einige als Partner der ZAV.

### Council Praktikantenprogramm USA

Der *Council on International Educational Exchange* ist eine internationale Organisation, die Studierenden, Vorpraktikanten (Personen, die einen festen Studienplatz vorweisen können und nachweisen, daß ein Praktikum zur Aufnahme in den Studiengang Voraussetzung ist) und Absolventen aller Fachrichtungen (bis zu einem Jahr nach Studienabschluß) außer Humanmedizin, die bereits einen Praktikumsplatz in den USA gefunden haben, einen Arbeitsaufenthalt von bis zu 18 Monaten ermöglicht.

### Council Work & Travel USA

Das vom *Council* organisierte „Work & Travel-Programm" ermöglicht Studierenden an deutschen Universitäten und Fachhochschulen, während des Sommers in den USA oder in Kanada zu jobben. Der *Council* bietet zudem noch verschiedene Programme mit Sprach- und Studienkursen an amerikanischen Universitäten wie zum Beispiel Berkeley an. Weitere Informationen erhalten Sie direkt beim Council.

Council on International Educational Exchange e.V.
Oranienburger Str. 13-14

10178 Berlin

Tel.: 030-28 48 59 0

Fax: 030-28 09 61 80

Email: InfoGermany@councilexchanges.de

http://www.council.de oder http://www.councilexchanges.org

## CARL DUISBERG GESELLSCHAFT E.V

**Career Training für Berufe aus Gartenbau und Landwirtschaft**

Hierbei handelt es sich um ein Programm zur berufspraktischen Weiterbildung in den USA für Berufstätige und Studenten aus den Bereichen Landwirtschaft und Gartenbau mit abgeschlossener Ausbildung beziehungsweise Berufspraxis und guten Englisch- kenntnissen. Informationen unter Tel.: 0221-2098-233.

**Deutsch-Amerikanisches Praktikantenprogramm**

Dieses Programm richtet sich an junge Berufstätige aus kaufmän- nischen und technischen Bereichen sowie an Architekten, Journa- listen und Designer mit abgeschlossener Berufsausbildung, für die die Möglichkeit besteht, über das Deutsch-Amerikanische Prakti- kantenprogramm der Carl Duisberg Gesellschaft drei, sechs oder zwölf Monate lang ein berufsbezogenes Praktikum in den USA zu absolvieren. Die Teilnehmer müssen sich in der Regel selbst um eine Stelle bemühen. Informationen unter Tel.: 0221-2098-198.

**Career Training für Berufstätige**

Für Betriebswirte aus Touristik und Gastgewerbe, für Hotelkauf- leute, Hotel- und Restaurantfachleute, Techniker, Ingenieure, Kaufleute, Journalisten, Betriebs- und Volkswirte unter 30 Jahren mit abgeschlossener Berufsausbildung und mit mindestens einem Jahr Berufserfahrung und guten Englischkenntnissen besteht die Möglichkeit einer drei bis 18monatigen berufsbezogenen Tätigkeit in einem amerikanischen Unternehmen. Die Teilnehmer müssen sich selbst um einen bezahlten Praktikumsplatz bemühen. Infor- mationen unter Tel.: 0221-2098-231.

**State University of New York: Marketing und Public Relations**

Junge Berufstätige mit abgeschlossener Ausbildung, Hochschulabsolventen sowie Studenten bis 30 Jahren mit mindestens abgeschlossenem Grundstudium und guten Englischkenntnissen (der TOEFL-Test wird verlangt) können sich in den Bereichen *Marketing* und *Public Relations* unter Einbeziehung eines zweimonatigen Studiums an der State University of New York in New Paltz und in einem zweimonatigen Praktikum in New York fortbilden. Die Teilnahme an diesem Programm kostet ca. $ 7 500; darin enthalten sind Studiengebühren, Versicherung und Gebühren für die Praktikumsvermittlung. Informationen unter Tel.: 0221-2098-338.

## Monterey Institute of International Studies: Internet-Einsatz im Unternehmensalltag

Praxisorientierte Fortbildung für den Einsatz des Internets in modernen Unternehmensprozessen für junge Berufstätige mit abgeschlossener Ausbildung, Hochschulabsolventen und Studenten mit abgeschlossenem Grundstudium unter 35 Jahren. Dem Praktikum von zwei Monaten Dauer ist ein vierwöchiger Kurs vorgeschaltet. Der Kurs kostet $ 4 900. Informationen unter Tel.: 0221-2098-338.

## Career Training für Studierende

Individualfortbildung von Berufsakademie-, Fachhochschul- und Hochschulstudenten im wirtschafts-, naturwissenschaftlichen oder technischen Bereich mit abgeschlossenem Grundstudium. Das Praktikum kann zwischen drei und 18 Monaten dauern. Die Teilnehmer müssen sich den Praktikumspatz selbst suchen. Weitere Informationen unter Tel.: 0221-2098-338.

## Das Parlamentarische Patenschaftsprogramm

Junge Berufstätige im Alter zwischen 16 und 23 Jahren aus kaufmännischen, technischen, handwerklichen und landwirtschaftlichen Berufen mit abgeschlossener Ausbildung zum Zeitpunkt der Ausreise und Grundkenntnissen der englischen Sprache können am Parlamentarischen Patenschaftsprogramm teilnehmen.

Das Programm besteht aus Vorbereitungsseminaren in Deutschland und New York, ca. zwei Wochen Besuchsprogramm, einem Semester oder einem *Quarter* berufsbezogenes Studium an einem *Community College*, sechs Monaten berufsbezogenes Praktikum sowie Auswertungsseminaren in Washington und Deutschland. Die Dauer beträgt ein Jahr. Stipendien des Deutschen Bundestages und des Amerikanischen Kongresses stehen zur Verfügung. Eigenmittel der Teilnehmer: ca. DM 7 000. Weitere Informationen zu diesem Programm erhalten Sie unter Tel.: 0221-2098-207 oder Tel.: 0221-2098-339.

Carl Duisberg Gesellschaft e.V.

Weyerstr. 79-83

50676 Köln

Tel.: 0221-2098-0 Fax: 0221-2098-111

Email: info@k.cdg.de

Webadresse: http://www.cdg.de

# Wirklich nicht nur ein Aktenesel

*Erfahrungsbericht von Martin S., Maschinenbaustudent.*

Als Maschinenbaustudent habe ich ein achtwöchiges Praktikum in einem Unternehmen in Pittsburgh, Pennsylvania absolviert. Nachdem ich 22 der für meinen Fachbereich geforderten 26 Praktikumswochen in Deutschland absolviert hatte, interessierte ich mich besonders für ein Praktikum im Ausland. Nach einigen erfolglosen Versuchen, einen Platz in den USA zu bekommen, gelang es mir, über Beziehungen meines Vaters eine Praktikantenstelle zu erhalten. Da in diesem Betrieb auch von Praktikanten eine intensive Mitarbeit gefordert war, sollte ich von einer Zweigstelle des Unternehmens in England ein Praktikantengehalt bekommen. Somit konnte ich die Bezahlung in den USA umgehen, da ich dort offiziell nicht bezahlt werden durfte, weil ich über kein Arbeitsvisum verfügte.

An einem Sonntag im Juli letzten Jahres kam ich in Pittsburgh an, und ein Mitarbeiter der Firma war so freundlich, mich vom Flughafen abzuholen. Wir fuhren in die Stadt, und der Mitarbeiter brachte mich zu meiner Unterkunft. Die Firma hatte mich idealerweise in einem Studentenzimmer der Pitt's Art University untergebracht, die nur wenige Minuten Fußweg vom Firmengebäude entfernt lag. Ein kleiner Nachteil war jedoch, daß das Zimmer etwa $ 600 im Monat kostete, allerdings inklusive einer Mahlzeit am Tag.

Am Montag begann mein Praktikum mit einer ausführlichen Führung durch das Firmengebäude. Mein Arbeitsplatz wurde mir gezeigt, und eine Sekretärin stellte mir die Mitarbeiter vor, mit denen ich in den nächsten Wochen zusammenarbeiten sollte.
Leider wurde ich in den ersten zwei Wochen zum Aktensortieren abbestellt, eine Aufgabe, die nicht gerade erfüllend ist, wenn man davon ausgeht, daß ein Praktikum, wie der Name schon sagt, die Vermittlung von praktischen Kenntnissen innerhalb eines ansonsten nur theoretisch erlernten Gebietes bedeutet. Ich empfand das

Erledigen dieser Aushilfstätigkeiten um so unnötiger, da ich während meiner deutschen Praktikumszeit schon einige Erfahrungen sammeln konnte.

Nach den beiden Wochen als „Aktenesel" ging ich zu meinem Chef und kündigte meine sofortige Abreise an, wenn er mich nicht sinnvoll beschäftigen würde. Erstaunlicherweise ärgerte er sich nicht über meine Drohung, sondern wertete mein Engagement positiv und fragte mich nach meiner bisherigen Arbeitserfahrung. Er war wohl angenehm überrascht über meine Kenntnisse und rief einen Mitarbeiter aus der *Estimate-Group* zu sich. Dieser schilderte mir ein fachliches Problem, an dessen Lösung die Abteilung schon seit einiger Zeit arbeitete. Ich las die Unterlagen dazu und konnte einige Vorschläge machen, die meine Kollegen erfreut aufnahmen. Plötzlich hatte ich viel zu tun und konnte an firmeninternen Meetings mit den Ingenieuren teilnehmen, in denen ich über meine Aufgaben berichten mußte, aber auch Fragen, die sich ergaben, stellen konnte.

In den letzten vier Wochen meines Aufenthalts habe ich an einem eigenen Projekt gearbeitet und ein Kalkulationsprogramm entwickelt, das auch gegenwärtig noch verwendet wird. Somit war mein Aufenthalt nicht nur für mich lehrreich, sondern auch für das Unternehmen durchaus von Vorteil.

An den freien Wochenenden konnte ich herumreisen und Land und Leute kennenlernen.

Rückblickend betrachtet habe ich viele nützliche Erfahrungen gemacht, sowohl in der Firma als auch in meiner Freizeit. Das nicht immer alles gefällt, ist normal, und schließlich werden negative Aspekte meist sehr schnell durch positive Erfahrungen wettgemacht. Da es mir in den USA so gut gefallen hat, werde ich vermutlich im Herbst dieses Jahres an eine amerikanische Uni wechseln, um dort mein Examen vorzubereiten und kann jedem, der einmal fremde Luft schnuppern will, die USA empfehlen.

# Die große Chance:
## Green Card Lotterie

### 3. Kapitel

# Die große Chance: Green Card Lotterie

*von Kai Martell*

## Das Diversity-Visa-Programm

**D**iese Green-Card-Kategorie ist einzigartig auf der Welt. Mit geringem Aufwand und etwas Glück kann fast jeder die Green Card bekommen. Die Chancen, über dieses Verfahren eine Green Card zu erhalten, sind überraschend gut und lagen in den letzten Jahren bei ca. 1:17 (die Zahl kommt durch interne Erhebungen in unserem Unternehmen zustande, offizielle „Quoten" werden nicht bekannt gegeben), was verdeutlicht, daß die Teilnahme an der Lotterie durchaus eine realistische Möglichkeit bietet, eine der begehrten Karten zu erhalten. Für die meisten USA-Fans ist diese Möglichkeit ein echter Segen. Wer den Beitrag von Rechtsanwalt Jan Frederichs gelesen hat, weiß warum, denn eine Green Card mittels eines einfachen Antragsverfahrens zu bekommen, bleibt Utopie. Für viele gibt es daher eine einzige Alternative: Die Green Card Lotterie ist die einfachste und unkomplizierteste Möglichkeit, eine dauerhafte Arbeits- und Aufenthaltsgenehmigung zu bekommen.

*Diversity Visa-Programm für nationale Vielfalt*

Die Green Card Lotterie nennt sich offiziell Diversity-Visa (DV)-Programm und richtet sich weltweit an alle, die über einen bestimmten Ausbildungsstand verfügen und nicht aus Ländern kommen, aus denen in den letzten fünf Jahren mehr als 50 000 Staatsbürger in die USA eingewandert sind. Die Programmbezeichnung DV wird durch eine Jahreszahl ergänzt, etwa DV-2001, die sich auf das Haushaltsjahr, in dem das Einwanderungsverfahren läuft, bezieht. Das Programm wurde deshalb eingeführt, weil die USA traditionell ein Einwanderungsland sind, aber das Bestreben haben, bei der Einwanderung für nationale Vielfalt zu sorgen.

Aufgrund der starken Einwanderung aus bestimmten Regionen und der zusätzlichen Möglichkeit der Familienzusammenführung sind einige Nationalitäten unter den Einwanderern besonders stark vertreten. Daher wollen die USA die gesamte Einwandererstruktur auflo-

ckern und Bürgern „unterrepräsentierter" Staaten über das DV-
Programm die Möglichkeit zur Einwanderung geben.

### Anzahl der Green Cards und Verteilung

50 000 Green Cards
werden jährlich verge-
ben

Pro Haushaltsjahr werden ab dem DV-99 weltweit insgesamt 55 000
Green Cards vergeben, allerdings entfallen 5 000 davon auf das Son-
derprogramm Mittelamerika. Da deutlich mehr als 55 000 qualifizierte
Personen an dem jährlichen DV-Programm teilnehmen, wird gelost.
Im Volksmund hat sich deshalb der Begriff „Green Card Lotterie" ein-
gebürgert.

### Ausschlußländer

Ausgeschlossen von der Teilnahme sind Staatsbürger aus Ländern, aus
denen in den letzten Jahren besonders viele Einwanderer in die USA
gekommen sind. Ausschlaggebend hierfür ist ausnahmslos das Geburtsland, nicht die Staatsangehörigkeit oder das derzeitige Aufent-
haltsland. Großbritannien und Polen waren die einzigen europäischen
Länder, die beim letzten DV-Programm ausgeschlossen waren. Bei der
diesjährigen Lotterie (DV-2001) sind folgende Länder von der Teilnahme ausgeschlossen:

China (Volksrepublik und Taiwan), Dominikanische Republik, El Sal-
vador, Indien, Jamaika, Kanada, Kolumbien, Mexiko, Philippinen,
Polen, Haiti, Südkorea, Großbritannien (Nordirland ist jedoch zugelassen) und Vietnam. Personen, die in einem dieser Länder geboren sind,
können aber im folgenden Jahr durchaus wieder zugelassen sein, zudem gibt es eine Sonderregelung, die „Charged-to-Regelung" (siehe
unten), welche für viele Gebürtige dieser Länder die Teilnahme trotzdem ermöglicht.

Ausschlußländer wech-
seln

Diese sogenannten Ausschlußländer werden aufgrund der Einwande-
rungszahlen der letzten Jahre genau festgelegt, können aber im
nächsten Jahr unter Umständen wieder zugelassen werden. Bei der

Einschätzung der Länder als Ausschlußland gelten jeweils die heutigen Grenzen: Liegt die Geburtsstadt heute in einem nicht zugelassenen Land, so ist dieses Land entscheidend, selbst wenn die Geburtsstadt zum Zeitpunkt der Geburt zu einem zugelassenen Land gehörte.

## AUSNAHMEREGELN FÜR TEILNEHMER AUS AUSSCHLUSSLÄNDERN: DIE CHARGED-TO-REGELUNG

Wer in einem nicht zugelassenen Land geboren wurde, kann trotzdem teilnehmen, wenn eine der folgenden Ausnahmen zutrifft:

- Der Ehepartner ist in einem zugelassenen Land geboren.

- Zum Zeitpunkt der Geburt des Antragstellers haben seine Eltern nicht im ausgeschlossenen Land gelebt, ferner sind beide Elternteile nicht im Geburtsland des Antragstellers geboren, und mindestens ein Elternteil wurde in einem zugelassenen Land geboren.

Beispiel: Ihre Mutter ist Inderin, Ihr Vater Deutscher, Sie wurden aber während eines zweimonatigen Aufenthalts in Mexiko geboren. Dann können Sie trotzdem teilnehmen!

### Familienmitglieder

*Chancen erhöhen durch Teilnahme der ganzen Familie*

Sie können auf Ihrem Antrag zur Teilnahme am DV-Programm Ihren Ehepartner und Ihre Kinder, sofern diese jünger als 21 Jahre und unverheiratet sind, mit aufführen. Im Falle, daß Sie gewinnen, können Ihre Kinder und Ihr Ehepartner dann ebenfalls eine Green Card beantragen. Deshalb können Sie Ihre Chance verdoppeln, wenn Sie und auch Ihr Ehepartner jeweils eine Bewerbung einschicken und Sie sich gegenseitig auf der Bewerbung mit eintragen. Auch Kinder, die im Antrag der Eltern aufgeführt sind, können sich zusätzlich noch selbst bewerben, die anderen Teilnahmevoraussetzungen müssen sie natürlich auch erfüllen. So können Sie ihre Gewinnchance als Familie zusätzlich erhöhen.

### Bewerbungsvoraussetzungen

Der Bewerber muß einen dem *High school degree* entsprechenden Schulabschluß vorweisen können (Abitur oder Fachabitur). Statt dessen ist es aber auch ausreichend, wenn der Bewerber vom Zeitpunkt der Ausstellung des Visums aus betrachtet, innerhalb der letzten fünf Jahre mindestens zwei Jahre in einem Beruf gearbeitet hat, der nach amerikanischem Recht eine mindestens zweijährige Berufsausbildung oder eine mindestens zweijährige Berufserfahrung erfordert. Nachgewiesen werden kann dies später mit einer Bescheinigung des Arbeitgebers, in der der ausgeübte Beruf benannt oder beschrieben und der Zeitraum der Tätigkeit angegeben wird. Keine Voraussetzung für die Teilnahme sind Sprachkenntnisse oder familiäre oder berufliche Beziehungen in den USA. Teilnehmen kann auch, wer sich bereits in den USA aufhält.

**Einhaltung der formalen Vorgaben**

Da diese Anforderungen nicht sehr hoch sind, nehmen viele Menschen an dem Programm teil. Um den Andrang zu bewältigen, sind automatisierte Verfahren eingeführt worden. Die absolut korrekte Einhaltung der formellen Vorgaben hat sich daher zu einer ungeschriebenen dritten Voraussetzung entwickelt. Wer kleine Fehler bei der eigentlich nicht sehr aufwendigen Bewerbung macht, wird disqualifiziert. Ein gutes Drittel aller Bewerber scheidet jährlich wegen Form- oder Fristverstößen aus. Im letzten Jahr sind sogar über 40% ausgeschieden.

### Formale Ansprüche der Bewerbung

Wie eine solche Bewerbung formal auszusehen hat und wann sie genau einzureichen ist, steht nicht im Gesetz, sondern wird vom amerikanischen Außenministerium jedes Jahr zu einem nicht näher bestimmten Termin bekanntgegeben. Sie können sich dann selbst beim National Visa Center bewerben oder ein Serviceunternehmen beauftragen. Die Bewerbung selbst ist kostenlos.

Sie benötigen für eine erfolgreiche Bewerbung:

- Ein Blatt Papier

- Einen Kugelschreiber

- Ein Paßfoto, das 37 x 37 Millimeter groß ist

- Einen Briefumschlag, der zwischen 15-25 Zentimeter lang und 9-11 Zentimeter breit ist

- etwas Konzentration

Die Teilnahme ist grundsätzlich einfach. Sie sollten allerdings folgende Anweisungen absolut gewissenhaft einhalten, da Fehler zur sofortigen Disqualifikation führen.

**Schreiben Sie sauber und ordentlich**

Schreiben Sie auf einem Blatt Papier folgende Informationen säuberlich in Druckbuchstaben auf, oder benutzen Sie einen Computer oder eine Schreibmaschine.

Wichtig ist, daß Sie die Reihenfolge der Angaben genau einhalten:

**Reihenfolge einhalten!**

- <u>Nachname</u> (unterstrichen)

- Vorname, zweiter Vorname (falls Sie einen besitzen)

- Geburtstag, Monat, Jahr (z. B. 5/01/1959)

- Geburtsort

- Geburtsland

Darunter sollten Sie die gleichen Angaben für Ehefrau und Kinder machen. Bei den Angaben unbedingt die gleiche Reihenfolge einhalten.

- <u>Nachname</u> der Ehefrau/des Ehemanns (unterstrichen)

- Vorname, zweiter Vorname der Ehefrau/des Ehemanns

- Geburtstag, Monat, Jahr (z. B. 10/01/1963) der Ehefrau/des Ehemanns

- Geburtsort der Ehefrau/des Ehemanns

- Geburtsland der Ehefrau/des Ehemanns

- <u>Nachname</u> des ersten Kindes

- Vorname, zweiter Vorname des ersten Kindes

- Geburtstag, Monat, Jahr (z. B. 3/05/1981) des ersten Kindes

- Geburtsort des ersten Kindes

- Geburtsland des ersten Kindes


- <u>Nachname</u> des zweiten Kindes

und so weiter

Schreiben Sie Länder-
namen in englischer
Sprache

Beachten Sie außerdem, daß das Geburtsland in englischer Sprache angegeben werden muß, bei in Deutschland Geborenen also *Germany* schreiben. Kinder sollten Sie nur angeben, wenn diese unter 21 Jahren alt und ledig sind. Beachten Sie, daß Sie diese Angaben unbedingt machen müssen, damit Ihre Familie im Falle des Gewinns ebenfalls eine Green Card erhält!

Schreiben Sie bitte in englischer Sprache und verwenden Sie das englische Alphabet. Das englische Alphabet ist bis auf die Umlaute ä, ö, ü sowie das ß identisch mit dem deutschen Alphabet. Für „ä" schreiben Sie „ae", für „ß" schreiben Sie „ss" und so weiter. Das gilt auch für Umlaute im Namen.

Wenn Sie in einem ausgeschlossenen Land geboren sind, schreiben Sie unter das Geburtsland das Charged–to-Land, also das Land, über das Sie teilnehmen, etwa das Land ihre Ehepartners.

Charged-to: France

Schreiben Sie unten links auf das Papier die Anschrift, an welche die Gewinnerbenachrichtigung geschickt werden soll, zum Beispiel:

Kai Martell
TIA
Hans-Böckler-Str. 19
53225 Bonn
Germany

Beachten Sie, daß Sie beim National Visa Center keine Adreßänderung bekanntgeben können. Die Adresse sollte also „sicher" sein. Da vom Zeitpunkt der Bewerbung bis zur Gewinnerbenachrichtigung mindestens fünf Monate vergehen, sollten Sie sich nicht auf Nachsendeanträge verlassen. Sie können bei TIA auch kostengünstig eine Anschrift direkt in den USA mieten. Bei Interesse erhalten Sie Informationen unter Tel.: 0228-9735-111 oder Fax: 0228-9735-190.

Tip: Falls Sie sicher gehen möchten, übernimmt TIA auch den gesamten Service für Sie. TIA sendet Ihnen die Gewinnbenachrichtigung ohne Zusatzkosten an die von Ihnen gewünschte Adresse. Adressänderungen sind dann jederzeit möglich.

**Unterschreiben Sie am unteren Blattrand**

Unterschreiben Sie Ihre Bewerbung am unteren Blattrand. Ferner benötigen Sie ein Paßfoto jüngeren Datums, ungefähr 37 x 37 Millimeter groß. Vergessen Sie nicht, auf die Rückseite des Fotos in Druckschrift Ihren Namen zu schreiben. Befestigen Sie das Foto anschließend durchsichtigem Tesafilm am unteren rechten Rand.

In den ersten Jahren der Lotterie wurde kein Foto des Bewerbers verlangt. Dieses wurde erst eingeführt, wie behauptet wird, nachdem es Probleme bei der Identifizierung der Lotterieteilnehmer gab. Für manche Menschen bedeutet der Gewinn einer Green Card soviel, daß sie sich gefälschte Geburtsurkunden und Papiere besorgten und den Gewinn von anderen Personen kauften. Gewinner konnten somit ihren Gewinn teuer verkaufen. Dieser Verkauf, der in einigen Ländern angeblich immer noch floriert, wird durch das Paßfoto deutlich erschwert.

Was Sie unbedingt beachten sollten:

**Das Paßbild mit Tesafilm befestigen**

- Das Paßbild sollte <u>nicht</u> angeklebt oder mit Klammern befestigt sein.

- Das Paßbild sollte die geforderte Größe aufweisen.

- Verwenden Sie keine Umlaute (ä, ö, ü). Falls in Ihrem Namen oder Ihrer Adresse Umlaute vorkommen, ersetzen Sie diese durch ae, oe oder ue.

- Vergessen Sie bitte nicht zu unterschreiben. Dies ist unserer Erfahrung nach einer der häufigsten Fehler!

- Beachten Sie die Reihenfolge der Angaben.

---

**<u>Was Sie nicht brauchen und keinesfalls beilegen sollten:</u>**

- Unterschriften von Ehefrau und Kindern auf Ihrem Bewerbungsformular

- Fotos von Ehefrau und Kindern

- Einen Beweis, daß Sie die berufliche Qualifikation mitbringen

- Zusätzliche Dokumente jeglicher Art

---

## Und ab geht die Post

Ihre Bewerbung wird nun in einen Umschlag gesteckt, der zwischen 15-25 Zentimeter lang und 9-11 Zentimeter breit ist.

Äußerst wichtig ist die korrekte Beschriftung des Umschlags.

Am oberen linken Rand des Briefumschlags müssen Sie zunächst Ihr Geburtsland in englischer Sprache angeben. Falls Sie in einem Ausschlußland geboren sind, geben Sie dort das Charged-to Land an. Darunter schreiben Sie Ihren vollen Namen und Ihre Postanschrift. Die Adresse muß mit der auf dem Bewerbungsbogen angegebenen identisch sein. Zum Beispiel:

---

Germany
Martell, Kai
TIA
Hans-Böckler-Str. 19
53225 Bonn

---

*Die Adresse ist abhängig von Ihrem Geburtsland*

Der Adressat Ihres Umschlags variiert, je nachdem, in welchem Land Sie geboren sind.

Wenn Sie in Deutschland, Österreich, der Schweiz oder anderen europäischen Ländern geboren sind, beschriften Sie den Umschlag mit folgender Adresse:

DV-2001 Program
National Visa Center
Portsmouth, NH 00212
USA

Achtung, dies ist die Adresse für das Programm, dessen Bewerbungsfrist 1999 abläuft. Für spätere Jahre müssen Sie immer den aktuellen Namen des Programms benutzen, also DV-2002 Program, DV-2003 Program und so weiter.

### Europa

Diese Adresse mit dem sogenannten Zip code 00212 ist für alle Personen, die in Europa geboren sind. Wenn Sie nicht sicher sind, ob Sie in Europa geboren sind, so beachten Sie, daß für die Zuordnung des DV-Programms, Europa von Grönland bis Rußland reicht. Alle Länder der ehemaligen Sowjetunion gehören zu Europa. Wenn Sie in anderen Ländern geboren sind, rufen Sie bei den unten angegebenen Telefonnummern an, um Ihren Zip code zu erfahren.

Achtung, die Bewerbung darf nicht per Einschreiben, Express, Kurier oder ähnlichem eingereicht werden und darf nur innerhalb einer bestimmten Frist auf normalem Postweg in Portsmouth eintreffen, da Ihre Bewerbung andernfalls sofort disqualifiziert wird. Sie erhalten keine Eingangsbestätigung und werden nur im Falle des Gewinns benachrichtigt. Zudem können Sie auch keine Adressänderung angeben. Bei der letztjährigen Verlosung wurden über 40% der Bewerbungen disqualifiziert. Weitere Informationen erhalten Sie beim Visainformationsdienst unter Tel.: 0190-88-22-11 oder bei der Green Card Expert Line unter Tel.: 0190-83-93-99 (beide 3,63 DM/Minute). Des weiteren gibt es ein Tonband unter Tel: 0190-270-789 (1,21/Minute).

Ansonsten können Sie den bequemeren Weg wählen und ein Service-unternehmen beauftragen. Die Auskünfte dort sind kostenlos, bei Inanspruchnahme der Dienstleistungen werden zwischen 50,- und 150,- DM verlangt und normalerweise der form- und fristgerechte Eingang an der Lotterie garantiert. Zusatzleistungen variieren, vergleichen Sie die angebotenen Dienstleistungen genau und setzen Sie auf Qualität der Beratung und weitergehende Betreuung, denn die benötigen Sie auch, wenn Sie zu den glücklichen Gewinnern gehören.

### Bewerbungsservice

Man kann die Bewerbung beim National Visa Center selbst einreichen oder sich der Hilfe eines professionellen Serviceunternehmens bedienen, was den Vorteil hat, daß einem die Einhaltung formeller Voraussetzungen abgenommen wird. Vor allem: Sie gehen sicher, daß Ihre Bewerbung wirklich in den USA ankommt, da normalerweise persönliche Kuriere beauftragt werden.

**This is America (TIA), der auf dem europäischen Markt am längsten vertretene Anbieter für Komplett-Dienstleistungen rund um die Green Card und die USA, bietet Ihnen einen umfangreichen Green-Card–Service:**

- Ihre Bewerbung wird in die formal richtige und vollständige Form gebracht.

- INFOLINE: Experten beraten Sie telefonisch in allen Fragen zur Green-Card-Bewerbung.

- Alle Bewerbungen müssen vor dem amtlichen Stichtag per Post im National Visa Center in Portsmouth eingegangen sein. Um mögliche Fehler im transatlantischen Postverkehr (Bewerbungsverlust, Verspätung) auszuschließen, werden Ihre Unterlagen in die USA nach Portsmouth geflogen, und es wird für fristgerechten Bewerbungseingang gesorgt.

- Sie erhalten von TIA ein sogenanntes „Certificate of Mailing", den offiziellen Beleg der US-Post für Ihren Bewerbungseingang.

- TIA arbeitet eng mit amerikanischen und deutschen Anwälten zusammen, um TIA-Kunden optimal zu betreuen.

- Sollten Sie zu den glücklichen Gewinnern gehören, werden Sie auch beim weiteren Verfahren intensiv betreut.

- TIA führt Gewinnerveranstaltungen durch, bereitet auf den Konsulatstermin vor und ist den Gewinnern weiterhin durch einen Bewerbungsservice bei der Arbeitssuche in den USA behilflich.

- Umzugsservice: Teilen Sie TIA bei einem Wohnortwechsel Ihre neue Adresse mit. Die Gewinnerbenachrichtigung des National Visa Center wird dann automatisch an Ihre neue Adresse geschickt.

- Sollten Sie als TIA-Kunde nicht auf Anhieb eine Green Card gewinnen, werden Sie automatisch über die Folgeprogramme informiert. Denn auch nach Ihrer Teilnahme am Bewerbungsprogramm ist TIA für Sie da und hält Sie auf dem laufenden.

**This is America, Hans-Böckler-Str. 19, 53225 Bonn**
**Tel.: 0228-9735-0 Fax: 0228-9735-190**

## *Auslosung*

Nach der Auslosung ist Schnelligkeit gefragt

Um die große Menge an Bewerbungen bewältigen zu können, wird das Vorliegen der Voraussetzungen - mit Ausnahme der formellen Voraussetzungen - erst nach der Verlosung überprüft. Deshalb brauchen bei Teilnahme an der Lotterie keine Angaben hinsichtlich der Ausbildung oder der Berufserfahrung gemacht zu werden. Die durchführende Behörde, das National Visa Center in Portsmouth, lost zunächst mehr als 55 000 Personen aus, nämlich ca. 100 000, in der Erwartung, daß ca. 45 000 Gewinner nicht die Voraussetzungen erfüllen oder die Green Card aus anderen Gründen nicht erhalten können. Die ersten 55 000 Gewinner, die nach der Benachrichtigung ihre Qualifikation für das Programm nachweisen können und bei denen kein allgemeiner Ausschlußgrund vorliegt, bekommen die Green Card. Wer zu spät kommt, hat Pech gehabt. Deshalb ist es außerordentlich wichtig, schnell zu antworten.

Bei der Verlosung wird die Zugehörigkeit zu einer bestimmten Weltregion berücksichtigt. Die Weltregionen sind im Gesetz bestimmt. Die jeweilige Anzahl verfügbarer Green Cards wird jährlich bekanntgegeben. Bei der letzten Verlosung, deren Ergebnisse im Frühjahr 1999 bekannt gegeben wurden, gewannen 3 417 Deutsche eine Green Card. In absoluten Zahlen handelt es sich allerdings um mehr Green Cards, da die Familienangehörigen der Gewinner ebenfalls eine Green Card erhalten können. Wen die weltweite Verteilung der Green Cards interessiert, der kann die aktuellen Ergebnisse zum Beispiel unter www.freegreencard.de einsehen.

Weiterhin dürfen nicht mehr als 3 850 Personen eines Landes die Green Card erhalten, selbst wenn infolge der Auslosung von 100 000 Personen zunächst mehr als 3 850 Personen eines Landes benachrichtigt werden.

### Gewinnerbenachrichtigung

Wann man über einen möglichen Gewinn informiert wird, ist nicht genau festgelegt. Mit einer Wartezeit von mehreren Monaten nach Ablauf der Einsendefrist muß gerechnet werden. Die Benachrichtigung über den Gewinn bei der Green Card Lotterie bedeutet aber noch nicht, daß man die Green Card auch tatsächlich bekommt.
Da insgesamt ca. 100 000 Green Cards verlost werden, muß man sich vor den anderen, also möglichst schnell, beim National Visa Center zurückmelden. Mehrere Monate später erhält man dann eine Einladung zum Interviewtermin beim Konsulat. Dort wird das Vorliegen der Voraussetzungen und das Nichtvorliegen allgemeiner Ausschlußgründe geprüft.

Wenn Sie sich nicht sicher sind, ob Sie innerhalb des nächsten Jahres den Wohnort wechseln, sollten Sie unbedingt in Betracht ziehen, über einen Service an der Verlosung teilzunehmen. Sie können nämlich beim National Visa Center keine Adressänderung angeben und im Falle Ihrer Auslosung würde Ihr Gewinn verlorengehen, wenn Sie nicht unter Ihrer alten Adresse erreichbar sind!

### Nach der Auslosung

Mit der Gewinnbenachrichtung erhalten Sie einige Formulare, die Sie am besten gleich ausgefüllt zurücksenden sollten. In den Formularen müssen Sie persönliche Angaben zu Wohnorten der letzten Jahre, Organisationen, denen Sie angehören und einiges mehr machen.

### Auf dem Konsulat

Wenn das NVC überprüft hat, ob Ihre Unterlagen vollständig und richtig ausgefüllt sind, werden Sie ins amerikanische Konsulat eingeladen. Dort werden Ihre Angaben weiter überprüft, und Sie und alle Familienmitglieder, die eine Green Card beantragen, müssen sich einem Gesundheitstest unterziehen.

> Zur Vorbereitung auf das Konsulat können Sie an einem Seminar teilnehmen. Informationen unter 0228-9735-0. Ausführliche Informationen enthält auch das Buch: Die unbefristete Arbeits- unhd Aufenthaltsgenehmigung der USA per Lotterie: Die Green Card Verlosung, Kai Martell, TIA Verlag 1999.

Die Wahrheit Ihrer Angaben wird überprüft

Sie werden auf dem Konsulat einige Gespräche mit Angestellten führen, in denen überprüft wird, ob Ihre Angaben der Wahrheit entsprechen. Sie werden nach eventuellen Jobangeboten in den USA gefragt, über Ihre finanziellen Mittel, über Ihre Beweggründe, Deutschland zu verlassen und in die USA auszuwandern. Der Konsulatsbeamte möchte sich vor allem vergewissern, daß Sie in den USA nicht zum Sozialfall werden. Sie haben die Green Card gewonnen, und die wird Ihnen nur vorenthalten, wenn Bedenken von seiten des Beamten bestehen, daß Sie eine Belastung für das soziale Netz der USA werden könnten.

Unterlagen für den Konsulatstermin

Sie sollten zudem folgende Unterlagen mit sich führen:

❶ Das Anschreiben, das Sie vom NVC erhalten haben
❷ Das Formular DV-99 –171 Appointment (oder entsprechendes Formular für ein späteres DV-Programm)
❸ Das Formular 9003
❹ Reisepaß
❺ Geburtsurkunde und Übersetzung

❻ Polizeiliches Führungszeugnis und Übersetzung

❼ Schulzeugnisse sowie Nachweise von Arbeitsstellen, falls vorhanden, alles übersetzt

❽ Nachweis über finanzielle Mittel und Übersetzung

Falls vorhanden auch:

❾ Heiratsurkunde, gegebenenfalls Scheidungsurteil und Übersetzung

❿ Militärische Zeugnisse und Übersetzung

### Der Gesundheitstest

Sie können dem Schreiben entnehmen, wann und wo die ärztliche Untersuchung durchgeführt wird, zu der Sie nüchtern erscheinen müssen. Die Kosten für diese Untersuchung müssen Sie leider selbst tragen, und sie sind bar direkt vor Ort zu begleichen. Die Gebühren ändern sich gelegentlich; erkundigen Sie sich also vor Ihrem Termin, wieviel Sie für die Untersuchung zahlen müssen.
Der Gesundheitstest besteht aus einer Blut- und Urinuntersuchung, einer Röntgenaufnahme, einer allgemeinen körperlichen Untersuchung und einer Befragung. Sie müssen zudem bestimmte Impfungen nachweisen. Das Ergebnis der Untersuchung wird in einem Bericht festgehalten, den Sie beim Konsulat vorlegen müssen. Das Röntgenbild sollten Sie bei der Einreise in die USA im Handgepäck mitführen.

### Endlich, die Green Card!

Wenn Sie den Konsulatstermin erfolgreich hinter sich gebracht haben, müssen Sie innerhalb der nächsten sechs Monate in die USA reisen.
Bei der Einreise wird das Einwanderungsvisum einem Angestellten der Einwanderungsbehörde vorgelegt. Im Normalfall erhalten Sie jetzt einen Stempel in Ihren Reisepaß, der die Funktion der Green Card hat!! Erst später bekommen Sie die „richtige" Green Card per Post zugesandt, aber das ist eigentlich nur noch eine Formsache.

### Ein Green Card–Gewinner berichtet

*"America is waiting" von Frank Jenschar, Rundfunk Redakteur*

Florida, Miami-Airport. Der Warteraum ist überfüllt. Zwanzig bis dreißig Südamerikaner, vermutlich Kubaner, vertreiben sich die lange Wartezeit. Kleine Kinder krabbeln und toben zwischen den akkurat aufgestellten Sitzreihen. Ihre Gesichter sind die einzig fröhlichen in dem von Neonlicht erhellten Raum ohne Fenster. Der Einwanderungs-beamte schaut etwas mürrisch, als ich den Raum verlassen will, um nach unseren Koffern zu sehen. Während ich unser Gepäck im Besitz zwielichtiger Gestalten wähne, raunzt er mir zu, sitzenzubleiben und zu warten, bis ich an der Reihe sei. Warten. Verschwitzte Gesichter, spanisches Gemurmel um uns herum, die Stimmung ist auf dem Null-punkt. Ungefähr zwei Meter entfernt sitzt ein Kubaner auf einem Stuhl, ihm gegenüber eine Einwanderungsbeamtin in Uniform. Sie prüft seine Papiere, irgend etwas scheint nicht zu stimmen. Der Kuba-ner hat ein kleines Kind dabei, ein Mädchen, das auf dem Boden her-umtollt und sich von der Einwanderungsbeamtin nicht besonders beeindruckt zeigt, im Gegensatz zu ihm.

Doch mit jeder weiteren Minute des Wartens schwindet unser Interes-se an den Dingen, die um uns herum passieren.
Begonnen hatte alles mit einem Anruf. Immer auf der Suche nach Themen, stieß ich in einer Tageszeitung auf ein Inserat, fast unschein-bar war es gewesen. Nicht zu klein, nicht zu groß. Helfen bei Teil-nahme an "Green-Card-Verlosung" stand da zu lesen. Interessant, dachte ich, und hatte den Telefonhörer schon in der Hand.

Einige Tage später in Bonn. Alles wirkt ein wenig hektisch, das Tele-fon steht kaum still. Ich bin zum Interview verabredet. Kai Martell erklärt mir, wie sein Service funktioniert. "Wer sich über uns bewirbt, nimmt garantiert an der Green-Card-Verlosung teil." Formale Fehler, die jährlich zur Disqualifizierung von Millionen von Bewerbern füh-ren, werden ausgeschlossen, ein Kontaktmann in den USA bringt die Bewerbungen zur Post. Er ist sich seiner Sache sicher, die Anzahl der Anrufe gibt ihm recht. Ich mache mit, entscheide ich spontan nach unserem Gespräch. Rund drei Monate später, ich habe die Geschichte innerlich längst abgehakt, finde ich einen dicken Umschlag in meinem Briefkasten vor. Erst nach dem Öffnen fange ich so langsam an zu realisieren, was mir widerfahren ist. "Congratulation" lese ich. Ich, der ich noch nie im Lotto auch nur den Einsatz gewonnen habe, bin Green-Card-Gewinner. Die Anzahl der zu beantwortenden Fragen läßt mich fast zweifeln, ob ich überhaupt weitermachen soll. Na ja, ich kann's ja mal versuchen, denke ich und beantworte brav alle Fragen zu meinen persönlichen Verhältnissen und schicke die Fragebögen in die USA zurück. Das war's, bin ich überzeugt, bestimmt hab' ich was falsch ausgefüllt und rechne spätestens jetzt mit der Disqualifizierung. Im festen Glauben, nie wieder etwas von der Sache zu hören, fische ich einige Monate später erneut einen Umschlag des INS aus dem Briefkasten: Die Einladung zum Interview ins Generalkonsulat nach Frankfurt. Ungläubiges Staunen, mit allem habe ich gerechnet, nur damit weiß Gott nicht. Der Morgen meines Interviews. Ich bin präpariert, habe alle Unterlagen geordnet, kontrolliert und nochmals kontrolliert.

Es fehlt nichts. Das Wetter schlägt mir ein Schnippchen, in der Nacht hat es geschneit. Chaotische Zustände auf den Straßen, im Schneckentempo geht's über die Autobahn nach Frankfurt. Ich bin viel zu spät und sehe meine Chancen schwinden.

Als sei mein Adrenalinspiegel nicht bereits genug strapaziert, landen meine kompletten Unterlagen vor lauter Nervosität im Matsch, als ich mich beim Pförtner des Konsulats melde. Der Mann bleibt ruhig und weist mir den Weg.

Die Frau an der Kasse, bei der ich die Visa-Gebühren bezahlen muß, staunt nicht schlecht, als ich ihr funkelnagelneue Dollarnoten entgegenhalte. "Sind die echt", fragt sie lachend, um die Scheine gleich darauf eingehend zu überprüfen. D-Mark hätten wir auch genommen, erklärt sie mir. Meine innere Anspannung löst sich, ob der Freundlichkeit der Konsulatsangestellten. Und auch meine Vorstellung des Visa-Interviews gerät ins Wanken. Sitzt mir da etwa nicht ein grimmig guckender Beamter auf der Schreibtischkante gegenüber, der mich eingehend danach befragt, warum ausgerechnet ich mir einbilde, eine Green Card zu bekommen?

Um es vorweg zu nehmen: Nein. Der grimmige Beamte entpuppt sich als freundliche Frau, die mich mit einem Lächeln im Gesicht fragt, was ich denn in den USA vorhabe, nachdem sie meine Unterlagen nochmals überprüft hat. Sie erklärt mir das weitere Prozedere, wonach ich jetzt zum Arzt gehen müsse. Auf dem Weg dorthin, die Praxis liegt etwa 10 Minuten zu Fuß vom Konsulat entfernt, schwebe ich bereits auf Wolke Sieben und denke, das war's, die Green Card ist dein!

Völlig entspannt lasse ich mir Blut abnehmen, obwohl ich vor diesen Nadeln ansonsten einen höllischen Respekt habe, und mich anschließend vom Arzt untersuchen.

Es ist längst Nachmittag, als ich die Praxis verlasse, Stunden des Wartens sowohl im Konsulat als auch in der Praxis liegen hinter mir, aber was soll's.

Eine Woche später: Post aus Frankfurt. Der braune versiegelte Umschlag mit meinen Visa-Unterlagen ist da. Auf keinen Fall das Siegel beschädigen, steht darauf. Wollen Sie ihren Anspruch auf die Green Card behalten, müssen Sie einmal innerhalb von vier Monaten in die USA einreisen, erfahre ich. Was für eine Frage, natürlich will ich, nach all den Schweißtropfen.

Die Realität hat mich wieder, als der Kubaner endlich fertig ist. Kaum eineinhalb Stunden später. Es ist soweit. Wir sind an der Reihe. Mit einem flauen Gefühl im Magen nähere ich mich der Einwanderungsbeamtin, setze mich vor ihr auf den Stuhl. Sie nimmt kaum Notiz von mir. Ich überreiche ihr zwei braune Umschläge, eine Ecke ist abgeschnitten. Die Papiere im Inneren des Umschlags schauen heraus, sie sind durch einen Stanzring versiegelt. Eines der Blätter ist umgeknickt und mit einem Stempel versehen. Sie nimmt die Umschläge und öffnet sie. Drei, vier Minuten schaut sie sich alles haargenau an, bevor sie den Kopf hebt und mich fragt, was mich nach Miami führe. Meine Anspannung läßt etwas nach, im zusammengewürfelten Englisch versuche ich ihr zu erklären, daß ich Journalist sei und als Korrespondent für deutsche Medien arbeiten wolle. Ob wir in Miami bleiben wollten, fragt sie. Möglicherweise, antworte ich. Die Zeremonie ist deutlich kürzer als bei dem Kubaner und endet mit einem großen Stempel im Reisepaß, der vorläufigen Green Card. Ein Kollege der Einwanderungsbeamtin bittet mich aufzustehen, er nimmt Fingerabdrücke von uns. Fertig. Unsere Gesichtszüge entspannen sich deutlich, nachdem wir den fensterlosen Raum verlassen. Das Gepäckband ist leer, kein Tourist weit und breit, in einer Ecke stehen unsere Koffer.

# Investor Visa Programm

## 4. Kapitel

# Investor Visa Programm

## Das Investor Visa Programm – Die Einwanderung durch Investition

*von Mike Meier und Judith Geisler*

Wie Sie aus den vorangegangenen Abschnitten entnehmen konnten, gibt es verschiedene Möglichkeiten, eine Green Card zu erhalten, und unterschiedliche Arten der Bewerbung um dieselbe. Wenn Sie daran interessiert sind, in die USA einzuwandern, aber keine der drei im grauen Kästchen genannten Voraussetzungen erfüllen, ist die Teilnahme am *Investor Visa Programm* grundsätzlich die einzige Möglichkeit, abgesehen von Heirat und direkter Verwandtschaft, schnell und sicher eine Green Card für sich und ihre Familie zu erhalten.

❶ Sie stehen in einem Verwandtschaftsverhältnis ersten Grades mit einem amerikanischen Staatsbürger oder Inhaber der Green Card

❷ Sie sind eine Person besonderen öffentlichen Interesses

❸ Sie nehmen an der Green Card Lotterie teil und gewinnen

Im folgenden möchten wir Ihnen das Investor Visa Programm erläutern und Ihnen die näheren Bestimmungen erklären.

## Gesetzliche Bestimmungen des Investor Visa Programms

1990 verabschiedete die amerikanische Regierung ein Einwanderungsgesetz, mit dem eine neue Visakategorie, das sogenannte „Investor Visa" geschaffen wurde [§ 203 (5) (b)].
Eine Person, die sich über dieses Programm für eine Green Card qualifizieren möchte, muß folgende Anforderungen erfüllen.

**1** Die Person, konkret: Der Investor muß in ein amerikanisches Unternehmen investieren und aktiv an der Investition teilnehmen.

Die aktive Teilnahme an der Investition bedeutet der gesetzlichen Regelung folgend, daß der Investor am Management der Investition teilnehmen muß.

Konkret heißt das für den Investor, daß er sich grundsätzlich an der Geschäftsführung des Unternehmens beteiligen soll und zwar entweder

a) durch die tägliche, geschäftsführende Mitarbeit oder

b) durch die Teilnahme an Geschäftsentscheidungen.

Die Auflagen erlauben auch, daß der Investor sich nur beschränkt an der Investition beteiligt, beispielsweise als *Limited Partner*.

**2** Insgesamt muß Kapital in Höhe von US$ 1 Mio. angelegt werden, wobei in einer strukturschwachen Region eine Investition in Höhe von US$ 500 000 ausreicht.

Kapital im Sinne des Investor Visa Programms bedeutet:

Bargeld oder Darlehen, die durch die Vermögensgüter (Sicherheiten) des Investors garantiert werden.

Darlehen sind nur dann Kapital im Sinne des Investor Visa Programms, wenn der Investor in erster Linie und persönlich haftbar ist.

Eine strukturschwache Region wird folgendermaßen definiert: In einer strukturschwachen Region liegt die Arbeitslosenquote erheblich (50%) über dem amerikanischen Durchschnitt.

**3** Das Unternehmen, in das investiert werden soll, kann
a) bereits bestehen,
  b) durch die Investition geschaffen werden oder
  c) sich in Schwierigkeiten befinden.

Es gibt für den Investor also mehrere Möglichkeiten der Investition:

Die Investition in die Neugründung eines Unternehmens oder in die Umstrukturierung eines bereits bestehenden Unternehmens.

a) Investition in ein expandierendes Unternehmen, ein Unternehmen, dessen Wert oder Zahl der Angestellten durch die Investition um 40% ansteigt.

b) Investition in ein Unternehmen, das sich in Schwierigkeiten befindet.

*Dies ist ein Unternehmen, das bereits seit zwei Jahren besteht und dessen Verluste in den 12-24 Monaten vor Antragstellung zumindest 20% des Unternehmenswertes betragen.*

**4** Durch die Investition müssen über einen Zeitraum von zwei Jahren direkt oder indirekt zehn Vollzeitarbeitsplätze geschaffen oder geschützt werden.

*Mit Vollzeitarbeitsplatz ist gemeint, daß ein Angestellter mindestens 35 Stunden pro Woche arbeiten muß. Diese Arbeitsplätze dürfen nicht an Familienmitglieder des Investors vergeben werden. Unter bestimmten Umständen können die Arbeitsplätze durch behördlich anerkannte Pilot-Programme auch "indirekt" geschaffen werden.*

Diese Programme beziehen sich auf staatlich anerkannte regionale Entwicklungszentren (*Federally Designated Regional Pilot Centers*). Bei diesen Zentren ist ein indirekter Nachweis über den Erhalt der Arbeitsplätze erforderlich.

*Indirekt bedeutet hier, daß das Unternehmen durch seine Aktivitäten so viel Wirtschaftsleistung produziert, daß im umliegenden Wirtschaftsbereich die zehn Arbeitsplätze erhalten oder geschaffen werden.*

## Ergänzende Erläuterungen zum Investor Visa Programm

*Anforderungen an Ausbildung oder Geschäftserfahrung des Investors*

Die Vorschriften des *Investor Visa Programms* sehen weder Geschäftserfahrung noch eine besondere Ausbildung des Investors vor.
Der Investor muß lediglich die notwendigen Vermögenswerte (Sicherheiten) besitzen.

*Einschränkungen bei der Teilnahme am* Investor Visa Pogramm

Prinzipiell kann jeder am *Investor Visa Programm* teilnehmen, sofern er über die notwendigen finanziellen Mittel verfügt.

Vom Programm ausgeschlossen werden Personen, die moralisch verwerfliche Verbrechen begangen haben, es sei denn, diese sind nach mehr als 15 Jahren verjährt.
Des weiteren werden Personen mit bestimmten infektiösen Krankheiten ebenfalls nicht zum Programm zugelassen.

Einschränkend sei darauf hingewiesen, daß in den meisten Fällen eine Ausnahme beantragt werden kann, sofern der Bewerber im ersten Fall von Dritten unterstützt wird und im zweiten Fall nicht der staatlichen Gesundheitsfürsorge zur Last fällt.

*Illegaler Aufenthalt in den USA und die Möglichkeit, ein Investment-Visum zu erhalten*

Seit dem 14. Januar 1998 können sich Personen, die sich ohne gültiges Visum in den USA aufhalten, nicht mehr von den Vereinigten Staaten aus für das *Investor Visa Programm* bewerben.
Diese Personen müssen zunächst in ihr Heimatland zurückkehren, um von dort aus beim amerikanischen Konsulat den Antrag zu stellen.

*Chancen, ein* Investment Visum *zu erhalten*

Die Anzahl der zu vergebenden Investor Visa ist auf 10 000 Visa pro Jahr festgelegt.
Für Bewerber, die in *Regional Pilot Centers* investieren, stehen 3 000 Visa zur Verfügung.
Tatsächlich wurden in den vergangenen Jahren wesentlich weniger Visa ausgegeben als zur Verfügung standen.
Zum Beispiel sind 1996 weniger als 1 000 Visa innerhalb des *Investor Visa Programms* ausgestellt worden, die Chance auf den Erhalt eines solchen Investment Visums ist also sehr hoch.

Die Chancen werden trotz in der Vergangenheit abgelehnter Anträge nicht geringer

Es besteht keine Verringerung der Chancen auf den Erhalt eines Investment Visums, nachdem andere Visumanträge in der Vergangen-

155

heit abgelehnt wurden, es sei denn, das Visum wurde aufgrund eines Betruges oder anderer schwerwiegender Gründe abgelehnt. Es besteht allerdings auch hier die Möglichkeit, Ausnahmen zu erwirken.

### *Status der Aufenthaltsgenehmigung: Das* Investment Visum, *zunächst eine Green Card unter Vorbehalt (Conditional Green Card)*

Diesem Punkt ist vorauszuschicken, daß nicht nur der Investor selbst die Green Card erhält, sondern natürlich auch seine Familie, das heißt der Ehepartner und die Kinder, sofern sie unter 21 Jahre alt und ledig sind.

Das Investment Visum, um das man sich innerhalb des *Investor Visa Programms* bewirbt, ist zuerst einmal eine Green Card „unter Vorbehalt", die sogenannte „Conditional Green Card".
Diese beinhaltet dieselben Rechte und Pflichten, die mit der „normalen" Green Card verbunden sind.

Nachdem die Einwanderungsbehörde die Investition erneut geprüft hat und nach wie vor alle Bedingungen des Gesetzes erfüllt werden, erhalten der Investor und seine Familie nach zwei Jahren die unbefristet gültige Green Card.

Green Card „unter Vorbehalt"

Diese Handhabung seitens der amerikanischen Einwanderungsbehörde resultiert aus den vielfachen Betrugsversuchen Einwanderungswilliger in der Vergangenheit. Etliche Personen versuchten über eine Scheinehe mit einem/einer amerikanischen Staatsbürger/in, die Green Card zu erhalten. Um solchen betrügerischen Absichten grundsätzlich vorzubeugen, werden alle Green Cards im Falle neugeschlossener Ehen nur „unter Vorbehalt" ausgestellt, der erst dann aufgelöst wird, wenn nachgewiesen wurde, daß keine Scheinehe besteht.
Überträgt man diese Problematik auf die Einwanderung durch Investition, deren Zweck vor allem darin liegt, Arbeitsplätze zu schaffen beziehungsweise zu sichern, wird rasch deutlich, daß es der Einwanderungsbehörde wichtig ist zu vermeiden, daß der Investor sofort nach Erhalt der Einwanderungserlaubnis die Investition beendet und damit zu erhaltende Arbeitsplätze verfallen könnten.

**Bewerbung um Investor Visum gestaltet sich vom Ausland aus kompliziert**

Wie Sie aus den vorangegangenen Ausführungen ersehen können, ist die Bewerbung um ein Investment Visum mit einigen Auflagen verbunden.

Für den ausländischen Bewerber um eine Green Card ist die Bewerbung innerhalb des *Investor Visa Programms* deshalb kaum zu bewältigen. Problematisch ist weniger das Bewerbungsverfahren an sich als vielmehr die korrekte Erfüllung aller gesetzlichen Anforderungen, die die amerikanische Regierung an einwanderungswillige Investoren stellt.

Hier ist vor allem die Schwierigkeit in Betracht zu ziehen, ein entsprechendes Investitionsobjekt zu finden. Daneben ist das hohe Risiko der Investition zu nennen.

**Serviceunternehmen gestalten, organisieren die Investition**

Allerdings haben sich auch auf diesem Sektor, wie das in Amerika in so vielen Bereichen der Fall ist, Serviceunternehmen gegründet, die in den vergangenen Jahren mit zum Teil 100%igem Erfolg Bewerbungen um Investor Visa organisiert haben. Diese Unternehmen sind nicht nur bei der rein formalen Bewerbung behilflich, sondern entwickeln zusätzlich Investitionspläne, damit der Bewerber um die Green Card den gesetzlichen Bestimmungen gerecht werden kann.

Sie brauchen deshalb nicht vor diesem zunächst doch recht kompliziert erscheinenden Programm zurückzuschrecken, denn es gibt, wie Sie sehen, auch in diesem Bereich kompetente Hilfestellung, die dem Bewerber das Bewerbungsverfahren erleichtert.

Wenn Sie nähere Informationen wünschen, wenden Sie sich an Olaf Hampel (der ehemalige NFL-Spieler und Football-Star), Telefon: 0228-97350 oder Fax 0228-9735190.

# Immobilienmarkt USA

## 5. Kapitel

# Immobilienmarkt USA

*von Holger Miß*

den USA bereits über die dortigen Gegebenheiten informiert haben, werden Ihre Erfahrungen kaum allumfassend sein. Es werden unvorhersehbare Umstände auftreten, die für Sie aufgrund mangelnder Kenntnisse der örtlichen Gepflogenheiten leicht zu Problemen werden können. Gerade in solchen Unwägbarkeiten und insbesondere in deren Überwindung liegt für manch einen sicherlich der Reiz des Neubeginns. Der durchschnittliche USA-Neuankömmling wird auf derlei Vergnügungen jedoch vermutlich verzichten können. Besonders für diese Personengruppe empfiehlt sich eine frühzeitige Auseinandersetzung mit dem Thema Immobilienmarkt. Denn es handelt sich hierbei um eine vorhersehbare Problematik. Wenn Sie sich rechtzeitig und eingehend informieren, haben Sie eine der größten Schwierigkeiten, die sich Ihnen stellen werden, schon fast gemeistert.

**Informieren Sie sich rechtzeitig**

Also: Informieren Sie sich rechtzeitig über die Eigenheiten des amerikanischen Immobilienmarktes. Die meisten Probleme bei der Haus- oder Wohnungssuche lassen sich durch Aneignung der grundlegenden Kenntnisse vermeiden.

**Der amerikanische Immobilienmarkt**

Der amerikanische Immobilienmarkt unterliegt in viel stärkerem Maße einer staatlichen Kontrolle, als das in der Bundesrepublik der Fall ist. Dabei bestehen zwischen den einzelnen Bundesstaaten der USA zuweilen Unterschiede, die in diesem Buch nicht berücksichtigt werden können. Die hier vorliegenden Angaben müssen daher unter dem Vorbehalt betrachtet werden, daß in einigen Bundesstaaten aufgrund rechtlicher oder tatsächlicher Besonderheiten die Realität anders aussehen kann als beschrieben.

Sie sollten die Bedeutung der Wohnungsfrage für Ihr persönliches Wohlergehen keinesfalls unterschätzen. Irgendeine Unterkunft werden Sie wahrscheinlich immer finden, auch ohne daß Sie sich auf diesem Gebiet auskennen. Diese wird dann jedoch vermutlich von bestenfalls minderer Qualität sein. Gerade zu Beginn Ihres Aufenthalts sind gewisse Startschwierigkeiten jedoch nie ganz auszuschließen. Sind Sie dann, womöglich noch längerfristig, an eine Ihnen überhaupt nicht zusagende Heimstatt gebunden, kann aus einer kleinen Unannehmlichkeit sehr schnell eine handfeste Krise werden.

### Buchtip

Glink, Ilyce R., *10 Steps to Home Ownership*, Random House 1996.

Glink, Ilyce R., *100 Questions Every First-time Home-buyer Should Ask*, Random House 1994.

Tyson, Erick und Ray Brown, *Home buying for Dummies*, IDG Books Worldwide 1996.

Thomsett Michael und Jean Freestone Thomsett, *Getting Started in Real Estate Investing*, John Wiley and Sons 1998.

Mc Lean, Andrew, *Investing in Real Estate*, John Wiley and Sons 1996.

Ausführlichere Beschreibungen finden Sie am Ende des Buches.

## Wohnungen

In zentrumsnahen Gebieten dichtbesiedelter Ballungsräume sind Wohnungen die häufigste, manchmal sogar einzige Wohnform. Die hohen Grundstückspreise in städtischen Gebieten zwingen die Eigentümer zum Bau mehrstöckiger Gebäude. Das Bauen kleinerer Wohneinheiten wie Einfamilienhäuser ist zwar theoretisch möglich, in der Regel jedoch unwirtschaftlich. Außerdem sind einzelne, von Hochhäusern umgebene Häuser von eher zweifelhafter Wohnqualität.

### Mietwohnungen

Auf welche USA-spezifischen Besonderheiten Sie bei der Anmietung einer Wohnung achten sollten, können Sie dem diesem Thema gewidmeten Kapitel im weiteren Verlauf dieses Buches entnehmen.

### Eigentumswohnungen

Natürlich gibt es auch die Möglichkeit, Wohnungen zu kaufen, was in Deutschland, ebenso wie in den USA, eine weit verbreitete Praxis ist. Der Unterschied zu den USA besteht darin, daß es dort zwei Varianten des Wohnungseigentums gibt: das *Condominium* und das *Cooperative apartment*. Oberflächlich betrachtet erscheinen diese oftmals identisch. Inhaltlich weichen sie jedoch aufgrund ihrer verschiedenartigen rechtlichen Struktur voneinander ab. Interessieren Sie sich für den Kauf einer Eigentumswohnung in den USA, so sollten Sie sich über die Unterschiede im klaren sein.

### Condominium

Das *Condominium* (häufig einfach als *Condo* bezeichnet) ist am ehesten mit der aus Deutschland bekannten Eigentumswohnung zu vergleichen. Hierbei kauft man eine Wohnung (manchmal auch ein Haus) in einer von mehreren Parteien bewohnten Wohnanlage. Die Beschaffenheit einer solchen Wohnanlage ist nicht festgelegt und fällt daher zuweilen recht unterschiedlich aus. Es kann sich dabei zum Beispiel sowohl um ein innerstädtisches Hochhaus handeln als auch um eine außerhalb gelegene Anlage von Reihenhäusern sowie um alle dazwischen liegenden Möglichkeiten. Durch den Kauf eines *Condos* wird man Eigentümer einer speziellen Wohnung. Das Gebäude in seiner Gesamtheit, das Grundstück sowie die von allen Parteien gleichermaßen genutzten Gebäudeteile, wie zum Beispiel Keller, Tiefgarage, Flure und Eingangshalle (*Common areas*), sind gemeinsamer Besitz aller Wohnungseigentümer.

Ein *Condominium* ist in seiner rechtlichen Struktur weitestgehend mit der aus Deutschland bekannten Eigentumswohnung vergleichbar.

**Mitglied einer Eigentümergemeinschaft werden**

Mit dem Kauf eines *Condos* werden Sie automatisch Mitglied der Eigentümergemeinschaft (*Homeowners-association*), in der Sie ein Stimmrecht haben. Die Eigentümergemeinschaft tagt in regelmäßigen Abständen und widmet sich in erster Linie Fragen des gemeinsamen Eigentums, beispielsweise, ob der Aufzug repariert werden soll oder welche Farbe beim anstehenden Anstrich der Fassade verwendet wird. Sie sind verpflichtet, eine regelmäßige Abgabe zur Deckung der bei

Verwaltung, Pflege und Wartung (*Maintenan*ce) des gemeinsamen Eigentums aufkommenden Kosten zu leisten (*Homeowners-association due*). Wie hoch diese Abgabe ausfällt und wieviel Ihre Stimme auf der Eigentümerversammlung wiegt, ist von *Condo* zu *Condo* unterschiedlich und das Ergebnis verschiedener Berechnungsmethoden. In manchen *Condominiums* zahlt jeder Eigentümer die gleiche Abgabe und hat eine Stimme in der Eigentümerversammlung. In anderen wiederum bemessen sich die Höhe der Abgabe und das Stimmgewicht danach, wie groß der Anteil des einzelnen an der gesamten Anlage ist. Ihnen wird jährlich eine Abrechnung zugestellt, die über die Verwendung der gezahlten Abgabe Aufschluß gibt. Die *Homeowners-association due* enthält jedoch noch keine an das Grundeigentum gebundenen Steuern (*Real estate taxes*). Diese werden von jedem Eigentümer einzeln an den Staat abgeführt und stehen in Abhängigkeit zur Größe der jeweiligen Wohnung. Interessieren Sie sich für den Kauf eines *Condos*, sollten Sie sich vorher darüber informieren, wie die Dinge in Ihrem konkreten Fall liegen. Gerade die Höhe der zu zahlenden Abgaben und der zusätzlich anfallenden Steuerlast kann ein wesentlicher Faktor bei der Kaufplanung sein.

### *Cooperative-apartment*

Das *Cooperative-apartment* (oder einfach *Co-op*) ist die Alternative zum *Condominium*. Der Unterschied liegt in den verschiedenen Eigentumsverhältnissen und den sich daraus ergebenden Konsequenzen

Die grundlegende rechtliche Struktur eines *Co-ops* ist jedoch immer gleich. Während Sie beim *Condo* die gewünschte Wohnung direkt kaufen, erwerben Sie beim *Co-op* Anteile an einer Gesellschaft, die Besitzerin des Gebäudes ist, in das Sie einziehen möchten. Jedes Apartment in einem solchen Gebäude repräsentiert einen bestimmten Anteil der gesamten Gesellschaft. Sie erwerben also kein Eigentum an der Wohnung selbst, sondern nur Anteile an der Gesellschaft und somit an dem Haus, in dem die Wohnung liegt. Hinsichtlich der Wohnung haben Sie lediglich eine mieterähnliche Stellung, jedoch mit dem Vorzug, als Miteigentümer der Gesellschaft keine Miete bezahlen zu müssen.

Grundlage eines Coope-
rative-apartments ist
ein Gesellschaftsvertrag

Grundlage eines *Cooperative-apartments* ist immer ein Gesellschaftsvertrag, dessen Zweck die grundsätzliche Regelung der rechtlichen
Beziehungen zwischen den einzelnen Eigentümern und der Gesellschaft ist. Wie diese Verträge im einzelnen ausfallen, kann jedoch von
*Co-op* zu *Co-op* sehr unterschiedlich sein. Wenn Sie sich für den Kauf
interessieren, so sollten Sie sich vorher über den genauen Inhalt des
Gesellschaftsvertrages informieren, da dieser unter Umständen so
gestaltet sein kann, daß sich einige der im folgenden geschilderten
Probleme nicht oder nur in modifizierter Form ergeben.

Wert der Wohnung ist
von zahlreichen Fakto-
ren abhängig

Wie viele Gesellschaftsanteile man zum Bezug einer bestimmten
Wohnung kaufen muß, ist sowohl von der Größe der Wohnung als
oftmals auch von deren Lage innerhalb des Gebäudes abhängig. So ist
es üblich, daß Apartments im obersten Stockwerk ein höherer Wert
beigemessen wird und diese somit mehr Gesellschaftsanteile erfordern,
als das bei solchen im Erdgeschoß der Fall ist. Auch kann die Aussicht
und die Himmelsrichtung, nach der die Anlage der Fenster ausgerichtet ist, hierbei von Bedeutung sein. Ebenso wie bei einem *Condo* müssen Sie auch als Besitzer eines *Co-ops* eine regelmäßige Abgabe zur
Deckung der Nebenkosten zahlen, deren Höhe allein davon abhängt,
wie viele Gesellschaftsanteile Sie halten. Anders als beim *Condo* beinhaltet diese Abgabe beim *Co-op* auch die anteilig anfallenden Grund-
steuern, denn hier ist die Gesellschaft Grundstückseigentümerin und
somit steuerpflichtig. Um die Belastung durch Nebenkosten bei *Condominiums* und *Cooperative-apartments* vergleichen zu können, müssen Sie also stets darauf achten, ob in der jeweiligen Abgabe bereits
die zu zahlenden Steuern enthalten sind.

Verwaltung eines Co-
ops

Die Verwaltung eines *Co-ops* wird durch eine Eigentümervertretung
(*Board of directors*) wahrgenommen. Dieses *Board* wird von allen An-
teilseignern gewählt und besteht normalerweise auch aus denselben.
Das Gewicht der einzelnen Stimmen ist von der Höhe des jeweiligen
Gesellschaftsanteils abhängig. Das *Board* hat darüber hinaus Mitspra-
cherecht beim Verkauf von Gesellschaftsanteilen durch einzelne Ei-
gentümer. Diese sind in ihrer Verfügungsbefugnis also beschränkt. Ein
Verkauf von Anteilen ist deswegen meist nur dann möglich, wenn das
*Board* mit dem neuen Eigentümer einverstanden ist. Wenn der Gesell-

schaftsvertrag dies vorsieht, kann dieses Vetorecht - außer durch das *Board* - auch durch eine Mehrheit der Anteilseigner geltend gemacht werden. Dahinter steht der Gedanke des gemeinsamen Eigentums und der Wahrung der Interessen aller Eigentümer. Ist einer der Anteilseigner zum Beispiel nicht mehr in der Lage, die ihm zufallenden Betriebskosten zu tragen, so geht dies zu Lasten der anderen Gesellschafter. Auch will man sich ein Mitspracherecht vorbehalten, um den Zuzug nicht erwünschter Personen verhindern zu können. Kreditwürdigkeit und persönliche Integrität sollten daher entscheidende Kriterien bei der Auswahl eines Käufers sein.

In den USA gibt es zwei Formen der Eigentumswohnung:

*Condominium (Condo)*: Vergleichbar mit einer Eigentumswohnung in Deutschland. Sie sind Eigentümer der Wohnung.

*Cooperative-apartment (Co-op)*: Erwerb von Anteilen einer Gesellschaft, die Eigentümerin des Gebäudes ist, in dem die Wohnung liegt. Durch den Besitz der Anteile haben Sie das Recht, in der Wohnung zu wohnen. Sie sind nicht Eigentümer der Wohnung selbst, sondern Anteilseigner der Gesellschaft, der das gesamte Gebäude und damit auch die Wohnung gehört.

### Vorteile von Condominium und Cooperative-apartment

Der Kauf eines *Condos* oder eines *Co-ops* bedeutet eine Investition. Vor- und Nachteile müssen daher immer am Erwerb eines Hauses gemessen werden, da dies in finanzieller Hinsicht die nächstliegende Alternative ist.

### Geringere Kosten

Wichtigstes Pro-Argument ist sicherlich der Preis. Sie können davon ausgehen, daß ein *Condo* beziehungsweise ein *Co-op* mindestens 20% weniger kostet als ein freistehendes Einfamilienhaus mit gleicher Wohnfläche in ähnlicher Lage. Dies rührt in erster Linie daher, daß Wohnungen in mehrstöckigen Gebäuden die eigentliche Grundstücksfläche wesentlich besser ausnutzen, als Häuser mit nur einem oder zwei Stockwerken. Auch sind die Nebenkosten normalerweise geringer, da diese auf alle Eigentümer umgelegt und somit beispielsweise nur einmal anfallende Grund- und Anschlußgebühren von allen gemeinsam getragen werden.

## *Keine Pflege notwendig*

Ein weiterer Vorteil ist in der Pflege des Gebäudes und des Grundstücks zu sehen. Bei *Condo* und *Co-op* übernehmen Sie lediglich den Anteil an den allgemein entstehenden Nebenkosten. Aufgaben wie die Reinigung der gemeinschaftlich genutzten Flächen, Wartung der technischen Einrichtungen sowie eventuelle Gartenpflege werden von einem Hausmeister oder anderen dafür angestellten Arbeitskräften ausgeführt. Von Ihnen wird nicht erwartet, daß Sie sich darum kümmern.

## *Mangel an Alternativen*

Schließlich ist zu bedenken, daß in vielen Innenstädten aufgrund der dichten Bebauung und der hohen Grundstückspreise einfach keine freistehenden Häuser zu haben sind. Wollen Sie also sowohl zentral als auch in den eigenen vier Wänden wohnen, bietet sich oftmals keine Alternative zum Erwerb eines *Condominiums* oder eines *Cooperative-apartments*.

Vorteile von *Condo* und *Co-op*:
- Kosten weniger als ein Einfamilienhaus
- Erfordern im Vergleich weniger bis gar keine Pflege
- Oftmals sind keine Alternativen in gleicher Lage vorhanden

*Nachteile durch gemeinschaftliches Eigentum*

Der entscheidende Nachteil ist sicherlich das gemeinschaftliche Eigentum. Während Sie mit einem eigenen Haus nahezu alles tun und lassen können, was Sie wollen, sind Sie bei *Condo* und *Co-op* immer auf einen Konsens mit den übrigen Eigentümern angewiesen. Welche Farbe die Fassade bekommt, welche Renovierungsarbeiten wann ausgeführt werden, immer müssen Entscheidungen im Einklang mit Ihren Miteigentümern getroffen werden. Auch existieren in den meisten *Condos* und *Co-ops* hausordnungsähnliche Vorschriften. Das Halten von Haustieren oder das Weitervermieten Ihrer Wohnung kann dadurch erschwert oder sogar ganz verhindert werden.

*5. Kapitel*

Nachteil durch Mitspra-
cherecht aller Anteils-
eigner bei Kauf/Verkauf

Als weiterer potentieller Nachteil ist in diesem Zusammenhang das bereits beschriebene Mitspracherecht der anderen Anteilseigner bei Kauf/Verkauf von Gesellschaftsanteilen eines *Cooperative-apartments* zu nennen. Voraussetzung einer Zustimmung der anderen Eigentümer sollte dabei eigentlich allein die Kreditwürdigkeit und die persönliche Integrität der Kaufinteressenten sein. Aus dieser Perspektive betrachtet, handelt es sich dabei um ein sinnvolles System zum Schutz aller Miteigentümer. In der Wirklichkeit kann diese Regelung jedoch zu bedauerlichen Exzessen führen.

Beispiel für ein Coope-
rative-Apartment im
Film"Green Card"

Das treffendste Beispiel für die Hindernisse, die sich Ihnen mit dem Erwerb eines *Co-ops* in den Weg stellen können, zeigt der Film „Green Card - Scheinehe mit Hindernissen" mit Andie MacDowell und Gérard Depardieu. Dieser Film ist all denen, die am Kauf eines *Co-ops* interessiert sind, sehr zu empfehlen, allen anderen Lesern übrigens auch. Bei der Wohnung, um die sich Andie MacDowell im Film bemüht, handelt es sich um ein *Cooperative-Apartment*. Sie muß sich dazu einer peinlichen Befragung durch einen Eigentümerausschuß unterziehen, dessen Einwilligung sie benötigt, um die Wohnung beziehen zu dürfen. Der Film zeigt die zentrale Schwäche dieser Regelung. Maßstäbe eines Für oder Wider sind unter Umständen nicht der Charakter des Bewerbers, sondern die Neurosen der übrigen Eigentümer. Im Film beispielsweise soll die Wohnung ohne nähere Angabe von Gründen nur an einen verheirateten Bewerber vergeben werden. Natürlich ist davon auszugehen, daß derlei Entscheidungen in der Realität normalerweise gewissenhaft und unter Berücksichtigung der tatsächlich maßgeblichen Punkte getroffen werden. Dennoch sollten Sie sich darüber im klaren sein, daß der Kauf oder auch der spätere Weiterverkauf eines einmal erworbenen *Co-ops* durchaus von den Launen äußerst unberechenbarer Nachbarn und Miteigentümer abhängen kann. Davon abgesehen müssen die Ihnen unterbreiteten Fragen und die an Sie gestellten Anforderungen nicht immer angenehmer beziehungsweise nachvollziehbarer Natur sein.

*Reservefonds und Zusatzkosten*

Weitere Schwierigkeiten können sich ergeben, wenn sich das betreffende Gebäude in schlechtem baulichen Zustand befindet. Sowohl beim *Condo* als auch beim *Co-op* sind alle Eigentümer gleichermaßen zur Zahlung von Reparatur- und Renovierungskosten verpflichtet. Zur langfristigen Abfederung dieser vorhersehbaren Belastungen bildet jede Eigentümergemeinschaft im Normalfall einen Reservefonds (*Reserve fund*). Dies geschieht, indem die Höhe der Nebenabgaben so veranschlagt wird, daß nach Deckung der laufenden Kosten noch ein gewisser Betrag übrigbleibt, der anschließend in den Reservefonds einfließt. Es ist jedoch nicht gesagt, daß dieser Reservefonds immer ausreicht, um die anfallenden Kosten auch komplett aufzufangen. Reicht der Fonds nicht aus, so wird der Rest auf die einzelnen Eigentümer umgelegt, die somit eine außerplanmäßige Zahlung zu leisten haben. Vor einem Kauf sollte daher die gegenwärtige Höhe der im Reservefonds enthaltenen Gelder erfragt werden. Weiterhin ist zu empfehlen, sich über den aktuellen baulichen Zustand des Gebäudes zu informieren. Hier sollten Sie sich nicht scheuen, die professionelle Hilfe eines Gutachters in Anspruch zu nehmen. Dieser kann Sie darüber aufklären, welche Kosten in näherer Zukunft für den Erhalt des Gebäudes fällig werden. Aus dem Vergleich dieser Angaben mit dem Reservefonds können Sie ersehen, ob und gegebenenfalls in welcher Höhe, Zusatzkosten auf Sie zukommen. Dies kann unter Umständen ein entscheidendes Argument für oder gegen einen Kauf sein.

Nachteile von *Condo* und *Co-op*:

- Sie können durch eine Hausordnung oder ähnliche Bestimmungen in Ihren Entfaltungsmöglichkeiten beschränkt sein.
- Bei Gebäuden in schlechtem baulichen Zustand kann der aktuelle Wert des Reservefonds unzureichend sein.

## Häuser und deren Eigenschaften

Häuser in den USA werden ihrem äußeren Erscheinungsbild entsprechend im wesentlichen in Einfamilienhäuser (*Single-family homes*) und Reihenhäuser (*Town houses*) unterteilt.

### Die Bauweise

Die Eigenheiten vieler amerikanischer Häuser liegen in der Art ihrer Errichtung. Die Bauweise unterscheidet sich nämlich oftmals grundle-

gend von der in Deutschland üblichen. Während hierzulande beim
Bau von Wohnhäusern vorwiegend Stein oder ähnliche Baustoffe
verwendet werden, wird in den USA vielerorts Holz benutzt. Zwar
finden sich auch dort viele gemauerte oder zumindest aus Fertigbau-
teilen zusammengefügte Gebäude, doch stellen gerade im Süden der
USA aus Holz gefertigte Häuser einen beachtlichen Teil aller Eigen-
heime. Dies hat vor allen Dingen historische Gründe. Zur Zeit der
Besiedlung der USA durch europäische Einwanderer war Holz der am
einfachsten zu beschaffende Baustoff. Wälder fanden und finden sich
in vielen Teilen der USA, und Holz war somit fast überall verfügbar.
Auch gestaltete sich das Fällen von Bäumen in vielen Fällen wesentlich einfacher als die mühselige Gewinnung von Steinen aus einem
Steinbruch. Hinzu kommt, daß Holz sich im allgemeinen einfacher
weiterverarbeiten läßt als Stein.

### Charakteristik aus Holz gebauter Häuser

Die Gründe, die ursprünglich für Holz als Baustoff sprachen, gelten
immer noch, sind aber nicht mehr allein ausschlaggebend dafür, daß
die traditionelle Holzbauweise auch heute noch weit verbreitet ist. Die
allgemeine Verfügbarkeit und die einfache Verarbeitung machen auch
heute noch das Bauen mit Holz zu einer relativ preiswerten Angelegenheit. Ein weiteres Argument ist in den besonderen Isoliereigen-
schaften eines aus Holz errichteten Gebäudes zu sehen. Wände aus
Stein sind ca. 30 cm dick, Holzwände erreichen bei 20 cm Dicke schon
die gleichen Isolationswerte.

### Haltbarkeit eines Holzhauses

Die Haltbarkeit eines Holzhauses ist naturgemäß niedriger als diejeni-
ge einer aus stabileren Materialien errichteten Behausung. Doch gibt
es in den USA auch viele sehr gut gepflegte und daher in bestem Zustand erhaltene alte Holzhäuser. Holzhäuser können bei sachgerechter
Pflege durchaus viele Jahrzehnt überdauern.

### Und die Umwelt?

Unter ökologischen Gesichtspunkten betrachtet, ist das Bauen mit
Holz nicht immer sinnvoll. Nicht zuletzt sorgen die vielen schlecht

isolierten und deswegen überheizten Holzhäuser dafür, daß der Pro-Kopf-Energieverbrauch in den USA fast doppelt so hoch ist wie in Deutschland (genauer gesagt im Verhältnis 7,86 zu 4,12 im Jahr 1995). Positiv für die Verwendung von Holz spricht die Fähigkeit der Bäume im Holz $CO_2$ zu binden. Durch die Verwendung von Holz wird $CO_2$ über einen längeren Zeitraum gebunden. Zudem ist Holz eine natürlich erneuerbare Ressource, die mit geringstem Energieeinsatz erzeugt wird.

Schrecken Sie nicht vor einem Holzhaus zurück. Ein solches Haus kann eine ähnliche und im Süden der USA wahrscheinlich sogar bessere Wohnqualität bieten als ein vergleichbares Gebäude aus Stein oder einem anderen Baustoff.

## Die Entscheidung: Soll ich mieten oder kaufen?

Welche Immobilien zur Diskussion stehen, sollte nach Lektüre der vorigen Kapitel deutlich geworden sein. Ohne Antwort blieb jedoch bisher die Frage, ob sich eher Miete oder Kauf empfiehlt.
Diese Entscheidung wird maßgebliche finanzielle Konsequenzen für Sie haben. Auch wird Ihr Lebenslauf insgesamt davon beeinflußt werden, ob Sie sich durch den Erwerb von Grundeigentum längerfristig an einen Ort binden oder nicht. Die Frage, ob gemietet oder gekauft werden sollte, läßt sich natürlich nicht für alle Einzelfälle gleichermaßen beantworten. Es gibt jedoch einzelne Aspekte dieser Problematik, die in jedem Fall bei dieser Entscheidung eine Rolle spielen und daher unbedingt vorher bedacht werden sollten. Doch sind die persönliche Lebenssituation des einzelnen und dessen Vorlieben immer in den Vordergrund zu stellen, so daß eine Entscheidung immer nur individuell zu treffen ist. Die im folgenden wiedergegebenen Argumente für und wider den Kauf beziehungsweise das Mieten sind daher auch nur ein ganz allgemeiner Maßstab. Diese Argumente und die mit ihnen verbundenen Fragestellungen sollten zwar immer beachtet werden, doch wie die Antworten darauf in Ihrem konkreten Fall aussehen, ist allein von Ihnen abhängig.

Ob Sie kaufen oder mieten sollten, ist nicht generell zu beantworten. Nehmen Sie die in diesem Kapitel geschilderten Vor- und Nachteile zum Anlaß, Ihre eigene Situation zu überdenken und sich zu überlegen, welche Aspekte bei Ihrer individuellen Entscheidung überwiegen. Lassen Sie sich dabei nicht von den hier angeführten Pro- und Contra-Argumenten irritieren. Stellen Sie Ihre eigenen Wünsche und Erwartungen in den Vordergrund.

### Allgemeines zum Mieten und Kaufen von Immobilien in den USA

**Kaufobjekte sind in den USA vergleichsweise günstig**

Es mag Sie verwundern, daß der Erörterung der Frage, ob gemietet oder gekauft werden sollte, hier soviel Platz eingeräumt wird. Hierzulande stellt sich dieses Problem selten, da das Mieten der Normalfall ist. In Deutschland liegt dies in erster Linie an den hohen Immobilienpreisen, deretwegen der Hauskauf bei einem durchschnittlichen Einkommen einen erheblichen finanziellen Kraftakt darstellt. Natürlich bietet sich auch in den USA Gelegenheit zum Kauf teurer Immobilien. Doch unterscheidet sich der amerikanische Grundstücksmarkt von seinem deutschen Gegenstück dadurch, daß vergleichsweise günstige Kaufobjekte zu haben sind. Während hier für Wohngebäude angemessenen Standards die Preise erst im sechsstelligen DM-Bereich beginnen, bieten sich dort Gelegenheiten ein Objekt in preiswerter Lage schon ab ca. $ 20 000 zu erwerben. Diese sind dann zwar in der Regel leicht baufällig und deswegen renovierungsbedürftig, doch zeigt sich daran, daß in den USA der Besitz eines Eigenheims durchaus erschwinglicher ist als in Deutschland. Daher sollten Sie den Kauf eines Hauses in den USA zumindest in Betracht ziehen. Gerade wenn Sie aufgrund wirtschaftlicher Engpässe bisher nur zur Miete wohnten, stellt sich der Grunderwerb in den USA als durchaus bedenkenswerte Alternative dar.

### Was spricht für den Kauf?

#### Finanzielle Aspekte

**In den USA können Sie von der steuerlichen Absetzbarkeit von Hypotheken profitieren**

Das Hauptargument, das in Deutschland gegen den Hauskauf vorgebracht wird, kann in den USA interessanterweise zum wichtigsten Grund dafür werden: der Preis. Zwar bedeutet auch der Kauf eines günstigen Objektes eine erhebliche Investition, doch sollten Sie bei der Beurteilung des jeweiligen Kaufpreises im Auge behalten, daß Wohnen im allgemein ein recht teures Unterfangen ist. Es stellt sich daher die Frage, ob Sie das Geld für Mietzahlungen oder für den Grunderwerb verwenden wollen. Der Unterschied liegt auf der Hand. Bei der Miete zahlen Sie Monat für Monat allein für das Recht, die jeweilige Wohnung oder das Haus bewohnen zu dürfen. An Ihrem Status als Mieter wird sich auch nach Jahrzehnten nichts ändern. Beim Kauf jedoch dient die getätigte Investition der Erreichung eines langfristig angelegten Zwecks. Zudem können Sie in den USA, anders als in Deutschland, auch von der steuerlichen Absetzbarkeit der Hypothek auf ein Eigenheim profitieren. Ihr Geld wird nicht einfach verbraucht, sondern es dient dazu, Grundeigentum zu erwerben, das selbst wiederum einen dauerhaften Wert darstellt. Außerdem ist ein Kredit irgendwann abgezahlt. Von diesem Zeitpunkt an können Sie umsonst in Ihrer eigenen Immobilie wohnen oder diese weitervermieten. Eine dauerhafte Belastung wie bei der Miete entfällt dadurch weitgehend. Um es überspitzt auszudrücken: Der Käufer zahlt seine eigene Hypothek ab, während der Mieter für die seines Vermieters bezahlt.

Achtung, US-Banken zahlen normalerweise nur Hypotheken an Green-Card-Inhaber, Sie müssen dann nur eine geringe Eigenkapitalquote leisten. In einigen Fällen kann selbst ohne Anzahlung eine Hypothek erhalten werden!

Für eine genauere Beratung und Hilfestellung, können Sie sich an Olaf Hampel unter 0228-9735-0 wenden.

*Ein Gefühl der Freiheit*

Natürlich ist der finanzielle Aspekt bei der Entscheidung zwischen Miete und Kauf grundlegend. Abgesehen von dem Gefühl, die für Sie richtige Entscheidung getroffen zu haben, wird er Ihr persönliches, tagtäglich empfundenes Wohlbefinden jedoch wohl kaum positiv beeinflussen.

An diesem Punkt setzt das zweite Hauptargument für den Kauf an. Das Dasein in den eigenen vier Wänden kann ein grundlegend anderes Lebensgefühl vermitteln als der Verbleib in einer Wohnung. Mehrere Gründe dafür kommen zusammen. In allen Mietwohnungen wird es Dinge geben, die Ihnen nicht gefallen und die Sie ändern würden, wenn Sie der Eigentümer wären. Als Mieter sind Sie auf das Tätigwerden des Vermieters angewiesen oder benötigen bei kleineren Veränderungen zumeist wenigstens dessen Zustimmung. Entschließen Sie sich dazu, Veränderungen und Einbauten selbst zu finanzieren, so sind diese im Normalfall fest in der Wohnung installiert. Das heißt, daß Sie sie bei einem Auszug nicht mitnehmen können und höchstens eine Ausgleichszahlung erhalten werden, die oftmals aber kaum dazu geeignet ist, Ihre tatsächlichen Investitionen zu decken. Das Ergebnis wird also wahrscheinlich sein, daß Sie auf Eigeninitiative verzichten und sich mit von Ihrem Vermieter zur Verfügung gestellten Provisorien begnügen werden. Ihr eigenes Haus jedoch können Sie allein und ausschließlich nach Ihren Wünschen gestalten. Ob Sie Veränderungen und aufwendige Ein- oder Umbauten vornehmen lassen, bleibt Ihnen selbst überlassen. Die Bereitschaft dazu wird sicherlich durch das Bewußtsein gesteigert, daß Sie dadurch den Wert Ihres Eigentums erhöhen und Sie nicht nur Ihren Vermieter subventionieren.

Die Nachteile von Mietwohnungen gelten bis zu einer gewissen Grenze auch für *Condominiums* und *Cooperative-apartments*, obwohl Sie dabei jeweils Eigentümer der Wohnung sind. Zwar haben Sie dort keinen Vermieter, dafür aber eine *Homeowners-association* beziehungsweise ein *Board of directors*. Auch mit diesen Gremien müssen Sie sich bezüglich vieler das Gebäude betreffender Fragen einig sein, was Ihnen manchmal ebenso schwer fallen dürfte wie die Herbeiführung eines Konsens mit einem Vermieter.

*Wohnen, nicht knausern*

In diesem Zusammenhang ist noch eine weitere Problematik zu bedenken. Ein vorbildlicher Vermieter sollte bestrebt sein, die Mietsache in Schuß zu halten, die Wünsche seiner Mieter zu beachten und diesen entgegenzukommen, um dadurch seinen eigenen Gewinn aus der Vermietung so hoch wie möglich ausfallen zu lassen. Vermieter solchen Zuschnitts gibt es auch in der Wirklichkeit. Daneben gibt es aber auch Vermieter, die den Gewinn dadurch zu maximieren suchen, daß sie notwendige Wartungs- und Reparaturarbeiten entweder gar nicht oder nur unzureichend ausführen. Die Erhaltung des Gebäudes und die Beseitigung baulicher Mängel gehören aber nun einmal gerade in den Zuständigkeitsbereich eines Hauseigentümers. Bei einem solchen Vermieter haben Sie nur die Wahl dazwischen, sich mit den unbefriedigenden Zuständen abzufinden oder sich dauernd mit ihm auseinanderzusetzen. Beide Alternativen fördern nicht unbedingt das eigene Wohlergehen. Diesem Problem entgehen Sie, wenn Ihnen Ihr Haus selbst gehört. Das heißt zwar nicht notwendigerweise, daß Sie sich besser darum kümmern als ein womöglich schlampiger Vermieter, doch ist es dann wenigstens Ihre eigene Entscheidung.

**Gründe für den Hauskauf:**

- Kaufen kann langfristig billiger sein als Mieten

- Kaufen ist Kapitalanlage, Mieten ist Konsum

- Als Eigentümer sind Sie für die innere und äußere Gestaltung Ihrer Behausung selbst verantwortlich und können diese daher nach eigenen Wünschen bestimmen

- Als Hauseigentümer übernehmen Sie die Instandhaltung selbst und sind dabei nicht auf einen Vermieter angewiesen

- Die guten Finanzierungsmöglichkeiten sprechen für den Hauskauf

### Amerikanische Immobilien als Kapitalanlage ?

Es ist zu bedenken, ob Immobilien in den USA außer den bereits genannten Vorteilen nicht auch eine lohnende Kapitalanlage darstellen. Wie die Beantwortung dieser Frage ausfällt, ist immer abhängig davon, wie sich die Preise auf dem Immobilienmarkt entwickeln. Immobilien sind in den USA allerdings eine beliebte Kapitalanlage, und auch als Deutsche/r können Sie sich gründlich informieren und möglicherweise hervorragende Immobiliengeschäfte tätigen. Bei der Wahl einer Immobilie als Kapitalanlage ist besonders auf die Qualität zu achten. Positive Preisentwicklungen wirken sich primär auf hochwertige und gut gelegene Objekte aus, während solche mit geringerem Prestige nicht oder nur in geringem Maße von eventuellen Aufwärtstrends erfaßt werden.

*5. Kapitel*

Ein Ferienhaus: Luxus
und Kapitalanlage?

Beim Kauf einer amerikanischen Immobilie von Deutschland aus ist auch der Kurs der beiden Währungen im Verhältnis zueinander zu beachten. Steht der Dollar gerade günstig, so kann Ihnen allein deshalb ein lohnendes Grundstücksgeschäft in den USA gelingen. Zudem können Sie beim Kauf eines Ferienhauses Luxus mit lohnender Kapitalanlage verbinden.

### Buchtip

Tyson, Erick und Ray Brown, *Home buying for Dummies*, IDG Books Worldwide 1996.

Thomsett, Michael und Jean Freestone Thomsett, *Getting Started in Real Estate Investing*, John Wiley and Sons 1998.

Mc Lean, Andrew, *Investing in Real Estate*, John Wiley and Sons 1996.

Ausführlichere Beschreibungen finden Sie am Ende des Buches.

### *Wenn so vieles für den Kauf spricht, warum überhaupt mieten?*

Stellt man die für die Miete sprechenden Gründe zusammen, so fällt auf, daß diese oftmals das Spiegelbild der soeben dargestellten Kaufargumente wiedergeben. Hier wie dort handelt es sich eigentlich nur um verschiedene Betrachtungsweisen ein- und desselben Problems. Welcher Sichtweise Sie folgen, hängt von Ihren persönlichen Umständen und Vorlieben ab. Es zeigt sich abermals, daß es keinen allgemeingültigen Rat geben kann. Es gibt nur Ihre individuelle Situation, die allein Ihre Entscheidung bestimmen sollte.

### *Finanzielle Aspekte des Mietens*

Kredite

Der Kauf ist die langfristig günstigere Alternative. Bei der Miete ist die finanzielle Belastung jedoch zeitlich anders verteilt, so daß sich daraus kurzfristig Vorteile ergeben können. Der Kauf einer Immobilie und die damit normalerweise verbundene Abzahlung eines Finanzierungskredits stellt eine auf mehrere Jahre gleichmäßig verteilte Belastung dar, an der sich kaum etwas ändert, bis alles abbezahlt ist. Diese übliche Finanzierungsform bedeutet eine langfristige Bindung des Käufers. Sie bietet zwar viele Vorteile, erfordert aber auch, daß der Käufer zumindest für die Laufzeit des Kredits dauerhaft in der Lage ist, die monatlich entstehende Belastung zu tragen. Gerät der Käufer jedoch aus bestimmten Gründen mit der Rückzahlung in Verzug, so besteht die Gefahr, daß das jeweilige Kreditinstitut die ihr als Sicherheit dienende Immobilie verwertet, das heißt zwangsversteigern läßt. Der Käufer wird damit zwar in der Regel von der durch die Rückzahlung des Kredits entstehenden Belastung befreit, verliert aber auch sein Haus, und der ganze finanzielle und emotionale Aufwand war umsonst. Vor einem Kauf sollten Sie also überprüfen, ob Ihre wirtschaftlichen Verhältnisse die nötige Stabilität aufweisen, die eine langfristig angelegte Rückzahlung garantiert. Ist dagegen in nächster Zeit mit einer Verringerung Ihres Einkommens oder mit neuen Belastungen zu rechnen, ist zu befürchten, daß Ihre Mittel zur zusätzlichen Finanzierung eines Grundstücks nicht mehr ausreichen werden. Es empfiehlt sich daher in so einem Fall vielleicht eher, etwas zu mieten, um damit kurzfristig geringeren finanziellen Belastungen ausgesetzt zu sein.

*Nehmen Sie nicht leichtfertig einen Kredit auf*

Unterschätzen Sie diese Gefahr nicht. Ist Ihre wirtschaftliche Basis unzureichend, so kann die Abzahlung eines großen Kredits schnell zu einem Klotz am Bein werden, der Sie sämtlicher Entfaltungsmöglichkeiten beraubt. Beachten Sie immer die voraussichtlich zukünftige Entwicklung. Wenn Ihr Arbeitsplatz nicht längerfristig gesichert ist oder Sie mit zusätzlichen Belastungen rechnen müssen, ist trotz der Vorteile, die der Erwerb von Grundeigentum auf lange Sicht bietet, zumindest für den Augenblick vom Kauf abzuraten.

*Flexible Mieter und statische Eigentümer*

Vorausgesetzt, Sie würden ein Haus in erster Linie nicht als Renditeobjekt, sondern zum Eigenbedarf erwerben, sollten Sie das Haus an dem Ort kaufen, an dem sich vorerst längerfristig niederlassen möchten. Ist bereits abzusehen, daß berufliche oder private Gründe Sie in Kürze in eine andere Stadt führen können, relativiert dies die Gründe, die für einen Hauskauf sprechen. Dabei ist insbesondere darauf hinzuweisen, daß zum Zeitpunkt Ihres Wohnortwechsels die Immobilie noch nicht abbezahlt sein könnte, Sie aber an Ihrem neuen Wohnort schließlich auch wohnen müssen. Die Ihnen zur Verfügung stehenden

Mittel könnten möglicherweise nicht zur Deckung aller Ausgaben gleichzeitig ausreichen.

*Legen Sie sich nicht zu schnell fest, wenn Sie noch unvertraut mit den amerikanischen Gepflogenheiten sind*

Gerade in der ersten Zeit in den USA werden Sie oft noch nicht einschätzen können, was Ihnen die Zukunft bringt. Auch bedarf es einer längerfristigen Beobachtung der Gegend und der direkten Nachbarschaft, um herauszufinden, ob Sie wirklich genau an diesem Ort bleiben wollen. Vielerlei Umstände können eintreten, die einen Wohnortwechsel erfordern. Seien Sie darauf vorbereitet und binden Sie sich in einer solchen Situation durch den Kauf eines Grundstücks besser nicht an einen Ort. Ein Mietverhältnis bietet in dieser Hinsicht im Vergleich zum Kauf Vorteile.

*Seien Sie inkonsequent!*

Natürlich sprechen viele rationale Gründe für den Kauf eines Hauses und gegen das Mieten. Trotzdem: Der Erwerb einer Immobilie stellt eine Entscheidung dar, die viele Konsequenzen mit sich zieht, insbesondere dann, wenn der Erwerb kreditfinanziert ist. Die Entwicklung der Grundstückspreise, die Fragen, ob Ihnen die Umgebung in fünf Jahren immer noch gefällt und ob Ihre finanzielle Situation die Abzahlung eines eventuell aufgenommenen Kredits zuläßt, wird man selten mit absoluter Sicherheit voraussagen können. Diese Probleme ergeben sich beim Mieten nicht, da Sie hier jederzeit den Mietvertrag auflösen können. Die Entscheidung zum Kauf kostet also sicherlich mehr Überwindung als der Verbleib in einer Mietwohnung.

Vielleicht wollen Sie Ihre Unterkunft auch gar nicht selbst gestalten. Möglicherweise sind Sie mit dem zufrieden, was Ihnen von Ihrem Vermieter gestellt wird, und froh darüber, sich nicht selbst darum oder um die Pflege des Gebäudes und Grundstücks kümmern zu müssen. Dann sollten Sie trotz aller gegenteiligen Überlegungen lieber ein unbeschwertes Mieterdasein führen. Es sollte allerdings noch mal betont werden, daß für Deutsche, aufgrund der günstigen Preisverhältnisse, der Kauf einer Immobilie schnell die interessantere Alternative sein kann.

> ### Vorteile des Mietens:
>
> - Keine langfristige finanzielle Bindung wie beim Kauf
> - Größere Flexibilität bei eventuell notwendig werdendem Wohnortwechsel
> - Keine Überwindung wie beim Kauf erforderlich
> - Keine Verantwortung und weniger Pflegeaufwand

## Wie gehe ich beim Kauf von Grundeigentum genau vor?

Im folgenden wird nun die Vorgehensweise beim Kauf einer Immobilie in den USA geschildert. Bei diesen Immobilien wird es sich natürlich in erster Linie um Häuser handeln. Doch wie oben beschrieben, ist auch der Erwerb von *Condominiums* und *Cooperative-apartments* möglich. Ist hier im Text von „Häusern" die Rede, so umfaßt dieser Begriff der Einfachheit halber auch *Condos* und *Co-ops*.

 Nützliche Webadressen:

http://www.homefair.com

Bietet vielseitigste Informationen rund um Häuserkauf, Wohnungsbeschaffung usw.

### Wo finde ich Kaufangebote?

Bei der Suche nach Angeboten gibt es zwei Möglichkeiten: Entweder Sie machen sich allein auf die Suche oder Sie schalten einen Immobilienmakler (*Real estate agent*) ein.

### Suche und Kauf einer Immobilie mit Hilfe eines Real estate agents

Die Beauftragung eines Maklers ist der Normalfall. Laut dem Ergebnis einer unabhängigen Studie erfolgen ca. 98 % aller Grundstücksverkäufe in den USA unter Zuhilfenahme eines Maklers. Auch wenn Sie selbst keinen Makler beauftragen, so ist doch zu erwarten, daß die andere Seite die Dienste eines solchen in Anspruch nimmt. Die Aufgabe eines Maklers besteht darin, den Abschluß eines Grundstückskaufvertrages zustande zu bringen. Dies tut er, indem er den Kontakt zwischen Verkäufer und Käufer herstellt und seinen Klienten beim Vertragsabschluß berät.

**Makler werden in den USA stärker staatlich kontrolliert als in Deutschland**

Auf dem US-amerikanischen Immobilienmarkt tätige Makler unterliegen einer viel stärkeren staatlichen Kontrolle als Immobilienmakler in Deutschland. Makler müssen eine stattliche Prüfung absolvieren, bevor Sie diesen Beruf ausüben dürfen. Zudem ist ihre gesetzliche Bindung wesentlich stärker ausgeprägt. Läßt sich der Makler bei Beratung und Betreuung seiner Klienten eine Verfehlung zu Schulden kommen, so hat er mit Konsequenzen von seiten der örtlichen Behörden zur rechnen, die eine Aufsichtsfunktion ausüben.

**Broker, Agent und**

Während in Deutschland fast ausschließlich von Immobilienmaklern die Rede ist, findet sich in den USA eine Vielzahl verschiedener Bezeichnungen. Auch wenn die Hauptaufgabe aller mit diesem Begriff bezeichneten Berufsgruppen die gleiche ist, nämlich die Vermittlung von Grundstückskaufverträgen, sollen hier in Kürze die drei wichtigsten Bezeichnungen und deren Bedeutung erklärt werden:

> *Broker*: *Real estate broker*. Staatlich lizensierter Immobilienmakler, der zur unabhängigen Vermittlung von Grundstückskaufverträgen berechtigt ist.
>
> *Agent*: Makler, der zwar ebenfalls staatlich geprüft ist, selbst jedoch keine Lizenz besitzt. Ein *Agent* ist entweder fest angestellt oder als freier Mitarbeiter für einen *Broker* tätig und wird mit Hilfe von dessen Lizenz aktiv.
>
> *Realtor*: *Broker* und *Agents*, die Mitglieder eines lokalen *Board of realtors* sind. *Realtors* zeichnen sich durch die zwischen ihnen bestehende Übereinkunft aus, bei der Ausübung ihres Berufes einem bestimmten Verhaltenskodex (*Code of ethics*) zu folgen. Dieser ist in mancherlei Hinsicht strenger als die entsprechenden staatlichen Vorgaben.

Die unterschiedlichen Bezeichnungen sind im folgenden jedoch von untergeordneter Bedeutung, so daß alle drei hier synonym gebraucht werden.

179

Makler arbeiten für den
Käufer, Verkäufer oder
für beide

Der *Broker/Agent/Realtor* arbeitet entweder für den Käufer (*Buyer's agent*), für den Verkäufer (*Seller's agent*) oder für beide gleichzeitig (*Dual agency*). Auch ist die Einschaltung eines einzelnen *Broker*s auf jeder Seite üblich. Als Bezahlung erhält der *Broker* eine Vermittlungsprovision (*Commission*). Die Provision wird in aller Regel vom Verkäufer bezahlt und ist nur dann fällig, wenn auch tatsächlich ein Grundstückskaufvertrag zustande kommt. Die Provision beträgt je nach Bundesstaat zwischen 5 und 10% des Kaufpreises. Wurde sowohl vom Verkäufer als auch vom Käufer ein Makler eingeschaltet, teilen diese sich die vom Verkäufer des Grundstücks zu zahlende Vermittlungsprovision.

*Selbständige Suche*

Anstatt einen Makler einzusetzen, können Sie natürlich auch allein auf die Suche gehen. Angebote finden Sie im Anzeigenteil regionaler amerikanischer Zeitungen, auf entsprechenden Internetseiten oder indem Sie in den Straßen auf Schilder mit der Aufschrift "*For sale*" achten. Angebote finden sich auch im Immobilienteil größerer deutscher Tageszeitungen. Wie bereits angedeutet, werden Sie aber bei vielen Anzeigen einen von seiten des Verkäufers eingeschalteten *Broker* vorfinden.

### Wie bestimmt man den tatsächlichen Wert eines Hauses ?

Haben Sie auf die ein oder andere Weise ein Verkaufsangebot aufgetan, so wird der Verkäufer in aller Regel den von ihm gewünschten Preis nennen. Sollten Sie einen Makler beauftragt haben, ist es natürlich in erster Linie dessen Pflicht, die Preiswürdigkeit der angebotenen Immobilie zu beurteilen. Sie sollten jedoch zumindest eine grobe Orientierung haben, auf welche Aspekte es bei der Beurteilung des Werts eines Hauses ankommt. Im Falle einer Hypothek verlangt auch die Bank eine Bewertung, ein sogenanntes *Appraisal*.

Im wesentlichen spielen bei der preislichen Bewertung einer Immobilie drei Gesichtspunkte eine Rolle:

• Lage/Nachbarschaft (*Location/Neighborhood*),

- Alter (*Age*),

- allgemeiner Zustand (*Overall condition*).

*Lage des Hauses/Nachbarschaft*

Fast ebenso wichtig wie das Haus selbst ist die Nachbarschaft. Zu achten ist hier zunächst auf den allgemeinen Eindruck, den die jeweilige Gegend vermittelt. Daneben sollten aber noch Faktoren wie Lebenshaltungskosten, Verkehrsanbindung, Nähe zu Schulen und Universitäten, Vorhandensein sozialer Einrichtungen etc. beachtet werden. Wie es sich damit verhält, dürfte kaum auf den ersten oder auch zweiten Blick zu erkennen sein. Daher ist auf das Buch *Places Rated Almanac* zu verweisen, eine Aufstellung, in der alle Ballungsräume der USA aufgelistet sind und nach Ihrer Wohnqualität beurteilt werden. Die oben genannten Kriterien schlagen sich in der vorgenommenen Einstufung nieder. Näheres zum Thema erfahren Sie im Kapitel von Axel Baumann.

*Buchtip*

Savageau, David und Geoffrey Loftus, *Places Rated Almanac. Your Guide to Finding the Best Places to Live in North America*, Simon and Schuster 1997.

Savageau, David, *Retirement Places Rated/the Single best Sourcebook for Planning Your Retirement or Finding Your Second Home*, MacMillan 1995.

Villani, John, *The 100 Best Small Art Towns in America: Where to Discover Creative Communities, Fresh Air, and Affordable Living*, John Muir Publications 1996.

Ausführlichere Buchbeschreibungen finden Sie am Ende des Buches.

*Alter*

Das Alter einer Immobilie allein sagt nicht notwendigerweise etwas über deren Zustand aus, sondern kann nur ein Anhaltspunkt sein. Ein altes Haus legt die Vermutung nahe, daß der allgemeine Zustand schlechter ist als bei einem neuen, auch wenn keine offensichtlichen

Mängel vorhanden sind. Obwohl sich ein älteres Haus bei guter Pflege in einwandfreiem Zustand befinden kann, wird es also in der Regel preislich niedriger bewertet als ein vergleichbarer Neubau.

*Allgemeiner Zustand*

Bei der Bewertung des allgemeinen Zustandes beginnt man mit den Angaben des Verkäufers. In nahezu allen Staaten (Ausnahmen waren zum Stichtag 1. Juli 1996 Alabama, Arizona, Kansas und Tennessee) ist der Verkäufer verpflichtet, ihm bekannte Mängel der Immobilie, die deren Wert negativ beeinflussen, dem Käufer vor dem Kauf zu offenbaren (*Disclosure*). Unterläßt der Verkäufer dies und zeigen sich nach dem Kauf bereits vorher bestehende und dem Verkäufer bekannte Mängel, so haftet der Verkäufer gegenüber dem Käufer auch für die nachträgliche Beseitigung dieser Unzulänglichkeiten und eventuell daraus entstandene Folgeschäden. Auch kann der Käufer in einem solchen Fall unter Umständen vom Kaufvertrag zurücktreten und den Kauf rückgängig machen. In den meisten Staaten muß der Verkäufer ein Übergabeprotokoll (*Disclosure statement*) ausfüllen, welches alle relevanten Angaben enthält. Wird ein Makler auf seiten des Verkäufers tätig, so erfolgt auf dessen Betreiben hin zumeist die Einschaltung eines Gutachters, dessen Aufgabe es ist, das *Disclosure statement* ordnungsgemäß auszufüllen.

**Ein Übergabeprotokoll ist keine Garantie**

Achtung: Das Übergabeprotokoll vermittelt oftmals ein Gefühl falscher Sicherheit. Denn haben Sie ein mangelhaftes Haus einmal erworben, so liegt der Schwarze Peter erst mal bei Ihnen. Um den Verkäufer haftbar zu machen, müssen Sie rechtlich gegen ihn vorgehen, es sei denn, er erfüllt Ihre Forderungen anstandslos. Damit Sie mit rechtlichen Schritten Erfolg haben, müssen Sie als Käufer dem Verkäufer sein Verschulden nachweisen. Hier können Sie unter Umständen Probleme mit der Beweisführung bekommen, daß die von Ihnen beanstandeten Mängel bereits zum Zeitpunkt des Kaufes bestanden und dem Verkäufer diese bekannt waren. Selbst wenn Ihnen die Beweisführung gelingen sollte, besteht immer noch die Gefahr, daß der ehemalige Eigentümer entweder zahlungsunfähig oder entschwunden ist, Sie also trotz des bestehenden Anspruchs das Ihnen zustehende Geld nicht bekommen.

Darüber hinaus ist vielleicht selbst ein rechtschaffener Hauseigentümer nicht über alle Mängel der von ihm angebotenen Immobilie informiert. Auch das Übergabeprotokoll entbindet Sie also nicht von der Notwendigkeit, sich selbst ein Bild von der Lage zu machen. Wenn Ihnen die dazu nötige Sachkenntnis fehlt, ist zur Inanspruchnahme der Hilfe eines professionellen Gutachters zu raten.

Das Übergabeprotokoll und Ihre eigene Inspektion sollten Ihnen ein umfassendes Bild des tatsächlichen Zustandes der Immobilie geben.

### Möglichkeit einer vergleichenden Marktanalyse

Die beschriebenen Faktoren zur Beurteilung des Werts einer Immobilie bieten jedoch nur einen ungefähren Anhaltspunkt. Beim Zustandekommen des Marktpreises spielen psychologische Aspekte sowie die gegenwärtige Lage auf dem Immobilienmarkt ebenfalls eine wichtige Rolle. Um alle diese Punkte zu erfassen, bietet sich eine vergleichende Marktanalyse (*Comparable market analysis/cma*) an. Ein Makler kann für Sie eine Tabelle erstellen, in der mehrere Immobilienverkäufe der letzten Zeit aus der Gegend, in der auch das fragliche Kaufobjekt liegt, miteinander verglichen werden. Aus der cma sollte zu ersehen sein, welche Immobilie in welcher Größe und Zustand zu welchem Zeitpunkt welchen Preis pro Quadratfuß (*Square foot*) erzielt hat. Wenn der *Broker* nun das angebotene Grundstück und den vom Verkäufer geforderten Preis in diese Tabelle einordnet, sollte leichter zu beurteilen sein, ob der geforderte Betrag dem Marktpreis für vergleichbare Immobilien in dieser Gegend entspricht oder nicht. Zudem können Sie beim Grundeigentumsbüro den sogenannten *Tax value* erfragen.

### Kauffinanzierung durch Kredit

Ausgesprochen praktisch ist es natürlich, eine Immobilie direkt von den Mitteln zu bezahlen, die sich gerade flüssig und beschäftigungslos auf Ihrem Konto befinden. Verfügen Sie im Augenblick des Kaufs jedoch nicht über die entsprechende Solvenz, so können Sie die Transaktion durch Aufnahme eines Kredits bewerkstelligen. Auch steuerrechtliche Erwägungen können in Ihrem konkreten Fall dieses Vorgehen angeraten sein lassen. Insgesamt ist es so, daß viele, gerade zu privaten Zwecken dienende Immobilienkäufe per Kredit finanziert werden. Der Erwerb selbst eines mittleren Grundstücks stellt gemessen an einem Durchschnittseinkommen eine außerordentliche Investition dar, die im Normalfall kaum komplett von eventuell gebildeten Rücklagen getragen werden kann.

*Mortgage*: Wird der Kauf eines Grundstücks durch einen Kredit finanziert, so wird dieser in der Regel durch eine Hypothek (*Mortgage*) gesichert. Wesentliches Merkmal einer *Mortgage* ist, daß das Grundstück, zu dessen Finanzierung der Kredit aufgenommen wurde, gleichzeitig als Sicherheit für dessen Rückzahlung dient. Scheitert also die Rückzahlung des Kredits aus irgendeinem Grund, so kann der Kreditgeber die Zwangsversteigerung des betreffenden Grundstücks veranlassen und sich durch den Erlös schadlos halten.

## Wie und wo finde ich einen Kreditgeber?

Kredite werden natürlich in erster Linie von Banken vergeben. Daneben gibt es aber noch eine Reihe anderer privater und institutioneller Anbieter. Viele Kreditgeber werben per Zeitungsinserat für ihre Angebote. Befinden Sie sich bereits auf der Suche nach einer passenden Immobilie, so wird Sie unter Umständen auch Ihr *Real estate broker* bei der Suche nach einem passenden Kredit unterstützen können. Daneben gibt es noch die Möglichkeit, einen *Mortgage broker* (Hypotheken-Vermittler) zu beauftragen. Tätigkeitsbereich dieser Berufsgruppe ist allein die Vermittlung und Beratung bei der Aufnahme eines Kredits.

## Wann bin ich kreditwürdig?

Ein Kreditgeber ist natürlich bereits bei Vergabe des Kredits an nichts anderem mehr interessiert, als daran, das Geld, das er gerade verliehen hat, möglichst schnell und sicher zurückzubekommen. Damit das gewährleistet ist, wird sich der Kreditgeber natürlich ein Bild davon machen wollen, ob Sie als Kreditnehmer zuverlässig sind. Einerseits wird die Bank erkunden, ob Ihr Einkommen zur Deckung der monatlich auf Sie zukommenden Kosten ausreicht, und ob Sie sich in der Vergangenheit als zahlungszuverlässig erwiesen haben (*Credit history*). Außerdem wird überprüft, ob der Wert der Immobilie ungefähr der

Höhe des hypothekarisch gesicherten Kredits entspricht und somit als ausreichende Sicherheit (*Collateral*) dienen kann.

**Down payment**

Banken und andere Kreditinstitute sind in der Regel nicht bereit, den Kaufpreis in seiner vollen Höhe durch eine Hypothek zu finanzieren. Vielmehr wird von Ihnen als Käufer verlangt, daß Sie bei Abschluß des Kaufvertrages einen gewissen Teil des Preises anzahlen. Das ist für viele Käufer ein großes Problem, bedeutet es doch, daß sie trotz der Kreditfinanzierung auf das Vorhandensein eigener Mittel angewiesen sind. Die Höhe dieser Anzahlung (*Down payment*) ist davon abhängig, wer Ihnen das Geld leiht und in welchem Bundesstaat dies geschieht. Auch können Gesellschaftsverträge von *Co-operative-apartments* die Höhe des zum Kauf notwendigen *Down payments* festlegen.

## Was ist bei der Aufnahme einer Hypothek zu beachten?

Wesentlichster Aspekt bei der Aufnahme einer Hypothek sind natürlich die Modalitäten der Rückzahlung. Die Rückzahlung umfaßt hauptsächlich zwei Punkte, nämlich die Tilgungszahlungen (*Principal*) und die Zinszahlungen (*Interest rates*). Aus beiden zusammen ergibt sich die monatlich durch die Hypothek entstehende finanzielle Belastung.

## Die Tilgung

Die Höhe der monatlichen Tilgungszahlung ist von der Laufzeit der Hypothek abhängig. Am häufigsten sind Hypotheken mit entweder 15 oder 30jähriger Laufzeit. Bei einer 15jährigen Laufzeit wird der Kredit also in der Hälfte der Zeit zurückgezahlt, wodurch die durch die Tilgung monatlich entstehende Belastung bedeutend höher ist als bei einer 30jährigen Laufzeit. Vorteil der kurzen Laufzeit ist aber, daß Sie nur für den Zeitraum von 15 Jahren jeden Monat Zinsen zahlen müssen. Je schneller Sie die Abzahlung des Kredits in Angriff nehmen, desto eher entfällt die durch die Zinsen zusätzlich entstehende Belastung.

**Rechenbeispiel**

Rechenbeispiel: Nehmen wir an, Sie nehmen einen Kredit in Höhe von US$ 125 000 zu einem jährlichen Zinssatz von 8% auf. Die folgende Tabelle zeigt, wie sich die Rückzahlung bei 15 und 30jährigen Laufzeiten verteilt und wie hoch die jeweilige Gesamtbelastung ausfällt.

185

|  | 15-jährige Laufzeit | 30-jährige Laufzeit |
|---|---|---|
| monatliche Belastung | $ 1 195 | $ 917 |
| Gesamtbelastung | $ 215 021 | $ 330 194 |
| gesamte Zinsbelastung | $ 90 022 | $ 205 194 |

Aus der Tabelle wird ersichtlich, daß 30jährige Laufzeiten geringere monatliche Belastungen, dafür aber eine wesentlich höhere Gesamtbelastung mit sich bringen als Hypotheken mit nur 15jähriger Laufzeit. Haben Sie die Mittel, die höheren monatlich fällig werdenden Zahlungen zu tragen, so ist eine 15jährige Laufzeit natürlich finanziell günstiger.

*Hypotheken-Zinssätze*

Die Höhe des Zinssatzes für einen Kredit kann man in der Regel auf zweierlei Arten berechnen. Zum ersten gibt es natürlich die klassische Möglichkeit, bei der der Zinssatz bei Aufnahme des Kredits festgelegt wird (*Fixed-rate*) und für die komplette Laufzeit auf diesem Niveau verbleibt. Daneben existiert die Alternative, den Kredit mit einem sich anpassenden Zinssatz zu versehen (*Adjustable-rate*). Dabei ist kein fester Zinssatz fixiert. Dieser ergibt sich vielmehr aus den von der amerikanischen Notenbank vorgegebenen Leitzinsen und wird diesen von Zeit zu Zeit angepaßt. Hilfe im Internet:

http://www.bankrate.com

http://mortgage.quicken.com

Auf beiden Seiten finden auch Unerfahrene Hilfe bei der Finanzierung des Hauses. Hier werden die Hypotheken und die günstigsten Konditionen erklärt.

*Festgelegter oder sich anpassender Zinssatz?*

Welche dieser beiden Varianten für Sie als Kreditnehmer günstiger ist, ist immer von der gegenwärtigen Lage auf dem Kapitalmarkt abhängig. Wenn es Ihnen gelingt, einen Kredit zu einem geringen festgelegten Zinssatz aufzunehmen, so ist dazu nur zu raten. Denn es ist damit

zu rechnen, daß ausgehend von einem niedrigen Zinsniveau bei Aufnahme des Kredits während der Laufzeit der Hypothek die Leitzinsen
steigen und Sie bei einem sich anpassenden Zinssatz daher schlechter
wegkämen. Außerdem bietet ein festgelegter Zinssatz ein nicht zu
unterschätzendes Maß an Planungssicherheit. Sie können für die gesamte Laufzeit des Kredits die Sie erwartenden monatlichen Belastungen voraussagen und brauchen nicht mit zusätzlichen Kosten durch
steigende Zinssätze zu rechnen. Sie müssen bei der Kreditaufnahme
jedoch stets im Auge behalten, daß es der Beruf Ihres Kreditgebers ist,
Kredite zu den für ihn günstigsten Konditionen zu vergeben. Es dürfte
Ihnen daher schwerfallen, zu vorteilhaften Konditionen einen Kredit
mit festgelegtem Zinssatz zu erhalten. Im Gegensatz dazu haben bei
einer Hypothek mit sich anpassenden Zinssätzen weder Kreditgeber
noch Kreditnehmer Einfluß auf die Zinsentwicklung während der
Laufzeit des Kredits. Die Planungssicherheit einer Hypothek mit fes-
tem Zinssatz haben Sie zwar nicht, doch müssen Sie bedenken, daß
sich die Leitzinsen in einer stabilen Volkswirtschaft wie den USA immer in einem bestimmten Bereich bewegen. Das Zinsniveau hat zwar
einen bestimmten Spielraum, wird aber höchstwahrscheinlich weder
ins Bodenlose fallen noch ins Unendliche steigen. Das finanzielle Risiko, das Sie bei einer Hypothek mit sich anpassendem Zinssatz eingehen, bewegt sich daher ebenfalls etwa in diesem Rahmen.
Eine allgemeingültige Empfehlung ist aber auch hier nicht zu geben.
Was für Sie persönlich am günstigsten ist, entscheidet sich allein nach
den Ihnen vorliegenden Angeboten sowie nach Ihrer eigenen Risiko-
bereitschaft.

### Die Eigentumsübertragung

Wenn man endlich das Haus seiner Träume gefunden hat und sich
über den Kauf einig geworden ist, so gilt es zuletzt noch, die formelle
Hürde des Abschlusses des Kaufvertrages und der Eigentumsübertra-
gung *(Closing/Escrow)* zu meistern.

Closing

Das *Closing* ist in seinem detaillierten Ablauf gerade für den Laien ein
schwer zu verstehender Vorgang. Welche Dokumente vorzulegen sind
und wie diese beschaffen sein müssen, ist auf Anhieb nicht leicht

nachzuvollziehen. Spätestens jetzt werden Sie die Vorteile erkennen, die die Zusammenarbeit mit einem *Broker* hat. Der *Broker* berät Sie nämlich auch während des *Closing.* In der Regel kann er diesbezüglich auf bisherige Erfahrungen zurückgreifen. Außerdem wird er Ihnen bei größeren abzusehenden Problemen die Hinzuziehung eines Rechtsanwaltes empfehlcn und Ihnen diesen eventuell auch vermitteln. Fehlt die nötige Sachkenntnis oder haben Sie es mit einem wenig umgänglichen Verkäufer zu tun, so kann es ansonsten beim *Closing* leicht zu Verzögerungen beziehungsweise dazu kommen, daß das ganze Geschäft platzt.

**Escrow officer**

Der Kauf eines Grundstücks gestaltet sich nämlich schwieriger als beispielsweise der eines Autos. Während Sie sich bei einem Auto nur mit dem Verkäufer einig werden müssen, bedarf es bei einem Grundstück der Mitwirkung einer staatlichen Stelle. Diese Aufgabe wird von einem sogenannten *Escrow officer* wahrgenommen. Dieser *Escrow officer* ist je nach Bundesstaat entweder ein Beamter oder eine mit der Wahrnehmung dieser Aufgabe betraute Privatperson. Der *Escrow officer* achtet darauf, daß alle den Grundstückskauf betreffenden Dokumente vorhanden und inhaltlich einwandfrei sind. Solche Dokumente sind zum Beispiel der Kaufvertrag, das Übergabeprotokoll sowie Bescheinigungen über getätigte Anzahlungen und bereits fällig gewordene Gebühren. Kommt der *Escrow officer* zu dem Ergebnis, daß der Kaufvorgang nicht zu beanstanden ist, so erteilt er dem Käufer eine Urkunde (*Title*), die ihn als neuen Eigentümer des betreffenden Grundstücks ausweist. Außerdem wird der Eigentumsübergang bei einer öffentlichen Stelle registriert, was mit einer Grundbucheintragung hierzulande vergleichbar ist. Erst wenn dies alles geschehen ist, sind Sie wirklich der neue Eigentümer des Grundstücks.

**Einschaltung eines Brokers ist gerade für Unerfahrenen zu empfehlen**

Insgesamt ist beim Kauf amerikanischer Immobilien folgendes zu beachten:

Die Preisentwicklung auf dem US-amerikanischen Immobilienmarkt zeigt eine steigende Tendenz. Unter Berücksichtigung einer entsprechenden Kursentwicklung des US-Dollars lohnt sich eine amerikanische Immobilie in guter Lage als Investition. Die Höhe des Preises ist von verschiedenen Faktoren abhängig. Auch der Bundesstaat spielt eine wesentliche Rolle. Florida ist zum Beispiel preislich günstiger als Kalifornien. Über Angebote kann man sich durch Lektüre der Immobilienmärkte größerer Tageszeitungen informieren. Die Einschaltung eines *Brokers* empfiehlt sich auf jeden Fall. Bei der Vermittlung eines Brokers ist der TIA Verlag gerne behilflich. Bei Beauftragung eines *Brokers* sollten Sie sich immer im klaren darüber sein, an welchem Ort und im Rahmen welcher Preisspanne Sie eine Immobilie wünschen. Die Gebühr für die Einschaltung eines *Brokers* beträgt in Florida zum Beispiel 7% des Kaufpreises und wird in der Regel vom Verkäufer getragen. Vor dem Kauf sollte ein Gutachter hinzugezogen werden, der das Haus in jeder Beziehung untersucht. Hat man die entsprechende Immobilie gefunden, so läßt man sich beim Kauf durch einen Anwalt vertreten. Dieser bereitet den Kaufvertrag zur Unterschrift vor und erledigt alle sonstigen Formalitäten. Bei Unterschrift wird in der Regel eine Anzahlung von 10% des Kaufpreises fällig, der Rest zu einem späteren Zeitpunkt.

## Wie gehe ich bei der Miete einer Wohnung oder eines Hauses vor?

Das US-amerikanische Mietwesen entspricht in wesentlichen Zügen seinem Gegenstück in der Bundesrepublik. Einige wichtige Besonderheiten sollen hier jedoch hervorgehoben und erklärt werden. Hilfreiche Seiten zur Wohnungssuche im Internet:

http://www.rent.net

Hier finden Sie eine Suchmaschine, mit der Sie nach allen nur erdenklichen Haus- und Wohnungsangeboten suchen können. Der Service garantiert, daß alle Angebote auch wirklich noch zu haben sind.

http://www13.allapartments.com

Hier finden Sie zahlreiche Mietangebote in allen Staaten der USA.

http://www.tenant.net

Hier finden Sie nützliche Informationen über das Mietrecht für New York und 26 andere Staaten.

## Mietverträge

Grundsätzlich gibt es zwei Arten von Mietverträgen. Der eine nennt sich *Lease*, der andere wird als *Month-to-month rental agreement* bezeichnet.

### Lease

Als *Lease* bezeichnet man einen auf mehrere Monate oder Jahre befristeten Mietvertrag. Ein solcher Mietvertrag kann in den meisten Staaten auch mündlich zustande kommen. Doch ist aus Gründen der Beweiskraft immer zum Abschluß eines schriftlichen Vertrages zu raten. Einmal abgeschlossen, ist ein als *Lease* konzipierter Mietvertrag bis zum Ende seiner Laufzeit gültig. Sie können also nicht wie bei einem Mietvertrag in Deutschland unter Einhaltung einer entsprechenden Frist ordentlich kündigen. Vor Ablauf der vereinbarten Mietdauer können Sie den Mietvertrag höchstens außerordentlich kündigen, also zum Beispiel dann, wenn der Vermieter ihm obliegenden Pflichten nicht nachkommt. Nach Ablauf der Vertragsdauer verlängert sich ein solcher Mietvertrag nicht automatisch. Vielmehr müssen sowohl Vermieter als auch Mieter einer solchen Erneuerung des Mietvertrages (*Renewal*) ausdrücklich zustimmen. In vielen Bundesstaaten gibt es jedoch Härtefallregelungen, die den Vermieter in seiner diesbezüglichen Entscheidungsfreiheit beschränken.

### Month-to-month rental aggreement

Ein *Month-to-month rental agreement* (oder einfach nur *Month-to-month*) ist ein für die Dauer von 30 Tagen abgeschlossener Mietvertrag. Der Abschluß eines solchen Vertrages erfolgt in der Regel mündlich. Ein *Month-to-month* verlängert sich normalerweise nach Ablauf von 30 Tagen für eine Laufzeit von weiteren 30 Tagen, ohne daß dies zwischen Vermieter und Mieter ausdrücklich vereinbart wird. Ein solcher Mietvertrag wird gekündigt, indem eine der Vertragsparteien die andere unter Einhaltung einer Monatsfrist darauf hinweist, daß das Mietverhältnis ab dem genannten Zeitpunkt nicht weitergeführt werden soll. Diese verhältnismäßig kurze Frist ist ein geringeres Problem als sich vermuten läßt. Denn auch viele andere Mietverhältnisse werden kurzfristig aufgelöst, so daß es Ihnen genauso schnell gelingen kann, einen neuen Mietvertrag abzuschließen wie der alte beendet wurde.

Die Art und Weise, wie das jeweilige Mietverhältnis beendet wird, ist ein wesentlicher Unterschied zwischen *Lease* und *Month-to-month rental agreement*. Während beim ersteren eine ordentliche Kündigung gar nicht möglich ist, ist gerade dies beim letzteren unter Berücksichtigung einer vergleichsweise kurzen Kündigungsfrist möglich. *Leasing* ist somit eine geruhsamere Form des Mietens als ein *Month-to-month*, welches immer dann vereinbart wird, wenn Mieter und Vermieter flexibel bleiben wollen.

### Wie finde ich eine Wohnung?

Mietangebote finden sich im Anzeigenteil amerikanischer Tageszeitungen. Außerdem machen viele Eigentümer Werbung an der Fassade des Gebäudes, wenn gerade eine Wohnung frei ist. Daneben gibt es die Möglichkeit, im Internet zu suchen. Es gibt Webseiten, die ausschließlich Mietangebote aus einer bestimmten Gegend enthalten und auf neuerem Stand sind. Wie beim Immobilienkauf gibt es auch bei der Suche nach einer Mietwohnung die Möglichkeit, einen *Broker* mit der Suche zu beauftragen. Doch ist der Abschluß eines Mietvertrages nicht so schwierig zu bewerkstelligen wie der Kauf eines Hauses, so daß der Mitwirkung eines *Brokers* hier keine so große Bedeutung zukommt.

### Was erwartet mich bei der Wohnungssuche?

Wenn Sie sich auf die Wohnungssuche begeben, müssen Sie sich zunächst über den Inhalt entsprechender Anzeigen klar werden. Zeitungsannoncen und Anzeigen im Internet geben zur Beschreibung der Größe der Wohnung nämlich zumeist nur die Anzahl der Schlafzimmer (*Bedrooms*) einer Wohnung an. Eine Flächenangabe ist nicht selbstverständlich, und wenn sie erfolgt, dann zumeist nicht in Quadratmetern, sondern in Quadratfuß (*Square feet*). Bei der Angabe der Anzahl der *Bedroms* müssen Sie beachten, daß ein Wohnzimmer hiervon nicht erfaßt wird. Das liegt daran, daß in vielen amerikanischen Häusern und Wohnungen die Küche zusammen mit dem Eß- sowie dem Wohnzimmer einen einheitlichen Bereich bildet. Wird also eine Wohnung mit drei Schlafzimmern angeboten, so können Sie davon ausgehen, daß ein außerdem vorhandenes Wohnzimmer noch hinzugerechnet werden muß.

In den USA sind Einbauküchen normalerweise festes Inventar der Wohnung

Mietwohnungen in den USA enthalten darüber hinaus wesentlich häufiger eine Einbauküche als das hierzulande der Fall ist. Diese Küche ist in der Regel Eigentum des Vermieters und gehört zum Inventar der Wohnung. Sie müssen normalerweise also keine Ablösesumme an Ihren Vormieter zahlen. Ob eine Einbauküche vorhanden ist, ist nicht immer dem Text einer Zeitungsannonce zu entnehmen. Oftmals wird deren Existenz einfach vorausgesetzt.

Die weite Verbreitung von Einbauküchen ist natürlich gerade für einen Neuankömmling aus Deutschland ein großer Vorteil. Sie müssen sich im Normalfall weder entsprechende Einrichtungsgegenstände in den USA kaufen noch sind Sie darauf angewiesen, Ihre eigenen Küchenmöbel aus der Bundesrepublik mitzunehmen. Zum einen ist der Transport von Küchengerätschaften über den Atlantik hinweg sehr teuer, zum anderen lassen sich nur wenige elektrische Geräte auf die in den USA übliche Netzspannung von 110 Volt umstellen.

### Die finanzielle Seite – Miethöhe und Kaution

Die Höhe der Mietzahlungen ist natürlich von vielen Faktoren abhängig und variiert daher je nach Lage und Charakter der Wohnung sehr stark. Bei einem *Lease*-Mietvertrag ist der genaue Mietzins fest vereinbart und kann im Normalfall während der Dauer des Mietverhältnisses nicht geändert werden. Eine Erhöhung kann hier vom Vermieter nur bei einer Erneuerung des Mietvertrages verlangt werden, es sei denn, der Wortlaut des Vertrages sieht etwas anderes vor. Bei einem *Month-to-month rental agreement* kann die Miete monatlich erhöht werden. Der Vermieter muß dies dem Mieter jedoch mindestens einen Monat vorher mitteilen, um diesem die Möglichkeit zu geben, notfalls vorher zu kündigen. In einigen wenigen Staaten gibt es ein System der Mietkontrolle (*Rent control/Rent stabilization*). Das bedeutet, daß Vermieter von Wohnungen in bestimmten Gegenden bei der Erhöhung der Mietpreise nur innerhalb eines gesetzlich festgelegten Rahmens agieren dürfen.

Kaution beträgt üblicherweise die Höhe der Monatsmiete

Als Kaution hat der Mieter eine bestimmte Geldsumme beim Vermieter zu hinterlegen. Die genaue Höhe ist von der jeweiligen bundesstaatlichen Regelung abhängig, beträgt in der Regel jedoch eine Monatsmiete. Die Kaution dient als Sicherheit für den Vermieter, falls der Mieter die Wohnung beschädigt oder mit der Zahlung der Miete in Rückstand gerät. Gibt es nichts zu beanstanden, so erhält der Mieter nach seinem Auszug die Kaution natürlich zurück.

## Alles klar?

Nach Lektüre dieses Teils des Buches werden Sie gemerkt haben, daß der US-amerikanische Immobilienmarkt keine unlösbaren Geheimnisse birgt. Oftmals verbergen sich hinter den ungewohnten Bezeichnungen nur längst bekannte Bedeutungen. Mit den wenigen wirklichen Unterschieden kann man sich im Bedarfsfall rechtzeitig auseinandersetzen. Wenn Sie dieses Prinzip verinnerlichen, sollten sich Ihnen von dieser Seite keine größeren Probleme in den Weg stellen.

Hilfe bei der Suche nach geeigneten Kaufobjekten, vor allem in Florida, bietet Olaf Hampel Telefon: 0228-9735-190.

# Der Umzug

## 6. Kapitel

# Der Umzug

*von Ferit Özdemir*

## Vorbereitungen

Nachdem alle Formalitäten bezüglich der Aufenthalts- und Arbeitsgenehmigung geklärt sind, sollten Sie damit beginnen, Ihren Umzug zu planen. Dazu sind einige Vorkehrungen zu treffen, die Ihnen eine Menge Ärger und vor allem auch Kosten ersparen können.

Zuerst sollten Sie sich über Krankenversicherung und Rentenansprüche Gedanken machen und möglicherweise notwendige Schritte in die Wege leiten.

### Krankenversicherung

Das Krankenversicherungssystem in den USA unterscheidet sich grundsätzlich vom deutschen. Die Versicherungen in den USA übernehmen nur die anfallenden Kosten für Operationen, Krankenhausaufenthalte sowie für besondere lebenswichtige Behandlungen. Bei Zahnbehandlungen und Zahnersatz existieren Sonderregelungen, die allerdings mit höheren Tarifen verbunden sind.

Amerikanische Krankenkassen

Grundsätzlich gilt, daß die amerikanischen Krankenkassen zwar günstiger sind als die Krankenkassen in Deutschland, aber die Leistungen auch weit unter deutschem Niveau angesiedelt sind.

Kosten, die zum Beispiel für ambulante Behandlungen und nötige Hilfsmittel wie Medikamente, Spritzen, Brillen entstehen, ersetzen die Kassen nur teilweise oder gar nicht. Allerdings bieten die amerikanischen Krankenkassen einen interessanten Aspekt, den die deutschen aufgrund ihres Systems nicht bieten können: das Bonussystem. Dieses Bonussystem kennen Sie sicherlich aus Deutschland in Verbindung mit der Kfz–Haftpflichtversicherung. Es beinhaltet, daß sich der zu zahlende Betrag danach richtet, wie oft die Kasse in Anspruch genommen wurde und wie hoch die Kosten für die entsprechenden Leistungen ausgefallen sind.

Wenn Sie in die USA übersiedeln wollen, bietet es sich an, Ihren Resturlaub zum Ende Ihrer Beschäftigungszeit in Deutschland zu nehmen, vorausgesetzt Sie stehen in einem festen Arbeitsverhältnis und sind Mitglied einer gesetzlichen Krankenkasse. Sie sind in der Zeit des Urlaubs voll versichert und hätten so genug Zeit, sich in den USA, um Ihre neue Krankenversicherung zu kümmern. Andernfalls wäre es ratsam, sich eine Reisekrankenversicherung, die diverse deutsche Krankenkassen anbieten, zuzulegen, bis Sie auch in den USA Versicherungsschutz genießen.

Für die Abwicklung der Krankenversicherung gibt es leider keine Ideallösung, da die Umstände von Person zu Person verschieden sind und jeder individuell entscheiden muß, wie er in diesem Fall vorgeht. Anzumerken ist hier, daß es zwei bis drei Monate nach Antragstellung dauern kann, bis der amerikanische Versicherungsschutz eintritt und bis dahin muß jeder für sich selbst entscheiden, wie er diese Zeit überbrückt.

### Renten- und andere Versicherungsansprüche

Zwischen den USA und Deutschland gibt es hinsichtlich der Absicherung der sozialen Sicherheit Verträge. Diese regeln die Rentenansprüche und sind an die jeweilige Situation der auswandernden Person angepaßt.

- Für sehr junge Auswanderer, das heißt solche, die noch nicht über einen längeren Zeitraum in die deutsche Rentenkasse eingezahlt haben, käme die Möglichkeit in Betracht, sich die bis dato in Deutschland eingezahlten Beiträge auszahlen zu lassen. Allerdings wäre dies mit finanziellen Verlusten verbunden, da bei einer Auszahlung nur der Arbeitnehmeranteil berücksichtigt würde.

- Für diejenigen, die schon über einen sehr langen Zeitraum Beiträge in die Rentenkasse entrichtet haben, kommt sicherlich die freiwillige Weiterversicherung in Betracht, mit der Sie Ihren Rentenanspruch weiterhin aufrechterhalten können. Dabei spielt es überhaupt keine Rolle, ob Sie gleichzeitig in den USA arbeiten und dort in eine Rentenkasse einzahlen oder nicht. Haben Sie sowohl in Deutschland als auch in den USA Ihre Rentenbeiträge geleistet, so wird Ihre Beitragszeit addiert und Sie behalten ebenfalls Ihren Rentenanspruch. Sie sollten sich in jedem Fall individuell beraten lassen. Informationen hierzu erhalten Sie bei der Bundesversicherungsanstalt für Angestellte in Berlin oder deren Zweigstellen im Bundesgebiet.

- Für Personen, die über die Rente hinaus noch eine weitere Altersvorsorge besitzen, beispielsweise eine Lebensversicherung, gilt ebenso, sich zu entscheiden, ob diese Versicherung aufrechterhalten oder ausgezahlt werden soll. Sie müssen sich jedoch darüber im klaren sein, daß eine Auszahlung ebenfalls erhebliche finanzielle Verluste zur Folge hat. Außerdem erlischt der Versicherungsschutz, dem im Ausland dieselbe Bedeutung beizumessen ist wie im Inland. Es wird deshalb empfohlen, diese Art der Versicherung weiterzuführen. Die Änderungen bezüglich der Zahlungsmodalitäten lassen sich mit der jeweiligen Versicherung abklären.

### Wohnmöglichkeiten finden

Grundsätzlich unterscheidet sich ein Umzug in die USA nicht so sehr von einem Umzug im Inland, und doch gibt es einige Dinge, die dabei beachtet werden müssen, damit es später keine bösen Überraschungen gibt.

Sie sollten sich also in jedem Fall darauf einrichten, daß Sie, bevor Sie in Deutschland Ihre Zelte abbrechen, in die USA fliegen, um sich dort um Ihre zukünftige Wohnung zu kümmern. Hierzu ist anzumerken, daß in den USA kaum Wohnungsnot herrscht, was sich auch in den günstigeren Mietpreisen bemerkbar macht.

Selbstverständlich gibt es auch in den USA bevorzugte beziehungsweise weniger bevorzugte Gegenden, was sich auch in den Mietpreisen widerspiegelt.

Darüber hinaus besteht für Sie die Möglichkeit, ein Hotelzimmer anzumieten, wovon aber abzuraten ist, da die Kosten für ein Hotelzimmer erheblich höher sind als für eine Mietwohnung. Auch Ihre Möbel könnten Sie nicht mitnehmen, da Ihnen die Möglichkeit fehlen würde, diese irgendwo unterzustellen.

Wenn Sie also nicht flexibel bleiben *müssen*, ist vom Anmieten eines Hotelzimmers abzuraten.

Die Wohnungssuche betreffend gibt es keine gravierenden Unterschiede zu Deutschland. Auch in den USA ist es möglich, einen Wohnungsmakler mit der Suche nach einer geeigneten Unterkunft zu beauftragen, was allerdings einen zusätzlichen Kostenfaktor darstellen würde. Beachten Sie die Hinweise in entsprechendem Kapitel.

Sie können natürlich auch selbst nach einer Wohnung suchen. Hierzu stehen Ihnen, wie auch in Deutschland, die Wohnungsanzeigen der lokalen Zeitungen zur Verfügung.

Außerdem werden in den USA Wohnungen wie auch Häuser häufig durch Schilder an den jeweiligen Wohnobjekten zum Verkauf angeboten.

Ein Gang durch die von Ihnen bevorzugte Wohngegend ist ebenso zu empfehlen wie der Blick in die Zeitung.

**Legen Sie sich anfangs nicht zu rasch fest!** Wenn Sie eine geeignete Wohnung gefunden haben, sollten Sie beim Mietvertrag darauf achten, daß Sie sich nicht über mehrere Jahre an eine Wohnung binden, um dann gegebenenfalls rasch auf ein besseres Wohnungsangebot reagieren zu können. Sie sollten ebenfalls darauf eingestellt sein, daß der Vermieter eine Kaution verlangt, um sich abzusichern. Dies ist in den USA genauso üblich wie in Deutschland. Beachten Sie unbedingt die Hinweise zum Immobilienmarkt von Holger Miß in diesem Buch.

Nachdem Sie die Wohnungsfrage geklärt haben, sollten Sie sich mit den sozialen beziehungsweise finanziellen „Formalitäten" beschäftigen. Dazu gehören unter anderem Dinge wie die Beantragung der *Social Security Card*, das Abschließen einer Kranken- und Rentenversicherung und das Eröffnen eines Bankkontos.

### Social Security Card

Zunächst sollten Sie sich um die Ausstellung einer *Social Security Card* bemühen. Sie benötigen diese „Karte", weil sie in den USA eine Art Personalausweis darstellt, den es in der Ihnen bekannten Form in den USA nicht gibt. Zur Identifizierung dienen der Führerschein oder eben die *Social Security Card*. Um diese zu erhalten, müssen Sie das *Social Security Office* anrufen, damit Sie erfahren können, an welche lokale Behörde Sie sich wenden und Ihren Antrag richten müssen. Die

Telefonnummer entnehmen Sie am besten einem regionalen Telefonbuch oder erfragen sie bei einer amerikanischen Telefonauskunft.

Social Security Card so schnell wie möglich besorgen

Es ist wichtig, daß die *Social Security Card* an erster Stelle Ihrer Planung steht, da sich mit ihrem Besitz auch Vorteile bei Versicherungen ergeben und das Eröffnen eines Bankkontos häufig erst mit der Versicherungskarte möglich wird. Sobald Sie wissen, wo Sie Ihre Karte beantragen können, sollten Sie die Unterlagen, die Sie für einen Antrag benötigen, vorbereiten.

Folgende persönlichen Unterlagen sind für einen Antrag nötig:

- Reisepaß

- Eine Bestätigung Ihrer Aufenthaltserlaubnis, zum Beispiel die Green Card oder entsprechendes Visum

- Geburtsurkunde

Mit diesen Unterlagen gehen Sie zu dem für Sie zuständigen *Social Security Office*, wo der Sie betreuende Angestellte des *Office* Ihnen beim Ausfüllen des Antragsformulars helfen wird. In der Regel dauert es bis zu zwei Wochen, bis Ihnen die *Social Security Card* zugeschickt wird. Nach Erhalt der Karte ist es Ihnen erlaubt, ein Bankkonto in den USA zu eröffnen. Dies sollten Sie auch auf jeden Fall tun, um einfacher Geld in die USA transferieren zu können. Auch kann man nur in wenigen amerikanischen Banken ausländische Währungen in US-Dollar umwechseln, weshalb Sie bei Ihrer endgültigen Einreise in die USA darauf achten sollten, genug Bargeld in Dollar bei sich zu haben.

Ohne Kreditkarten kann man in den USA häufig kein Auto mieten

Ebenso empfehlenswert ist eine Kreditkarte, da in den USA der bargeldlose Zahlungsverkehr einen höheren Stellenwert besitzt als in Deutschland und Bargeld als Zahlungsmittel, zum Beispiel bei Autovermietungen, nur sehr ungern, in der Regel überhaupt nicht und wenn, nur in Verbindung mit einer hohen Kaution akzeptiert wird. Bedenken Sie ebenfalls, daß Euroschecks in den USA keine Gültigkeit besitzen.

# Umzugsvorbereitung und Umzugsplanung in Deutschland

Nachdem Sie sich über Ihre Renten- und Krankenversicherung Gedanken gemacht haben, sollten Sie den eigentlichen Umzug vorbereiten. Hier ist es sinnvoll, mit dem Problem der Möbel- und Hausratunterbringung und der Überführung zu beginnen. Die zentrale Frage, die sich hierbei stellt, ist: Was nehme ich nach Amerika mit und was bleibt hier oder kann eventuell verkauft werden?

## *Wohnungseinrichtung*

Um diese Frage beantworten zu können, ist es nützlich zu wissen, wie amerikanische Wohnungen in der Regel aufgeteilt und ausgestattet sind. Ihre erste Überlegung wird Sie vermutlich zur Küche führen. In den meisten amerikanischen Wohnungen und Häusern sind die Küchenmöbel bereits fest installiert. Das fängt bei den Schränken an, geht über die Geschirrspülmaschine und hört bei der Mikrowelle auf. Es würde für Sie also wenig Sinn machen, Ihre Küchenmöbel mitzunehmen, selbst wenn Sie der Meinung sind, daß diese von höherer Qualität sind. Außerdem würde, wenn Sie eine Wohnung anmieten, der Vermieter nicht zulassen, daß Sie die Küchenmöbel entfernen, um Ihre eigene Küche einzubauen. Beim Kauf eines Wohnobjekts bleibt Ihnen selbstverständlich die Wahl. Hinzuzufügen ist, daß die deutschen Küchenmöbel vermutlich nicht mit den Maßen einer amerikanischen Küche übereinstimmen würden und so zunächst der räumlichen Vorgabe angepaßt werden müßten.

**Elektrische Geräte** Da in Amerika die elektrischen Geräte mit einer anderen Betriebsspannung arbeiten (110-120 Volt statt der in Deutschland üblichen 220-240 Volt), sollten Sie weitestgehend darauf verzichten, elektrische Küchengeräte, sofern Sie älteren Datums sind, mitzunehmen. Ältere Geräte lassen sich meistens nicht umstellen und würden somit in den USA nicht funktionieren. Es sind natürlich auch für diese Problematik Lösungen vorstellbar, die später beschrieben werden sollen. Alle anderen Küchenutensilien können Sie mit gutem Gewissen mitnehmen, vor allem wenn es sich hierbei um qualitativ hochwertige Ware handelt. Diese ist in den USA relativ teuer und zudem schwer zu erhalten.

**Küchenausstattung**

Wenn Sie sich hinsichtlich der Küchenausstattung entschieden haben, wären Ihr Wohn- und Eßzimmer auszustatten. Hier werden Ihren Wünschen keine baulichen Regeln gesetzt, und Sie können all die Dinge mitnehmen, an denen Ihnen etwas liegt oder von denen Sie überzeugt sind, daß Sie diese brauchen oder in Amerika nicht bekommen können. Verzichten sollten Sie allerdings auf deutsche Glühbirnen, sie sind in den USA nicht zu gebrauchen.

**Schlafzimmereinrichtung**

Beim Schlafzimmer sieht die Sache wieder anders aus. In den USA kommt man ohne Schlafzimmerschränke aus. Das hängt damit zusammen, daß die Schränke in amerikanischen Schlafzimmern zumeist in die Wände eingelassen und zudem begehbar sind. Wenn Sie hier keine Schiebetüren vorfinden sollten, machen Sie sich keine Sorgen, es ist ein leichtes, diese nachträglich anzubringen. Für Sie bedeuten diese begehbaren Schränke, daß Sie Ihren eigenen Schlafzimmerschrank in Deutschland zurücklassen müssen, weil für ihn kein ausreichender Platz zur Verfügung steht.

**Bettenmaße**

Das nächste Problem taucht bei den Betten und der Bettwäsche auf. Amerikanische Betten haben andere Standardmaße als die deutschen. Auf den ersten Blick erscheint dies unwichtig, doch bedenken Sie, daß, falls Sie sich dazu entschließen sollten, Ihr Bett mitzunehmen, die passende Bettwäsche nur sehr schwer beziehungsweise nur als Spezialanfertigung oder teure Importware erhältlich ist. Das gleiche Problem taucht bei der geeigneten Matratze für Ihr Bett mit deutschen Standardmaßen auf. Sie müssen nicht auf Ihr Bett verzichten, sollten es aber aus wirtschaftlichen Gründen in Erwägung ziehen.

**Amerikanische Wohnungen verfügen häufig nicht über Stauraum**

Als nächster Punkt ist der in amerikanischen Wohnungen beziehungsweise Häusern nicht zur Verfügung stehende Stauraum zu erwähnen. In amerikanischen Wohnungen werden Sie so gut wie keine Möglichkeit haben, Dinge, die Sie sonst im Keller lagern, unterzubringen. Amerikanischen Mietern werden keine zusätzlichen Stauräume angeboten. Sie sollten also vermeiden, überflüssige Dinge in die USA mitzunehmen, vor allem wenn Sie eine Mietwohnung beziehen möchten. Putzutensilien, wie Staubsauger, Eimer, Lappen und so weiter, lassen sich in festinstallierten Dielenschränken verstauen.

**Einfamilienhäuser besitzen häufig keine Tiefkeller**

Falls Sie ein eigenes Haus beziehen möchten, beachten Sie bitte, daß amerikanische Einfamilienhäuser keine Tiefkeller haben, was zum einen mit dem Grundwasserspiegel in der jeweiligen Wohnregion zusammenhängt und zum anderen mit wesentlich höheren Baukosten, die für einen solchen Tiefkeller anfallen würden. Die Amerikaner haben dieses Problem gelöst, indem sie die Garagen ihrer Häuser einfach groß genug gebaut haben. Sie dienen sowohl als Unterstellplatz für ihre Fahrzeuge als auch zum Verstauen von Werkzeugen, Putzmitteln, Fahrrädern und anderen Kleinigkeiten, für die im Haus kein Platz ist.

## Elektrische Geräte

Ihre elektrischen und elektronischen Geräte müssen für Amerika umgerüstet werden.

Beachten Sie bitte, daß in Amerika mit 110-120 Volt Netzspannung gearbeitet wird. Geräte, die nicht von 220 auf 110 Volt umschaltbar sind, sollten Sie nicht mitnehmen, weil diese Geräte in den USA nicht funktionieren. Selbst wenn die Geräte eine Umschaltoption aufweisen, bedeutet es nicht, daß sie einwandfrei funktionieren. Da in den USA das Stromnetz außerdem mit einer anderen Netzfrequenz betrieben wird, kann es beim Betrieb von Elektromotoren oder Fernsehgeräten zu erheblichen Störungen bis hin zur Unbrauchbarkeit der Geräte kommen.

**Anderes Fernsehsystem**

Das Problem der Netzfrequenz ist auch der Grund dafür, daß die Amerikaner ein anderes Fernsehsystem besitzen, was bedeutet, daß Sie Ihre alten Fernsehgeräte nicht in den USA benutzen können. Die US-Norm NTSC ist nicht mit der deutschen PAL-Norm kompatibel. Sie können Ihr altes Fernsehgerät nur dann benutzen, wenn es eine Vorrichtung bietet, zwischen mehreren Normen zu wechseln. Diese Geräte sind aber eher selten und wesentlich teurer als Geräte mit US-Norm.

**Anderes Videosystem**

Die gleichen Einschränkungen gelten übrigens auch für Ihren auf deutsche Voltzahlen konzipierten Videorecorder und Ihre Videokamera. Bedenken Sie, daß Sie Ihre alten Videokassetten nicht auf einem Gerät mit US-Norm abspielen können. Die Kassetten lassen sich na-

203

türlich weiterhin benutzen, doch sind die mit der alten Norm aufge-
zeichneten Inhalte nicht mehr sichtbar. Die beste und kostengünstigste
Lösung ist in diesem Fall, die alten Geräte zu entsorgen und neue
Geräte nach US-Norm anzuschaffen.

### Ihr Auto

Die Frage, die sich stellt, nachdem der Verbleib von Hausrat und Mobiliar in Ihrer neuen Wohnung geklärt ist, ist die, was Sie mit Ihrem
Auto machen. Die Beantwortung dieser Frage dürfte vielleicht Probleme bereiten, da sicherlich so mancher sein Fahrzeug gern mitnehmen würde. Dabei sollten Sie allerdings bedenken, daß ein solches
Unterfangen mit einigen Kosten verbunden ist und in den meisten
Fällen eine Überführung des Autos sehr unwirtschaftlich wäre.

**Klären Sie unbedingt die Ersatzteilfrage**

Wenn Sie sich jedoch dafür entscheiden, Ihren Wagen mitzunehmen,
sollten Sie sich bei Ihrem Fachhändler erkundigen, ob Ihr Kfz-Typ in
die USA importiert wird. Dies wäre bei der Beschaffung von Ersatztei-
len für spätere Reparaturen wichtig zu wissen, da ansonsten Ersatztei-
le aus Übersee beschafft werden müßten und damit erhebliche Mehr-
kosten auf Sie zukommen würden. Darüber hinaus wäre es ratsam,
wenn Sie die Kosten für das Umrüsten auf die US-Norm von Kraftfahrzeugen erfragen. Im günstigsten Fall liegen diese bei 2 000 US-
Dollar. Lohnt sich nach Ihrer Kostenrechnung der Transport Ihres
Fahrzeugs, müssen Sie einen Spediteur ausfindig machen, der den
Transport von Kraftfahrzeugen nach Übersee anbietet.
Empfehlenswert ist hierbei, daß Sie eine Spedition beauftragen, die
Mitglied beim Internationalen Spediteurverband ist. So können Sie
sichergehen, daß der Transport Ihres Fahrzeugs ohne Komplikationen
verläuft.

**Kosten für den Übersee-transport sind abhängig von der Autogröße**

Die Kosten für einen Überseetransport sind abhängig von der Größe
des Autos und liegen zwischen 1 700 und 2 500 DM. Die Dauer des
Transports richtet sich selbstverständlich nach der Lage des Zielhafens
und variiert zwischen drei und sieben Wochen. Beachten Sie dabei,
daß das Auto älter als sechs Monate ist, da es andernfalls verzollt
werden muß.

Mit Ihrem alten Nummernschild dürfen Sie in den USA ein Jahr lang fahren, danach ist eine endgültige Ummeldung und Umrüstung auf US-Norm nötig.

Führerschein   Gleiches gilt für Ihren Führerschein. Der deutsche Führerschein ist in den USA noch ein Jahr gültig, danach müssen Sie den amerikanischen Führerschein nachholen. Die Prüfung ist einfacher als in Deutschland. Sie besteht aus Fragen, die vorher in einem Buch (natürlich mit Antworten) nachgelesen werden können. Konzentrieren Sie sich beim Lernen auf die amerikanischen Verkehrszeichen, weil diese wahrscheinlich das einzige wirklich Neue für Sie sind.

### Spediteure

Nachdem Sie nun darüber informiert sind, welche Dinge Sie sinnvollerweise mitnehmen sollten und welche nicht, und sich gegebenenfalls für oder gegen eine Überführung Ihres Autos entschieden haben, ist es notwendig, sich nach einem geeigneten Spediteur für Ihre Möbel umzusehen. Es empfiehlt sich, hierfür denselben Spediteur zu wählen, den Sie auch mit dem Transport Ihres Fahrzeugs beauftragen möchten. Selbstverständlich haben Sie auch die Möglichkeit, sich für die Verschiffung Ihrer Möbel einen andern Spediteur auszusuchen.

Grundsätzlich gilt hier: Bei der Auswahl der Spedition sollten Sie darauf achten, daß der gewählte Spediteur Mitglied im Internationalen Spediteurverband ist. Wenn Sie auf die Hilfe eines erfahrenen Spediteurs zurückgreifen können, erhalten Sie weitere Informationen unter 0228 9735-111.

Sie sind in jedem Fall dazu angehalten, sich mehrere Angebote unterbreiten lassen, da beim aufmerksamen Vergleich der Angebote einzelner Speditionen erhebliche Preisdifferenzen zu erkennen sind.

Die Abwicklung des Umzuges erfolgt bei allen Speditionsunternehmen ähnlich. Zuerst schickt die Spedition einen Berater zu Ihnen, der das Auftragsvolumen ermittelt, das heißt begutachtet, wieviel Sie überhaupt in die USA mitnehmen möchten; erst danach kann Ihnen das Unternehmen einen konkreten Kostenvoranschlag unterbreiten. Nachdem Sie ein Ihren Vorstellungen entsprechendes Angebot angenommen und eine Firma beauftragt haben, verläuft der Umzug nach Amerika ähnlich wie ein Inlandsumzug, wobei natürlich die zu überbrückende Entfernung erheblich größer ist und auch den Seeweg mit einschließt.

**Sie müssen die Möbel in den USA persönlich in Empfang nehmen**

Meistens werden die zu transportierenden Möbel mit einem Container in einen LKW eingeladen. Der Container wird anschließend zu einem deutschen Hafen gebracht, meistens zum Hamburger Hafen, und von dort über den Seeweg in die USA verschifft.

Ihre Möbel müssen Sie persönlich in den USA in Empfang nehmen und bei der Zollabfertigung anwesend sein, damit Sie die Fragen der Zollbeamten beantworten können. Ihre Anwesenheit ist auch erforderlich, um gegebenenfalls Unterschriften für die Zollabfertigung zu leisten.

Nachdem der Container in den USA angekommen ist und die Zollabnahme stattgefunden hat, wird der Container am Hafen entladen und von einem amerikanischen Spediteur zum angegebenen Zielort befördert.

Für den Fall, daß Sie sehr wertvolles Mobiliar besitzen, besteht die Möglichkeit, eine Umzugsversicherung abzuschließen. Diese tritt im Schadensfall aber nur dann in Kraft, wenn Möbel und andere Gegenstände von Mitarbeitern der Spedition verpackt worden sind. Die Kosten für eine solche Versicherung liegen zwischen 1,5 und 2,5% des Gesamtwertes der Ladung, den Sie individuell festlegen können. Dazu gerechnet werden noch 12% Versicherungssteuer, so daß diese Versicherung sehr teuer werden kann und sich nur bei wertvollen Möbeln lohnt.

**Packliste in englischer Sprache erstellen**

Bitte vergessen Sie nicht, eine Packliste in englischer Sprache für Ihre Spedition und die amerikanische Zollabfertigung zu verfassen. Sie brauchen darauf allerdings nicht jedes einzelne Stück aufzuführen, sondern können bestimmte Dinge unter einem Oberbegriff zusammenfassen, der die Funktion der Möbelstücke beschreibt, wie zum Beispiel: Wohnzimmermöbel, Küchenmöbel und so weiter.

**Bill of landing**

Nachdem der Container verschifft wurde und in den USA angekommen ist, bekommen Sie von Ihrem Spediteur ein Dokument, die *Bill of Landing*, ausgehändigt. Dieses Dokument ist international gültig, und

Sie benötigen es bei der Zollabnahme. Für Ihren eigenen Überblick ist es ratsam, noch eine zweite ausführliche Packliste anzufertigen, auf der Sie alles wiederfinden können, was verpackt und in den Container geladen wurde.

## Einreise

Jetzt, nachdem die „Einreise" Ihres gesamten Inventars organisiert ist, gilt es, sich Gedanken über Ihre eigene Einreise zu machen. Die Einreise an sich erfolgt genauso, wie Sie es gewohnt sind, wenn Sie in ein fremdes Land reisen, dennoch gibt es einige Aspekte, die Sie beachten sollten. An ihrem Zielflughafen in den USA gibt es drei Schalter, an denen die Abfertigung der Einreisenden organisiert wird.

- **Citizen-Service**
  Dieser Schalter ist für US-Staatsbürger und Green-Card-Inhaber bestimmt.

- **Visitor-Service**
  Dieser Schalter ist nur für Touristen, die sich für einen vorübergehenden Zeitraum in den USA aufhalten.

- **Immigration-Service**
  Wenn Sie noch nicht in Besitz der Green Card sind, ist dies der für Sie zuständige Schalter. Sie werden hier etwas länger beschäftigt sein als bei Ihren vorherigen Reisen, da Sie dort noch einige Formalitäten erledigen müssen.

**Einfuhrverbot** Sie dürfen in die USA keine Lebensmittel, keinen Alkohol und keine Betäubungsmittel einführen. Wenn Sie keine Strafen riskieren wollen, sollten Sie sich an diese Vorgabe halten. Dieses Einfuhrverbot gilt auch für den Container-Inhalt.

**Medikamente** Wenn Sie Medikamente einnehmen müssen, die unter das amerikanische Betäubungsmittelgesetz fallen, müssen Sie ein ärztliches Attest erbringen (mit englischer Übersetzung), das die Notwendigkeit der Einfuhr dieser Medikamente bestätigt. Grundsätzlich ist zu empfehlen, daß Sie Ihre eigenen Arzneimittel mitführen oder sich diese schicken lassen, bis Sie einen amerikanischen Arzt Ihres Vertrauens gefunden haben, der Ihnen bei der Umstellung von deutschen auf amerikanische Produkte behilflich ist.

**Haustiere**
Wenn Sie Ihre Haustiere in die USA mitnehmen möchten, so ist auch dies möglich. Bitte beachten Sie hierbei, daß Sie eine Gesundheitsbescheinigung für Ihre Vierbeiner benötigen, die von einem amtlichen Tierarzt ausgestellt werden und ebenfalls in englischer Übersetzung vorhanden sein muß. Diese Bescheinigung darf nicht älter sein als 30 Tage. Hunde dürfen keine Bandwürmer haben. Eine Impfung gegen Tollwut ist für keine Tierart erforderlich. Alle Tiere müssen in von der Fluggesellschaft anerkannten Käfigen transportiert werden.

**Einfuhr von Vögeln ist problematisch**

Problematischer kann es bei der Einfuhr von Vögeln werden. Die USA halten sich hier streng an das internationale Artenschutzabkommen. Es ist eigentlich nicht zu empfehlen, Vögel in die USA einzuführen, wenn Sie sich dennoch nicht von Ihrem Piepmatz trennen können, sollten Sie wissen, daß mit der Einfuhr einiges an Kosten auf Sie zukommen wird. Sie sollten sich auf jeden Fall vorher über alle Bedingungen der Einfuhr beim Konsulat erkundigen.

**Zollgebühren**
Das gesamte übrige Umzugsgut ist zollfrei, sofern es älter als sechs Monate ist. Der Zollbeamte ist in Einzelfällen berechtigt, Rechnungen einzusehen, halten Sie hierfür alle Rechnungen, die Sie noch haben, in einem Ordner bereit.

Sollten Sie noch spezielle Fragen haben, wenden Sie sich an den Informationsdienst der Konsulate und klären Sie diese, bevor Sie umziehen. Hilfreich sind auch die Beratungsstellen für Auswanderer, deren Adressen Sie am Ende des Buches finden.

# Das Visa-Recht der Vereinigten Staaten von Amerika

## 7. Kapitel

# Das Visa-Recht der Vereinigten Staaten

*von Jan Frederichs*

**D**ie USA sind seit Bestehen ein Einwanderungsland. Dennoch sind die Einreise und die Einwanderung immer schwieriger geworden. Schon viele sahen sich bei der Verwirklichung ihrer Pläne in den USA mit Einreisebestimmungen konfrontiert, die manchmal eine nur schwer zu meisternde Hürde darstellen.

*Der Immigration and Naturalization Act (IMMACT) von 1990*

Das Gesetz, das alle Fragen, die das Thema „Einreise und Aufenthalt von Ausländern in den USA" betrifft, regelt, ist 1990 grundlegend geändert worden. Zwar wird der Aufenthalt von Ausländern in den USA und ihre rechtliche Behandlung auch noch in zahlreichen anderen Gesetzen und Vorschriften geregelt, aber der *Immigration and Naturalization Act* (IMMACT) von 1990 ist das Grundwerk zu dieser Thematik. Dieses Gesetz regelt nicht nur den Status des Ausländers während eines Aufenthalts in den USA und die Einreise, sondern auch das Asylrecht, die Einbürgerung, das Recht der Ausweisung und Abschiebung sowie die Zuständigkeiten und die Verfahren. Die gesetzlichen Ausführungen werden durch regelmäßig erscheinende *Rules* zu bestimmten einzelnen Bereichen ergänzt.

## Die zwei Hauptvisakategorien

*Immigrant section und Non-Immigrant section*

Grundsätzlich sind die amerikanischen Visa in zwei Hauptkategorien aufzuteilen, die befristeten und die unbefristeten Visa. Im Generalkonsulat in Frankfurt zum Beispiel gibt es dementsprechend eine *Immigrant section* und eine *Non-immigrant section*.

Wer sich schon einmal näher mit dem Visa- und Aufenthaltsrecht befaßt hat, hat vermutlich schnell den Wunsch gehabt, gleich eine unbefristete Aufenthaltserlaubnis zu beantragen. Das ist jedoch in den meisten Fällen nicht einfach, denn es müssen vielerlei Voraussetzungen erfüllt sein. Vielfach zeigt sich, daß es sinnvoller ist, sich zunächst mit einem befristeten Visum in den USA aufzuhalten und dann dort die Möglichkeiten eines unbefristeten Visum auszuloten.

# Die ersten Überlegungen

Zunächst ist es zu empfehlen, einen Blick auf die allgemeinen Ausschlußgründe zu werfen, die grundsätzlich festlegen, unter welchen Umständen man nicht einreisen darf. Die allgemeinen Ausschlußgründe sind in Abschnitt 201 des *Immigration and Naturalization Act* aufgeführt und gelten für alle Visa, das heißt es ist egal, ob man nur eine Woche Urlaub machen, einwandern oder an der Green Card Lotterie teilnehmen will.

Wer von diesen Bestimmungen betroffen ist – das dürften allerdings nur sehr wenige sein –, weiß von Anfang an, daß seine Planung hinfällig ist, oder daß er zunächst eine Ausnahme beantragen muß, denn das ist teilweise möglich.

**Welches Visum ist das Richtige?** Anschließend muß man nicht nur wissen, was man vorhat, sondern auch, welches Visum dafür das richtige ist, und das ist oftmals nicht so einfach festzustellen. Bei Grenzfällen nimmt man das Risiko eines erfolglosen Antrags in Kauf. Letzteres ist aber nicht so schlimm, solange man vor der Einreise einen Antrag stellt und dabei keine falschen Angaben macht. Die amerikanischen Behörden sind gehalten, den Antragsteller bei Ablehnung seines Antrags auf das richtige Visum hinzuweisen, wenn die Voraussetzungen dafür erkennbar vorliegen. Die Antragsgebühren müssen dennoch gezahlt werden.

**Mehrfache Antragsstellung** Abgesehen davon kann ein vormals abgelehnter Antragsteller das gleiche Visum jederzeit und sooft er will erneut beantragen. Das macht natürlich nur Sinn, wenn der Antragsteller mit neuen Tatsachen aufwarten beziehungsweise anders argumentieren kann oder bislang fehlende Dokumente inzwischen vorliegen.

**Aussichten auf Visumerteilung** Die Aussichten auf Erteilung des Visums hängen meist von der richtigen Argumentation und der Vorlage von entsprechenden Dokumenten ab. Bei der Suche nach dem richtigen Visum muß auch immer darauf geachtet werden, ob und inwieweit man die notwendigen und eventuell zusätzliche nützliche Dokumente (dazu später mehr) vorweisen kann.

**Die Zusammenstellung der Unterlagen** Damit ist auch schon der dritte Schritt aufgezeigt. Hat man das richtige Visum gefunden, gilt es, die erforderlichen Unterlagen zu beschaffen. Das kann bei einigen Visa sehr aufwendig werden. Oft ist man von Dritten abhängig und auf deren Wohlwollen angewiesen. Zum Teil wird die Beantragung des Visums neben dem Zusammentragen der Unterlagen, welches der Dritte im Vorfeld durchführen muß, zur unbedeutenden Formsache; die wichtigste Aufgabe für den Ausländer liegt dann darin, den Dritten (zum Beispiel den zukünftigen Arbeitgeber) davon zu überzeugen, das Erforderliche zu tun oder wenn er schon damit begonnen hat, ihn „bei der Stange zu halten".

**Antragsstellung** Im vierten Schritt wird dann das Visum beantragt. Die Bearbeitungszeiten sind recht unterschiedlich und hängen nicht nur davon ab, welches Visum man beantragt, sondern auch, wo dies geschieht, wobei man sich meistens nicht aussuchen kann, wo man seinen Antrag stellt (siehe Absatz „Welches Konsulat beziehungsweise welche Botschaft ist zuständig?").

Sollten notwendige Dokumente fehlen, geben die amerikanischen Behörden meistens dem Antragsteller Gelegenheit, die Unterlagen nachzureichen. Vermeiden sollte man das natürlich trotzdem.

**Zusätzliche Dokumente** Bei der Frage der Beifügung von zusätzlichen, den Antrag unterstützenden, aber nicht notwendigen Dokumenten ist Fingerspitzengefühl gefragt. Kommen der zuständigen Behörde Zweifel auf, ob sie das Visum ausstellen soll, fordert sie den Antragsteller in der Regel – aber nicht immer – auf, zu zweifelhaften Punkten Stellung zu nehmen. Dann kann man diese zusätzlichen Dokumente schnell nachreichen. Ist dagegen von vornherein abzusehen, daß der bearbeitende Beamte zweifeln wird, dann empfiehlt es sich, weitere Dokumente schon bei der Antragstellung einzureichen.

Hat man die Situation falsch eingeschätzt und der Antrag wird abgelehnt, obwohl noch zusätzliche Dokumente zu Hause liegen, dann muß man den Antrag eben nochmals stellen und dann alle Unterlagen mit einreichen.

Bei einigen Visa, insbesondere bei einigen unbefristeten, folgt der Bearbeitung eine Wartezeit, da die Anzahl der jährlich zur Verfügung stehenden Visa kontingentiert ist. Von der Behörde bekommt man einen Bescheid mit dem Inhalt, daß man sich erst wieder melden soll, wenn die Wartezeit vorüber ist.

**Wartezeit**

Diese Wartezeit kann wenige Monate bis hin zu mehreren Jahren dauern.

So muß zum Beispiel eine Philippinin, die über ihre Schwester ein unbefristetes Visum beantragt hat, zur Zeit 20 Jahre warten, bis sie das Visum erhält, obwohl alle gesetzlichen Voraussetzungen vorliegen.

Bei den befristeten Visa gibt es dagegen meistens keine zusätzlichen Wartezeiten, sondern nur die Bearbeitungszeit, die aber gelegentlich bis zu neun Monate dauern kann.

In seltenen Fällen kann eine Beantragung ein überraschend unangenehmes Ende finden, nämlich wenn sich außer der Ablehnung im mit eingeschickten Reisepaß plötzlich merkwürdige Abkürzungen befinden. Der Grund liegt meistens darin, daß der Beamte befürchtet, der Antragsteller werde sich über die Ablehnung hinwegsetzen und einfach die Möglichkeit der visumfreien Einreise mißbrauchen, um seine Planung in die Tat umzusetzen. Die visumfreie Einreise ist dann nicht mehr möglich, wohl aber die Beantragung des gleichen oder anderer Visa.

**Einreiseerlaubnis und Aufenthaltserlaubnis**

Zum Schluß noch eine rechtliche Unterscheidung: Das Visum ist nur die Einreiseerlaubnis. Daneben gibt es die Aufenthaltserlaubnis. Diese wird anhand einer weißen Karte mit der Bezeichnung I-94 manifestiert, die bei Einreise in den Reisepaß geheftet wird und das Einreisedatum sowie das letzte Ausreisedatum aufweist. Die I-94-Karte wird daher auch dann ausgestellt, wenn man ohne Visum einreist. Die Aufenthaltserlaubnis kann theoretisch trotz Visums verweigert werden. Gründe hierfür könnten beispielsweise ungehöriges Verhalten im Einreiseflughafen sein oder daß der Beamte am Flughafen Grund zur Annahme hat, daß der Einreisende das Visum mißbraucht oder plötzlich das Vorliegen eines allgemeinen Ausschlußgrundes erkennt. Die können Sie an dieser Stelle kurz überfliegen. Liegt ein allgemeiner Ausschlußgrund bei Ihnen vor, sollten Sie sich besser an einen Anwalt wenden. Allerdings können grundsätzlich – anders als in Deutschland – weder ein Visum noch die Einreise vor einem Gericht eingeklagt werden. Gerichtlichen Rechtsschutz erhält man normalerweise erst, wenn man sich in den USA aufhält.

# Die allgemeinen Ausschlußgründe

Abgesehen von den spezifischen Anforderungen bei den einzelnen Visa gibt es Gründe, die grundsätzlich die Ausstellung eines Visums beziehungsweise die Einreise in die USA ausschließen oder nur mit einer Ausnahmegenehmigung möglich machen. Die wichtigsten Ausschlußgründe sind die folgenden.

### Der wahrscheinliche Sozialfall

Grundsätzlich kann die Ausstellung eines Visums abgelehnt werden, wenn die zuständige Behörde der Meinung ist, daß der Antragsteller während seines Aufenthalts in den USA wahrscheinlich zu einem Sozialfall, das heißt von staatlicher Hilfe abhängig sein wird.

Je länger sich der Antragsteller in den USA aufhalten will, um so mehr gewinnt dieser Ausschlußgrund an Bedeutung.

*Sie können den Beamten immer noch überzeugen*

Sie haben die Möglichkeit, den Beamten vom Gegenteil zu überzeugen, denn meistens gibt der Beamte Gelegenheit zur Stellungnahme, bevor er einen Antrag mit dieser Begründung ablehnt. Entscheidungsbestimmend sind dann neben der Dauer des Aufenthalts die persönlichen Vermögensverhältnisse, der Ausbildungsstand, die Anzahl der zu unterstützenden Personen, Englischkenntnisse, das Vorhandensein einer Anlaufstelle in den USA (Verwandte, Bekannte), ein konkretes Arbeitsangebot oder andere Einkommensquellen während des geplanten Aufenthalts (sofern Arbeiten mit dem gewünschten Visum erlaubt ist), Kenntnis der USA durch frühere Aufenthalte oder sonstige individuelle Gründe, die plausibel erscheinen.

*Affidavit of support*

Möglich ist auch die Bürgschaft eines Amerikaners oder Green-Card-Inhabers. Dieser Nachweis nennt sich *Affidavit of support* und ist verfahrensrechtlich geregelt. Man benötigt ein von dem Bürgen ausgefülltes und mit den erforderlichen Dokumenten (Steuerbescheide) versehenes Formular. Das Formular ist das I-134, für die Green Card über Familienzusammenführung das I-864.

Insbesondere Auswanderer sollten diesem Ausschlußgrund Aufmerksamkeit schenken, ihn aber auch nicht überbewerten. Im weltweiten Vergleich haben Europäer in der Regel eine gute Ausbildung und verfügen über ausreichendes Vermögen.

### *Früherer Mißbrauch einer US-Aufenthaltserlaubnis, illegaler Aufenthalt*

Wer sich illegal in den USA aufgehalten hat, das heißt, wer länger in den USA geblieben ist, als er durfte, oder gegen die Bedingungen des Visums verstoßen hat (zum Beispiel gearbeitet hat, obwohl er nicht arbeiten durfte), dem darf innerhalb einer bestimmten Sperrfrist keine Einreise gewährt werden. Die Sperrfrist kann bei einem illegalen Aufenthalt von mehr als 180 Tagen drei Jahre und bei einem illegalen Aufenthalt von mehr als einem Jahr zehn Jahre betragen (wobei illegale Aufenthaltszeiten im Alter von unter 18 Jahren nicht mitgezählt werden). Wenn Sie ihr Aufenthaltsrecht überzogen haben, sollten Sie vor der Ausreise aus den USA einen Immigrationsanwalt aufsuchen, da das Recht der Wiedereinreisesperren momentan sehr kompliziert ist.

**Falschaussagen führen zum Ausschluß**

Ebenso von der Einreise oder Erteilung eines Visums ausgeschlossen ist, wer bei einer Visumbeantragung oder der Einreise in betrügerischer Absicht Fakten ungenau oder falsch dargestellt hat. Ausnahmen sind dann nur möglich, wenn der Vorfall schon länger als zehn Jahre zurückliegt oder der Antragsteller ein naher Verwandter eines US-Bürgers ist.

### *Gesundheitliche Gründe*

Wer an einer Krankheit leidet, die ansteckend ist und tödlich verlaufen kann (unter anderem auch AIDS), ist von einer Visumerteilung ebenso ausgeschlossen wie solche Antragsteller, die drogenabhängig sind oder unter einer physischen oder geistigen Krankheit leiden und infolgedessen für die Gesundheit, die Sicherheit oder das Eigentum Dritter gefährlich werden können. Daß es hierfür Ausnahmen gibt, gebietet schon der Schutz der Menschenwürde. Ausnahmen sind im

Gesetz ausdrücklich für nahe Angehörige von US-Bürgern aufgeführt, aber auch auf Antrag für alle anderen Antragsteller möglich.

### Kriminelle Vergangenheit

Hier klingt das Gesetz zum Teil sehr streng, aber auch ungenau. Wenn davon gesprochen wird, daß Antragsteller ausgeschlossen sind, die ein Verbrechen begangen haben, das moralische Verworfenheit erkennen läßt, dann ist dies sicherlich im Einzelfall eine Auslegungssache. Relativiert wird dieser Ausschlußgrund durch folgende Ausnahmen: Es handelt sich um einen einmaligen Vorfall, der länger als fünf Jahre zurückliegt oder im Alter von unter 18 Jahren begangen wurde, oder es handelt sich um eine Straftat, die maximal mit einem Jahr Gefängnis bestraft werden kann und der Antragsteller ist nicht zu deutlich mehr als sechs Monaten Freiheitsstrafe verurteilt worden.

**Drogendelikte führen fast ausnahmelos zum Ausschluß**

Unnachgiebig zeigt sich das Gesetz gegenüber Antragstellern, die in irgendeiner Weise in Drogendelikte verwickelt waren. Ausnahmen sind möglich, wenn der Vorfall den Besitz von weniger als 30 Gramm Marihuana betraf und schon 15 Jahre zurückliegt.

Prostitution und die Beihilfe dazu sind ein Ausschlußgrund, wenn diese Tätigkeit nicht länger als zehn Jahre zurückliegt. Allerdings kann eine Ausnahmebewilligung beantragt werden, wenn nicht noch andere Ausschlußgründe vorliegen und Antragsteller/in rehabilitiert ist.

### Gefährdung der amerikanischen Sicherheit und/oder Außenpolitik

Ausgeschlossen sind auch Antragsteller, die der Spionage, der Sabotage, des Verstoßes gegen Exportverbote, des Mordes, der Benutzung von ABC- oder Explosivwaffen oder einer terroristischen Aktivität in den USA verdächtigt oder überführt worden sind.
Kein Visum bekommen Antragsteller, die zwischen 1933 und 1945 an nationalsozialistischer Verfolgung und Völkermord beteiligt waren. Dies war auch der Grund dafür, warum dem ehemaligen österreichischen Präsidenten Kurt Waldheim die Einreise verweigert wurde.

*7. Kapitel*

Mitglieder von kommunistischen und totalitären Parteien sind ausgeschlossen

Wer eine Green Card beantragt, bekommt diese nicht, wenn er freiwilliges Mitglied einer kommunistischen oder anderen totalitären Partei ist oder war. Als nicht freiwillig wird die Mitgliedschaft gewertet, wenn der Antragsteller unter 16 Jahre alt war oder wenn die Mitgliedschaft einzig zum Zweck der Erlangung wichtiger Lebensgüter oder einer Arbeit eingegangen wurde. Gerade bei Chinesen und Russen wird ein Auge zugedrückt.

### Kenntnis über kriminelle Organisationen

Bei bestimmten Ausschlußgründen kann dennoch ein Visum ausgestellt werden, wenn der Antragsteller entscheidende Kenntnis über kriminelle Organisationen hat und bereit ist, damit amerikanische Gerichte zu unterstützen. Das Visum kann dann allerdings mit Ausnahmen versehen werden (vgl. Abschnitt über das S-Visum).

## Die befristeten Visa

Es gibt zahlreiche befristete Visa, die sich alle je nach dem Zweck des Aufenthalts voneinander unterscheiden. Ihre Bezeichnungen beziehen die Visa aus den Untergliederungspunkten in *Section* 101(a)(15) des IMMACT. So heißt zum Beispiel ein Urlaubsvisum deswegen B2-Visum, weil in *Section*101(a)(15) im Unterpunkt B, in der 2. Alternative erwähnt ist, daß Besucher keine Immigranten sind.

Das Visum ist abhängig vom Aufenthaltszweck

Der Zweck des Aufenthalts bestimmt, welches Visum das richtige ist. Im folgenden sollen die selteneren Visa nur kurz angerissen und im weiteren vom Zweck des Aufenthalts ausgehend aufgegliedert werden, welches Visum am ehesten geeignet ist. Jeder sollte die folgenden Visa kurz überfliegen, denn möglicherweise stolpert man schon hier über das richtige Visum.

### Ausgefallene Visa

### A-Visa für Diplomaten

Diese Visa erhalten Botschafter, Diplomaten, Konsularbeamte und deren Familienangehörigen (Ehepartner, unverheiratete Kinder unter 21). Das sogenannte A-3 erhalten Hausbedienstete von Diplomaten

sowie deren Familie, sofern das Land für das deren Arbeitgeber arbeitet auch den Hausbediensteten amerikanischer Diplomaten Aufenthalt gewährt. Die Angehörigen dürfen unter bestimmten Bedingungen für die Dauer ihres Aufenthalts bei einem US-Arbeitgeber arbeiten, sofern dies vorher beantragt wurde.

### C-Visa für Transitreisende

Dieses Visum gilt nur für Personen, die nicht visumfrei einreisen dürfen; Deutsche, die meisten EU-Bürger sowie die Schweizer benötigen dieses Visum nicht. Andere Transitreisende brauchen das Visum grundsätzlich selbst dann, wenn sie sich nur zum Auftanken des Flugzeugs in den USA aufhalten und das Flughafengebäude nicht verlassen wird. Beim Konsulat oder der Botschaft muß nachgewiesen werden, daß der Wille zur Weiterreise besteht, die dafür erforderlichen Tickets vorliegen oder genügend Geld für die Weiterreise vorhanden ist und die Erlaubnis zur Einreise – sprich ein Visum – für das Land vorliegt, in das man von den USA aus reisen will (oder daß für das Land kein Visum benötigt wird).

### D-Visa für Mitarbeiter von Flug- und Schiffahrtsbesatzungen

Diese Visa gelten für Mitarbeiter einer Flug- oder Schiffslinie, die in Ausübung ihrer Tätigkeit in die USA einreisen beziehungsweise sich dort aufhalten. Die Antragstellung übernimmt in der Regel die Fluggesellschaft. Sie dürfen während des Aufenthalts keine anderen Tätigkeiten, zum Beispiel einen Kleinhandel, ausüben. Wollen sie in den USA arbeiten, brauchen sie wie alle anderen ein entsprechendes, vorab ausgestelltes Visum. Sofern ein Mitarbeiter, nachdem er mit einem D-Visum in die USA eingereist ist, von amerikanischem Boden aus ein anderes Visum beantragen will, gelten für ihn nicht die üblichen Verfahrensregeln.

### G-Visa für Mitarbeiter bei internationalen Organisationen

Dieses Visum gilt für Mitarbeiter einer Regierung, die Mitglied einer in den USA ansässigen und von diesen anerkannten internationalen Organisation ist, zum Beispiel die Vereinten Nationen in New York, selbst wenn die Regierung an sich von den USA nicht anerkannt wird.

Der Mitarbeiter muß nicht zwingend Staatsangehöriger des Landes sein.

*Visum auch für Verwaltungsangestellte*

Dieses Visum erhalten natürlich auch die Mitarbeiter des Verwaltungsapparats einer solchen internationalen Organisation. Gleiches gilt für die Bediensteten solcher Mitarbeiter. Alle genannten Personen dürfen jeweils ihre enge Familie mitnehmen.

Wer bei einer solchen internationalen Organisation ein Praktikum oder einen vergleichbaren Ausbildungsabschnitt absolvieren will, ist dagegen kein Mitarbeiter und erhält deswegen auch kein G-Visum. Die meisten internationalen Organisationen bieten aber von der USIA (*United States Information Agency*) genehmigte Ausbildungsprogramme an, so daß für ein Praktikum ein J-Visum beantragt werden kann (vgl. Abschnitt zum J-Visum).

## *I-Visa für Mitarbeiter ausländischer Medien*

Diese Visa sollen die Informationsvermittlung ins Ausland ermöglichen. Damit ist die Erstellung von Nachrichten, Dokumentationen oder Lehrberichten und weniger eine Unterhaltungssendung gemeint, was jedoch nicht heißt, daß die Reportage nicht auch unterhaltsam sein darf.

Wer das I-Visum beantragen will, sollte mindestens einen Auftrag einer ausländischen Medieneinrichtung (Fernseh- oder Radioanstalt, Zeitung usw.) und die Mitgliedschaft in einer professionellen Journalistenvereinigung vorlegen können, besser jedoch Angestellter einer solchen Einrichtung sein. Eine bestimmte Ausbildung oder ein akademischer Grad sind nicht erforderlich. Das I-Visum erfaßt das ganze Team, wenn dies nötig ist (Reporter, Kameramann usw.).
Das Visum wird normalerweise für einen Zeitraum von einem Jahr ausgestellt (gegebenenfalls entsprechend kürzer) und kann um jeweils ein Jahr verlängert werden. Die Beantragung des Visums ist beim Konsulat oder der Botschaft möglich.
Das Visum berechtigt nur zur Arbeitsaufnahme, die aus dem Ausland bezahlt wird. Wer als Journalist bei einer amerikanischen Institution arbeiten will, muß sich um ein übliches Arbeitsvisum bemühen.

### K-Visa für Verlobte von Amerikanern

Dieses Visum wird wegen des engen Bezugs zu den Green Cards über eine Heirat im Kapitel über Green Cards behandelt.

### N-Visa für Verwandte von Mitarbeitern bei internationalen Organisationen

Dies ist die wohl speziellste Visakategorie. Sie steht im weiteren Zusammenhang mit den G-Visa und betrifft bestimmte Familienkonstellationen. Die Kategorie wird wegen der geringen Bedeutung hier nicht näher erläutert.

### NATO-Visa für Mitarbeiter bei der NATO

Diese Kategorie erklärt sich von selbst: Sie gilt für Mitarbeiter der NATO oder Mitarbeiter in einem NATO-Projekt. Die Visumbeschaffung dürfte deshalb kein Problem sein, weil sich die NATO darum kümmert.

### P-Visa für bestimmte Sportler, Künstler und Entertainer

Leider ist diese Kategorie kein Schlupfloch. Anders als man anhand der Überschrift vermuten könnte, trifft diese Kategorie bei weitem nicht auf jeden zu. Sportler und Sportteams müssen von internationalem Rang sein. Damit sind also Sportler gemeint, die die O-Visa-Kategorie knapp verfehlt haben. Auch Mannschaften können qualifiziert sein, wenn mindestens drei Viertel der Mitglieder schon mindestens ein Jahr zum Team gehören.

**Internationale Größen sind immer willkommen**

Wer zu diesen internationalen Größen zählt, kann auch ohne konkreten Arbeitgeber in den USA seinem Beruf nachgehen und damit Geld verdienen. Allerdings handelt es sich um ein befristetes Visum, so daß man einen konkreten Aufenthaltszeitraum benennen muß. Typisches Beispiel hierfür sind Turniere, aber zum Beispiel auch eine Tätigkeit als Lehrer oder Trainer.

**Kulturausstausch erwünscht**

Ferner sind von dieser Kategorie Künstler und Entertainer (beziehungsweise Gruppen) erfaßt, die an einem Kulturaustauschprogramm teilnehmen, das heißt an einem Programm, das von einer amerikanischen und einer ausländischen Organisation veranstaltet wird und dem kulturellen Austausch dient. Ein internationaler Ruf ist nicht erforderlich. Denkbar wäre das Visum beispielsweise für eine Schuh-plattler-Gruppe, die auf einem internationalen Tanzfest auftreten soll. Schließlich können auch Künstler oder Entertainer (beziehungsweise Gruppen) ein P-Visum erhalten, wenn sie ihre „kulturell einzigartigen" Fähigkeiten aufführen oder lehren wollen. Auch hier ist ein internationaler Ruf nicht nötig. Erfaßt werden hier auch die enge Familie sowie unentbehrliche Helfer. Die Dauer des Visums hängt vom Zweck der Tätigkeit ab, kann aber in seltenen Fällen bis zu fünf Jahre betragen.

Wer sich als Sportler oder Künstler in dieser Kategorie nicht wiederfindet, muß ein H-1B-Visum beantragen, das für diese Berufsgruppen ausnahmsweise unabhängig von einer akademischen Ausbildung erlangt werden kann.

### *Q-Visa für Teilnehmer an bestimmten Kulturaustauschprogrammen*

Der Begriff „Kulturaustauschprogramm" wird bei mehreren Visakategorien strapaziert. In bezug auf die Q-Visa handelt es sich um Kulturprogramme, die der Vermittlung von ausländischer Geschichte, Kultur, Traditionen, Verhaltensweisen oder Philosophie an Amerikaner dienen. Das Programm muß vom INS genehmigt sein. Allein die Vermittlung der deutschen Sprache reicht leider nicht für eine Genehmigung.

Das Visum kann für bis zu 15 Monaten ausgestellt werden. Auch hier ist eine Bezahlung möglich. Das Gehalt darf aber nicht unter dem einer vergleichbaren Beschäftigung eines Amerikaners liegen.

### *R-Visa für religiöse Mitarbeiter bei Glaubensgemeinschaften*

Es gibt in den USA zahlreiche kleine oder größere Glaubensgemeinschaften. Da sie und ihre Verhaltensregeln zum Teil völlig unbekannt sind, gab es schon einige, die versuchten, dieses Visum zu mißbrauchen. Der INS prüft solche Anträge daher genau.

**Glaubensgemeinschaft muß eine Nonprofit-Organisation sein**

Voraussetzung ist zunächst, daß es sich um eine ernsthafte, religiöse Glaubensgemeinschaft, die eine Nonprofit-Organisation ist, was mit dem Nachweis der Steuerbefreiung beziehungsweise der Berechtigung dazu dargelegt wird. Der Antragsteller muß dieser Glaubensgemeinschaft mindestens seit zwei Jahren angehören und als Pfarrer oder als

*Religious worker* tätig sein. Für die Ausbildung zum Pfarrer gibt es keine bestimmten Voraussetzungen, er muß nur von der Glaubensgemeinschaft geweiht und anerkannt sein. Laienprediger sind allerdings nicht qualifiziert. *Religious worker* kann sein, wer als Sozialarbeiter, in einem religiösen Krankenhaus oder ähnlichem tätig ist. Es gibt für diese Gruppe keine konkrete Begrenzung, es muß sich nur um eine Tätigkeit für die Glaubensgemeinschaft handeln, die Teil des religiösen Handelns ist. So sind Mönche und Nonnen ebenso qualifiziert wie religiöse Betreuer und Kantoren. Nicht qualifiziert sind dagegen Mitarbeiter, die „weltliche" Tätigkeiten für die Glaubensgemeinschaft ausüben, wie zum Beispiel der Hausmeister, Anwalt oder Installateur.

Das Visum wird in der Regel für drei Jahre ausgestellt und kann auf maximal fünf Jahre verlängert werden. Das R-Visum bekommen auch der Ehepartner und die minderjährigen Kinder.

**EB-4-Green Card liegt in greifbarer Nähe**

Wer für diese Kategorie qualifiziert ist, darf sich glücklich schätzen, denn er hat neben dem R-Visum auch die Möglichkeit eine EB-4-Green Card, also eine unbefristete Aufenthaltsgenehmigung, für die nahezu die gleichen Voraussetzungen vorliegen müssen und für die nicht einmal eine *Labor certification* erforderlich ist, zu erhalten. Das befristete R-Visum hat neben den EB-4-Green Cards nur deswegen eine praktische Bedeutung, weil die Green-Card-Beantragung etwas länger dauert.

### S-Visa für Zeugen gegen Terroristen usw.

Wer bereit ist, vor einem amerikanischen Gericht als Zeuge gegen einen Terroristen, eine terroristische Vereinigung oder gegen eine sonstige kriminelle Organisation auszusagen, kann ein S-Visum erhalten. Dieses Visum ist nur insoweit von praktischer Bedeutung, als es ausnahmsweise jemanden zum Aufenthalt berechtigen könnte, der sonst wegen der eigenen kriminellen Vergangenheit ausgeschlossen wäre.

### Besuchervisum und visumfreie Anreise

Das Besuchervisum bietet wesentlich mehr Möglichkeiten, als man zunächst vermutet. Gemeinsam ist allen, daß das Merkmal „vorübergehend" im Vordergrund steht. Es soll sich wirklich nur um einen Besuch handeln. Das B-Visum wird in der Regel für sechs Monate vergeben und kann bei plausibler Begründung um weitere sechs Monate verlängert werden. Sofern für den Zweck des Aufenthalts keine sechs Monate benötigt werden, wird das Visum auch für eine kürzere Zeit ausgestellt, das heißt man sollte schon begründen können, warum man beabsichtigt, sechs Monate zu bleiben.

Visa Waiver Pilot Program visumfreie Einreise

Für Europäer steht das B-Visum in unmittelbarem Zusammenhang mit dem sogenannten *Visa Waiver Pilot Program*. Danach benötigen Besucher aus bestimmten Ländern kein Besuchervisum. Wenn der Zweck des Aufenthalts nur ein solcher ist, für den man ein B-Visum bräuchte, dann können sie ohne Visum einreisen, wenn die folgenden Voraussetzungen erfüllt sind:

❶ Man muß Staatsangehöriger einer der folgenden Länder sein: Andorra, Argentinien, Australien, Belgien, Brunei, Dänemark, Deutschland, Finnland, Frankreich, Großbritannien (UK), Holland, Island, Irland, Italien, Japan, Liechtenstein, Luxemburg, Monaco, Neuseeland, Norwegen, Österreich, San Marino, Schweiz, Spanien, Schweden.

❷ Der Aufenthalt dauert maximal 90 Tage.

❸ Man muß mit einer Flug- beziehungsweise Schiffsgesellschaft einreisen, die mit der US-Regierung eine Vereinbarung über den Rücktransport des Passagiers im Falle der Einreiseverweigerung getroffen hat. Das gilt inzwischen für fast alle Fluglinien, so daß man grundsätzlich vom Vorliegen dieser Voraussetzung ausgehen darf.

❹ Man muß im Besitz eines Rückflugtickets sein.

❺ Man darf nicht schon zuvor nach visumfreier Einreise während eines Aufenthalts wegen Verstoßes gegen die Bedingungen eines Besuchervisums aufgefallen sein.

Wer schon mal ein Visum beantragt hat, wird meistens bestätigen können, daß die visumfreie Einreise sehr komfortabel ist. Dennoch gibt es auch Nachteile:

Zunächst sei angemerkt, daß die visumfreie Einreise ebenso wie ein Visum keine Garantie auf ein Aufenthaltsrecht bedeutet. Wenn der INS-Beamte am Einreiseflughafen der Überzeugung ist, der Aufenthalt sei nicht mit den Immigrationsbestimmungen vereinbar, muß man die USA wieder verlassen, was Ihnen aber höchstwahrscheinlich nicht passieren wird.

**Maximal 90 Tage Aufenthalt bei visumfreier Einreise**

Ein Aufenthalt nach visumfreier Einreise darf nur maximal 90 Tage dauern. Eine Verlängerung ist nicht möglich.

Ebensowenig ist eine Änderung des immigrationsrechtlichen Status möglich. Wer während des Aufenthalts nach visumfreier Einreise die Voraussetzungen für ein anderes Visum gefunden oder geschaffen hat und dieses Visum nunmehr beantragen will, muß die USA verlassen und dies vom Ausland aus tun. Das gilt sowohl für befristete als auch unbefristete Visa.

Eine Visumbeantragung empfiehlt sich trotz der Möglichkeit einer visumfreien Einreise auch dann, wenn Sie sich nicht sicher sind, ob ein B-Visum das richtige ist. Selbst wenn das Konsulat dann das B-Visum nicht ausstellen will, wird es entweder auf das richtige Visum hinweisen, sofern dessen Voraussetzungen vorliegen, oder die Ablehnung damit begründen, daß eine visumfreie Einreise möglich ist. Es kann deshalb sinnvoll sein, ein Besuchervisum zu beantragen, obwohl die visumfreie Einreise möglich wäre.

### Die vom Besuchervisum (B1 / B2) erfaßten Zwecke

**Besuche**

Das Besuchervisum gilt für *Business* und/oder *Pleasure*.

Der Aufenthaltszweck darf nicht gegen amerikanisches Recht verstoßen und nicht infolge konkreter Definitionen in eine andere Visa-Kategorie fallen. Klassische Zwecke für das B-2-Visum sind zum Beispiel alle Fälle von Urlaub und der Besuch von Verwandten oder Bekannten. Sofern man nicht länger als 90 Tage Urlaub machen will, empfiehlt sich natürlich die visumfreie Einreise.

**Geschäftsreise**

Auch der Begriff „Geschäftsreise" kann weit ausgelegt werden. Allerdings weisen die USA regelmäßig darauf hin, daß ein B-Visum nicht zum Arbeiten oder Studieren berechtigt. Die Abgrenzung zwischen dem B1-Visum und den Arbeits- oder Studentenvisa ist daher nicht einfach, zumal in einigen Fällen ausnahmsweise doch ein B-Visum das richtige ist.

Tendenziell ist mit nicht zulässiger Arbeit (in bezug auf das B-Visum) aber nur solche gemeint, für die die Bezahlung aus amerikanischen Quellen stammt. Wer als Mitarbeiter einer ausländischen Firma zu Ausbildungszwecken in die USA reist, während das Beschäftigungsverhältnis und die Bezahlung in dieser Zeit fortbestehen, braucht nur ein Besuchervisum oder kann visumfrei einreisen.

**Unbezahlte Praktika** Auch Praktika können – insbesondere wenn sie nur wenige Wochen oder Monate dauern – bereits von einem B-Visum gedeckt sein, insbesondere wenn sie unbezahlt sind (vgl. Visum für Praktika). Das gleiche gilt für eine kurzfristige Ausbildung.

Immer wenn es um Ausbildung geht, geht es auch um die Abgrenzung des B-Visum zu den speziellen Ausbildungsvisa. Am besten Bescheid wissen sollte natürlich der Anbieter der Ausbildung, der deshalb auch zuerst zu konsultieren ist. Als Faustregel kann gelten: Je kürzer die Ausbildung, desto eher ein B-Visum. Kommt man zu keinem Ergebnis, muß man sich an das Konsulat oder die Botschaft wenden, die gelegentlich jedoch nur Stellung beziehen wollen, wenn ein Visumantrag vorliegt. Man muß dann im Zweifelsfall einen Antrag beispielsweise auf Erteilung eines B-Visum stellen und hoffen, daß entweder die Zusage oder mit der Ablehnung der Hinweis auf das richtige Visum erfolgt.

**Missionarische Tätigkeit** Die Tätigkeit für eine anerkannte religiöse Organisation, beispielsweise eine missionarische Tätigkeit, kann ebenfalls mit einem B-Visum möglich sein, solange diese nicht mit der Einnahme von Spenden verbunden ist.

**Produktverkauf unter besonderen Voraussetzungen** Unter den Begriff „Geschäftsreisen" fallen nicht nur die Treffen mit Geschäftspartnern und Abschlüsse von Verträgen, sondern auch der Ankauf von Produkten oder Dienstleistungen und die wissenschaftliche Zusammenarbeit, wie zum Beispiel der Besuch von Seminaren. Diese Tätigkeiten müssen stets unter dem Vorzeichen „vorübergehend" stehen.

Weiterhin ist auch der Verkauf von Produkten möglich, allerdings nur dann, wenn der Verkäufer weiterhin ausschließlich von seinem Arbeitgeber aus dem Ausland bezahlt wird. Schwierig wird es, wenn mit dem Verkauf von Produkten Ausführungsarbeiten verbunden sind, da das Anbieten eines Services nicht erlaubt ist. Soweit das unvermeidbar ist, sollte dies schon bei Visumbeantragung geklärt werden.

Ebenfalls unter den Begriff „Geschäftsreise" fällt es, wenn man sich in den USA nach den Möglichkeiten der Geschäftsgründung oder – erweiterung umsieht. Will man also in den USA ein Geschäft oder eine Außenstelle gründen, darf man hierfür visumfrei oder mit einem B-Visum einreisen, selbst wenn für die Tätigkeit in diesem neuen Betrieb ein anderes Visum erforderlich ist. Allerdings darf bis zum Erhalt dieses Visums die Tätigkeit nicht aufgenommen werden.

*Beantragung des Besuchervisums*

Die Visumbeantragung erfolgt in der Regel auf dem Postweg beim Konsulat oder der Botschaft. Beachten Sie zusätzlich die Hinweise im Abschnitt über die Beantragung von Visa im allgemeinen. Beigefügt werden müssen:

❶ ein mindestens noch sechs Monate gültiger Paß

❷ das ausgefüllte Formular OF-156 mit Paßfoto

❸ ein oder mehrere Nachweise, die die Bindung ins Heimatland dokumentieren, insbesondere ein fortlaufender Arbeitsvertrag

Weitere Unterlagen sind grundsätzlich nicht erforderlich, allerdings gelegentlich hilfreich. Ist man sich nicht sicher, ob das B-Visum das richtige ist, sollte man kurz den Zweck des Aufenthalts und die beabsichtigte Tätigkeit erläutern.

# Visa für die Ausbildung in den USA

Wer sich in den USA ausbilden lassen will, braucht in den meisten Fällen ein spezielles Visum. Gelegentlich, insbesondere bei sehr kurzer Dauer, kann aber auch ein Besuchervisum beziehungsweise eine visumfreie Einreise genügen. Mit den Ausbildungsvisa darf man grundsätzlich nicht arbeiten. Grauzonen gibt es aber bei den Praktika. Arbeiten im Sinne von Geld verdienen ist insbesondere bei den Studentenvisa in sehr begrenztem Maße möglich.

### Studenten-Visa: Welches Visum ist das passende: F, J oder B ?

Allgemeine Antworten zu Fragen, die das Studium in den USA betreffen, können Sie im entsprechenden Kapitel dieses Buches nachlesen.

Für das Studium gibt es zwei mögliche Visa-Arten, das F-Visum und das J-Visum.

B-Visum, F-Visum und J-Visum

Das B-Visum ist keine Alternative zu dem F- und dem J-Visum, kann aber dennoch das richtige sein, wenn man an einem Kurs teilnehmen will, der nicht länger als 90 Tage dauert. Zum Teil kann es hierbei Abgrenzungsprobleme geben, so daß allgemein zu empfehlen ist, nicht visumfrei einzureisen. Fragen Sie am besten bei der Institution nach, bei der Sie einen Kurs belegen wollen. Das B-Visum ist allerdings das richtige Visum für diejenigen, die an einem Zulassungstest teilnehmen und anschließend wieder zurückkehren oder die sich verschiedene Bildungseinrichtungen nur ansehen wollen. Außerdem braucht man das B-Visum, wenn man schon vor Studienbeginn die USA besuchen und dann dort bleiben will (bei der Möglichkeit der visumfreien Einreise natürlich nicht möglich).

B-Visum

Das B-Visum kann weiterhin beantragt werden, wenn man von der Universität die erforderlichen Dokumente - und deshalb auch das eigentliche Studentenvisum (J oder F) - noch nicht hat, das Studium aber schon beginnt. Man muß darauf achten, daß dann auch *„Prospective student"* in den Paß eingetragen wird. Da man dann während des Aufenthalts rechtzeitig das Studentenvisum beantragen muß und dies bei der Einreise über das *Visa Waiver Pilot Program* nicht möglich ist, brauchen in diesem Fall auch EU-Bürger unbedingt ein B-Visum. Die Ausstellung des B-Visums hängt dann allerdings davon ab, ob das Konsulat überzeugt ist, daß das Studentenvisum ausgestellt oder im Fall der Nichtausstellung der Antragsteller zurückkehren wird.

Das F-Visum könnte man als das „normale" Studentenvisum bezeichnen, während das J-Visum an ein Austauschprogramm gebunden ist.

F-Visum

Im Vergleich zu den J-Visa haben die F-Visa den Vorteil, daß man nicht auf ein Austauschprogramm angewiesen ist. Man kann sich daher gänzlich darauf konzentrieren, die für das weitere Fortkommen genau geeignete Universität zu finden. Außerdem braucht man nicht die mit den Austauschprogrammen verbundenen besonderen Voraussetzungen zu erfüllen.

Beiden Visa gemeinsam ist, daß man Ehepartner und minderjährige Kinder mitnehmen kann, womit allerdings auch die Anforderungen an den Nachweis der finanziellen Absicherung steigen. Studierende erhalten dann das J-1-Visum beziehungsweise das F-1-Visum, Familienangehörige das J-2-Visum beziehungsweise das F-2-Visum.

*Das J-Visum und die Austauschprogramme*

J-Visum

Das J-Visum basiert auf einem Austauschprogramm, das gelegentlich auch mit finanzieller Unterstützung verbunden ist. Außerdem schließt sich an den Aufenthalt in den USA mit einem J-Visum gelegentlich für bestimmte Visa eine Sperre von zwei Jahren an, dazu später mehr. Um Mißverständnissen vorzubeugen: Die Austauschprogramme, über die man ein J-Visum bekommen kann, betreffen nicht nur den Austausch von Studenten, sondern auch den von Schülern, Au pairs, Wissenschaftlern, Lehrern, Ärzten, Praktikanten usw. Einige dieser Programme sind mit Stipendien verbunden.

Austauschprogramme und USIA

Austauschprogramme werden in den USA schon seit 1938 staatlich gefördert. Seit 1961 benötigen alle Programme eine Genehmigung der United States Information Agency (USIA), die seitdem auch alle Austauschprogramme koordiniert.

Träger von Austauschprogrammen

Träger eines Austauschprogramms können öffentliche oder private Organisationen, wie beispielsweise Regierungen, Behörden, internationale Organisationen, Universitäten, Krankenhäuser, Schulen, aber auch private Institutionen, wie zum Beispiel Banken, sein. Voraussetzung für die Genehmigung eines Programms ist zunächst, daß es dem akademischen und kulturellen Austausch dient und sowohl Ausländer in den USA, als auch Amerikaner im Ausland daran teilnehmen können, wobei kein Eins-zu-eins-Verhältnis vorliegen muß. Tendenziell nehmen mehr Ausländer als Amerikaner an den Programmen teil.

**Zulassung durch die USIA** Von der USIA zugelassen werden kann ein Programm bereits, wenn es mindestens ein Jahr dauert, mindestens fünf Personen daran teilnehmen, ein Aufenthalt von grundsätzlich mindestens drei Wochen gewährleistet ist und einige weitere Voraussetzungen erfüllt werden. Es gibt zahlreiche Programme verschiedenster Größenordnungen. Nichtsdestotrotz ist die Zahl der Studenten mit einem J-Visum zurückgegangen (zur Zeit haben nur etwa 20 % der Studenten ein J-Visum). Der Hauptgrund dafür ist darin zu sehen, daß der amerikanische Staat in den 90er Jahren sein Engagement bei Austauschprogrammen eingeschränkt hat. Teilweise haben inzwischen private Unternehmen die Aufgaben übernommen.

**Informationen beim DAAD und bei den Berufsverbänden** In Deutschland informieren der Deutsche Akademische Austauschdienst und die akademischen Auslandsämter der Universitäten über viele verschiedene Austauschprogramme. Hilfreich kann es auch sein, sich an die jeweiligen Berufsverbände zu wenden. Kleine Programme, zum Beispiel Austauschprogramme zwischen Universitäten, haben gelegentlich den Vorteil, daß es nur wenige Mitbewerber gibt. Im Kapitel „Studieren in den USA" finden Sie weitere Hinweise zu den Programmen, nützliche Adressen finden Sie am Ende des Buches.

*Wann und wofür die 2-Jahressperre für einen Ausländer mit J-Visum?*

Für einige Ausländer mit J-Visum gilt, daß ihnen nach Beendigung ihres Aufenthalts mit einem J-Visum erst dann eine Green Card, ein H- K,- oder ein L-Visum ausgestellt werden kann, wenn sie sich nach Beendigung ihres Aufenthalts zwei Jahre in ihrem Heimatland aufgehalten haben (*Two years home residence requirement*). Von dieser Regelung sind Ausländer mit J-Visum betroffen, die einer oder mehrerer der folgenden Gruppen angehören:

❶ Personen, deren Teilnahme an einem Programm ganz oder teilweise, mittelbar oder unmittelbar von einer Behörde der US-Regierung und/oder der Regierung des Heimatlands finanziert wurde, also gegebenenfalls auch Fulbright-Studenten.

❷ Personen, die im Rahmen ihres Programms eine medizinische Ausbildung erhalten oder ein medizinisches Praktikum absolviert haben.

❸ Personen, deren Tätigkeit und Heimatland in der sogenannten *Visitors skills list* aufgeführt sind. Dabei handelt es sich um eine in unregelmäßigen Abständen von der USIA veröffentlichten Liste von bestimmten Berufen und bestimmten Ländern. Wer eine oder mehrere der Tätigkeiten ausübt, die dort unter dem Heimatland aufgezählt sind, kann erst nach zweijährigem Aufenthalt im Heimatland ein neues US-Visum beantragen. Allerdings sind Deutschland, Österreich und die Schweiz zur Zeit dort nicht aufgeführt.

**Ausnahmen sind sehr selten**

Für nicht wenige ist diese Regelung schmerzhaft, denn sie haben sich während des Studiums so eingelebt, daß sie weiterhin in den USA leben möchten, können aber das dazu häufig erforderliche H-Visum oder die Green Card nicht erhalten. Von dieser Regelung können Ausnahmen beantragt werden, die allerdings sehr restriktiv gehandhabt werden. Die Erlangung einer Ausnahme ist nicht nur schwierig, sondern auch teuer, da man einen Rechtsbeistand benötigt, der darauf spezialisiert ist. Eine Ausnahme kann zum Beispiel gemacht werden, wenn eine US-Behörde bescheinigt, daß diese im öffentlichen Interesse steht. Nur selten gelingt der Erhalt einer Ausnahmegenehmigung mit der Begründung, es läge eine besondere Härte vor.

**Ärztemangel**

Seitdem 1997 festgestellt wurde, daß in mehreren Teilen der USA ein Ärztemangel herrscht, ist bei dieser Berufsgruppe die Lage etwas besser, wenn auch nicht aussichtsreich. Einzelne Bundesstaaten bieten jährlich jeweils bis zu 20 Ärzten eine Ausnahmeregelung an.

*Wie bekommt man das Studentenvisum?*

Je nach Art der Vorgehensweise wendet man sich zunächst entweder direkt an eine amerikanische Universität, was heutzutage auch über das Internet problemlos möglich ist, oder an den Träger des Austauschprogramms. Für Studenten, die das F-Visum erhalten wollen, gilt natürlich vorrangig der erste Weg. In jedem Fall verlangen entweder die Universitäten selbst oder die spezifischen Programme meist die Erfüllung gewisser Voraussetzungen, bevor das für die Visumbeantragung erforderliche Dokument ausgehändigt wird. Tips, die Zulassung an Universitäten betreffend, finden Sie im Kapitel von Julia Stein.

**Austauschorganisation besort Formular zur Visumbeantragung**

Hat man alle erforderlichen Unterlagen eingereicht, erhält man von der Universität, dem Träger des Austauschprogramms, dessen Vertretung oder von einem eingeschalteten Vermittlungsunternehmen ein bestimmtes Formular: Sofern es sich um ein F-Visum handelt, ist dies das I-20-A/B Formular, wenn es sich um das J-Visum handelt, das IAP-66-Formular. Bei dem zuständigen Konsulat erhält man weitere für die Beantragung des Visums erforderliche Unterlagen. Diese und das I-20-beziehungsweise das IAP-66-Formular schickt man an das Konsulat zurück. Das Visum kann nunmehr ausgestellt werden, sofern keine allgemeinen Ausschlußgründe vorliegen.

**Durchschlag der Formulare aufbewahren**

Mit dem Paß, in dem anschließend das Visum vermerkt wird, erhält man auch den Durchschlag des I-20- beziehungsweise des IAP-66-Formulars zurück. Dieser Durchschlag muß unbedingt aufbewahrt werden, denn man braucht ihn nicht nur bei der Einreise in die USA und der Anmeldung an der Universität, sondern muß ihn auch während des gesamten Aufenthalts bei allen möglichen Anlässen immer wieder vorlegen können.

### Arbeiten während des Studiums

Eine „*On-campus*"-Tätigkeit als Vollzeitstudent mit F-Visum ist während der Vorlesungszeit nur bis zu 20 Stunden pro Woche, in den Semesterferien jedoch auch ganztags möglich.

Es handelt sich dabei meistens um Tätigkeiten wie Kantinenarbeit, Bibliotheksdienst usw. Nach einem Jahr kann man auch als wissenschaftlicher Mitarbeiter arbeiten, was zu deutlich geringeren Studiengebühren führen kann.

Viele Studiengänge sind mit einer praktischen Ausbildung verbunden, das heißt, man kann oder soll in der vorlesungsfreien Zeit bei einem Unternehmen arbeiten. Diese Unternehmen sind aufgrund von Vereinbarungen mit den Universitäten quasi Ausbildungseinrichtungen. Die Praktika, die dort absolviert werden, können auch mit einer Bezahlung verbunden sein.

**Practical training**

Abgesehen von einem solchen *Curricular practical training* kann man auch freiwillig teilweise bezahlte Praktika absolvieren. Allerdings müssen die Praktika im Zusammenhang mit dem sogenannten *Post-completion practical training* gesehen werden. Dabei handelt es sich um ein Programm, mit dem nach Studienabschluß bis zu einem Jahr gearbeitet werden darf. Diese Möglichkeit ist sehr beliebt, denn zum einen wird man nach Abschluß des Studiums natürlich besser bezahlt und darf noch weiter in den USA bleiben und zum anderen bietet sich die Möglichkeit, einen Arbeitgeber für ein Arbeitsvisum zu gewinnen. Diese Möglichkeit des *Post-completion practical training* kann man verlieren, wenn man bereits während des Studiums 12 Monate Praktika absolviert hat. Vor Antritt eines Praktikums während des Studiums sollte man sich bei der Universität erkundigen, ob dadurch die Möglichkeit eines *Post-completion practical trainings* berührt wird.

**Außerhalb des Campus arbeiten**

Außerhalb des Campus können Studenten mit F-Visum nur innerhalb sogenannter *Pilot programs* bis zu 20 Stunden pro Woche arbeiten, was allerdings für den Arbeitgeber mit lästigen Nachweisen verbunden ist, so daß es nicht viele solcher Stellen gibt. Über Programme informiert die Universität. Wenn aufgrund unvorhergesehener unverschuldeter Umstände die finanzielle Absicherung ganz oder teilweise entfallen ist, kann ein Student mit F-Visum ausnahmsweise auch außerhalb der Universität Geld verdienen.

**Studenten mit J-Visum dürfen häufig arbeiten**

Studenten mit J-Visum können eine Arbeit aufnehmen, soweit dies im Programm, an dem sie teilnehmen, geregelt ist. Die Tätigkeit kann dann sowohl auf dem Campus, als auch außerhalb des Campus stattfinden.

Angehörige von Studenten mit F-2 beziehungsweise J-2-Visum dürfen Schulen besuchen, nicht aber arbeiten. Angehörige mit J-2-Visum können aber bezüglich der Arbeitsaufnahme eine Ausnahmegenehmigung durch den INS erlangen, was in seinem Ermessen liegt.

*Die Auslandsreise während des Studiums*

Wer während des Studiums ins Ausland reisen will, sollte sich unbedingt zuvor bei der Ausbildungsstätte ein I-20 ID-Formular ausstellen lassen. Der INS geht sonst bei der Wiedereinreise in die USA davon aus, daß das Studium abgebrochen wurde, was dann nur schwer zu widerlegen ist. Das I-20 ID-Formular bescheinigt, daß man weiterhin als ordentlicher Student an der Ausbildung teilnimmt und entspricht etwa dem Studentenausweis.

### Visa für die nichtakademische Ausbildung

Für die nichtakademische Ausbildung, insbesondere im technischen oder handwerklichen Bereich an einer Schule oder sonstigen Ausbildungsstätte, benötigt man das M-Visum oder ein J-Visum, wenn es sich um die Ausbildung im Rahmen eines Austauschprogramms handelt (zu den J-Visa bitte im Abschnitt über Studentenvisa nachsehen).

I-20-Formular

Von der Ausbildungsstätte erhält man das I-20-Formular. Vom Konsulat beziehungsweise der Botschaft erfährt man, welche Dokumente weiterhin erforderlich sind und reicht diese anschließend zusammen mit dem I-20-Formular ein. Bewahren Sie den I-20-Durchschlag unbedingt auf!

M-Visum

Das M-Visum ist für die Dauer der Ausbildung gültig. Das Aufenthaltsrecht besteht ebenfalls für die Dauer der Ausbildung. Arbeiten neben der Ausbildung ist nur selten und in engen Grenzen möglich. Ehepartner und minderjährige Kinder können das M-2-Visum erhalten, was ihnen aber nicht erlaubt zu arbeiten. Das M-Visum ist nicht wie das J-Visum an ein *Two years home residence requirement* gekoppelt. Das besondere an den M-Visa ist jedoch, daß man nicht zu einem anderen befristeten Visum wechseln und währenddessen in den USA bleiben kann. Will man ein anderes befristetes Visum beantragen, muß man erst ins Ausland reisen und dort den Antrag bei einem Konsulat oder einer Botschaft stellen.

Ebenso wie bei den Studenten mit F-Visa muß man mit einem M-Visum aufpassen, wenn man während der Ausbildung ins Ausland reist. Auch hier ist die vorherige Beantragung eines I-20 ID-Formulars erforderlich, wenn man bei der Rückkehr keine Probleme bekommen will.

### Visa für Praktika

Ein Praktikum in den USA zu absolvieren ist eine sehr empfehlenswerte Methode, Sprache und Land, aber auch die amerikanische Arbeitsweise kennenzulernen.

Aus visarechtlicher Sicht sind zunächst die Praktika auszuklammern, die im Rahmen einer amerikanischen Ausbildung absolviert werden. Ob diese Praktika von dem Ausbildungsvisum (F, J, M) erfaßt werden, muß mit der Ausbildungsstelle beziehungsweise dem Programmanbieter, notfalls mit dem INS geklärt werden.

**B-Visum, J-Visum, H-3-Visum**

Für denjenigen, der sich einzig zum Zweck eines Praktikums in den USA aufhalten will, kommt entweder ein B-Visum, ein J-Visum oder als *Trainee* ein H-3-Visum in Betracht. In den meisten Fällen laufen Praktika über das J-Visum, das heißt, man ist Teilnehmer eines Austauschprogramms. Große Organisationen, wie beispielsweise die UN, Amnesty International oder Green Peace, aber auch die Carl Duisberg Gesellschaft oder die Zentralstelle für Arbeitsvermittlung und viele andere führen Programme durch. Weitere Informationen finden Sie im Kapitel über Praktika, zahlreiche Adressen hierzu am Ende des Buches.

Wer über eine solche Organisation teilnimmt, braucht sich in der Regel nicht eigenständig um das Visum zu kümmern, denn die Organisation weist einem den Weg: Für das J-Visum erhält man, wie auch für die studentischen Austauschprogramme das IAP-66-Formular. Teilweise übernehmen die Programmgestalter auch den Visumantrag.

**Praktikum auf eigene Faust**

Man kann jedoch auch mehr Eigeninitiative entwickeln und sich selbst auf die Suche nach einer Praktikumsstelle begeben und das benötigte Visum alleine besorgen. Hierbei muß man in Erfahrung bringen, ob bereits das B-Visum genügt oder ob man ein H-3-Visum benötigt, dessen Beschaffung deutlich aufwendiger ist. Wenn das Unternehmen oder die Institution schon zuvor ausländische Praktikanten beschäftigt hat, werden sie darüber Auskunft geben können. Wenn das Unternehmen beziehungsweise die Institution, bei dem man das Praktikum absolvieren möchte, bisher noch keinen ausländischen Praktikanten eingestellt hat, kann man auf deren Hilfe nicht vertrauen. Sie werden im Zweifelsfall eher dazu neigen, sich vom Praktikumsangebot zurückzuziehen, da ihnen die Visumproblematik zu aufwendig ist.

Es kann hier nur eine grobe Regel angegeben werden: Je kürzer ein Praktikum ist und je mehr man dort zusieht, anstatt zu arbeiten, desto eher wird auch ein B-Visum ausreichen. Erhält man dagegen für das Praktikum ein Entgelt, ist das H-3-Visum erforderlich. Leider bleibt einem gelegentlich nicht erspart, auf gut Glück einen mit einer Beschreibung des Praktikums versehenen B-Visumantrag einzureichen und zu hoffen, daß man dieses erhält. Bei Ablehnung weiß man dann, daß ein H-3-Visum unabdingbar ist.

H-3-Visum | Die H-3-Visa werden zu den Arbeitsvisa gezählt. Mit dem H-3-Visum ist der Praktikant offiziell ein Trainee. Der zukünftige Praktikumsanbieter muß daher beim INS eine *Petition* einreichen. Nachgewiesen werden muß folgendes:

- Der Ausländer muß mindestens einen College- einen vergleichbaren Abschluß haben.

- Die Ausbildung darf nicht im Heimatland möglich sein.

- Der Arbeitgeber muß ein dezidiertes Ausbildungsprogramm darlegen, um zu zeigen, daß es sich nicht um eine kaschierte normale Anstellung handelt.

- Die Arbeit, die der Ausländer ausübt, muß eindeutig Teil der Ausbildung sein, so daß keinem Amerikaner oder Green-Card-Inhaber ein Arbeitsplatz vorenthalten wird.

Vor diesem Hintergrund wird deutlich, daß man kaum jemanden zu einer *Petition* bewegen kann, wenn es nur um die einmalige Anstellung eines *Trainee* geht. Chancen bestehen dagegen bei Firmen, die auch über die Ausbildung hinaus Interesse an einer Anstellung zeigen, insbesondere wenn es sich um internationale Firmen handelt, die den Ausländer später in seinem Heimatland einsetzen wollen.

Vorteile der H-3-Visa | Der Vorteil bei dem H-3-Visum ist, daß die Höhe des Gehalts keine Rolle spielt. Zum einen muß sich der Trainingsanbieter nicht damit beschäftigen, was nun ein angemessenes Gehalt darstellt, das heißt, er kann auch deutlich darunter bleiben, was wiederum sein Interesse an der Anstellung eines Ausländers steigert. Zum anderen bietet sich für hochqualifizierte Trainees die Möglichkeit, schon in der Trainingsphase ein gutes Gehalt zu bekommen.

## Visa für die Arbeit in den USA

Wer in den USA leben will, muß dort in der Regel arbeiten können. Wenn man keine Green Card hat, braucht man ein Visum, das einem die Arbeitsaufnahme erlaubt. Es gibt aber nicht nur ein Arbeitsvisum, sondern je nach Art der Arbeit und gelegentlich auch je nach Beruf verschiedene Visa. In manchen Fällen hat man die Auswahl zwischen verschiedenen Arbeitsvisa.

Wie viele andere Länder auch, wollen die USA verhindern, daß der inländische Arbeitsmarkt durch ausländische Arbeitskräfte beeinträchtigt wird. Andererseits zeigt das Gesetz, daß die USA an Spezialisten und hoch qualifizierten Arbeitskräften ein großes Interesse haben. Daher gilt die Faustregel: Je höher die Qualifikation, desto leichter bekommt man ein Arbeitsvisum.

**Anerkennung von Abschlüssen: USMLE für Ärzte**

Weiterhin sollte man bei der Arbeitssuche immer berücksichtigen, ob und wie die eigenen Bildungsabschlüsse in den USA anerkannt werden. Meistens richtet sich das nach dem jeweiligen Bundesstaat. Zum Teil werden geringere Anforderungen an die Ausbildungsnachweise gestellt, wenn der Ausländer nur für seinen Arbeitgeber tätig wird, ohne seine Qualifikation anderen anzubieten. Der Arbeitgeber sollte selbst in der Lage sein, darüber Auskunft zu geben. Gelegentlich kann man Abschlüsse anerkennen lassen oder man muß – wie dies zum Beispiel bei praktizierenden Ärzten der Fall ist – eine Prüfung absolvieren (bei Ärzten ist das die *United States Medical Licensing Examination*: USMLE).

**Erst der Arbeitgeber, dann das Visum**

Außerdem sollte man von vornherein wissen, daß man sich nicht erst nach Erhalt des Visums nach einem Arbeitgeber umschauen sollte, sondern ein Visum erst dann bekommt, wenn man bereits einen Arbeitgeber hat (natürlich abgesehen von dem Fall, daß man sich selbständig machen will).

Es sei an dieser Stelle angemerkt, daß die meisten Arbeitsvisa an Ausländer vergeben werden, die sich bereits in den USA aufhalten (zum Beispiel mit einem Studentenvisum), und eine Anstellung in den USA „vom Ausland aus" eher höher Qualifizierten gelingt.

> Um die Frage zu klären, welches Visum das richtige ist, empfiehlt es sich, die folgenden Visa-Kategorien der Reihe nach durchzugehen, die Schwierigkeiten bei der Visumbeantragung im Normalfall von Visum zu Visum zunehmen.

### Visa für besonders Qualifizierte

### O-Visa für Personen mit außergewöhnlichen Fähigkeiten

Wer über außergewöhnliche Fähigkeiten verfügt, kann neben der EB-1-Green Card (siehe unten) die Beantragung eines O-Visum erwägen. Dieses Visum ist für Leute geeignet, die aufgrund ihrer Qualifikation nicht nur vorübergehend nationale oder internationale Bekanntheit erlangt haben. Als Beleg benötigen sie die Bestätigung ihrer außergewöhnlichen Fähigkeiten durch eine amerikanische Gewerkschaft, und wenn es in der Sparte keine gibt, die einer vergleichbaren Organisation, wie zum Beispiel von Berufsverbänden oder Kammern. Wenn man aus zeitlichen Gründen eine solche Bescheinigung nicht einreichen kann, fragt die zuständige Behörde selbst nach, wobei die Gewerkschaft dann sehr kurzfristig antworten muß. Bei Ablehnung hat man die Möglichkeit eine Gegendarstellung einzureichen, ein erneutes Einholen der Meinung einer Gewerkschaft erfolgt aber nicht vor Ablauf von zwei Jahren.

**Wissenschaftler, Geschäftsleute, Sportler, Musiker, Schauspieler, Künstler, Professoren, Entertainer**

Für das O-Visum qualifiziert können sein: Wissenschaftler, Geschäftsleute, Sportler, Schauspieler, Künstler und Musiker, Größen aus der Unterhaltungsbranche, Professoren und andere. Ob die Fähigkeiten außergewöhnlich sind, ist nicht ganz einfach festzustellen. Es gibt zwar behördeninterne Konkretisierungen, die jedoch eine eindeutige Abgrenzung nicht ermöglichen. Kriterien sind vor allem Preise und Auszeichnungen. Denkbar ist auch die Beibringung von Veröffentlichungen, Rezensionen, eine Erwähnung in der (Fach-)Presse, Nachweise über ein sehr hohes Einkommen, ein beeindruckender Lebenslauf, Nachweise über internationale Erfahrung etc. Es gibt keine Begrenzung auf bestimmte Berufe.

**Auch für unentbehrliche Mitarbeiter**

Von den O-Visa werden auch Mitarbeiter erfaßt, ohne die die Person mit dem O-Visum ihre außergewöhnlichen Fähigkeiten nicht ausüben könnte. Diese bekommen das O-2-Visum. Enge Familienangehörige erhalten das O-3-Visum.

**Kino- und Fernsehfilmproduktio-nen**

Das O-Visum ist auch für Kino- oder Fernsehfilmproduktionen geeignet, da damit nicht nur die Schlüsselfiguren (Hauptdarsteller, Regisseur, Produzent), sondern auch die sonstigen Mitarbeiter des Filmteams erfaßt werden können. Erforderlich ist allerdings auch hier, daß die bisherigen außerordentlichen Leistungen des Produktionsteams dokumentiert werden können und die Mitarbeiter aufgrund einer langen Zugehörigkeit oder aufgrund ihrer speziellen Kenntnisse und Fähigkeiten nicht ohne weiteres ersetzbar sind. Außerordentlich ist jemand in dieser Branche, wenn er „ausgezeichnet, führend oder sehr bekannt" ist.

Die O-Visa werden für den benötigten Zeitraum, maximal für drei Jahre, vergeben, wobei unbegrenzt Verlängerungen um ein Jahr möglich sind.
Das O-Visum setzt allerdings voraus, daß man während des Aufenthalts seine außergewöhnlichen Fähigkeiten auch anwendet, also arbeitet.

**Auch die EB-1-Green Card kann möglicherweise beantragt werden**

Wer für ein O-Visum qualifiziert ist, kann auch für eine EB-1-Green Card qualifiziert sein. Daß dennoch auch O-Visa beantragt werden, liegt daran, daß die Beantragung einer Green Card länger dauert, die nachträgliche Beantragung eines Wechsels vom O-Visum zur EB-1-Green Card nicht ausgeschlossen ist oder aber der Antragsteller gar nicht die Absicht hat, unbefristet in den USA zu bleiben.

**O-Visum besonders für Nicht-Akademiker, E- und L-Visa als Alternative**

Das O-Visum ist im Vergleich zu anderen befristeten Visa insbesondere dann in Erwägung zu ziehen, wenn keine akademische Ausbildung vorliegt, denn dies ist nicht Voraussetzung. Akademiker, die für ein O-Visum qualifiziert wären, können wegen ihrer Qualifikation im Unterschied dazu auch das H-1B-Visum ins Auge fassen, das allerdings den Nachteil hat, weitestgehend an einen Arbeitgeber gebunden zu sein, den man schon vorher suchen muß. Will man sich mit seiner außergewöhnlichen Qualifikation selbständig machen, bietet sich auch die Alternative der E- und L-Visa an, bei denen eine akademische Ausbildung ebenfalls nicht Voraussetzung ist, die aber den Nachteil haben, daß der Nachweis von Mindestumsätzen verlangt wird.

### Visa für spezielle Berufe

Einige Berufsgruppen wie Diplomaten, Mitarbeiter internationaler Organisationen oder ausländischer Regierungen, ausländischer Presseorganisationen, Flugzeug- oder Schiffsbesatzungen, Ausländer in Ausübung religiöser Tätigkeiten und unter Umständen auch andere Berufe sind bei den selteneren Visa angesprochen worden. Meistens werden solche Berufsgruppen von einem ausländischem Arbeitgeber bezahlt. Wollen sie dagegen bei einem amerikanischen Arbeitgeber arbeiten, benötigen sie das übliche Arbeitsvisum.

### L-Visa für bestimmte Mitarbeiter in internationalen Unternehmen

Als zusätzliche Variante für Mitarbeiter einer internationalen Firma, das heißt einer Firma, die auch in den USA angesiedelt ist, ist das Intra-Company-Transfer-Visum, das L-Visum zu beachten. Dieses Visum richtet sich an diejenigen, die in einer internationalen Firma Aufgaben des Management und/oder der Geschäftsführung wahrnehmen oder *Specialized knowledge* besitzen, was bedeutet, daß sie nicht nur eine gute Ausbildung haben, sondern aufgrund ihres Spezialwissens auch über Produkte oder Geschäftsabläufe für die Firma in den USA von Nutzen sind. Gerade die letzte Alternative ermöglicht es einer internationalen Firma, auch Fachkräfte in den USA zu beschäftigen, die nicht zur Führungsschicht des Unternehmens gehören.
Die Mitarbeiter müssen außerdem in den letzten drei Jahren vor Beantragung (gegebenenfalls zusammengerechnet) mindestens ein Jahr für die Firma im Ausland gearbeitet haben.

*Eine internationale Firma liegt mindestens 50% in ausländischer Hand*

Unter einer internationalen Firma versteht das amerikanische Immigrationsrecht ein US-Unternehmen, das sich zu mindestens 50% in ausländischer Hand befindet. Die rechtliche Ausgestaltung des US-

Unternehmens ist von untergeordneter Bedeutung. Es kann sich um eine Filiale oder um ein Gemeinschafts-, Schwester- oder Tochterunternehmen handeln, solange mindestens 50% des US-Unternehmens(teils) ausländischen Personen oder Unternehmen mit Hauptsitz im Ausland gehören. Auch an die Größe des Unternehmens werden keine besonderen Anforderungen gestellt. Es kann sich um einen multinationalen Konzern oder um einen kleineren Betrieb handeln. Weiterhin ist nicht erforderlich, daß das US-Unternehmen bereits besteht. Ein L-Visum kann deshalb auch zum Beispiel der Manager bekommen, der ein Tochterunternehmen in den USA aufbauen soll.

**L-Visum zum Aufbau von Unternehmen**

Das L-Visum wird für die Dauer von bis zu drei Jahren vergeben und kann für Manager und Führungskräfte bis auf sieben, für Fachkräfte *(Specialized knowledge)* bis auf fünf Jahre verlängert werden.

Wenn der Aufbau eines US-Unternehmens geplant wird, wird das L-Visum in der Regel zunächst nur für ein Jahr vergeben. Außerdem muß das Unternehmen in diesem Fall die Gründungspläne genauer erläutern und nachweisen, daß der Manager für den Aufbau geeignet ist. Das Visum wird nach dem ersten Jahr normalerweise nur verlängert, wenn sich das Unternehmen etabliert hat, das heißt den Umsatz gesteigert und Arbeitnehmer eingestellt hat.

Genauer unter die Lupe genommen werden auch Fälle, in denen der Antragsteller nicht nur Mitarbeiter, sondern auch Miteigentümer der US-Firma ist. Hier empfiehlt es sich, plausible Gründe darzulegen, warum der Antragsteller beabsichtigt, trotz dieses Sachverhalts später wieder in das Heimatland zurückzukehren.

**Die Beantragung eines L-Visums**

Die Beantragung des Visums erfolgt in zwei Stufen. Zunächst muß die US-Firma beim regional zuständigen INS-Center das I-129 und das L-Supplement (erhältlich beim INS oder im Konsulat), die Gebühr sowie die Nachweise über die Qualifikation des US-Unternehmens und des Arbeitnehmers für dieses Visum einreichen. Bei Zustimmung sendet der INS das I-797-Formular zurück, das anschließend zusammen mit dem OF-156-Formular, dem Reisepaß und Paßfoto beim zuständigen Konsulat beziehungsweise der Botschaft eingereicht wird.

**Blanko L-Visa**

Große Firmen können vorab Blanko L-Visa erhalten, was die Ausstellung des Visums für den einzelnen Mitarbeiter deutlich beschleunigt.

Die Familienangehörigen bekommen ein L-2-Visum und dürfen damit zur Schule gehen, aber nicht arbeiten.

Wer für ein L-Visum qualifiziert ist, ist häufig auch für die E-Visa oder ein H-1B-Visum qualifiziert. Gemeinsam ist allen, daß man vom Arbeitgeber abhängig ist, das heißt grundsätzlich nur für ihn arbeiten darf.

Wer letztlich den Besitz einer Green Card anstrebt, sollte dem L-Visum den Vorrang geben, da dadurch der Wechsel zur Green Card vereinfacht wird. Die E-Visa wiederum können beliebig verlängert werden, solange das US-Unternehmen besteht, das L-Visum gilt dagegen längstens für sieben Jahre (allerdings relativiert sich dieser Nachteil wieder, wenn man ohnehin die Beantragung einer Green Card anstrebt).

### Die E-Visa für Selbständige

Wer sich in den USA selbständig machen will, sollte das E-Visum in Erwägung ziehen. Die E-Visa gelten für Antragsteller, die in dem US-Unternehmen eine Schlüsselposition übernehmen wollen.
Es ist wichtig, vorab zu wissen, daß man zuerst das Unternehmen gründen muß und erst dann ein E-Visum beantragen kann.

**Sie benötigen einen guten Business-Plan**

Einerseits wollen die USA ihre Arbeitswelt vor Ausländern schützen, die mit unausgereiften Projekten, deren Erfolg noch in den Sternen steht, in die USA kommen wollen. Zum anderen wollen sie verhindern, daß Ausländer zu einer Konkurrenz für Klein- oder Kleinstunternehmer werden, deren Geldbeutel ebenfalls nur kleine Investitionen zuläßt. Es muß daher deutlich mehr als nur eine gute Geschäftsidee vorliegen. Die Hürde, die es zu nehmen gilt, besteht darin, daß ein „*substantial*" Umsatz oder eine „*substantial*" Investition getätigt wird (s.u.).

### E-1-Visa für Händler

Das E-1-Visum nennt sich auch *Treaty Treader* Visum. Es geht also um ein Handelsvisum. Die Voraussetzungen im einzelnen sind:

❶ Das Heimatland des Antragstellers muß mit den USA ein Handels-abkommen abgeschlossen haben. Dies gilt u.a. für Deutschland, Österreich und die Schweiz.

❷ Das US-Unternehmen muß zu mindestens 50% im Eigentum einer oder mehrerer Personen stehen, die Staatsbürger des Heimatlandes sind (sie dürfen nicht Green-Card-Inhaber sein).

❸ Das Unternehmen in den USA muß bereits bestehen, das heißt gegründet sein.

❹ Der Antragsteller muß Eigentümer, Manager (in jeder beliebigen Weise) oder Geschäftsführer des Unternehmens sein. Möglich ist auch, daß der Antragsteller wegen seiner speziellen Qualifikation, die auf dem amerikanischen Arbeitsmarkt generell nicht verfügbar ist, für das Unternehmen von wesentlicher Bedeutung ist. „Norma-le" Arbeitnehmer sind dagegen nicht qualifiziert. Der Antragsteller muß im Unternehmen tätig sein.

❺ Der Handel zwischen dem Heimatland und den USA muß regelmä-ßig mehr als 50% des Geschäftsvolumens ausmachen. Gehandelt werden kann mit Produkten, Dienstleistungen, Technologien und Geld. Vom Reiseanbieter bis zum Hersteller von Software ist nahe-zu alles denkbar.

❻ Der Handelsumsatz muß *substantial* sein. Was *substantial* ist, hat das Gesetz offengelassen. Es gibt deshalb keine festen Größen. Der Mindestumsatz hängt wesentlich vom Heimatland, aber auch vom Geschäftsfeld ab. Da in Europa für ein Produkt mehr gezahlt wird als in der dritten Welt, sind die Anforderungen hier höher. Ohne verbindliche Aussagen treffen zu können, sollte von einem Jah-resmindestumsatz von US\$ 150 000 bis US\$200 000 ausgegangen werden.

## E-2-Visa für Investoren

Wer keinen Handel betreiben, aber dennoch selbständig sein will, für den könnte das *Treaty Investor Visa* in Betracht kommen. Die ersten vier Voraussetzungen sind mit denen des E-1-Visums identisch, wobei anzumerken ist, daß der Antragsteller nicht unbedingt der Investor zu sein braucht, solange er in dem Unternehmen eine Schlüsselposition einnimmt. Das E-2-Visum ist außerdem nicht auf bestimmte Tätigkeitsfelder beschränkt.

Weiterhin sind *Substantial investments* erforderlich. Es gibt eine Reihe von Erläuterungen, die jedoch nur teilweise zu einer Konkretisierung des Begriffs beiträgt:

❶ Die Investition muß deutlich über dem liegen, was der Antragsteller für sich und seine Familie braucht, oder sie muß „bedeutenden Einfluß" auf die US-Wirtschaft haben.

❷ Die Investition muß ausreichend sein. Ausreichend ist sie, wenn damit das Unternehmen nicht nur begründet, sondern auch am Leben erhalten werden kann.

❸ Die Investition muß aktiv sein, das heißt eine passive Teilhaberschaft reicht nicht aus.

❹ Die Investition darf nicht ideell oder spekulativ sein.

❺ Die Investition muß im wirtschaftlichen Sinne riskiert werden.

❻ Darlehen, die mit Geschäftskapital, zum Beispiel Immobilien gesichert sind, reichen nicht aus.

❼ Je geringer die Investition ist, desto höher werden die Anforderungen an den Bar-Anteil der Investition, der mit bis zu zwei Drittel der Investition beziffert werden kann.

❽ Das Konsulat kann auch eine Bewertung des Unternehmens vornehmen und dann die erforderliche Investitionssumme mit der Hälfte des Unternehmenswerts festschreiben. Die Bewertung erfolgt entweder durch Vergleiche mit ähnlichen Unternehmen oder unter Betrachtung dessen, was erforderlich ist, um das Unternehmen am Leben zu erhalten. Allerdings weicht das Konsulat von einer solchen Regelung zugunsten des Antragstellers ab, wenn der Wert des Unternehmens sehr hoch ist.

**Investitionssumme hängt vom Einzelfall ab**

Die angeführten Kriterien zeigen, daß die erforderliche Investitionssumme sehr vom Einzelfall abhängt. Es muß jedoch davon ausgegangen werden, daß die Investitionssumme kaum niedriger als US$ 200 000 sein darf.

243

Da es auch für das Konsulat im Einzelfall sehr schwer ist, die erforderliche Investition zu beziffern, sollte man versuchen, die Summe unter Hinweis auf die konkrete Schaffung von Arbeitsplätzen für Amerikaner zu drücken. Je mehr Arbeitsplätze nachweisbar geschaffen werden, desto besser sind die Aussichten.

**E2-Visum geht schneller als L-Visum**

Die Beantragung eines E2-Visums geht in der Regel schneller als die eines L-Visums, da nur das Konsulat beziehungsweise die Botschaft darüber entscheidet und nicht noch vorab der INS, wie das bei dem L-Visum der Fall ist. Mit vier Wochen Wartezeit muß allerdings gerechnet werden.

Die Familienangehörigen erhalten ebenfalls das entsprechende E-Visum. Sie dürfen mit dem E-*Dependent*-Visum zur Schule gehen, aber nicht arbeiten, ohne zuvor ein unabhängiges Arbeitsvisum erhalten zu haben.

**Die *Dual intent*-Doktrin**

Das E-Visum wird in der Regel für fünf Jahre ausgestellt und kann beliebig oft um denselben Zeitraum verlängert werden.
Für die spätere Beantragung einer Green Card bietet das E-Visum keine Vorteile. Die *Dual intent*-Doktrin (siehe entsprechenden Abschnitt) ist nicht anwendbar, so daß man die Green Card bekommen muß, bevor das E-Visum abläuft.

**Gründung eines Tochterunternehmens**

Wer die Gründung eines Tochterunternehmens in den USA plant, hat also die Auswahl zwischen dem E-Visum und dem L-Visum. Es sei nochmals darauf hingewiesen, daß das Unternehmen zuerst gegründet werden muß. Die Gründung selbst kann auf Basis eines B-Visums beziehungsweise mit visumfreier Einreise geschehen. Generell ist die Gründung eines oder der Einstieg in ein Unternehmen nicht visumrelevant, solange nicht in einem Abhängigkeitsverhältnis in den USA gearbeitet wird.

Wenn das Unternehmen bereits besteht, wird das L-Visum praktischer sein, da es unabhängig vom Handel oder einer Investition ausgestellt wird. Außerdem unterbleibt eine eingehende Untersuchung des Unternehmens, so daß der INS nur schwer beurteilen kann, ob der Antragsteller wirklich ein Manager mit weitreichenden Kompetenzen ist.

## Die H-Visa für Arbeitnehmer

Die H-Visa sind die klassischen Arbeitnehmervisa. Von den H-Visa ist das bedeutendste das H-1B-Visum. Es ist das einzige befristete Visum, das ähnlich wie Green Cards kontingentiert ist. Pro Haushaltsjahr stehen nur maximal 65 000 H-1B-Visa zur Verfügung.

1997 kam es zum ersten Mal während des Jahres zu einer Ausschöpfung dieser Menge, so daß nachfolgende qualifizierte Antragsteller bis zum nächsten Jahr warten mußten. Es bleibt abzuwarten, ob und wann sich dieser Bewerberstau wieder auflösen wird.

Achtung: Zur Zeit werden die Bestimmungen für diese Kategorie geändert: Es könnte sein, daß zwar das Kontingent für drei Jahre angehoben wird, aber die Anforderungen an den zukünftigen Arbeitgeber deutlich erhöht werden.

## H-1B-Visa für Akademiker

Diese Visa gelten insbesondere für Personen, die man in Deutschland üblicherweise als Akademiker bezeichnet. Sie müssen über einen Abschluß verfügen, der mindestens mit einem *Bachelor's degree*, also mit einem vierjährigen Collegeabschluß vergleichbar ist. Grundsätzlich braucht man eine professionell erstellte Bewertung des Abschlusses aus amerikanischer Sicht. Hierfür gibt es zahlreiche, vom INS anerkannte Einrichtungen. Man erhält leider nur auf diesem Wege Gewißheit, ob auch ein nicht universitärer Abschluß ausreicht. Falls man keinen Universitätsabschluß, dafür aber Berufserfahrung hat, kann dies eine nicht ausreichende Ausbildung ausgleichen (drei Jahre spezifische Berufserfahrung für ein fehlendes College-Jahr). Man sollte sich allerdings vor der Bewertung erkundigen, ob der *Evaluation Service* bei der Bewertung auch die Berufserfahrung berücksichtigt. Nichtsdestotrotz wird die Erlangung eines H-1B-Visums ohne Universitätsabschluß viel Überzeugungsarbeit mit sich bringen.

Prüfung für Ärzte

Insbesondere für Ärzte sind erschwerte Bedingungen aufgeführt. Sie müssen nicht nur darlegen können, daß sie die englische Sprache in Wort und Schrift beherrschen, sondern auch eine spezielle, dreiteilige Prüfung ablegen (USMLE). Auch für andere Berufe kann im Einzelfall eine amerikanische Lizenz erforderlich sein. Hier muß man sich bei seinem zukünftigen Arbeitgeber erkundigen.

**Models, Künstler, Entertainer und Athleten**

Ausnahmsweise berücksichtigt die H-1B-Kategorie auch noch einige Arbeitskräfte mit nicht akademischer Ausbildung, zum Beispiel Models, Künstler und Entertainer von (inter)nationalem Ruf, gegebenenfalls Fachkräfte, die an einem vom amerikanischen Verteidigungsministerium organisierten Programm teilnehmen sowie Athleten und deren unersetzliche Mitarbeiter.

Da es im Einzelfall oft nicht ganz einfach ist abzuschätzen, ob man mit seiner Berufsausbildung für ein H-1B-Visum qualifiziert ist, sollte man die Berufsliste einsehen, die dem Formular ETA-9035 beigefügt ist, das beim INS zu beziehen ist. Sie zeigt, welchen Beruf der Arbeitgeber beim LCA-Antrag angeben muß. Hier ist beispielsweise auch zu erkennen, daß den *Engineers* besondere Bedeutung zukommt. Der ein oder andere findet sich hier vielleicht auch ohne Universitätsabschluß wieder.

Es kann nicht schaden, bei der Bewertung des Abschlusses durch einen *Evaluation Service* darauf zu drängen, eine Zuordnung zu einem der genannten Berufsfelder zu erlangen.

Das H-1B-Visum setzt weiterhin voraus, daß man entsprechend seiner Ausbildung eingesetzt und wie ein Amerikaner angemessen bezahlt wird. Pointiert gesagt: Ein Architekt wird für das Würstchenverkaufen kein H-1B-Visum bekommen. Im Einzelfall kann der Arbeitgeber in die Begründungsnot kommen, warum für den angebotenen Job gerade die besondere Ausbildung erforderlich ist. Man sollte also gegebenenfalls schon vor der Beantragung mit dem zukünftigen Arbeitgeber eine plausible Begründung erarbeiten.

**„Spezialwissen": für manche eine gute Möglichkeit, ein Visum zu erhalten**

Das Gesetz spricht zwar von *Highly specialized knowledge*, dennoch braucht man im Gegensatz zu einigen anderen Visakategorien weder besonders gute Noten noch ein über die Berufsausbildung hinausgehendes Spezialwissen oder Berufserfahrung mitzubringen. Das H-1B-Visum bietet daher die Möglichkeit, seine Beziehungen spielen zu lassen. Selbst wenn es Bewerber gibt, die besser sind, darf der Arbeitgeber den Ausländer einstellen, ohne begründen zu müssen, warum er andere Bewerber abgelehnt hat. Daß der zukünftige Arbeitgeber ein

Verwandter oder guter Bekannter ist, kann daher von unschätzbarem Vorteil sein.

Ferner ist es möglich, daß der zukünftige Arbeitgeber das eigene Unternehmen ist. Das Unternehmen muß bereits *Incorporated* sein. Allerdings prüft der INS, ob das Unternehmen nicht nur zur Erlangung des H-1B-Visums gegründet wurde, insbesondere wenn es noch relativ jung ist. Gerade wenn das Unternehmen klein ist, bedarf es einer eingehenden Begründung, warum die Anstellung eines Akademikers erforderlich ist. Außerdem muß man beweisen, daß es sich nicht um ein Scheinunternehmen handelt. Empfehlenswert ist es – wie immer bei jungen Unternehmen, die *auch* zum Zweck der Visumbeschaffung gegründet wurden – amerikanische Arbeitnehmer einzustellen, je mehr, desto besser.

**Bescheinung vom Arbeitgeber**

Vor der Antragstellung für ein H-1B-Visum muß der zukünftige Arbeitgeber eine Bescheinigung beim DOL (Arbeitsministerium beziehungsweise Arbeitsamt) beantragen. Diese Bescheinigung heißt *Labor Condition Application* (LCA) und ist nicht mit dem *Labor Certificate* für die EB-Green Cards zu verwechseln. Auf dem Antrag muß der Arbeitgeber unter anderem angeben, daß der Ausländer nicht zu Niedriglohn beschäftigt wird. Falsche Angaben können für den Arbeitgeber zu empfindlichen Strafen führen und zwar auch dann, wenn die Falschangabe unbeabsichtigt war. Auch sonst versucht das Arbeitsministerium, dem Arbeitgeber das Leben ein wenig schwer zu machen. Er muß zum Beispiel die geplante Anstellung des Ausländers und sein Gehalt veröffentlichen, was dann nicht selten die Gewerkschaft ins Spiel bringt, und das ist sicher nicht zum Vorteil des Ausländers.

**I-797-Formular und OF-156 Formular**

Nachdem der Arbeitgeber vom Arbeitsministerium die Bewilligung erhalten hat (das dauert nur wenige Wochen), reicht er beim INS die Petition ein (deren Bearbeitung dauert dann schon etwas länger). Hat auch der INS grünes Licht gegeben, kann man das H-1B-Visum beantragen, entweder über einen *Change of status*, wenn man sich bereits rechtmäßig in den USA aufhält, oder ganz normal beim Konsulat beziehungsweise der Botschaft. Man benötigt neben dem I-797-Formular, das man vom INS als Antwort auf die Petition erhält, das

247

übliche OF-156-Formular, den Reisepaß, ein Paßfoto sowie Bargeld für die Begleichung der Gebühr.

**Maximal 6 Jahre gültig** Das Visum wird in der Regel für drei Jahre ausgestellt und kann um weitere drei Jahre verlängert werden. Man kann also mit dem H-1B maximal sechs Jahre in den USA arbeiten. Genauso wie für das L-Visum und anders als für das E-Visum wendet der INS die *Dual-intent*-Doktrin an. Wer also die Green Card anstrebt, sollte das H-1B-Visum dem E-Visum vorziehen, allerdings darauf achten, daß er die Green Card auch tatsächlich erhält, bevor die sechs Jahre vergangen sind. Gegenüber dem L-Visum, bei dem ebenfalls die *Dual-intent*-Doktrin gilt, bieten sich kaum Vorteile. Meistens konkurrieren die beiden Visa nicht miteinander. Wenn jemand doch für beide Visa qualifiziert ist, ist das L-Visum wohl bequemer (kein LCA).

### Die H-2-Visa für sonstige Arbeitnehmer

Die H-2-Visa richten sich an Ausländer ohne akademische Ausbildung. Sie unterteilen sich in bezug auf das Visarecht in landwirtschaftliche und sonstige Tätigkeiten.

In dieser Kategorie steht wieder der Schutz der amerikanischen Arbeiterschaft im Vordergrund. Zum Schutz zahlreicher Amerikaner und Green-Card-Inhaber ohne Universitätsabschluß unterliegt diese Unterkategorie sehr schwierigen Voraussetzungen.

❶ Zunächst muß der zukünftige Arbeitgeber nachweisen, daß in der Gegend kein Amerikaner oder Green-Card-Inhaber gefunden werden kann, der willens und in der Lage ist, den Job zu übernehmen. Um dies nachweisen zu können, muß der Arbeitgeber die Stelle ausschreiben. Das Arbeitsministerium legt dabei fest, wie er die Stelle ausschreiben muß, damit auch Arbeitnehmer mit Minimalvoraussetzungen eine Chance haben. Er muß Bewerbungsgespräche führen und darlegen, daß keiner der Bewerber die Minimalvoraussetzungen erfüllt hat. Anschließend bescheinigt das Arbeitsministerium, daß der Job für Ausländer zugänglich ist. Schließlich kann die *Petition* eingereicht und das Visum beantragt werden. Der Prozeß kann ein Jahr und länger dauern.

❷ Die Anstellung darf nur saisonal oder zu einer „einmaligen Gelegenheit" geschehen, das heißt, die Anstellung darf nicht dauerhaft sein. Will man das Visum verlängern, muß die ganze Prozedur noch mal durchgeführt werden.

*Das H-2-Visum: leider eine aufwendige Prozedur*

Als Ergebnis kann man festhalten, daß es kein befristetes Visum gibt, das unangenehmer ist als ein H-2-Visum. Wem nur diese Möglichkeit bleibt, hat insbesondere dann Chancen, wenn er entweder den Arbeitgeber gut kennt, da dieser dazu bereit sein muß, den lästigen Prozeß durchzuführen. Oder man hat tatsächlich das Glück, über Fähigkeiten zu verfügen, die in den USA nicht vorhanden sind. Dies kann insbesondere die Kombination aus technischer Fertigkeit einerseits und der Kenntnis von Sprache und wirtschaftlichen Gepflogenheiten eines fremden Landes andererseits sein. Ein Arbeitgeber in Alaska, der Fisch nach Europa verkauft, könnte einen Fischer mit marinetechnischer Ausbildung gebrauchen, der die europäischen Fischmärkte kennt. Die meisten Visa dieser Kategorie gingen in den letzten Jahren allerdings an Hausangestellte.

In der Landwirtschaft ist es fast unmöglich, sich gegen die amerikanische Konkurrenz durchzusetzen. Hier hilft nur eine ganz spezielle Qualifikation, zum Beispiel in der Schafzucht oder beim Weinanbau.

*Beispiel*

Es zeigt sich, daß auch hier wieder Vorteile nur bestehen, wenn man qualifiziert ist. Daß es auch anders gehen kann, zeigt folgendes Beispiel: Sabine M.s Onkel betreibt als Green-Card-Inhaber ein kleines Restaurant für Trucker und Touristen. Das Restaurant liegt in einer schönen, aber einsamen Landschaft. Da das Restaurant meilenweit von anderen Orten entfernt liegt, müßte ein Mitarbeiter dort übernachten. Weil teilweise auch Nacht- und Wochenendschichten nicht vermeidbar sind, konnte Sabines Onkel dem Arbeitsministerium mitteilen, daß sich trotz korrekter Stellenausschreibung für eine Serviererin und trotz angemessenen Gehalts niemand auf die Stelle beworben hatte. Da auch das Arbeitsministerium und die Gewerkschaft niemanden vermitteln konnten, wurde die Stelle für Ausländer freigegeben. Sabine bekam ein H-2B-Visum für die kommende Sommersaison.

# Unbefristete Visa – Green Cards

**Die Vorteile einer Green Card**

- Sie können in den USA leben und arbeiten – unbefristet und an dem Ort, den Sie sich auswählen.

- Der Erwerb von Immobilien wird wesentlich einfacher. US-Banken zahlen im allgemeinen nur Hypotheken an Green-Card-Inhaber, so daß nur eine geringe Eigenkapitalquote zu zahlen ist.

- Sie haben jederzeit die Möglichkeit, zwischen den USA und ihrem Heimatland hin- und herzureisen, ohne daß Ihr Anspruch auf die Green Card verfällt.

- Sie können nach fünf Jahren die amerikanische Staatsbürgerschaft beantragen.

- Sie erhalten problemloser Kredite von amerikanischen Banken.

- Sie können bei einer Unternehmensgründung von Steuervorteilen profitieren.

*Die vielen Vorteile einer Green Card*

**Zusätzliche Vorteile für Studenten und Auszubildende**

- Die Studiengebühren an staatlichen Universitäten der USA sind für Green-Card-Inhaber wesentlich geringer, bis zu zwei Drittel der eigentlichen Gebühren.

- Arbeits- und Studienaufenthalte sind problemlos möglich.

- Sie können bezahlte Praktika absolvieren.

- Studenten dürfen sich auch außerhalb des Campus Arbeit suchen und können ihr Studium so leichter finanzieren

*Tip: Nutzen Sie die Chance, die die Green Card Lotterie bietet! Beachten Sie das Sonderkapitel von Kai Martell.*

*Green Cards sind gar nicht grün*

Für die unbefristeten Visa hat sich die Bezeichnung „Green Card" eingebürgert. Sie heißen so, weil die ersten Ausweise in den 40er Jahren ein grünliches Foto und grüne Schriftzüge aufwiesen. In der Zwischenzeit hat sich das Aussehen verändert. Die scheckkartengroße

Green Card hatte zeitweilig eine rosa, nunmehr eine weiße Färbung. Sie enthält Vor- und Nachnamen, Geburtsdatum, Foto, Fingerabdruck, Ausstellungs- und Gültigkeitsdatum und trägt die Überschrift *Resident alien* (niedergelassener Ausländer).

**Unbefristet in den USA leben und arbeiten mit einer Green Card**

Die Green Card berechtigt nicht nur zum unbefristeten Aufenthalt, sondern auch dazu, eine Arbeit aufzunehmen. Ein unbefristetes Visum, das nur zum Aufenthalt, nicht aber zur Arbeit berechtigt, gibt es nicht. Insbesondere Rentner, die ihren Lebensabend mit einem unbefristeten Visum in den USA verbringen wollen, brauchen eine Green Card, selbst wenn sie nicht arbeiten wollen. Die Green Card ist eines der begehrtesten Dokumente weltweit und wird es wohl trotz zunehmender Restriktionen durch das amerikanische Immigrationsrecht auch bleiben. In den USA leben inzwischen mehr als 10 Millionen Ausländer mit einer Green Card, davon ca. ein Drittel in Kalifornien. Obwohl jährlich ca. 800 000 legale Einwanderer gezählt werden, ist es nicht einfach, eine Green Card zu bekommen.

Ausländer mit einer Green Card werden in vielen Bereichen wie Amerikaner behandelt. Dies gilt insbesondere im Hinblick auf das Steuerrecht. Green-Card-Inhaber dürfen nicht wählen oder gewählt werden. Besonders hervorzuheben ist, daß einige Sozialprogramme erst dann in Anspruch genommen werden können, wenn man schon mindestens zehn Jahre in den USA gearbeitet hat.

**Vier grundsätzliche Wege zur Green Card**

Es lassen sich vier grundsätzliche Wege zu einer Green Card unterscheiden:

❶ Die Green Card über die Familienzusammenführung

❷ Die Green Card über berufliche Qualifikation oder ein Beschäftigungsverhältnis

❸ Die sogenannte Green Card Lotterie (Beachten Sie das Sonderkapitel!)

❹ Die Green Card über eine Investition (Beachten Sie das Sonderkapitel!)

Die meisten Green-Card-Kategorien sind kontingentiert, das heißt, es dürfen in einem Haushaltsjahr für eine Kategorie nicht mehr als eine jeweils bestimmte Zahl an Green Cards ausgestellt werden. Abgesehen davon greifen bei einigen wenigen Ländern, aus denen besonders viele Einwanderer gekommen sind, besondere Kontingentierungsregeln, wovon europäische Länder aber nicht betroffen sind.

Bei den Kontingentierungen kommt hinzu, daß in einzelnen Unterkategorien nach bestimmten Regeln das Kontingent erhöht wird, wenn in einer anderen Unterkategorie das Kontingent nicht ausgeschöpft wurde.

**Wartelisten**

Ist das Kontingent in einer Kategorie ausgeschöpft, kommen Bewerber, die für die Kategorie zugelassen wurden, auf eine Warteliste. Sie sind dann die ersten, die im nächsten Jahr bevorzugt berücksichtigt werden. In einigen Kategorien haben sich die Bewerberzahlen angesammelt, was zu jahrelangen Wartezeiten führt. Davon betroffen ist insbesondere die Kategorie der Familienzusammenführung.

**Petitioner und Petition**

Die Beantragung der Green Card verläuft bei der Familienzusammenführung und bei der Green Card über einen Arbeitgeber in zwei Stufen:

Zuerst muß der sogenannte *Petitioner* eine *Petition* einreichen. Der *Petitioner* ist derjenige, über den der Antragsteller die Green-Card-Qualifikation herleitet, also zum Beispiel der amerikanische Ehepartner, ein Elternteil oder der Arbeitgeber. Erst wenn dieser *Petition* stattgegeben wurde, wird die Green Card beantragt.

*Die Green Cards über Familienzusammenführung*

---

Mit Abstand die meisten Green Cards werden in dieser Kategorie vergeben. Es gibt verschiedene Unterkategorien, die sich insbesondere hinsichtlich ihrer Kontingentierung unterscheiden.

- Enge Familienangehörige amerikanischer Staatsbürger: Dies sind Ehepartner, Kinder unter 21 Jahren oder die Eltern. Das besondere an dieser Kategorie ist, daß sie als einzige nicht kontingentiert ist. Es muß also nur die Bearbeitungszeit abgewartet werden.

- Sogenannte *First preference*: Kinder eines Amerikaners, die älter als 21 Jahre und nicht verheiratet sind. Für diese Unterkategorie stehen 23 400 Green Cards pro Haushaltsjahr zur Verfügung. Theoretisch könnte sich diese Zahl um den Teil erhöhen, um den Green Cards der vierten Präferenz übrig bleiben. Praktisch dürfte dies wegen des großen Andrangs in der vierten Präferenz nie eintreten.

- Sogenannte *Second preference*: Ehepartner und unverheiratete Kinder von Green Card Inhabern. Für diese Kategorie stehen mit 114 200 Green Cards pro Haushaltsjahr relativ viele Green Cards zur Verfügung, gegebenenfalls sogar noch mehr, wenn in der ersten Präferenzgruppe Green Cards übrig bleiben sollten. Ehepartner und unverheiratete Kinder unter 21 Jahren (2A) werden gegenüber unverheirateten Kindern über 21 Jahren (2B) bevorzugt.

- Sogenannte *Third Preference*: Verheiratete Kinder von Amerikanern. Für diese Unterkategorie stehen 23 400 Green Cards pro Haushaltsjahr zur Verfügung, gegebenenfalls zuzüglich der in den ersten beiden Unterkategorien ungenutzten Green Cards.

- Sogenannte *Fourth Preference*: Geschwister von Amerikanern. Für diese Unterkategorie stehen pro Haushaltsjahr 65 000 Green Cards zur Verfügung, gegebenenfalls zuzüglich übrig gebliebener Green Cards.

Da bis auf die engen Angehörigen die Unterkategorien kontingentiert sind, kommt es insbesondere bei Geschwistern von Amerikanern zu langjährigen Wartezeiten. Das US-Außenministerium veröffentlicht monatlich im *Visa Bulletin* die aktuellen Wartezeiten. Wie bereits angemerkt, folgt der Bearbeitungszeit gegebenenfalls die Wartezeit. Wenn man also in eine solche Kategorie fällt und von der Behörde die Mitteilung der Zulassung erhält, heißt das noch nicht, daß die Wartezeit erfüllt ist. Dem *Visa Bulletin* ist zu entnehmen, wie lange die Beantragung schon zurückliegen muß. Wer vor dem dort genannten Datum die Green Card beantragt hat, kann sie nunmehr erhalten.

### Ein amerikanisches Kind oder amerikanische Eltern

Eltern von Amerikanern können die Green Card bekommen. Auf den ersten Blick sieht dies etwas merkwürdig aus, da die meisten Eltern amerikanischer Kinder ebenfalls Amerikaner sein dürften. Im amerikanischen Staatsangehörigkeitsrecht gilt jedoch das „ius soli", das heißt, ein auf amerikanischem Boden geborenes Kind erlangt mit der Geburt die amerikanische Staatsangehörigkeit, unabhängig von der Staatsangehörigkeit der Eltern (einzige Ausnahme: Diplomatenkinder). Manche Eltern wollen ihrem Kind etwas Gutes tun und beabsichtigen, ihr Kind in den USA zur Welt zu bringen. Die Eltern, die bei der Planung einer Geburt in den USA nicht nur an ihr Kind, sondern auch an ihre eigene amerikanische Zukunft denken, sollten einen langen Atem haben: Die Green Card über die Elternschaft bei einem amerikanischen Kind setzt voraus, daß das Kind mindestens 21 Jahre alt ist.

Ferner können umgekehrt auch Kinder amerikanischer Eltern die Green Card beantragen. Das ist für Kinder interessant, deren Eltern, erst nachdem sie schon länger in den USA gelebt haben, die amerikanische Staatsangehörigkeit angenommen haben.

### Die Heirat mit einem Amerikaner

Für viele, die nach einer Möglichkeit fragen, schnell die Green Card zu erlangen, heißt es lapidar: „eine(n) Amerikaner(in) heiraten". Es kommt deshalb gelegentlich zum Mißbrauch dieser Möglichkeit. Um dem entgegenzutreten, ist eine Green Card, die über eine Heirat erlangt wird, zunächst auf zwei Jahre begrenzt. Nach zwei Jahren wird vom INS überprüft, ob die Ehe „echt" ist. Es kann dabei zu einem Interview kommen, in dem die Ehepartner voneinander getrennt nach Einzelheiten aus dem Familienleben gefragt werden und dann geprüft wird, ob die Antworten übereinstimmen. Gelegentlich kommt es auch zu einer Überprüfung vor Ort, bei er in der Wohnung der Eheleute nach Indizien für oder gegen das Bestehen eines ehelichen Zusammenlebens gesucht wird.

**Das Ehepaar muß die Eheüberprüfung anmelden**

Die Überprüfung durch den INS muß von dem Ehepaar 90 Tage vor Ablauf der zwei Jahre mit dem I-751-Formular angemeldet werden. Wird dies versäumt, erlischt die Green Card automatisch. Wer schon bei Beantragung die Echtheit der Ehe plausibel darlegen kann (gemeinsame Kinder usw.), kann davon ausgehen, daß es nicht zu dem Interview kommen wird. Unter bestimmten, hier nicht näher erläuterten Voraussetzungen kann eine Green Card selbst dann behalten werden, wenn die Ehe in den ersten beiden Jahren auseinandergegangen oder der amerikanische Ehepartner gestorben ist.

**Scheinehe ist gefährlich**

Von einer Scheinehe muß abgeraten werden, zumal nicht nur dem amerikanischen Ehepartner empfindliche Strafen drohen, sondern auch der ausländische Ehepartner zeitlebens von der Erlangung einer Green Card ausgeschlossen werden kann.

**Eheschließung im Ausland**

Wo die Ehe geschlossen wird, spielt keine Rolle. Allerdings müssen im Ausland geschlossene Ehen von den amerikanischen Behörden anerkannt werden. Wer in den USA heiraten will, dem sei eine Broschüre zu diesem Thema empfohlen, die bei den deutschen Auswandererberatungsstellen erhältlich ist. Was den Ort der Eheschließung betrifft, sollte man auch darauf achten, wo die Green Card schließlich beantragt werden soll.

*K-Visum für Verlobte – der Weg zur Green Card*

In diesem Zusammenhang muß auf das K-Visum eingegangen werden. Es handelt sich dabei um ein befristetes Visum, das Ausländern den Aufenthalt in den USA ermöglicht, um innerhalb von 90 Tagen eine(n) Amerikaner(in) zu heiraten. Nach der Heirat in den USA kann dann die Green Card beantragt werden. Man kann dann auch in den USA bleiben, selbst wenn das K-Visum ausläuft. Außerdem kann man schon mit Einreichung der *Petition* eine Arbeitsgenehmigung beantragen und nach der Genehmigung arbeiten, schon bevor man die Green Card hat.

**Beantragung durch die/den amerikanische/n Verlobte/n**

Die Beantragung setzt zunächst eine *Petition* des/der amerikanischen Verlobten voraus. Bei der Petition muß unter anderem eingetragen werden, wann und wie man sich bereits mit dem Verlobten getroffen hat. Nach Überprüfung durch den INS wird der Antrag an das zuständige Konsulat beziehungsweise die Botschaft weitergeleitet und der ausländische Verlobte erhält von dort die erforderlichen Unterlagen, die er ausgefüllt und vervollständigt an das Konsulat beziehungsweise die Botschaft zurückschicken muß. Anschließend erfolgt im Konsulat ein Interview, bei dem kurz nach dem Zustandekommen der Beziehung gefragt wird. Schließlich erhält man das K-Visum für sich, gegebenenfalls das K-2-Visa für minderjährige Kinder und kann innerhalb von sechs Monaten einreisen.

### Die Green-Card–Beantragung bei Heirat mit einem Amerikaner

Der Green-Card-Beantragung geht das Petitionsverfahren voraus. Die Bearbeitung der Petition dauert zwischen zwei und 14 Monaten. Deutlich schneller geht es zum Beispiel, wenn die Petition beim Generalkonsulat in Frankfurt eingereicht wird. Dies setzt allerdings voraus, daß der amerikanische Ehepartner nachweisen kann, daß sein Hauptwohnsitz zur Zeit in Deutschland ist und er nicht nur Urlaub macht. Dagegen kommt es nicht darauf an, wo die Ehe geschlossen wurde.

**Adjustment of status**

Wie bereits bei den K-Visa erwähnt, kann der ausländische Ehepartner, der sich bereits mit einem befristeten Visum in den USA aufhält, gleichzeitig mit der Einreichung der Petition auch schon die Green Card auf dem Wege des *Adjustment of status* einreichen und außerdem die vorzeitige Arbeitsgenehmigung beantragen. Ferner sollte er vorsichtshalber auch gleich eine Ausreisegenehmigung beantragen (*Advanced parole*), denn er kann sonst bis zum Erhalt der Green Card die USA nicht verlassen, ohne die Green Card zu gefährden.

**Vom Ausland aus schwieriger**

Alle diese Möglichkeiten hat der ausländische Ehepartner, der sich im Ausland aufhält, nicht. Er muß warten, bis er vom National Visa Center in Portsmouth die erforderlichen Unterlagen erhält (das ist das Ergebnis der Bearbeitung der Petition), um damit dann beim zuständigen Konsulat beziehungsweise der Botschaft die Green Card zu beantragen.

Die Unterlagen müssen ausgefüllt, vervollständigt und an das Konsulat zurückgeschickt werden.

Wenn der ausländische Ehepartner sich im Ausland aufhält, kann das für das Ehepaar unangenehm sein, da mit der Ausstellung eines befristeten Visums während der Wartezeit kaum gerechnet werden kann. Man sollte deshalb unbedingt schon vor der Heirat das K-Visum in Erwägung ziehen.

### *Die* Petition *und die Beantragung der Green Card*

Da die Green Card zugunsten der Familienzusammenführung natürlich von einem Amerikaner oder einem Green-Card-Inhaber abhängt, ist deren Beteiligung bei der Beantragung von großer Bedeutung. Wenn der Verwandte nicht mitspielt, gibt es auch keine Green Card. Vor der Beantragung der Green Card muß der Verwandte eine Petition einreichen. Er ist deshalb der *Petitioner,* der spätere Antragsteller ist der *Beneficiary.* Die Beantragung erfolgt bei dem regional zuständigen INS-Center, bei einem Konsulat oder einer Botschaft, wenn der Amerikaner beziehungsweise der Green-Card-Inhaber dort lebt.
Nach Überprüfung durch den INS, die mehrere Monate beanspruchen kann, erhält man das I-797-Formular. Mit diesem Formular beantragt man die Green Card beim INS, wenn man sich mit einem befristeten Visum in den USA aufhält, oder beim zuständigen Konsulat beziehungsweise der Botschaft unter Beifügung der erforderlichen Unterlagen.

*Interview und Gesund-heitstest*

Anschließend wird man zum Interview eingeladen. Außerdem erfolgt eine gesundheitliche Untersuchung. Wenn man die Green Card in den USA beantragt hat, wird die Green Card zugeschickt. Hat man die Green Card bei einem Konsulat oder bei einer Botschaft beantragt, erhält man von dort kurz nach dem Interview einen Umschlag, mit dem man innerhalb von sechs Monaten in die USA einreisen muß. Dort erhält man die Green Card auf dem Postweg.

### *Das Affidavit of support: Die Bürgschaft des Petitioners*

Wie bereits erwähnt, muß der Green-Card-Inhaber nachweisen, daß er in den USA wahrscheinlich nicht zum Sozialfall wird. Seit 1998 ist es vorgeschrieben, daß bei Beantragung einer Green Card über Familienzusammenführung der *Petitioner* ein *Affidavit of support,* also eine Art Bürgschaft für den *Beneficiary* abgibt. Damit verpflichtet sich der *Petitioner,* im Falle sozialer Not den oder die *Beneficaries* finanziell zu unterstützen. Es handelt sich dabei um einen verpflichtenden Vertrag.

*Poverty Guidelines*

Damit dieses Versprechen nicht ins Leere läuft, muß der *Petitioner* nachweisen, daß er zur Bürgschaft auch in der Lage ist. Dies ist zunächst der Fall, wenn er über ein ausreichendes Einkommen verfügt.

Ausreichend ist das Einkommen dann, wenn das Jahreshaushaltseinkommen mindestens 125% der als Armutsgrenze festgelegten Summe erreicht. Dies ist anhand der jährlich erscheinenden *Poverty Guidelines* zu ermitteln. Das Haushaltseinkommen ermittelt sich einerseits anhand aller Personen, denen der *Petitioner* aufgrund der Familienzusammengehörigkeit oder aufgrund früherer Bürgschaften zum Unterhalt verpflichtet ist, berücksichtigt andererseits aber auch das Einkommen, das Familienangehörige, die in dem Haushalt leben, verdienen. Dabei kann sogar das Einkommen des *Beneficiary* selbst berücksichtigt werden, wenn er in dem Haushalt des *Petitioners* lebt und er nachweisbar einen Arbeitsplatz bekommen wird oder schon hat. Ist das Haushaltseinkommen nicht ausreichend, kann der *Petitioner* zusätzlich eigene Vermögenswerte aufführen. Diese müssen innerhalb eines Jahres in Bargeld umwandelbar sein und mindestens das Fünffache der Differenz zwischen dem eigenen Jahreseinkommen und dem erforderlichen Mindesteinkommen ausmachen. Auch hier kann der *Beneficiary* selbst mit eigenen Vermögenswerten hinzutreten.

## Die gesundheitliche Untersuchung

Wer eine Green Card beantragt, muß sich einer gesundheitlichen Untersuchung unterziehen. Dies geschieht bei Vertragsärzten des Auswärtigen Amts im Ausland. Die gesundheitliche Untersuchung dient der Überprüfung, ob Krankheiten vorliegen, die zum Ausschluß der Einreise führen können, und umfaßt eine körperliche Untersuchung, eine Immunitätsprüfung, eine Röntgenuntersuchung der Thorax und eine Blutabnahme.

| Impfung / Alter | 1 Mon. | 2-11 Mon. | 1-4 Jahre | 5-6 Jahre | 7-17 Jahre | 18-40 Jahre | 41-64 Jahre | 63 Jahre u. älter |
|---|---|---|---|---|---|---|---|---|
| Tetanus + Diphtherie, Pertussis | | ● | ● | ● | | | | |
| Tetanus + Diphtherie (Erwachsene) | | | | | ● | ● | ● | ● |
| Polio | | ● | ● | ● | ● | | | |
| Haem. Influenza B | | ● | ● | | | | | |
| Mumps | | | ● | ● | ● | ● | ● | |
| Masern | | | ● | ● | ● | ● | | |
| Röteln | | | ● | ● | ● | ● | ● | |
| Hepatitis B | ● | ● | ● | ● | ● | | | |
| Windpocken | | | ● | ● | ● | ● | ● | ● |
| Pneumokokken | | | | | | | | ● |
| Influenza | | | | | | | | ● |

# Die Green Card über die berufliche Qualifikation oder Beschäftigung

Es handelt sich um die sogenannten *Employment Based Immigrant Visa*. Diese Kategorie ist in mehrere Unterkategorien aufgeteilt. Man nennt die Visa deshalb auch EB-1-, EB-2-Visa usw. Genaugenommen gehört auch die Green Card über eine Investition als EB-5-Visum in diese Kategorie. Sie wird jedoch im nachfolgenden Kapitel gesondert dargestellt.

Insgesamt stehen für die EB-Visa 140 000 Green Cards pro Haushaltsjahr zur Verfügung. Sie verteilen sich folgendermaßen auf die Unterkategorien:

*EB-1-Green Cards: Personen mit herausragenden Qualifikationen*

Der IMMACT bezeichnet diese Ausländer als *Priority Workers* und erwähnt drei Gruppen:

- Ausländer, die ihre hervorragenden Qualifikationen in der Wissenschaft, der Wirtschaft, der Ausbildung, der Kunst oder des Sports zum Vorteil der USA dort anwenden wollen.

- „Ausgezeichnete Professoren und Forscher von internationalem Rang auf ihrem Gebiet mit mindestens drei Jahren Berufserfahrung", die in den USA nicht nur kurzfristig eine Anstellung zu Lehr- oder Forschungszwecken antreten wollen.

- Diese Kategorie erfaßt aber auch „multinationale" Manager und Führungskräfte, die in einem internationalen Unternehmen, für das sie in den letzten drei Jahren bereits mindestens ein Jahr gearbeitet haben, in den USA Führungs- und/oder Managementaufgaben übernehmen sollen.
  Das Unternehmen muß in den USA schon mindestens seit einem Jahr bestehen.

**Herausragende Qualifikationen – nicht nur für Überflieger**

Die Tatsache, daß für diese Kategorie mindestens 40 040 Green Cards zur Verfügung stehen, zeigt, daß die Anhäufung von Superlativen bei der Beschreibung der Voraussetzungen den Bewerber nicht vorschnell abschrecken sollte. Insbesondere bei den Managern zeigt das im Vergleich zu den Vorgenannten relativ harmlose Attribut „multinational", daß damit nicht nur die Vorstandsvorsitzenden der 200 führenden Unternehmen auf der Welt gemeint sind. Es dürfte genügen, wenn neben Auslandserfahrung überdurchschnittliche Managementtätigkeiten nachgewiesen werden können (weiter Entscheidungsspielraum und/oder das Recht, Mitarbeiter einzustellen oder zu entlassen und ein hohes Gehalt sind wichtige Kriterien). Ebenso gilt für Wissenschaftler, daß es bereits genügen kann, wenn man sich in seinem Spezialgebiet einen Namen gemacht und bereits eine Auszeichnung erhalten hat.
Für Sportler und Künstler ist die Qualifikation meist abhängig von der Anzahl der Auszeichnungen und Preise.

**Keine Labor certification**

Das besonders Vorteilhafte an dieser Unterkategorie ist, daß grundsätzlich keine *Labor certification* benötigt wird. Nötig ist allerdings grundsätzlich eine *Petition*. Es kann auch das Unternehmen sein, das einem selbst gehört. Es muß auch nicht von besonderer Größe sein, sollte allerdings in den USA mehrere Arbeitnehmer beschäftigen.

Wenn das Unternehmen dem Bewerber gehört oder er der einzige Manager ist, muß allerdings damit gerechnet werden, daß der INS doch eine *Labor certification* verlangt.

Ausnahmsweise kann bei den Ausländern, die in der ersten Gruppe genannt werden, auch der Betreffende selbst die *Petition* einreichen, muß dann aber darlegen, wie er seine Fähigkeiten anwenden wird. Künstler beispielsweise können bevorstehende Ausstellungen oder Konzerte angeben.

**Petition muß miteinge-reicht werden**

Der *Petition* werden alle Dokumente beigefügt, die die Qualifikation für diese Kategorie „beweisen". Dabei sollte man lieber zuviel als zuwenig beifügen. Für die „Beweisführung" sei auf die Angaben zu den O-Visa verwiesen, die im übrigen über viele auffällige Parallelen zu dieser Kategorie verfügen.

**Adjustment of status**

Sobald der INS der Bewerbung zugestimmt hat, kann man die Green Card beantragen. Wenn man sich mit einem befristeten Visum in den USA aufhält, beantragt man die Green Card über ein *Adjustment of status*, ansonsten regulär beim Konsulat oder der Botschaft. Notwendig sind die für die Green-Card-Beantragung üblichen Dokumente. Außerdem muß - wie üblich - die medizinische Untersuchung durchgeführt werden. Ein Interview kann sich erübrigen, wenn anhand der beigefügten Unterlagen die Qualifikation für diese Kategorie bereits außer Frage steht. Sofern die Green Card bei einem Konsulat oder einer Botschaft beantragt wird, wird jedoch meistens ein Interview stattfinden.

### EB-2 Green Card: Personen mit außergewöhnlichen Fähigkeiten

Mindestens weitere 40 040 Green Cards stehen für Ausländer zur Verfügung, die Akademiker sind oder über außergewöhnliche Fähigkeiten verfügen. Die angestrebte Tätigkeit muß ebenfalls ein akademischer Beruf sein.

**Zum Beispiel: mindestens 10jährige Berufserfahrung**

Als Nachweis für außergewöhnliche Fähigkeiten im Sinne dieser Kategorie dienen zum Beispiel eine mindestens zehnjährige Berufserfahrung in dem angestrebten Beruf, ein Gehalt, das die außergewöhnliche Fähigkeit widerspiegelt oder die Mitgliedschaft in einer akademischen Berufsvereinigung.

Die Hürde, die in dieser Kategorie zu nehmen ist, ist die Beibringung eines *Labor certification*.

### EB-3-Green Card: Sonstige Arbeitnehmer

In der EB-3-Unterkategorie stehen Green Cards für Ausländer zur Verfügung, die keine akademische Ausbildung oder außergewöhnliche Fähigkeiten nachweisen können, salopp gesagt also für den Rest der Weltbevölkerung. Für diese Kategorie sind ebenfalls mindestens 40 040 Green Cards pro Haushaltsjahr verfügbar, wobei für Ausländer ohne ausreichende Ausbildung nur maximal 10 000 Green Cards vergeben werden können. Nicht ausreichend ist die Ausbildung dann, wenn kein (Fach-)Abitur oder keine Berufserfahrung in einem Beruf nachgewiesen werden, der nach US-Recht eine mindestens zweijährige Berufsausbildung erfordert.

*Leider auch hier: Labor certification benötigt*

Auch in dieser Unterkategorie ist das Problem das vom zukünftigen Arbeitgeber zu erbringende *Labor certification*. Hinzu treten noch zum Teil lange Wartezeiten.

### EB-4-Green Card: Spezielle Immigranten wie zum Beispiel religiös Tätige

Für diese Kategorie stehen ebenfalls mindestens 40 040 Green Cards zur Verfügung, und sie wurde eingeführt, um einige Sonderfälle zu erfassen.

Besonders *Religious worker* und Priester sind *Special immigrants*. Für die Erlangung der Green Card gelten nahezu die gleichen Voraussetzungen wie für die befristeten R-Visa. Ebenso wie bei den befristeten R-Visa genügt es natürlich nicht, einfach nur der Glaubensgemeinschaft anzugehören, sondern man bekommt die EB-4-Green Card nur, um für die Glaubensgemeinschaft religiöse Tätigkeiten auszuüben. Auffällig ist, daß Ausländer, die für diese Kategorie qualifiziert sind, keine *Labor certification* brauchen.

### EB-5-Green Card: Sicherung von Arbeitsplätzen durch Investition

EB-5: Schließlich gehört zu den *Employment based Green Cards* auch das sogenannte Investor Visa. Anders als in den vorherigen Unterkategorien kommt es nicht auf die berufliche Qualifikation an, sondern nur darauf, daß mit einer Investition Arbeitsplätze geschaffen oder erhalten werden. Im Unterschied zu den E-2-Visa kann sich der Investor das Unternehmen allerdings nicht ohne weiteres aussuchen. Da diese Möglichkeit für viele die einzige Möglichkeit darstellt, sicher und schnell eine Green Card zu erhalten, wird dieses Visum mit den nötigen Voraussetzungen in einem gesonderten Kapitel von Rechtsanwalt Mike Meier, LL.M, J.D. behandelt.

## Das Labor certification *und die Ausnahme im nationalen Interesse*

Für die zweite und dritte EB-Visa-Unterkategorie muß der zukünftige Arbeitgeber dem Arbeitsministerium beziehungsweise den Arbeitsämtern den Nachweis erbringen, daß zum jetzigen Zeitpunkt und zum Zeitpunkt des geplanten Arbeitsantritts kein Amerikaner oder Green-Card-Inhaber in dem Ort, in dem die Arbeit aufgenommen werden soll, in der Lage, willens und qualifiziert ist, die Arbeit auszuüben. Außerdem muß nachgewiesen werden, daß der Ausländer das entsprechend der Stelle und der Qualifikation angemessene Gehalt erhalten wird. Der Arbeitgeber muß also die Stelle in der örtlichen Zeitung oder in einer Fachzeitung ausgeschrieben und auch das örtliche Arbeitsamt informiert haben. Bei jeder einzelnen Bewerbung ist nachzuweisen, daß nicht einmal die Mindestqualifikation vorlag. Hinsichtlich der Gestaltung der Stellenanzeige darf der Arbeitgeber keinen Fehler machen. Grundsätzlich muß er sich genau erkundigen, welche Berufsbezeichnung die richtige ist. Außerdem darf er die angebotene Stelle nicht zu sehr spezifizieren, so daß etwa außer dem Ausländer keiner mehr den Voraussetzungen entsprechen kann, denn er muß jeweils nachweisen, daß der Bewerber nicht einmal die Mindestqualifikationen für den ausgeschriebenen Beruf erfüllt hat.

**Sonderregelung für Lehrtätigkeiten und außergewöhnliche Fähigkeiten**

Nur wenn es um Lehrtätigkeiten oder außergewöhnliche Fähigkeiten des Ausländers in der Forschung oder Kunst geht, braucht der zukünftige Arbeitgeber nur nachweisen, daß sich kein Amerikaner oder Green-Card-Inhaber mit den gleichen Voraussetzungen auf die Stellenausschreibung gemeldet hat, das heißt, er darf die Ausschreibung spezifizieren.

Das Arbeitsamt schließlich kann noch einwenden, es handele sich um eine Stelle, die für das Unternehmen unnötig sei.

Für medizinische Berufe, für Ärzte und Krankenschwestern beispielsweise, wird eine spezielle amerikanische Zulassung benötigt.

Schedule A: Mangelberufe in den USA

Ferner gibt es eine vom Arbeitsministerium veröffentlichte *Schedule A*, in der Berufe aufgeführt sind, in denen in den USA ein Mangel herrscht. Für diese bestehen hinsichtlich der Erlangung des *Labor certification* vereinfachte Regeln. In der Liste aufgeführt sind aber schon seit längerem nur Krankenschwestern und Physiotherapeuten.

Machen Sie sich unentbehrlich!

Ausnahmen?

Es zeigt sich, daß man sich beim zukünftigen Arbeitgeber unentbehrlich machen oder ihn gut kennen muß. Nicht zuletzt ist es auch eine Frage des Geldes, denn Stellenanzeigen und Bewerbungsgespräche sind für den zukünftigen Arbeitgeber natürlich nicht kostenlos. Außerdem kann der Prozeß möglicherweise ein Jahr oder länger dauern.

Von der Beschaffung eines *Labor certification* kann im nationalen Interesse eine Ausnahme gemacht werden. Die Ausnahme bezieht sich nicht nur darauf, eine *Labor certification* zu beschaffen, sondern sogar darauf, überhaupt einen zukünftigen Arbeitgeber zu haben.
Der Vorteil dabei ist, daß es keine genauen Erläuterungen dafür gibt, wann die Beschäftigung des Ausländers von nationalem Interesse ist. Amerikanische Immigrationsanwälte rühmen sich gern damit, daß sie mit besonders originellen Begründungen einen *National interest waiver* erreicht haben. In der Tat braucht man nicht nachzuweisen, daß der Wohlstand der gesamten amerikanischen Bevölkerung von der eigenen Person abhängt. Man sollte allerdings möglichst eine akademische Ausbildung, mindestens aber Abitur nachweisen können. Da es keine festen Regeln gibt, können nur Beispiele genannt werden. So kann es genügen, wenn man eine nicht unerhebliche Anzahl neuer Arbeitsplätze schafft, mit seiner Praxiseröffnung eine medizinische Unterversorgung in einem bestimmten Gebiet beseitigt oder in einem Bereich forscht, in dem nur wenige Amerikaner aktiv sind und der auf die amerikanische Wirtschaft oder Gesundheitsversorgung positive Auswirkungen haben könnte. Man hört jedoch gelegentlich von ungewöhnlicheren Ausnahmen. Es ist meistens eine Frage der guten Argumentation. Diese Möglichkeit spricht besonders solche Ausländer an, die nur knapp die EB-1-Kategorie verpaßt haben, weil sie zum

Beispiel noch nicht über genügend berufliche Erfahrung oder Erfolge verfügen.

*Green Card Lotterie*

Schließlich bietet das amerikanische Immigrationsrecht als Highlight die sogenannte Green Card Lotterie, beachten Sie dazu bitte den ausführlichen Beitrag von Kai Martell.

## Die Beantragung des Visums

### INS und amerikanische Auslandsvertretungen

Grundsätzlich gibt es zwei Behörden, die für Visa und Aufenthaltsrecht zuständig sind: das Justizministerium und das Außenministerium.

Die Behörde des Justizministeriums ist der *Immigration and Naturalization Service* (INS). Dieser entscheidet immer über das Aufenthaltsrecht. Das Außenministerium und die amerikanischen Vertretungen im Ausland (Konsulate und Botschaften) sind hingegen für Visa zuständig. Der INS hat mit den Visa grundsätzlich nichts zu tun (Ausnahme: ein Antrag auf den Wechsel von einem befristeten Visum zu einer Green Card während des Aufenthalts in den USA, *Adjustment of status*, welcher beim INS eingereicht wird).

Die Aufgaben der INS

Dennoch hat auch der INS bei vielen Visa einen entscheidenden Einfluß. Auch wenn nahezu jedes Visum nur vom Außenministerium beziehungsweise den amerikanischen Vertretungen ausgestellt wird, gibt es Visa, bei denen ein *INS preapproval* erforderlich ist, das heißt, daß der INS Stellung beziehen muß und erst dann das Visum ausgestellt werden kann.

Ohne die Mitwirkung des INS werden lediglich die Besuchervisa (B1/B2), die *Treaty Trader* und *Treaty Investor* Visa (E1/E2), die Visa für Mitarbeiter ausländischer Medien (I-Visa), die Studentenvisa (F-Visa), die Visa für die Teilnahme an einem Austauschprogramm (J-Visa) und die Visa für religiöse Tätigkeiten (R-Visa) vergeben. Eine Ausstellung ist dadurch deutlich schneller möglich.

INS preapproval

Viele andere Visa, insbesondere die meisten unbefristeten Visa (Green Cards), benötigen ein *INS preapproval*, was die Ausstellung des Visums verzögert. In den meisten Fällen wird der INS dabei durch die Einreichung einer sogenannten *Petition* tätig. Viele Visa sind abhängig von einer Beziehung zu Amerikanern oder amerikanischen Unternehmen. Diese müssen die *Petition* für den Antragsteller beim INS einreichen. Bei den Visa für Arbeitnehmer muß sogar zuvor noch das Arbeitsministerium entscheiden. Erst wenn der INS über die *Petition* entschieden hat, kann das Visum beantragt werden. Soll dies während des Aufenthalts in den USA geschehen, soll also von einem befristeten Visum zu einem anderen gewechselt werden, muß der Antrag beim Außenministerium in Washington gestellt werden (*Change of status*). Wenn sich der Antragsteller im Ausland befindet, ist der Antrag an das zuständige Konsulat beziehungsweise an die zuständige Botschaft zu richten.

### Welches Konsulat, welche Botschaft ist zuständig ?

Man kann sich grundsätzlich nicht an irgendeine ausländische Vertretung wenden. Dennoch lassen sich die Zuständigkeitsregeln etwas biegen, denn ausschlaggebend ist der Ort, an dem man wohnt, in der Regel also der erste Wohnsitz. Wer kann, sollte das Visum unbedingt bei der örtlich zuständigen Vertretung beantragen, zumal die Vertretungen in Deutschland vergleichsweise zügig arbeiten. Ausnahmsweise können bestimmte Visa unabhängig vom Wohnort in den beiden folgenden Auslandsvertretungen beantragt werden:

* Vancouver (Kanada)
* Ciudad Juarez (Mexiko)

Ein Termin ist notwendig und mit ca. drei Monaten Wartezeit verbunden.

Vertretungen in Deutschland

Die Vertretungen in Deutschland sind nicht mehr für die Beantwortung allgemeiner Fragen zuständig. Bei Visafragen sollten Sie sich an die angegebenen Telefonnummern wenden.

Die wichtigste Vertretung ist das Generalkonsulat in Frankfurt, das bei einigen Visa sogar über die deutschen Grenzen hinaus zuständig ist.

Generalkonsulat in Frankfurt

Alle Bewerbungen für eine Green Card, ein E-Visum oder ein K-Visum können ausschließlich in Frankfurt eingereicht werden.

*7. Kapitel*

Interview bei
Beantragung

Für die Beantragung ist ein Interview von durchschnittlich drei Minuten vorgesehen, worauf aber häufig verzichtet wird. Das gilt insbesondere für viele befristete Visa, während für die Green Cards in der Regel ein Interview stattfindet. Zu dem Interview wird man in der Regel eingeladen.

Deutsche und Ausländer, die seit mindestens sechs Jahren in Deutschland wohnen und eine unbefristete Aufenthaltserlaubnis oder - berechtigung besitzen, reichen den Antrag auf dem Postweg ein. Alle anderen müssen zu den Öffnungszeiten bei der amerikanischen Vertretung erscheinen. Mit längeren Wartezeiten sollte man rechnen.

## VISAINFORMATIONEN

Um das Konsulat betreten zu dürfen, muß in einigen Fällen zuvor ein Termin vereinbart werden. Dies kann unter der Rufnummer 0190-88 22 11 (3,63 DM pro Minute) des Visa-Informationsdienstes, Mo-Fr von 7-20 Uhr geschehen. Halten Sie aber die Uhr im Auge, damit Sie keine Überraschung bei der nächsten Telefonrechnung erleben.

Keinen Termin brauchen normalerweise Antragsteller, die deutscher Nationalität sind oder seit mindestens sechs Jahren mit einer unbefristeten Aufenthaltserlaubnis in Deutschland leben (es sei denn, ihnen wurde bereits früher einmal die Ausstellung eines Visums oder die Einreise in die USA verweigert). Diese können weiterhin unter Beifügung aller erforderlichen Unterlagen ein Visum schriftlich beantragen und brauchen dann in der Regel nicht auf dem Konsulat erscheinen.

Die verschiedenen Informationsnummern der amerikanischen Vertretungen sind die folgenden:

Tel.: **0190 270 789** (DM 1,21/Min), Bandansage

Tel.: **0190 88 22 11** (DM 3,63/Minute), Live Service, werktags 7-20 Uhr

Tel.: **0190 92 110 111** (DM 2,42/Minute), Fax Abruf Visa-Antragsformular OF-156

Tel.: **0190 92 110 113** (DM 2,42/Minute), Fax-Abruf Visumfreies
Reisen

### Die Beantragung eines befristeten Visums

Für die Beantragung eines befristeten Visums sind folgende Dokumente mitzubringen oder zu schicken.

• Der Reisepaß, um das Visum einstempeln zu können. Der Reisepaß
muß mindestens noch sechs Monate ab der Einreise gültig sein.
Deutsche Reisepässe gelten allerdings noch bis sechs Monate nach
Ablauf des angegebenen Gültigkeitsdatums. Das Einreisedatum darf
daher nicht jünger sein als das Gültigkeitsdatum.

• Für alle befristeten Visa ist das OF-156-Formular auszufüllen und
beizulegen. Das Formular erhält man kostenlos bei den amerikanischen Vertretungen oder in Reisebüros.

• Außerdem benötigt man ein Paßfoto im amerikanischen Format
37mm x 37mm. Dies sollte möglichst vor einem weißen oder trans-
parenten Hintergrund aufgenommen sein und ein Ohr zeigen. Ferner sollte man auf Schmuck und Brille verzichten.

• Hinzu kommen im Einzelfall für bestimmte befristete Visa weitere
Formulare: für Teilnehmer an einem Austauschprogramm (J-Visa)
das IAP-66-Formular, das man vom Veranstalter erhält, für Studenten mit einem F-Visum das I-20-Formular, das man von der Ausbildungsstätte bekommt und für Arbeitnehmer das I-797-Formular,
das man vom zukünftigen Arbeitgeber bekommt und das das Ergebnis des *INS-preapproval* darstellt.
Für einige andere Visa sind weitere Unterlagen erforderlich, insbesondere für die E-, K-, L-, O-, P-, R- und S-Visa.

• Ist man sich nicht sicher, ob man das richtige Visum beantragt hat,
sollte man ein formloses Schreiben beilegen, das die geplanten Aktivitäten beschreibt.

• Außerdem muß man im voraus die Visumbeantragungsgebühr bezahlen. Diese hat sich kürzlich drastisch erhöht und beträgt nun

nicht mehr 38,- DM, sondern 85,- DM. Diese Visumbeantragungsgebühr ist – wie der Name schon erkennen läßt – nicht erstattungs-
fähig, wird also auch dann einbehalten, wenn der Visumantrag
abgelehnt wird. Man sollte einen Verrechnungsscheck beilegen.

- Schließlich muß man einen ausreichend frankierten Rückumschlag
  beilegen.

*Rückkehrwillen muß unter Beweis gestellt werden*

Bei den befristeten Visa – insbesondere bei den B-Visa – ist es erforderlich, seinen Rückkehrwillen unter Beweis zu stellen. Anderenfalls
wird befürchtet, daß der Antragsteller über die Dauer des Aufenthaltsrechts hinaus in den USA bleibt; das Visum wird dann nicht ausgestellt. Den Rückkehrwillen „beweist" man, indem man seine Bindungen zur Heimat darlegt: zum Beispiel mit dem Nachweis, daß man
weiterhin im Heimatland beschäftigt wird, daß man Familienangehörige oder Immobilien im Heimatland hat oder auf sonstige plausible
Weise.

Bei anderen befristeten Visa ist der Nachweis des Rückkehrwillens
mehr eine Formalie, wie beispielsweise bei den E-Visa. Sofern nicht
konkrete Gründe für einen Zweifel vorliegen, wird der Rückkehrwille
angenommen.

### Die Beantragung der Green Card

Hierfür läßt sich nur schwer eine einheitliche Linie darstellen. Für die
jeweilige Green-Card-Kategorie sind alle erforderlichen Unterlagen
beizubringen. Für den Reisepaß und das Paßfoto gilt das gleiche wie
für die befristeten Visa.

*INS preapproval fast immer erforderlich*

Fast immer ist ein *INS preapproval* erforderlich. Als Ergebnis dieser
Prüfung erhält man ein I-797-Formular. Sofern man sich während des
Antrags in den USA aufhält, kann man einen *Adjustment of status-*
Antrag stellen. Ansonsten muß der Green-Card-Antrag beim Konsulat
eingereicht werden. Gelegentlich wird in diesem Fall das I-797-
Formular an das National Visa Center geschickt, das den Vorgang an
die zuständige ausländische Vertretung weiterleitet, die dann dem
Antragsteller unaufgefordert ein „Paket" mit Formularen zusendet.
Diese sind vollständig auszufüllen und an die zuständige
Auslandsvertretung zurückzuschicken. Verlangt wird häufig auch ein

vertretung zurückzuschicken. Verlangt wird häufig auch ein *Affidavit of support.*

Die anschließende Bearbeitung geht in Frankfurt erfreulicherweise relativ schnell. Man wird zum Interviewtermin eingeladen. Falls man nicht als Immigrant ohnehin bereits ein *Affidavit of support* einreichen mußte, sollte man darauf achten, zum Interviewtermin Nachweise darüber zu erbringen, daß man in den USA wahrscheinlich nicht zum Sozialfall wird. Ferner muß man sich zuvor oder am Tag des Interviewtermins einer gesundheitlichen Untersuchung unterziehen.

## Nach Visumerhalt

Das Visum ist genaugenommen eine „Anreiseerlaubnis" und berechtigt dazu, im Einreiseflughafen vom INS gehört zu werden, um eine Aufenthaltserlaubnis zu erlangen. Der INS-Beamte prüft bei der Einreise den Fall erneut und kann ihn auch ablehnen. Allerdings ist dieses Risiko gering, wenn bereits das Konsulat beziehungsweise die Botschaft den Fall positiv beschieden hat.

Bleiben Sie stets freundlich

Wer bei der Einreise Probleme bekommt, sollte stets freundlich und entgegenkommend bleiben. Der Grenzbeamte hat nämlich für das weitere Vorgehen verschiedene Möglichkeiten und seine Entscheidung kann nachteilig sein, je nachdem, wie man sich verhält.

Er kann dem Ausländer ein „schwebendes Aufenthaltsrecht" gewähren, das heißt, er läßt den Ausländer einreisen, trägt ihm aber auf, das Problem umgehend mit dem INS zu klären.

Ist er dazu nicht bereit, kann man sein Recht auf ein *Hearing* durch ein Immigrationsgericht geltend machen. Das Recht hat man übrigens nur mit einem Visum, also nicht bei visumfreier Einreise. Allerdings kann der INS-Beamte anordnen, daß man bis zur Entscheidung in Gewahrsam genommen wird, was die meisten dann dazu veranlaßt, von diesem Recht doch keinen Gebrauch zu machen.

Das Schlimmste, was passieren kann, ist, daß der INS-Beamte das Deportationsverfahren einleitet. Das Verfahren ist dabei nicht so problematisch wie die immigrationsrechtlichen Folgen: Man ist für drei Monate bis fünf Jahre von der Wiedereinreise ausgeschlossen.

Vor diesem Hintergrund sollte stets darauf geachtet werden, daß der INS-Beamte eine andere Entscheidung trifft, nämlich die „freiwillige

Ausreise" zu gewähren. Das heißt, man wird aufgefordert, das Land umgehend zu verlassen, ohne daß weitere Folgen damit verbunden sind. Direkt nach der Rückkehr kann man dann zum Beispiel wieder ein Visum beantragen.

### Befristete Visa

Das befristete Visum weist eine bestimmte Gültigkeitsdauer auf, die nicht mit dem Aufenthaltsrecht verwechselt werden darf. Früher wurden Urlaubsvisa gelegentlich „lebenslang" ausgestellt, heute maximal für zehn Jahre. Innerhalb der Gültigkeitsdauer kann man das Visum in der Regel beliebig oft dafür benutzen, wofür es gedacht ist: zur Anreise. Weist das Visum nicht die Bemerkung: „Entrance: M" (Multiple) auf, gestattet es nur die einmalige Einreise.

Man kann theoretisch am letzten Gültigkeitstag des Visums einreisen und dann ein Aufenthaltsrecht erhalten, das über die Gültigkeit des Visums hinausgeht.

**Kontrolle durch den Einwanderungsbeamten**

Im Einreiseflughafen wird man von INS-Beamten „angehört". Sieht der Beamte des INS keinen Konflikt mit dem Immigrationsrecht, insbesondere keinen Mißbrauch des Visums, stellt er eine Aufenthaltserlaubnis aus. Es handelt sich dabei um die I-94-Karte (*Arrival-Departure record*), die in den Reisepaß geheftet wird. Auf ihr ist das Ausstellungsdatum, die Visakategorie und das letzte Ausreisedatum vermerkt. Normalerweise muß man bis spätestens 48 Stunden nach Ablauf des Aufenthaltsrechts die USA verlassen haben.

**Duration of status**

Gelegentlich wird in die I-94 Karte statt eines Gültigkeitsdatums auch „D/S" eingetragen, was *Duration of status* bedeutet. Damit kann man so lange in den USA bleiben, bis der mit dem Visa genehmigte Aufenthaltszweck entfällt oder das Visum ausläuft. Das ist zum Beispiel bei den Studentenvisa der Fall. In einigen Fällen erlaubt die Eintragung „D/S" einen Wechsel des Arbeitgebers oder des Studienfachs. Bevor man dies tut, sollte man sich aber vorsichtshalber beim zuständigen INS erkundigen, da ansonsten ein Mißbrauch des Visums vorliegt, was drastische Folgen haben könnte (Deportation und Wiedereinreisesperre).

### Extension of stay: *Verlängerung des Aufenthaltsrechts in den USA*

Wenn das Aufenthaltsrecht früher endet als das Visum gültig ist, kann man ein *Extension of stay* beantragen, wenn man noch länger in den USA bleiben will.

Dies geht natürlich nur in den USA. Spätestens zum Ablaufdatum des Aufenthaltsrechts muß man die Verlängerung beantragt haben, besser jedoch etwas früher. Wird der Antrag zu spät gestellt, besteht so gut wie keine Hoffnung. Man benötigt ein I-539-Formular. Wenn es um die Verlängerung bezüglich eines B-Visums geht, sollte man den lokalen INS aufsuchen (das B-Visum kann allerdings nur einmal verlängert werden). In allen anderen Fällen muß der Antrag beim regional zuständigen INS-Center beantragt werden. Man sollte darauf vorbereitet sein, eine plausible Begründung angeben zu können, warum man noch länger bleiben will, wie man den verlängerten Aufenthalt finanziert und weshalb der Rückkehrwille immer noch besteht.

Wer ein *Extension of stay* beantragt hat, kann maximal 120 Tage über das Ablaufdatum hinaus in den USA bleiben, es sei denn, der INS hat den Antrag inzwischen abgelehnt.

### Revalidation – *Verlängerung des Visums in den USA*

Man kann die meisten befristeten Visa auch verlängern. Der Unterschied zur Beantragung eines neuen Visums ist jedoch gering und wird nur dann interessant, wenn man schon in den USA ist und dort das Visum verlängern will, ohne das Land zu verlassen. B1/B2-Visa können aber nur im Ausland verlängert werden, so daß praktisch überhaupt kein Unterschied zur Beantragung eines neuen B-Visums besteht.

Einige Visa können während des Aufenthalts verlängert werden

Die E-, H-, I-, L-, O- und I-Visa können dagegen auch während des rechtmäßigen Aufenthalts in den USA bei den *Visa Offices* des *State Department* in Washington verlängert werden. Der Antrag ist frühestens 60 Tage vor und spätestens ein Jahr nach Ablauf des Visums möglich. Es müssen alle Unterlagen beigelegt werden, die auch für die Neubeantragung nötig wären. Die Bearbeitungszeit beträgt mindestens drei Wochen.

### Change of status – *Wechsel zu einem anderen befristeten Visum in den USA*

Wenn sich während des Aufenthalts mit einem befristeten Visum die Situation so geändert hat, daß ein anderes Visum besser wäre und die Voraussetzungen dafür vorliegen, kann man in den meisten Fällen in den USA das Visum wechseln. Bei einigen Visa, wie zum Beispiel den M-Visa, ist das allerdings nicht möglich.

Der Antrag wird beim INS eingereicht und muß alle Dokumente enthalten, die auch für die Neubeantragung nötig wären. Außerdem darf das Aufenthaltsrechts (I-94-Karte) noch nicht abgelaufen sein.

### Adjustment of status – *Der Wechsel zur Green Card in den USA*

Liegen während des Aufenthalts mit einem befristeten Visum die Voraussetzungen für den Erhalt der Green Card vor, so kann man die Green Card in den USA beim INS beantragen, ohne das Land verlassen zu müssen. Man sollte jedoch auf die Frage gefaßt sein, seit wann die Beantragung der Green Card beabsichtigt war. Unter Umständen kann es zu Problemen kommen, wenn der INS nachweist, daß die Absicht zur Beantragung einer Green Card schon vor der Einreise mit dem befristeten Visum vorgelegen hat.

Berücksichtigen Sie die Wartezeiten!

Man muß ferner die Bearbeitungs- und die Wartezeiten beachten. Während der Bearbeitung des *Adjustment of status* durch den INS ist das befristete Visum ungültig. Die Bearbeitungszeit variiert je nach dem zuständigen INS-Center und kann zwischen zwei Monaten und zwei Jahren liegen.

Wer also während dieser Zeit ausreisen will, riskiert den Verfall des *Adjustment of status*-Antrags, da bei der Wiedereinreise der INS davon ausgeht, daß wegen der zwischenzeitlichen Ausreise keine Absicht mehr zur Erlangung der Green Card besteht. Man kann dies verhindern, wenn man ein *Advanced parole* erhält. Dieses Reisedokument erlaubt die Aus- und Wiedereinreise. Allerdings muß der Antrag gerechtfertigt werden, zum Beispiel mit familiären oder geschäftlichen Gründen.

Dual-intent-Doktrin

Nachdem der INS der Green-Card-Petition stattgegeben hat, kommt es in vielen Kategorien zu Wartezeiten. Die meisten Antragsteller wollen sich auch während der Wartezeit in den USA aufhalten. Da die Green Card noch nicht vorliegt, brauchen sie also weiterhin ein befristetes Visum beziehungsweise ein befristetes Aufenthaltsrecht. Hierfür müssen sie wiederum den Rückkehrwillen darlegen und dies ist problematisch, da wegen des Green-Card-Antrags das Gegenteil indiziert ist. Ein befristeter Aufenthalt ist zwar möglich, bedarf aber erheblicher Überzeugungskunst. Eine Ausnahme besteht nur in den folgenden Fällen: wer sich mit einem H-1A-, H-1B- oder L-Visum in den USA aufhält, kann auch während der Wartezeit auf die Green Card sein Aufenthaltsrecht bis zum Ablauf des Visums verlängern, da der INS die sogenannte *Dual-intent*-Doktrin anwendet, das heißt, der Rückkehrwille wird als glaubhaft angenommen, obwohl auch der Wille zur Einwanderung besteht.

Wer also die Wahl zwischen verschiedenen befristeten Visa hat und letztlich die Beantragung der Green Card anstrebt, für den ist die *Dual intent*-Doktrin ein wichtiges Kriterium.

## Die Green Card und wie man sie behält

Wenn man vom Konsulat beziehungsweise der Botschaft die Einreisegenehmigung erhalten hat, bedeutet das immer noch nicht, daß man die Green Card tatsächlich bekommt, normalerweise ist dies aber der Fall. Wem im Ausland die Einreise als „wahrscheinlich Green-Card-Berechtigter" gestattet wurde, muß in der Regel innerhalb von sechs Monaten einreisen.

*Bei der Einreise bekommen Sie eine befristete Green Card*

Bei der Einreise wird normalerweise eine zeitlich befristete Green Card ausgestellt, die entweder ein halbes, meistens ein ganzes Jahr gültig ist. Die Ausstellung erfolgt in Form eines Stempels im Reisepaß, bedeutet jedoch nicht, daß man nach Ablauf dieser befristeten Green Card wieder ausgeschlossen wird. Die befristete Green Card dient einzig und allein dazu, den Zeitraum bis zur Zusendung der eigentlichen Green Card zu überbrücken, was einige Zeit in Anspruch nimmt. In seltenen Fällen kann dies bis zu einem Jahr dauern. Mit der Ausstellung der befristeten Green Card hat man alle Rechte eines Green-Card-Inhabers.

*7. Kapitel*

**Die Green Card ist grundsätzlich unbefristet**

Die Green Card ist grundsätzlich unbefristet. Ausnahmen sind hier nur die Green Card über die Heirat und die Green Card über eine Investition, die jeweils die ersten beiden Jahre unter der Bedingung stehen, daß auch nach zwei Jahren die Voraussetzungen für die Erteilung noch erfüllt sind.

Anschließend kommt es nicht mehr darauf an, ob die ursprünglichen Voraussetzungen für die Erteilung weggefallen sind. Theoretisch kann ein Arbeitnehmer, der einen Tag nach Erhalt seiner EB-2-Green Card den Job kündigt, die Green Card sein Leben lang behalten, ebenso derjenige, der sich nach Ablauf der zwei Jahre von seinem amerikanischen Ehepartner trennt. „Grundsätzlich" heißt natürlich, daß es gelegentlich doch eine Rolle spielt, und das ist der Fall, wenn man später die amerikanische Staatsangehörigkeit beantragt. Die Green Card selbst weist ein Ablaufdatum auf. Dies betrifft aber nicht den Status, sondern nur den Ausweis. Ebenso wie einen Reisepaß muß man die Green Card erneuern oder austauschen lassen.

Die Green Card berechtigt grundsätzlich zum unbefristeten Aufenthalt, außer man macht sich eines schweren Verbrechens schuldig. Allerdings gehen die USA mit Vergabe der Green Card davon aus, daß man sich in den USA niederlassen will. Oder genauer gesagt, die Green Card ist gefährdet, wenn der INS der Meinung ist, daß man nicht (mehr) die Absicht hat, sich in den USA aufzuhalten und deshalb den amerikanischen Aufenthaltsort aufgeben will. Wer ohnehin in den USA lebt, wird keine Probleme haben. Die Green Card ist dagegen eigentlich nicht für Leute gedacht, die irgendwann einmal in den USA leben wollen und deshalb noch lange Zeit im Ausland bleiben. Man beweist seine Absicht, in den USA zu leben vorrangig mit seiner Anwesenheit. Viele Green Card Inhaber halten sich aber außerhalb der USA auf; beachten Sie unbedingt die Hinweise von Stephen Yale-Loehr zum Thema.

**Den INS überzeugen, daß man in den USA leben will**

Je weniger man sich in den USA aufhält, desto größer das Mißtrauen des INS. Man sollte deshalb bei der Wiedereinreise nach längerem Auslandsaufenthalt dem INS am Einreiseflughafen erklären können, warum man so lange im Ausland war, und daß man dennoch beabsichtigt, in Zukunft in den USA zu leben. Ein naheliegender Grund wäre zum Beispiel, daß man vorübergehend im Ausland arbeitet, oder daß man wegen Krankheit oder eines Todesfalls längere Zeit ins Ausland mußte. Wer erst seit kurzem die Green Card hat, kann auch darlegen, daß erst noch das Studium im Ausland abgeschlossen werden muß. Wer keine solchen Gründe vorweisen kann, sollte mitteilen können, daß er auf andere Weise Bindungen hat: einen bestehenden Arbeitsvertrag in den USA, Grundbesitz, einen laufenden Mietvertrag, einen Vertrag mit der Krankenversicherung, mit der Telefongesellschaft, einem Sportclub usw. Wer auch dies nicht vorweisen kann, sollte wenigstens einen amerikanischen Führerschein besitzen oder darlegen, daß die Absicht, in die USA zu kommen, ernsthaft besteht.

Abgesehen davon, daß Steuerhinterziehung ohnehin nicht zu empfehlen ist, kann die Unterlassung einer Steuererklärung bei längerer Abwesenheit zur Einziehung der Green Card bei Wiedereinreise am Einreiseflughafen führen. Der Pflicht, Steuern zu zahlen und eine Steuererklärung abzugeben, sollte daher nicht nur aus diesem Grund unbedingt nachgekommen werden.

**Reentry permit für längere Abwesenheit**

Wenn man die USA länger als ein Jahr verlassen hat, wird automatisch angenommen, daß nicht mehr die Absicht bestand und besteht, in den USA zu leben, die Green Card verliert daher die Gültigkeit. Dem kann man entgehen, indem man vor der Ausreise anhand des I-131-Formulars beim INS ein *Reentry permit* beantragt, mit dem man dann bis zu zwei Jahren die USA verlassen kann, ohne bei der Wiedereinreise den Entzug der Green Card zu befürchten. Die Beantragung eines *Reentry permit* wird übrigens schon dann empfohlen, wenn man die USA länger als sechs Monate verläßt. Diesem Antrag muß vor der Ausreise stattgegeben worden sein. Bei der Bearbeitungszeit sollte man vorsichtshalber von 100 Tagen oder länger ausgehen.

**Begründung der Reentry permit**

Der *Reentry permit* muß allerdings plausibel begründet werden. Er läßt sich nicht verlängern. Es ist jedoch möglich, nur in die USA einzureisen, um einen neuen Antrag auf einen *Reentry permit* zu stellen. Man ist auch während der Abwesenheit mit einem *Reentry permit* verpflichtet, eine Steuererklärung abzugeben, ansonsten droht der Entzug der Green Card.

Gibt es nach längerer Abwesenheit Probleme mit der Green Card bei der Einreise, ist man nicht rechtlos. Gelegentlich wird der Einlaß in die USA unter der Auflage gewährt, sich innerhalb weniger Tage beim örtlichen INS zu melden, um die Zweifel zu zerstreuen (sogenannte *Parole*, man ist dann *Parolee*).

Achtung bei längerer Abwesenheit

Hat man die USA länger als ein Jahr verlassen, ohne zuvor in den USA einen *Reentry Permit* erhalten zu haben, oder hat man mit einem *Reentry Permit* die USA länger als zwei Jahre verlassen, so wird die Green Card sehr wahrscheinlich bei der Einreise entzogen. Man sollte bei der zuständigen amerikanischen Auslandsvertretung versuchen, ein *Returning resident Visa* zu erhalten. Dafür muß nachgewiesen werden, daß der Hauptwohnsitz in den USA trotz des langen Aufenthalts nicht aufgegeben wurde. Hilfreich sind dazu Nachweise, daß die Verbindung zu den USA noch besteht (Wohnung, Arbeitsplatz, zurückgebliebene Angehörige), und eine plausible Erklärung dafür, warum man so lange im Ausland war (zum Beispiel Pflege der kranken Eltern oder Entsendung und Tätigkeit im Ausland für den amerikanischen Arbeitgeber).

## Die Erlangung der amerikanischen Staatsangehörigkeit

Wer fünf (im Falle der Erlangung der Green Card über Heirat mit einem Amerikaner drei) Jahre ohne größere Unterbrechung als Green-Card-Inhaber in den USA gelebt hat, kann die amerikanische Staatsangehörigkeit beantragen. Allerdings verliert man die vorherige Staatsangehörigkeit, es sei denn, das ehemalige Heimatland erkennt die doppelte Staatsbürgerschaft an. Das ist bisher nur in der Schweiz, aber (noch) nicht in Deutschland und Österreich der Fall. Man kann aber in den USA problemlos leben und seine alte Staatsangehörigkeit beibehalten.

Wenn man die amerikanische Staatsangehörigkeit erhalten will, sollte man sich während des Aufenthalts in den USA nichts zu Schulden kommen lassen. Es wird nämlich der bisherige Werdegang in den USA betrachtet. Wenn sich dabei zum Beispiel herausstellt, daß die Voraussetzungen für die Green Card kurz nach deren Erhalt entfallen sind, wittert der INS sofort die betrügerische Erlangung der Green Card. Man muß dann beweisen, daß der Wegfall der Voraussetzungen zum

Zeitpunkt der Erlangung der Green Card nicht voraussehbar und unverschuldet war.

Staatsbürger müssen Englisch beherrschen und die amerikanische Geschichte in Grundzügen kennen

Wer amerikanischer Staatsbürger werden will, muß außerdem die englische Sprache beherrschen und die Grundzüge der amerikanischen Geschichte kennen. Zur Überprüfung dieses Wissens wird man vom INS interviewt. Schließlich schwört man auf die amerikanische Flagge – und ist Amerikaner.

### Buchtip

Lewis, Loida Nicolas und Len T. Madlansacay, *How to Get a Green Card: Legal Ways to Stay in the USA*, Nolo Press 1998.

Wernick, Allan, *US Immigration and Citizenship: Your Complete Guide*, Prima Publishing 1997.

Ausführlichere Buchbeschreibungen finden Sie am Ende des Buches.

---

Allgemeine Informationen zur Visa-Beantragung erhalten Sie nur noch beim Visa Informationsdienst der US-Konsulate. In den Konsulaten erhalten Sie keine Auskünfte mehr.

Wählen Sie Tel.: 0190-88 22 11 (3,63 DM pro Minute) für persönliche Auskünfte oder Tel: 0190-270-789 (1,21 DM pro Minute) für ein Tonband. Die US-Konsulate reagieren so auf die Vielzahl von Anfragen, die für Sie nicht mehr zu bewältigen waren.

Studieren in den USA

8. Kapitel

# Studieren in den USA

*von Julia Stein*

**W**er in den USA studieren möchte, dem stellt sich vorrangig das Problem der Informationsbeschaffung. Erschwert wird dies dadurch, daß kaum einer am Anfang der Suche weiß, welche Informationen tatsächlich benötigt werden. Das amerikanische System scheint verwirrend, die Formalitäten und der zu bewältigende Papierwust unbezwingbar und die Kosten erschreckend hoch. Aber lassen Sie sich nicht entmutigen, lesen Sie die folgenden Ausführungen und beginnen Sie mit der gezielten Informationssuche. Die vielen deutschen Studenten, die Jahr für Jahr in den USA studieren, belegen, daß es durchaus möglich ist, wenn man das Projekt „Studium in den USA" mit Geduld, Ausdauer und Arbeitseinsatz angeht und, der Aufwand lohnt sich bestimmt!

Wenn Sie an einem Schuljahr in den USA interessiert sind, so finden Sie Anschriften von Austauschorganisationen im Adressenteil am Ende des Buches. Informationen auch im Buch „Zur High School in den USA" von Mareike Lanbacher, TIA Verlag 1999.

*Die USA bieten eine Vielfalt an Studienmöglichkeiten*

Zur Zeit studieren mehr als 450 000 internationale Studenten an US-Universitäten, Colleges und höheren Bildungsstätten. Kein anderes Land bietet eine derartige Vielfalt an Studienmöglichkeiten in allen erdenklichen Disziplinen und auf allen Niveaustufen. Die wissenschaftlichen Ressourcen, die Büchereien, das Campus-Leben mit einem großen kulturellen Angebot und nicht zuletzt die besseren Aussichten, die ein amerikanischer Abschluß oder eine amerikanische Zusatzqualifikation bieten können, sind für viele Grund, in den USA zu studieren. Vielleicht möchten Sie nur einen Teil Ihres Studiums in den USA absolvieren, vielleicht wollen Sie Ihr Studium dort fortsetzen oder dort an Forschungsprojekten mitarbeiten.

Die folgenden Hinweise sollen Sie auf den richtigen Weg bringen, wie Sie ein Studium in den USA Wirklichkeit werden lassen können. Einem kurzen Überblick über das höhere Bildungssystem folgen konkrete Hinweise, wie Sie bei der Planung und Verwirklichung Ihres Vorhabens vorgehen müssen. Wie und woher erhalte ich die notwendigen Informationen? Wie finde ich Geld fürs Studium? Wie wähle ich die richtige Universität aus? Wie bewerbe ich mich (erfolgreich!)? Gesondert wird die *Summer School*, das Sommerstudium vorgestellt, welches die Chance bietet, mit erheblich weniger Bewerbungsaufwand, als für eine "normale" Zulassung nötig wäre, auf begrenzte Zeit zu erleben, was es bedeutet, in den USA zu studieren und vom dortigen Bildungsangebot zu profitieren.

*Nützliche Webseite*

http://www.studyusa.com

# Kurzer Überblick über das höhere Bildungssystem

Nach Beendigung der *High school*, die zwölf Jahre dauert und mit der deutschen Gesamtschule vergleichbar ist, hat der Schüler eine Reihe von Ausbildungsmöglichkeiten. Wer schnell einen praktischen Beruf erlernen möchte, kann dies auf einer *Vocational school*, die auf die Berufspraxis vorbereitet und auch ohne *High-school*-Abschluß begonnen werden kann. Wer studieren möchte, hat zwei Möglichkeiten. Er kann ein *Junior College* oder *Community College (2-Year-College)* besuchen, das zwei Jahre dauert und auf Personen zugeschnitten ist, die nicht unbedingt eine akademische Ausbildung wünschen. Die Kurse sind überwiegend praxisnah, und nach zwei Jahren kann die Ausbildung mit einem *Associate's Degree* abgeschlossen werden.

Vier Jahr College  Das vier Jahre dauernde College-Studium (*4-Year-College*), das mit dem Grad eines *Bachelors* (sprich: Bätscheler) abgeschlossen wird, dem *B.A.* (*Bachelor of Arts*) oder dem B.S. (*Bachelor of Science*), ist wesentlich akademischer ausgerichtet. Die meisten Studenten schließen mit dem College-Abschluß die akademische Ausbildung ab oder arbeiten zumindest erst einige Jahre, bevor sie zurück zur Universität kommen, um einen weiteren Abschluß anzustreben. Im folgenden finden Sie die verschiedenen Bildungseinrichtungen noch etwas detaillierter im Überblick:

### Vocational School

Hier erlernt der Student spezielle Ausbildungsberufe, wie Sekretär/-in, Automechaniker/-in oder Steuerfachgehilfe/-in. Die Ausbildungen werden meist mit einem *Certificate,* einem Zertifikat, abgeschlossen.

### 2-Year-College

Diese Colleges sind in gewissem Sinne mit Berufsschulen in Deutschland vergleichbar. Normalerweise werden zwar akademische Fächer belegt, aber insgesamt gesehen ist die Ausbildung praxisnah ausgerichtet. Von vielen *2-Year-Colleges* kann nach abgeschlossener Ausbildung auch auf ein 4-Year-College gewechselt werden, und die Kurse sind, je nach Qualität des besuchten Colleges, übertragbar. Falls man einen derartigen Wechsel beabsichtigt, sollte man sich aber unbedingt im Vorfeld darüber informieren, inwiefern die Kurse des besuchten Colleges auch tatsächlich angerechnet werden können.

Die Studiengebühren sind meist wesentlich geringer als die Gebühren für ein *4-Year-College*, besonders auf den *Community Colleges*, die von den Kommunen finanziert werden. Die Studenten schließen mit dem Abschluß *Associate of Arts* (A.A.) oder mit dem *Associate of Science* (A.S.) ab.

### 4-Year-College

Hier erhält der Student, der als *Undergraduate* bezeichnet wird, in den ersten zwei Jahren eine *Liberal arts education*, also ein Studium Generale. Während in Deutschland spätestens mit dem Beginn des Studiums die Richtung der Ausbildung entschieden ist, sind die Studenten in den USA bis mindestens zum zweiten Jahr des College-Studiums hinsichtlich ihrer Studienrichtung noch nicht festgelegt und haben die Möglichkeit, ihre Seminare aus verschiedensten Fachrichtungen zusammenzustellen.

*Major*    Nach zwei Jahren legt man sich gewöhnlich auf einen Schwerpunkt, einen *Major* fest. Im ersten Jahr des Studiums werden die Studenten *Freshmen*, im zweiten *Sophomores* im dritten *Juniors* und im vierten *Seniors* genannt. Am Ende des Studiums, an dem häufig eine

Abschlußarbeit, eine *Thesis* steht, erhält der Student ein Diplom, den *Bachelor's degree* oder schlicht *Bachelor*. Für Geisteswissenschaftler und Sozialwissenschaftler heißt der Abschluß *Bachelor of Arts (B.A.)*, für Naturwissenschaftler, Sozialwissenschaftler, Wirtschaftswissenschaftler, Techniker und Ingenieure *Bachelor of Science (B.S.)*. Es gibt zudem noch den *Bachelor of Education (B. Ed.)* für Pädagogen und den *Bachelor of Fine Arts (B.F.A.)* für Musiker und Künstler. Nun ist der Student ein *Graduate*.

### *University*

Graduierte von *4-Year-Colleges* können auf die Universität gehen, hier bieten sich wieder eine Vielzahl von Programmen und Abschlüssen an.

Einige der geläufigsten Abschlüsse sind:

- M.A. (Master of Arts)
- M.S. (Master of Science)
- LL.M. (Master of Law)
- M.M. (Master of music)
- M.B.A. (Master of Business Administration)

- M.D. (Doctor of Medicine)
- M.F.A. (Master of Fine Arts)
- J.D. (Doctor of Jurisprudence)
- Ph.D. (Doctor of Philosophy)

University vs. College - eine Begriffsverwirrung?

Der Unterschied zwischen *University* und *College* wirkt oft verwirrend auf Ausländer. *College* meint die Ausbildungseinrichtung für *Undergraduates*, also für Studenten, die noch keinen *Bachelor's degree* erhalten haben, sondern nur einen High-school-Abschluß vorweisen können. Allerdings wird ein College dann als Universität bezeichnet, wenn es *auch* Programme für Graduierte anbietet. So können Sie zum Beispiel an der *University of California at Los Angeles* das *College* besuchen, das heißt, Sie besuchen Kurse auf dem College-Niveau an dieser Universität, die aber auch Kurse für Graduierte anbietet, also *Master*- oder *Ph.D.*-Programme, was bei der *University of California at Los Angeles* der Fall ist. Im normalen Sprachgebrauch wird hier oft nicht genau unterschieden. Wenn ein *Undergraduate* in Harvard studiert (um bei diesem Traum so vieler Studenten zu bleiben), ist er eigentlich an einem zugehörigen College – nicht an der Harvard University – eingeschrieben. Auch die verschiedenen Graduierten-Programme finden meist innerhalb anders benannter *Schools* statt. Leider ist *alles* bisher Gesagte aber nur die Regel zur Interpretation des Bezeichnungsdurcheinanders. Es gibt Institutionen, die sich als College bezeichnen und *Master*-Abschlüsse anbieten, und entsprechend Universitäten, die nur *Bachelor*-Abschlüsse anbieten. Dies ist aber eher die Ausnahme. Wenn Sie ganz sicher sein wollen, sollten Sie sich Informationen über die von der jeweiligen Universität angebotenen Abschlüsse besorgen.

**Ein Master-Degree dauert meist zwei Jahre**

Um den Grad eines *Master* zu erhalten, müssen meist zwei Jahre studiert werden. Aber hier gibt es zeitliche Differenzen. Der Abschluß entspricht etwa dem deutschen Magister beziehungsweise Diplom. Nach dem Erhalt eines *Master* kann wiederum ein neues Programm begonnen werden, meist um einen sogenannten *Ph.D.* zu erhalten, der etwa einer deutschen Promotion entspricht, aber nicht in diesen Titel

**Viele Ph.D.-Programme können direkt nach dem B.A. und deutschem Äquivalent begonnen werden!**

umgewandelt werden kann. Allerdings gibt es auch viele *Ph.D.*-Programme, die direkt nach dem Erhalt des *B.A.* begonnen werden, fünf Jahre und mehr dauern und im Rahmen ihres Verlaufs den Erhalt eines *Master* beinhalten. Im Anschluß kann außerdem *Postdoctoral research* unternommen werden, es kann also nach Erhalt des *Ph.D.* an Forschungsprojekten gearbeitet werden, für die es einige gute Förderungsmöglichkeiten gibt.

## Aufbau des Studiums

Folgende Angaben beziehen sich besonders auf *4-Year-Colleges* und Universitäten, da die meisten Studenten, die von Deutschland aus an eine amerikanische Universität kommen, an diesen Institutionen studieren werden. Wenn im folgenden von Universitäten die Rede ist, so sind immer auch die *Colleges* gemeint.

**Neun Monate wird studiert**

Das Studienjahr beträgt üblicherweise neun Monate, beginnt Anfang September und endet im Mai/Juni des folgenden Jahres. Es wird entweder in zwei Semester unterteilt, die durch Winterferien unterbrochen sind, oder in Trimester, die jeweils zwölf Wochen dauern. Es gibt auch Universitäten, die das Jahr in *Quarter* (Viertel) unterteilen, die ebenfalls meist 12 Wochen dauern, allerdings zählen hier auch die Sommermonate, die normalerweise die offizielle Studienpause sind, in denen aber auch Kurse belegt werden können. Dies ermöglicht unter Umständen eine erhebliche Verkürzung der Studienzeit.

**Midterm und Final**

Die Kurse sind überwiegend zweigeteilt, nach der Hälfte des Kurses gibt es einen *Mid-term*, zum Ende ein *Final*, beides sind wichtige Prüfungen, die über die Note entscheiden. Aber jeder Kurs ist natürlich individuell, so werden in geisteswissenschaftlichen Fächern eher *Papers*, Aufsätze verlangt anstelle von Klausuren oder Tests.

**Credit hours**

In der Regel belegen die Studenten auf dem College pro Jahr etwa 30 *Credit hours*, Semesterwochenstunden, aber manche Universitäten haben hier auch eigene Systeme zur Berechnung des Studienaufwands für die jeweiligen Fächer entworfen. Die verlangte Kurszahl, die für *Master-* und *Ph.D.*-Programme belegt werden muß, variiert.

Als Abschlußarbeit wird an allen Institutionen meist eine *Thesis* verlangt, aber auch hier gibt es von Universität zu Universität verschiedene Varianten. Eine Habilitation im deutschen Sinne, die der Dissertation folgt und Voraussetzung für die Berufung zum Professor ist, gibt es in den USA nicht.

## Der richtige Zeitpunkt

Für ein *Ph.D.-* Programm kann man sich am einfachsten nach dem Erhalt des deutschen Magisters, Staatsexamens oder Diploms bewerben. Hier sind auch die Aussichten auf finanzielle Unterstützung aus verschiedenen Quellen recht gut, mehr dazu später.

**Master-Programm nach dem Grundstudium?**

Ein *Master*-Programm kann manchmal sogar schon nach Abschluß des Grundstudiums begonnen werden, nach der Zwischenprüfung oder ähnlichem. Im Regelfall aber erst nach dem 6. Fachsemester, nachdem einige Hauptseminare belegt worden sind. Diese Einstufungspraktik rührt daher, daß der Student nach dem 6. Fachsemester genauso viele Jahre des Lernens hinter sich hat wie ein amerikanischer Student mit *Bachelor*-Abschluß. Der deutsche Student war dann zwar erst drei Jahre auf der Universität, ist aber ein Jahr länger zur Schule gegangen als ein amerikanischer Student. Normalerweise entscheiden die Universitäten aber sehr individuell, so kann es für einen Studenten im Hauptstudium durchaus möglich sein, sich nicht nur für ein *Master*-Programm, sondern auch für ein Fünf-Jahres *Ph.D.*-Programm zu bewerben, das den *Master* sozusagen „beinhaltet". Man sollte sich direkt an die jeweilige Universität wenden, da teilweise interne Richtlinien für die Zulassung von internationalen oder speziell deutschen Studenten bestehen. Da die Universitäten nach Ihrem eigenen Ermessen handeln dürfen, lohnt es sich außerdem zu verhandeln, es kann Ihnen mit etwas Mühe möglicherweise gelingen, die Universität zu überzeugen, Sie in ein bestimmtes Programm aufzunehmen, auch wenn Sie auf den ersten Blick die Zulassungsbedingungen nicht zu erfüllen scheinen. Gerade die Verantwortlichen an kleineren Universitäten und Programmen lassen hier manchmal mit sich reden.

*Amerikanische Partneruniversitäten*

Viele Universitäten pflegen partnerschaftliche Beziehungen zu amerikanischen Universitäten. Wenn Sie an einer deutschen Universität eingeschrieben sind, sollten Sie sich unbedingt beim Akademischen Auslandsamt, aber auch bei Ihrem Fakultätsbereich nach solchen Programmen erkundigen. Für die Teilnahme an diesen Austauschprogrammen gibt es interne Voraussetzungen, in vielen Fällen wird ein abgeschlossenes Grundstudium verlangt.

### Buchtip

Stein, Julia, *10 sichere Schritte zu einem Studium in den USA*, TIA Verlag 1999.

*The Student Advantage Guide to College Admissions*, hg. v. Adam Robinson und John Katzman, Princeton Review 1996.

Jacobs, Ian und Ellen Shatswell, *International Students' Guide to the USA*, Princeton Review 1996.

Littmann, Ulrich, *Studienführer Vereinigte Staaten von Amerika*, hg. v. DAAD.

*Der Studienführer kann auch kostenlos im Internet heruntergeladen werden (www.daad.de).*

Für Mediziner:

Esch, Wally, *Medizinstudium und Weiterbildung in den USA*, Biermann1991.

*Dieses Buch ist leider schon etwas älter, aber immer noch sehr hilfreich.*

Schäufele, Michael K., *Mediziner in den USA*, Schrodt-Verlag 1995.

Ausführlichere Buchbeschreibungen finden Sie am Ende des Buches.

## BERATUNGSTIPS

Education USA (Adressen im Anhang) berät unter 0190 - 57 27 27 (DM 1,20 pro Minute) Mo. - Fr.: 10 -18 Uhr. Education USA veranstaltet zudem Seminare zum Thema Studium und führt Beratung in kleinen Gruppen durch.

Studienberatung USA an der Fachhochschule Hannover berät zum Thema Studium und Praktikum.

Frau Truman (Di 10-12 Uhr, Do 13-15 Uhr)
Ricklinger Stadtweg 118-120
30459 Hannover
Tel: 0511-929-6621
Fax: 0511-699621
Email: truman@verw.fh-hannover.de

Die Studienberatung verfügt auch über eine informative Webseite unter: www.fh-hannover.de/usa

Studienberatung bietet auch die zentrale Telefonnummer von

Informationen gibt es auch unter Tel.: 0228-9735-111 oder Fax: 0228-9735-190.

## Welche Universität ist richtig für mich?

*Ranglisten amerikanischer Universitäten: Rankings*

Sie sollten sich darüber im klaren sein, daß in den USA die Wahl der richtigen Universität von entscheidender Bedeutung ist. Auch in Deutschland werden in den letzten Jahren *Rankings*, also Ranglisten für die Universitäten erstellt, bei denen anhand bestimmter Kriterien, etwa dem Zahlenverhältnis von Studenten und Professoren, der Ausrichtung der Seminare etc., versucht wird, für bestimmte Fachrichtungen, die „besseren" Studienorte von den „schlechteren" zu unterscheiden. Solche *Rankings* sind in den USA schon seit vielen Jahren üblich, und die Colleges und Universitäten werben beispielsweise auch damit, wieviel Geld ein Graduierter ihrer Fakultät im Vergleich zu Studienabgängern anderer Universitäten im ersten Jahr nach dem Universitätsabschluß verdienen kann. Für einen Harvard-Graduierten scheint die Zukunft gesichert: Er hat während des Studiums Kontakte geknüpft, „kennt die richtigen Leute", hat einen Abschluß mit einem hohen Prestige in der Hand und kann auf ein Netz anderer ehemaliger Harvard-Studenten zurückgreifen, die ihm vielleicht einen guten Job vermitteln können. Dies alles mag auf Harvard zutreffen, aber eben auch auf zahlreiche andere Universitäten, nicht nur auf Stanford, Yale und Princeton, um die vier genannt zu haben, die in Deutschland vielleicht am bekanntesten sind.

**Nicht nur Harvard, Stanford, Yale und Princeton...**

Informieren Sie sich gründlich über verschiedene Universitäten, an denen ein Studium für Sie in Frage kommt, legen Sie sich nicht zu sehr auf Ihnen schon im Vorfeld bekannte Namen fest, wodurch Sie sich später Chancen auf eine sehr gute Ausbildung verderben können.

**Schlechte Universitäten rausfiltern**

Es gibt aber in den USA auch Universitäten, deren Niveau deutlich unter dem deutscher Universitäten liegt und an denen Sie bestimmte Fachrichtungen besser nicht studieren sollten. Entscheidend ist also, daß Sie sich genau informieren, wo die für Ihr Studienvorhaben geeignetste Universität zu finden ist. Die enorme Auswahl an Universitäten und Programmen macht die Entscheidung schwierig. So ist es dringend erforderlich, alle nur erdenklichen Informationen zu sammeln.

**Auswahlkriterien**

Sie sollten sich verschiedene Kriterien überlegen, die für Sie persönlich wichtig sind. Möchten Sie lieber nach Kalifornien oder nach Neuengland, möchten Sie gern einen Strand oder eine Skipiste in greifbarer Nähe, eine Großstadt, eine Kleinstadt oder richtig aufs Land oder einfach nur das größte Prestige und bestmöglichen akademischen Möglichkeiten?

Allgemeine Kriterien könnten folgende sein:

- Studienrichtung

- Fach/Spezialprogramme

- Qualität einer bestimmten Fachrichtung

- Qualität der Professoren

- Studiengebühren

- Chancen auf Zulassung

- Chancen auf ein Stipendium

- Universitätsgröße

- Professorenzahl relativ zur Studentenzahl

- Klima

Informieren Sie sich beispielsweise anhand der folgenden Quellen:

*Literatur*

Hier bietet sich, gerade zu Beginn der Orientierung, Literatur wie der *Gourman Report* an, der ein *Ranking* nach verschiedenen Kriterien für die verschiedensten Studienrichtungen durchführt und die Adressen der jeweiligen Universitäten auflistet, bei denen weiteres Informationsmaterial angefordert werden kann.

Die Qual der Wahl | Es gibt eine riesige Auswahl an Gesamtüberblicken amerikanischer Universitäten, die meist auch eine Bewertung vornehmen, genauso wie derartige *Rankings* in verschiedenen amerikanischen Magazinen, wie den *U.S. News* durchgeführt werden. Dieses Ranking finden Sie auch im Internet unter unten angegebener Adresse. Sie sollten am besten verschiedene Beurteilungen vergleichen, da diese natürlich keine allgemeingültigen Wahrheiten enthalten und immer mit kritischer Distanz zu genießen, aber doch für die erste Orientierung günstig sind.

*Buchtip*

Custard, Edward, *The Complete Book of Colleges*, 1998, Princeton Review 1997.

Custard, Edward, *The Best 311 Colleges 1998*, Princeton Review 1997.

Gourman, Jack, *1998: The Gourman Report. Undergraduate Programs*, Princeton Review 1997.

Gourman, Jack, *1998: The Gourman Report. Graduate Programs*, Princeton Review 1997.

*Insider's Guide to Colleges*, hg. v. The Yale Daily News, St. Martin's Griffin 1997.

Gilbert, Nedda, *The Best Business Schools 1998*, Princeton Review 1997.

van Tuyl, Ian, *The Best Law Schools 1998*, Princeton Review 1997.

Nagy, Andrea und Paula Bilstein, *The Best Medical Schools 1998*, Princeton Review 1997.

Spencer, Janet und Sandra Maleson, *Visiting College Campuses*, Princeton, Review 1997.

Ausführlichere Buchbeschreibungen finden Sie am Ende des Buches.

---

### Bibliotheken und Beratung

Hier kommen vor allem die Bibliotheken der Amerika-Häuser und Education USA und die Deutsch-Amerikanischen Institute in Frage, deren Adressen Sie im Anhang finden. Hier können Sie in viele Publikationen zum Thema erst mal „reinschauen". Zudem finden Sie auch Informationsmaterial zu Einzelprogrammen vieler Universitäten. Auch die deutschen Universitäten verfügen teilweise über Publikationen, die Ihnen nützlich sein können; Sie können also nach dem gewünschten Titel an Ihrer deutschen Universität suchen oder auch Informationsbroschüren beim jeweiligen Akademischen Auslandsamt und beim DAAD erhalten. Beratung bietet auch die schon erwähnte Studienberatung Hannover. In Zukunft ist mit einer Zunahme an privaten Anbietern auf dem Gebiet der Studienberatung zu rechnen.

### World Wide Web

Im Internet sind eigentlich alle Universitäten vertreten, und zwar mit
ausführlichen Informationen über Ihre Programme, mit Adressen und
manchmal mit Adressen von Ansprechpartnern, die weitere Auskünfte
erteilen können. Sie können normalerweise per Email, Post oder Telefon weiteres Informationsmaterial oder direkt Bewerbungspakete anfordern. Es ist ein wirklich hervorragender Weg, um an Informationen
zu kommen. Nur ist die Vielfalt überwältigend, weshalb es sinnvoll ist,
sich vorher ein paar Universitäten herausgepickt zu haben, etwa mit
Hilfe des *Gourman Reports* oder anderen Gesamtdarstellungen von
Colleges und Universitäten. Die entsprechenden Internetadressen sind
leicht zu finden, wenn Sie zum Beispiel mit der Suchmaschine *Yahoo*
in die Sparte *Education* gehen. Zudem finden Sie allgemeine Informationen auf folgenden World Wide Web-Seiten:

http://www.usnews.com/usnews/edu.home

Hier finden Sie neben vielen allgemeinen Informationen auch ein
*Ranking* von Colleges und Universitätsprogrammen, das *U.S.news*
durchführt.

http://www.nap.edu/nap/online/researchdoc

Hier gibt's Infos zu den Unis.

http://chronicle.merit.edu/ads/links.html

Hier finden Sie auch Stellenangebote für wissenschaftliche Mitarbeiter
und viele weitere hilfreiche Links.

http://www.campustours.com

Hier findet man viele Fotos, Videos, Karten usw.

In den USA kann man sich bei einigen Universitäten sogar online bewerben. Sehen Sie sich dazu folgende Seiten an!

http://www.applytocollege.com

http://apply.collegeedge.com

http://www.yahoo.com/Education/Higher_Education/College_Entran ce/Online_Applications/Individual_Schools

### *Universitätseigenes Informationsmaterial*

Die Universitäten oder Colleges haben teilweise aufwendige Broschüren mit Bildern und Texten, die eine Art Universitätsphilosophie erkennen lassen. Diese Werbebroschüren sind interessant, sollten aber nicht als Entscheidungsträger dienen. Sie können diese Informationsbroschüren mit Hilfe einer Postkarte und einer kurzen Notiz vom *Admission Office* der jeweiligen Universität anfordern oder direkt dort anrufen.

## Was bei der Bewerbung eine Rolle spielt

Sie müssen sich grundsätzlich an allen Universitäten bewerben, auch wenn Sie zum Beispiel an einer Institution einen *B.A.* erlangt haben und nun einen M.A. Abschluß anstreben. Man bewirbt sich speziell auf ein bestimmtes Programm hin, und je größer das Prestige der Universität ist, desto schwieriger kann es sein, zugelassen zu werden, da Sie gegen viele qualifizierte Mitbewerber konkurrieren. Die meisten Universitäten geben Statistiken darüber heraus, wieviel Prozent der Bewerber durchschnittlich zugelassen werden. Die Bewerbung findet in der Regel schon ein Jahr vor Studienbeginn statt und bedarf recht aufwendiger Vorbereitung, kalkulieren Sie also Ihre Zeit großzügig. Das Studienjahr beginnt im Herbst, Sie müssen also spätestens im Herbst des Vorjahres die nötigen Tests absolvieren und die zahlreichen Unterlagen zusammentragen, um den individuell allerdings etwas variierenden Einsendeschluß einzuhalten. Die meisten Universitäten verlangen eine Bearbeitungsgebühr der Bewerbung, die bis zu US$ 100 betragen kann und nicht rückerstattet wird.

Bewerben Sie sich am besten bei 5 bis 6 Universitäten

Sie sollten sich in jedem Fall bei mehreren Universitäten bewerben, um sicherzugehen, mindestens eine Zulassung zu bekommen. „Streuen" Sie Ihre Bewerbungen auf Universitäten mit verschiedenem Schwierigkeitsgrad der Zulassung. Sie werden bestimmt eine „Traum-Universität" haben, nur leider ist man in der Regel nicht allein mit diesem Wunschziel, was die Konkurrenz um die Zulassung verschärft. Bewerben Sie sich also noch an weiteren vier bis fünf Universitäten, an denen Sie auch glücklich werden könnten, jeweils gestaffelt nach Schwierigkeitsgrad der Zulassung.

### Finanzielle Mittel

Diese stellen für die meisten die größte Hürde dar. Amerikanische Universitäten sind teuer. Sie müssen mit 10 000 und 25 000 und mehr US-Dollar für den Aufenthalt rechnen. Lassen Sie sich aber nicht voreilig von diesen Zahlen abschrecken. Besonders für internationale Studenten in Graduiertenprogrammen werden die Stipendien leistungsbezogen vergeben. Das heißt, daß es keine Rolle spielt, ob Sie Ausländer sind. Sind Ihre Leistungen besser als die eines Amerikaners, werden Sie das Stipendium bekommen. Fulbright oder Hamilton sind nur einige der vielen Stipendien, die für *Ph.D.*-Programme, aber auch für *M.A.*-Programme vergeben werden. Die Universitäten selber vergeben ebenfalls Stipendien. Sie haben also hier nicht zu unterschätzende Chancen. Es ist üblich, daß Sie als Graduierter Kurse für *Undergraduates,* Studenten auf College-Niveau, geben können und dann nur verringerte Studiengebühren bezahlen müssen. Sie dürfen auch andere Jobs auf dem Campus annehmen, eine allgemeine Arbeitsgenehmigung besitzen Sie aber mit Ihrem Studentenvisum nicht. Beachten Sie dazu die Hinweise im Kapitel von Rechtsanwalt Jan Frederichs.

Für Bachelor-Programme sind amerikanische Stipendien rar, aber, spielen Sie Tennis ?

Für *Bachelor*-Programme werden die Stipendien nicht rein leistungsbezogen vergeben, und so werden einige amerikanische Universitäten Ihnen sofort sagen, daß Ausländer für *Bachelor*-Programme keine Unterstützung erhalten können. Allerdings gibt es auch hier Möglichkeiten beispielsweise über ein Sportstipendium oder aufgrund anderer herausragender nicht-akademischer Fähigkeiten, die Sie vielleicht besitzen, finanzielle Mittel zu beantragen. Da die Frage der Studienfinanzierung auch für Amerikaner eine wichtige Rolle spielt, gibt es auch hier gute Sammlungen mit Listen aller nur erdenklichen verfügbaren Stipendien. Aus deutschen Quellen werden Abiturienten für ein *Bachelor*-Studium gemeinhin auch nicht finanziert.

**Für begrenzte Studienaufenthalte gibt es gute Stipendienmöglichkeiten**

Zur Finanzierung von zeitlich begrenzten Studienaufenthalten jeglicher Art sollten Sie unbedingt die Broschüre des DAAD konsultieren. Es gibt zahlreiche Austauschprogramme und viele Stipendien, die auf ein Jahr begrenzt sind und die von deutschen und amerikanischen Institutionen vergeben werden. Hierzu müssen Sie allerdings an einer deutschen Universität eingeschrieben sein und einige Semester studiert haben. Erkundigen Sie sich unbedingt auch im Akademischen Auslandsamt Ihrer Universität. Im Falle einer Teilnahme durch Austauschprogramme mit Partneruniversitäten werden die Studiengebühren in der Regel erlassen.

Wenn Sie eine Green Card besitzen, dann sind Ihre Studiengebühren an staatlichen Universitäten um zwei Drittel reduziert! Außerdem ist es mit einer Green Card auch für *Undergraduates*, also College-Studenten möglich, Stipendien und Darlehen unter günstigen Konditionen zu bekommen. Die Teilnahme an der Green Card Lotterie kann also nie schaden...

Am schlechtesten ist die Aussicht auf finanzielle Unterstützung aus den USA für Medizinstudenten, *M.B.A.*-Kandidaten und Bewerber anderer direkt berufsbezogener Studienfächer. Hier muß man am besten versuchen, aus deutscher Quelle Unterstützung zu bekommen. In den USA ist es üblich, daß College-Abgänger erst einige Jahre arbeiten und etwa Geld für die *Business School* sparen beziehungsweise von einem Unternehmen, in dem Sie sich bewährt haben, gesponsert werden. Auch für Amerikaner ist es also schwieriger, finanzielle Unterstützung für diese Fachbereiche von der Universität zu bekommen. Aber auch hier gibt es Programme, zum Beispiel von der Carl Duisberg Gesellschaft und vom DAAD, die auch solche Studiengänge finanziell unterstützen.

### *Buchtip*

Stein, Julia, *10 sichere Schritte zu einem Studium in den USA*, TIA Verlag 1999.

Vuturo, Christopher, *The Scholarship Advisor*, Princeton Review 1998.

Hier finden Sie ausführliche Informationen über alle möglichen Stipendien, die aufgrund von sportlicher oder akademischer Leistung beziehungsweise akademischen Interessen und vielem anderen vergeben werden.

*Studium, Forschung, Lehre im Ausland: Förderungsmöglichkeiten für Deutsche*, hg. v. DAAD, Bonn 1996.

Ausführlichere Buchbeschreibungen finden Sie am Ende des Buches.

> Im Adressenteil im Anhang finden Sie die Adressen von Einrichtungen, die Studienaufenthalte in den USA fördern.

### *Sprachkenntnisse*

Voraussetzung für alle Programme, außer denjenigen, die dem Erlernen der englischen Sprache dienen, sind gute Kenntnisse der englischen Sprache. Studierende in einem *Master-* oder *Ph.D.*-Programm müssen häufig selbst Kurse für *Undergraduates* abhalten und diese natürlich in Englisch.

TOEFL Normalerweise wird von den verschiedenen Institutionen der TOEFL – Test (*Test of English as a foreign language*) verlangt. Hier wird häufig eine bestimmte Mindestpunktzahl verlangt. Es gibt zahlreiche Bücher und Kassetten sowie ganze Kurse, die auf diesen Test vorbereiten. Sie müssen selbst entscheiden, wieviel Vorbereitung Sie benötigen, um die Mindestpunktzahl zu erreichen. Am besten besorgen Sie sich Probetests und entscheiden dann anhand derer, wieviel Zeit Sie noch in die Vorbereitung investieren müssen. Sie haben sicherlich auch persönlich größeren Nutzen von Ihrem Aufenthalt, wenn Sie den Veranstaltungen von Anfang an gut folgen können. Sind Sie schon in den USA, so gibt es dort auch zahlreiche Institute, die Englischkurse für Ausländer und auch spezielle TOEFL-Vorbereitungskurse anbieten.

### Leistungen

Ihre akademischen Leistungen sind der entscheidende Faktor, der die Universitäten oder Colleges bei der Entscheidung über Ihre Zulassung beeinflußt. Hinzu kommen normalerweise noch soziales oder kulturelles Engagement und sportliche Leistungen. Sehr gute sportliche Leistungen können, wie erwähnt, auch internationalen Studenten ermöglichen, durch ein Sport-Stipendium ein vierjähriges College-Studium finanziert zu bekommen, was ansonsten äußerst schwierig ist.

### Standardisierte Tests

Es gibt spezielle Tests, die normalerweise von allen Studenten abgelegt werden müssen und entscheidend über Zulassung oder Ablehnung mitbestimmen. Sie sind auch sehr wichtig bei der Vergabe von Stipendien durch die Universitäten selbst. Sie erfahren in den Bewerbungsunterlagen der Universitäten, welche Tests für Ihre Bewerbung verlangt werden. Nehmen Sie diese Tests nicht auf die leichte Schulter und bereiten Sie sich anhand der entsprechenden Publikation vor. Hierzu existiert eine riesige Auswahl an Büchern. Die jeweiligen Tests, die verlangt werden, sollen hier kurz beschrieben werden. Wichtige Informationen zu vielen Tests gibt es auch unter

http://www.collegeboard.org. Hier können Sie zum Beispiel auch eine Online-Bewertung Ihrer Bewerbungsaufsätze vornehmen lassen, doch dazu später mehr.

### TOEFL (Test of English as a foreign language)

Wird normalerweise von allen Universitäten verlangt. Der Test prüft neben Kenntnissen der geschriebenen Sprache grammatikalisches Grundwissen und die Fähigkeit, Englisch zu verstehen.
Bei dieser Adresse können Sie auch Material über GRE, GMAT und SAT anfordern!

CITO/TOEFL
Postbus 1203
NL-6801 BE Arnhem
Niederlande
Tel.: 0031 26352 1480

Fax: 0031 26352 1278

http://www.toefl.org

### SAT (Scholastic Aptitude Test)

Wird für den Besuch eines Colleges benötigt. Die verbalen und mathematischen Fähigkeiten werden überprüft.

SAT

Registration Bulletin

P.O. Box 6200

Princeton, N J 08541

Tel.: 001 609 771 7600

http: www.ets.org

http://www.collegeboard.org

### GRE (Graduate Records Examination)

Für die Zulassung in ein *Master*-Programm benötigt. Gesondert werden verbale, mathematische und analytische Fähigkeiten bewertet. Dazu kommt meist noch ein spezieller Fachtest, ein *GRE Subject Test*, den es für 16 Fachrichtungen gibt.

GRE

ETS (Educational Testing Service)

P.O.Box 6000

Princeton, NJ 08541-6000

Tel.: 001 609 771 7670

Fax: 001 609 771 7906

http://www.gre.org

### LSAT (Legal Scholastic Aptitude Test)

Für die Zulassung an einer *Law School* ist dieser Test von zwingender Notwendigkeit und meist von entscheidender Bedeutung. Leseverstehen, analytisches und logisches Denken werden geprüft. Dazu kommt eine kleine Schreibübung, die zwar nicht bewertet, aber den *Law Schools* zugesandt wird.

LSAS

Law School Admissions Service

P.O. Box 2000

Newtown, PA 18940-0998

Tel.: 001 215 968 1001

http:// www.lsat.org

*GMAT (Graduate Management Admissions Test)*

Zur Zulassung in ein *M.B.A.*-Programm benötigt und spielt meist eine wichtige Rolle bei der Entscheidung über die Zulassung. Verbale, mathematische und analytische Fähigkeiten werden geprüft.

GMAT

Educational Testing Service/ETS

P.O. Box 6103

Princeton, NJ 08541-6103

Tel.: 001 609 771 7330

http://www.gmat.org

*MCAT*

Zur Zulassung an der *Medical School* benötigt, gute Ergebnisse und gute Noten sind für die Zulassung ein MUSS. Der Test dauert 9½ Stunden und besonders geprüft werden naturwissenschaftliches Fachwissen in Biologie, Chemie und Physik sowie quantitative Analyse, verbale Fähigkeiten und Problemlösungsstrategien.

MCAT

American College Testing Program

P.O. Box 414

Iowa City

IA 52243

Tel.: 001 319 337 1357

Informationen auch bei der:

Association of American Medical Colleges

Attn: Membership and Publication Orders

One Dupont Circle, NW, Suite 2000

Washington, DC 20036

Tel.: 001-202-828-0416

Für die Anerkennung medizinischer Abschlüsse ist außerdem noch folgende Adresse wichtig:

Educational Commission For Foreign Medical Graduates
3624 Market Street, 4th Floor
Philadelphia, PA 19104-2685
Tel.: 001-215-386-5900
Fax: 001-215-387-9963

### *Buchtip*

Buffa, Liz und Laurice Pearson, *Cracking the TOEFL 1998*, Princeton Review 1997.

Robinson, Adam und John Katzmann, *Cracking the GRE 1998*, Princeton Review 1997.

Robinson, Adam und John Katzmann, *Cracking the SAT 1998*, Princeton Review 1997.

Usw. für alle gängigen Tests. Diese Buchreihe erstreckt sich über eine Vielzahl standardisierter Tests, ist äußerst bewährt und erscheint im *Princeton Review* in jährlich aktualisierter Auflage. Der *Barrons*-Verlag bringt ebenso ganze Buchreihen zur Testvorbereitung heraus und ist ebenso empfehlenswert wie natürlich auch das offiziell von ETS herausgegebene Vorbereitungsmaterial.

Ausführlichere Buchbeschreibungen finden Sie am Ende des Buches.

## Die schriftliche Bewerbung

Abgesehen von den standardisierten Tests variieren die Bewerbungsanforderungen je nach Universität und Programm. Normalerweise hat die Bewerbung aber zumindest folgende Bestandteile:

* Allgemeine Informationen, ein *Curriculum vitae*, ein Lebenslauf, der allerdings, wie alle akademischen Lebensläufe, etwas zurückhaltender und sachbezogener formuliert wird als das im Kapitel zur Jobbewerbung beschriebene Resume. Sie sollten sich hier mehr auf

Ihre rein akademischen Leistungen beziehen. Meist geben die Universitäten aber die Form dieses Lebenslaufes genau vor.

- Zeugnisse

- *Statement of purpose*, also ein Motivationsschreiben. Sie sollen hier schreiben, warum Sie ein bestimmtes Fach studieren wollen und warum gerade an dieser Universität. Manchmal wird auch ein Aufsatz zu einem bestimmten Thema verlangt.

- Drei *Letter of recommendation*, Empfehlungsschreiben von Ihren Professoren beziehungsweise Lehrern

- Finanzierungsnachweis beziehungsweise Antrag auf finanzielle Unterstützung. Sie müssen Vermögenswerte nachweisen, etwa durch einen Bankauszug oder eine Bankbescheinigung, die nachweist, daß Sie Ihren Aufenthalt und Ihr Studium finanzieren können, und somit nicht in den USA zum Sozialfall werden. Es kann auch die Bescheinung Ihres Sponsors sein oder eine Finanzierungsbürgschaft Ihrer Eltern.

- eventuell Arbeitsproben

### Die Übersetzung von Abschlüssen und Zeugnissen

Die Zeugnisse müssen natürlich übersetzt werden, was manche Probleme mit sich bringt, da es keine einheitlichen Richtlinien gibt. Größere Universitäten haben normalerweise eigene Systeme erstellt, mit Hilfe derer internationale Abschlüsse bewertet werden. Sie sollten in jedem Fall hinter die Übersetzung die Originalbezeichnung setzen, da an den zuständigen Stellen manchmal auch Fachkundige sitzen, denen die deutsche Bezeichnung geläufig ist. Orientieren Sie sich für akademische Bezeichnungen an den Übersetzungsvorschlägen im Kasten.

Noten nicht nur schematisch übersetzen

Auch die Übersetzung von Noten bereitet oft große Probleme. Bei Schulzeugnissen können Sie meist noch einfach nach dem unten angegebenen Schema übersetzen, aber bei Universitätszeugnissen, die an sich ja gar nicht in ausführlicher Form vergeben werden, wird es komplizierter. Haben Sie Ihren Abschluß in der Tasche, sollten Sie eine Kopie des Abschlußzeugnisses beifügen, dann eine Erklärung des

Bewertungssystems und eine Umrechnungstabelle. Sie sollten in jedem Fall zusätzlich selbst eine Art Zeugnis erstellen, also sämtliche Kurse, die Sie belegt haben, in englischer Sprache auflisten und die entsprechenden Noten, eventuell auch die Semesterwochenstunden angeben. In manchen Fächern werden Einsen äußerst selten vergeben, so daß man, obwohl man sich unter den besten 10% aller Kursteilnehmer in einem großen Kurs befindet, trotzdem gerade mal eine 2- auf dem Zeugnis stehen hat. Übersetzt man diese Zensur stumpf nach dem folgenden Schema der Notenübertragung, sieht das Zeugnis für einen amerikanischen Begutachter, der gewohnt ist, bei einem guten Studenten hauptsächlich Einsen, „A's", zu sehen, geradezu schlecht aus. Dies können Sie dadurch umgehen, indem Sie zusätzlich angeben, in welchem Verhältnis Ihre Leistungen zu denen anderer Studenten stehen, also etwa „Top 10%". Diese Zahlen sollten Sie versuchen, von der jeweiligen Fakultät zu bekommen. Die amerikanischen Noten sind folgendermaßen zu verstehen: Sie werden einmal in Buchstaben, einmal in Zahlen ausgedrückt, um dann auch den Notendurchschnitt errechnen zu können. Der auf Bewerbungen verlangte GPA (*Grade Point Average*) bezieht sich auf diesen Notendurchschnitt. Den Notendurchschnitt errechnen Sie, indem Sie die Semesterwochenzahlstunden oder *Credit hours* mit der Note multiplizieren und anschließend durch die Gesamtzahl der *Credits* teilen.

| USA | | | Deutschland |
|------|------|------|-------------|
| A+ | oder | 4,3 | sehr gut + |
| A | oder | 4,0 | sehr gut |
| A- | oder | 3,7 | sehr gut - |
| B+ | oder | 3.3 | gut + |
| B | oder | 3,0 | gut |
| B- | oder | 2,7 | gut - |
| C+ | oder | 2,3 | befriedigend + |
| C | oder | 2,0 | befriedigend |
| C- | oder | 1,7 | befriedigend - |
| D+ | oder | 1,3 | ausreichend + |
| D | oder | 1,0 | ausreichend |
| D- | oder | 0,7 | ausreichend - |
| F | oder | 0 | ungenügend |

Schwierigkeitsstufen
der Seminare beachten

Entsprechend der universitären Aufteilung in Übung für Anfänger, Proseminare, Hauptseminare und Oberseminare sind auch in den USA die unterschiedlichen Schwierigkeitsstufen der Seminare bezeichnet, allerdings meist anhand Ihrer Seminarnummern, die darüber Auskunft geben, ob es sich um einen *Lower division-*, *Upper division-* oder *Graduate division-*Kurs handelt. Auf dem College-Level gibt es *Lower* und *Upper division* Kurse, für Graduierte ist dann die *Graduate division* bestimmt, aber auch hier gibt es Varianten und weitere Differenzierungen von Universität zu Universität. Sie können am besten sämtliche Einführungsveranstaltungen als *Lower division* Kurse bezeichnen, die Proseminare und vergleichbares als *Upper division* und alle Haupt- und Oberseminare sowie Kolloquien als *Graduate division* Kurse. Ihnen bleibt hier nichts anderes übrig, als etwas kreativ zu sein. Ihre „Zeugnisse" sollten Sie, falls möglich, von der Fakultät bei Vorlage Ihrer Scheine beglaubigen lassen. Gelingt Ihnen dies nicht, können Sie auch Kopien von den Original-Scheinen mitschicken. Die Originale können Sie dann bei Studienbeginn oder auf Verlangen vorzeigen. Oft wünschen die amerikanischen Universitäten, daß die Zeugnisse direkt von der deutschen Universität beziehungsweise Schule verschickt werden. Fragen Sie im Sekretariat nach, ob dies möglich wäre, ansonsten scheuen Sie sich nicht, mit der amerikanischen *Admission office* zu sprechen und dort das Problem zu erklären.

Die folgenden Übersetzungen bieten natürlich keine vollständig identischen Entsprechungen, sondern sind nur Vorschläge:

| Bildungseinrichtungen | |
|---|---|
| Grundschule | Elementary School |
| Mittelschule/Realschule | Secondary School |
| Gymnasium | High school |
| Die High school umfaßt allerdings nur 12 Jahre und kann ganz unterschiedliche Level haben, „Gymnasium" beziehungsweise „Abitur" ist manchen Verantwortlichen aber ein Begriff. | |
| Berufsschule | Vocational School |
| Fachschule | Professional College |
| Technische Hochschule | Technical University |
| Universität | University |

| Examen | |
| --- | --- |
| Abitur | High school Diploma |
| Allerdings ist das Abitur eigentlich eine größere Leistung, was möglicherweise erklärt werden sollte. | |
| Vordiplom | Intermediate Examination |
| Equivalent to Bachelor Degree. Dies ist eine für Sie günstige Übertragung. Es könnte sein, daß Ihnen zu diesem Zeitpunkt erst ein Associate's Degree anerkannt wird und erst mit Beendigung des 6. Fachsemesters ein Bachelor. | |
| Diplom/Magister | Diploma, Master |
| Diplomarbeit/Magisterarbeit | Thesis |
| Dissertation | Dissertation |
| Promotion | Doctorate, Ph.D. |
| Referendarprüfung | First State Examination in Law |
| Assessorprüfung | $2^{nd}$ State Examination in Law |
| Diplom-Volkswirt | Master of Economics |
| Diplom-Kaufmann | Master of Business Administration |
| Diplom-Soziologe | Master of Science, Social Sciences |
| Diplom-Politologe | Master of Political Science |
| Diplom-Landwirt | Master of Agriculture |
| Diplom-Wirtschaftsingenieur | Master of Science, Industrial Engineer |
| **Sonstige relevante Bezeichnungen** | |
| Wissenschaftlicher Assistent | Assistant Professor |
| Wissenschaftlicher Mitarbeiter | Research Associate |
| Praktikum | Internship |

## Statement of purpose

Dieses „Motivationsschreiben" bereitet häufig das meiste Kopfzerbrechen. Manchmal gibt es vorgegebene Themen für einen allgemeinen Aufsatz, aber in den meisten Fällen sollen Sie in einem Aufsatz niederschreiben, warum Sie Ihr Studienfach und warum gerade an entsprechender Universität studieren wollen.

Es gibt Bücher mit Beispielaufsätzen, an denen man sich orientieren kann, aber solche „Orientierung" kann schnell dazu verführen, daß die eigene Kreativität gehemmt wird. Sehen Sie sich am besten keine solcher Beispiele an, bevor Sie sich keine eigenen Gedanken gemacht haben. Seien Sie direkt, ehrlich und bemühen Sie sich besonders um einen interessanten Anfang. Lassen Sie den Aufsatz auf jeden Fall von einem sehr guten Kenner der englischen Sprache korrigieren. Je nachdem, für welches Programm Sie sich bewerben, gibt es natürlich verschiedene Arten von Essays. Wenn Sie als *Freshmen* aufs College gehen wollen, sind häufig speziellere Fragen beziehungsweise Themen vorgegeben. Ich vermute, daß die meisten Leser sich aber für ein Universitätsprogramm bewerben werden, nachdem Sie schon mindestens einige Semester in Deutschland studiert haben. Für diese Zielgruppe sind folgende Fragen bestimmt. Denken Sie sich Antworten zu den Fragen aus oder schreiben Sie diese auf. Wenn Sie sich zu diesen Themen Gedanken gemacht haben, verfügen Sie eigentlich schon über die Inhalte, die in einem „normalen" *Statement of purpose* verwendet werden können. Auch die Interview-Fragen im Kapitel über Bewerbungen in den USA können zu diesem Zweck herangezogen werden.

- Wann haben Sie begonnen, sich für die Fachrichtung, in der Sie sich bewerben, zu interessieren?

- Haben Sie ein bestimmtes Erlebnis gehabt, das Ihr Interesse geweckt hat?

- Was hat Sie dazu bewogen, dieses Interesse weiterzuverfolgen?

- Wann haben Sie konkrete Karrierepläne gefaßt und aus welchem Grund?

- Welche Erfahrungen, außerhalb Ihrer akademischen, machen Sie zu einem guten Akademiker beziehungsweise zu einem guten Studenten dieses Fachs?

- Hat der Verlauf Ihres bisherigen Lebens Sie besonders gut für dieses Studium/diese Karriere vorbereitet?

- Welche Schriftsteller oder Bücher aus Ihrem oder einem verwandten Fachbereich haben Sie stark beeinflußt?

- Welche Professoren an Ihrer Universität oder im allgemeinen haben Sie am meisten geprägt?

- Was ist das Wichtigste, das Sie bisher gelernt haben?

- Was ist das Wichtigste innerhalb Ihrer Fachrichtung, das Sie bisher gelernt haben?

- Wie haben Sie sich auf Ihr Studium vorbereitet?

- Was haben Sie der Universität persönlich zu bieten?

- Was haben Sie der Universität akademisch zu bieten?

- Welche Forschungserfahrungen haben Sie, was haben Sie bisher veröffentlicht?

- Welche Ihrer Eigenschaften macht gerade Sie zum geeigneten Kandidaten für dieses Studium?

- Was haben Sie in Ihrer akademischen Laufbahn bisher gelernt, was Sie gewinnbringend in der Zukunft einsetzen können?

- Was für Praktika/Arbeitserfahrungen haben Sie bisher gemacht, die Ihnen für die Zukunft nützen?

- Was genau sind Ihre Zukunftspläne?

- Was möchten Sie in fünf Jahren machen?

*Buchtip*

Asher, Donald, *Graduate Admissions Essays – What Works, What Doesn't, and Why*, Ten Speed Press 1991

### *Letters of recommendations*

Sie haben die unangenehme Aufgabe, jemanden zu bitten, eine Empfehlung für Sie zu schreiben. Vergessen Sie nicht, daß dies auch für viele Professoren ungewohntes Neuland ist. Die amerikanischen Professoren sind derartige Empfehlungen gewöhnt und verfassen gemeinhin äußerst positive Schreiben. Eine nüchterne Einschätzung, wie sie in Deutschland üblich ist, wird kaum vorgenommen. Versuchen Sie Ihrem Gutachter deutlich zu machen, daß „kritische Beurteilungen" fehl am Platze sind, Sie sollen regelrecht empfohlen werden. Können Sie auf einen Professor mit internationalem Namen zurückgreifen, so wirkt sich das positiv auf Ihre Bewerbung aus. Die Empfehlungsschreiben sollten in Englisch sein beziehungsweise übersetzt werden.

Falls Sie mit vorgefertigten Formularen der jeweiligen Universitäten arbeiten, haben Sie die Möglichkeit, auf das Recht, die Empfehlungsschreiben selbst einzusehen, zu verzichten, indem Sie einen sogenannten *Waiver* unterzeichnen. Sind Sie sich des guten Urteils Ihres Gutachtens sicher, so sollten Sie dies auch tun. Durch diesen Verzicht machen Sie deutlich, daß Sie ein Gutachten unbesehen verschickt haben und nicht etwas ein schlechtes Gutachten aussortiert haben. Sie geben dem Gutachter in diesem Fall die Formulare und einen ausreichend frankierten und adressierten Umschlag. So steigt der Wert einer guten Bewertung.

**Empfehlungen selber schreiben**

In manchen Fällen kann Ihr Professor Sie bitten, sich Ihre Empfehlung selbst zu schreiben. Das wird zwar nicht öffentlich zugegeben, geschieht aber nicht selten. Nutzen Sie diese Chance und schreiben Sie sich eine hervorragende Empfehlung. Dies ist sicherlich ein wenig merkwürdig, aber hier ist kein Platz für Bescheidenheit. Ein Empfehlungsschreiben sollte beinhalten, wie lange der Verfasser Sie schon kennt und in welcher Form und sollte über Ihre intellektuellen Fähigkeiten, Ihre Arbeitsweise und Gewohnheiten, Ihren persönlichen Einsatz, Ihre Motivation, eventuell über Ihre akademischen/professionellen Zukunftschancen informieren. Am besten benutzen Sie konkrete Beispiele.

### Arbeitsproben

Diese werden insbesondere häufig für *Ph.D.*-Programme erwartet. Sie sollten Auszüge aus Arbeiten und wenn möglich natürlich Veröffentlichungen beilegen. Für künstlerische Programme ist die Art der Arbeitsproben im Normalfall präzisiert.

## Summer Sessions der Universitäten

Zahlreiche Universitäten bieten Sommerprogramme an, das sind normalerweise Kurse von sechs Wochen bis drei Monaten Länge, die für alle nur erdenklichen Fachrichtungen angeboten werden. Die Zulassungsbedingungen zu diesen Programmen sind meist erheblich leichter als für ein „normales" Studium. Den TOEFL-Test verlangen allerdings die meisten Unis, außer wenn es sich um Kurse handelt, die dem

Erwerb der englischen Sprache dienen. Man sollte sich generell mindestens zwei Monate vor Beginn des Studiums bewerben, da man dann genug Zeit hat, die nötigen Visa zu besorgen. Die Universitäten, die solche Sommerprogramme anbieten, informieren normalerweise auch über die nötigen Visa-Formalitäten (ansonsten sehen Sie bitte im entsprechenden Kapitel dieses Buches nach), da viele internationale Studenten die Chance nutzen, durch ein solches Programm Einblick in das amerikanische Universitätssystem zu bekommen, und gemeinhin ist mit solchen Kursen auch viel Spaß verbunden. Es gibt auch Programme, die in Kombination mit einem Praktikum absolviert werden können, zum Beispiel an der *Washington University*. Im folgenden finden Sie eine kleine Auswahl an Universitäten, die Sommerkurse anbieten. Sie können sich direkt unter der jeweiligen World Wide Web-Adresse die angebotenen Kurse und Preise ansehen (preislich ist übrigens besonders Berkeley zu empfehlen), online mehr Informationsmaterial bestellen oder sich sogar direkt einschreiben. Ansonsten können Sie sich die Informationen natürlich auch per Anruf oder Fax bestellen.

TIA vermittelt Sie auf Wunsch an die *Summer Sessions* renommierter Universitäten. Wenn Sie einen Sprachkurs absolvieren wollen, kann TIA Sie das ganze Jahr über in Ihren Bedürfnissen optimal entsprechenden Sprachkursen einschreiben, Ihnen das Visum und eine Unterkunft besorgen, auf Wunsch auch einen günstigen Flug - einfacher geht's nicht.

**Harvard University**
Tel.: 001 617 495 4024
http://summer.dce.harvard.edu

**University of California at Berkeley**
Tel.: 001 510 642 5611
http://summer.berkeley.edu/home.html

**University of California at Los Angeles**
Tel.: 001 310 794 8333
Fax: 001 310 794 8160
http://www.summer.ucla.edu

**Stanford University**
Tel.: 001 650 723 3109
Fax: 001 650 725 4248
http://www.stanford.edu/dept/csss/summer/index.html

**New York University**
Tel.: 001 212 998 4520
Fax: 001 212 995 4103
http://www.nyu.edu/summer

**Columbia University**
Tel.: 001 212 854 2820
Fax: 001 212 854 7400
http://www.columbia.edu/cu/ssp/summer

**Washington University** (mit Programmen mit integriertem Praktikum)
Tel.: 001 888 765 2571
http://www.american.edu/other.depts/summer

Diese Universitäten bieten ein extrem breites Spektrum an Kursen an, von Astronomie, über Psychologie, kreativem Schreiben, Photographie bis zu Business-Kursen, Internationalem Recht, Englisch für Ausländer, Business-Englisch, Politik und und und...

Einige Universitäten bieten auch speziell Kurse für Schüler an, die einen Einblick in das Universitätsleben gewinnen wollen.
Die Kosten für derartige Kurse liegen leider meist bei mehreren Tausend US-Dollar, variieren aber von Universität zu Universität, reine Sprachkurse sind günstiger. Die Atmosphäre ist im Sommer meist gelockerter und die Professoren sind sehr zugänglich. Hier bietet sich unter Umständen auch die Möglichkeit, Kontakte in Vorbereitung auf ein späteres „richtiges Studium" zu knüpfen und unverbindlich in eine amerikanische Universität reinzuschauen.

Informationen gibt es auch bei folgenden Adressen:

**The North American Association of Summer Sessions (NAASS)**
Michael U. Nelson
Executive Secretary

11728 Summerhaven Drive

St. Louis, MO 63146-54444

**The Association of University Summer Sessions (AUSS)**

Leslie J. Coyne, Director

Indiana University

Maxwell 254

Bloomington, IN 47405

# Zur Southwestern University nach Georgetown und weiter...

*von Boris Jarecki*

Schon lange hatte ich den Traum, in die Vereinigten Staaten von Amerika zu reisen, dieses für mich faszinierende Land in all seiner Vielseitigkeit kennenzulernen. Dazu gehörte auch mein großes Interesse, eine Zeitlang an einer amerikanischen Hochschule am Studienbetrieb und am studentischen Leben teilzunehmen. Als ich mit sieben weiteren Anglistikstudenten/innen der Universität Osnabrück für einen Austausch mit einer unserer Partneruniversitäten, der Southwestern University in Georgetown, ausgesucht wurde, bot sich mir endlich die Möglichkeit, meinen lang gehegten Wunsch wahr werden zu lassen.

Bei den Vorbereitungen war dann mein erster Gedanke beim Blick in die aufwendig gestaltete Werbebroschüre der Southwestern University ein respekterfülltes: „Was mich da wohl erwarten wird?" Das *Fine Arts College* wurde von Methodisten gegründet und ist die älteste Universität in Texas. Ganz unbescheiden nennt man sich auch „Harvard of the South". Ob das wohl mit der für europäische Ohren fast unvorstellbar klingenden Studiengebühr von 22 000 Dollar pro Jahr für Unterricht, Unterkunft und Verpflegung zusammenhängt? Die mit 1 200 sehr geringe Studenten/innenzahl und die besondere Betonung von Traditionen verstärkten in mir noch den Eindruck, daß es sich bei meiner zukünftigen Gastuniversität wohl um eine der konservativen „Eliteschmieden" der USA handeln muß, die hochqualifizierte Führungspersönlichkeiten für Politik, Wirtschaft und Wissenschaft heranbilden. Ein wenig eingeschüchtert war ich mir nicht ganz sicher, ob ich in so eine Umgebung passe und mich dort wohl fühlen würde. Nichtsdestotrotz freute ich mich darauf, eine amerikanische Hochschule und besonders die Studenten/innen kennenzulernen. Zusätzlich war ich sehr gespannt, ob der im Prospekt erzeugte Anspruch mit der Wirklichkeit tatsächlich übereinstimmen würde.

Unser Austausch sollte ca. vier Wochen dauern. Da ich jedoch mehr von Amerika sehen wollte als nur ein kleines texanisches College und Umgebung, flog ich schon knapp zwei Wochen vor Beginn des Programms in die USA.

Wie so viele vor mir betrat ich in New York erstmals amerikanischen Boden. Raus aus dem angenehm klimatisierten Flugzeug, rein in die drückende Septemberschwüle dieser, wenn nicht *der* Weltmetropole mit ihren unzähligen, endlos scheinenden Straßenschluchten, über und über mit Autos, Menschen und Lärm übersät. Sofort zieht einen diese gigantische Stadt magisch in ihren Bann. Hier ist einfach alles größer, lauter, bunter... . Es ist fast so, als spräche New York mit einem in ihrer eigenen, häufig jedoch schwer verständlichen Sprache. So faszinierend und anziehend die überwältigende Vielfalt auch ist, so abstoßend und teilweise einschüchternd können gleichzeitig die monströsen Dimensionen wirken, die alles und jeden in den Sog der Anonymität geraten lassen.

Nachdem mich New York in seine Eingeweide gesogen hatte und mich glücklicherweise unversehrt wieder ausspuckte, traf ich mich mit zwei Studentinnen aus meiner Austauschgruppe in Newark, New Jersey. Wir mieteten ein unnötig großes, luxuriöses Auto, mit dem wir binnen einer Woche in Memphis, Tennessee sein wollten. Unser erster Stopp war in Philadelphia, der Stadt der Unabhängigkeitserklärung. Bis auf eine wunderschöne alte Jugendherberge konnte mich an dieser Stadt nichts so richtig beeindrucken. Im Gegensatz zu New York, wo das Leben vierundzwanzig Stunden am Tag ohne erkennbare Unterbrechungen förmlich überzuschäumen drohte, kamen mir die *Streets of Philadelphia* rätselhaft verlassen und beinahe tot vor. Als nächste Station auf unserer Fahrt durch die USA steuerten wir die Hauptstadt Washington D.C. an. Wir verbrachten zwei sehr interessante Tage dort, die wieder einmal - wie für Amerika generell üblich - von krassen Gegensätzen geprägt waren. Es war für mich mehr als befremdlich, weit ausgedehnte, völlig heruntergekommene von Schwarzen bewohnte Slumviertel nur ca. zwanzig Fuß-Minuten entfernt vom Weißen Haus zu sehen. Mit dieser Kehrseite der ansonsten so makellos glitzernden Medaille „Vereinigte Staaten von Amerika" im Hinterkopf, betraten wir dann das unumstrittene Machtzentrum dieser Erde. Das Regierungsviertel mit Weißem Haus, Kapitol, Ministerien, riesigen Museen und Denkmälern für verstorbene Präsidenten und gewonnene sowie verlorene Kriege ist durch seine Weitläufigkeit und seine kolossalen neoklassischen Gebäude von beeindruckender architektonischer Monumentalität.

Außerordentlich gut gefiel mir das Holocaust Museum, weil es trotz aller Kontroversen um Form und Inhalt meines Erachtens sehr objektiv und detailliert, aber auch sehr eindringlich und suggestiv die Judenverfolgung während des Nationalsozialismus dokumentiert.

Auf unserem weiteren Weg verließen wir die Ostküste und steuerten durch wunderschöne bewaldete Landschaften ins Landesinnere. Das geruhsame Reisetempo auf den *Highways* empfand ich wider Erwarten als sehr angenehm. Dank der Geschwindigkeitsbegrenzung blieb so genug Zeit und Muße, die überwältigenden Natureindrücke auf sich wirken zu lassen: Die Wälder des *Shenandoah National Parc* mit den tatsächlich blau schimmernden *Blue Mountains* im Hintergrund, die sich scheinbar bis weit hinter den Horizont erstreckenden Hügel, Wiesen und Felder Virginias und andere unvergeßliche Naturanblicke. Die gesamte Landschaft in diesem Teil Amerikas erinnerte mich stark an Europa, nur die Dimensionen waren um ein Vielfaches gewaltiger.

So langsam und von uns zuerst fast unbemerkt drangen wir immer tiefer in den Süden vor. Die Menschen sprachen anders, sahen anders aus. Irgendwie schien alles etwas langsamer abzulaufen, die Leute wirkten nicht so hektisch und betriebsam wie an der Ostküste.

Man ließ sich einfach mehr Zeit, und nach einer kurzen Umstellung übertrug sich diese Ruhe auch auf uns. Ich fühlte mich ausgesprochen wohl, nur dieser ganze Westernkram, Cowboystiefel, bestickte Hemden und der obligatorische Hut, den hier beinahe jeder Mann trug, kamen mir merkwürdig vor. Besonders in Nashville, Tennessee, dem Mekka des Country, liefen plötzlich fast alle in voller Montur durch die Gegend. Vorher nicht unbedingt Countryfan, fand ich es trotzdem witzig und unterhaltsam, einige Bands an der mit Musikkneipen übersäten Hauptvergnügungsstraße in *Downtown* Nashville zu hören und vor allem in ihren Outfits zu sehen. Als nächstes fuhren wir nach Memphis, Tennessee, um einen Bekannten für ein paar Tage zu besuchen, der dort mit unüberschaubar vielen Leuten in einer leicht heruntergekommenen alten Villa lebt. So bekamen wir zum ersten Mal Kontakt zu typisch amerikanischen Jugendlichen, die nicht wußten, wie ihr eigener Herd funktioniert, und die sich demzufolge ausschließlich von Pizza, Toast, Erdnußbutter und Cola ernährten. Als kulturelles Highlight besichtigten wir die Sun Studios, in denen Elvis Presley, der *King of rock´n roll´n pills*, seine ersten musikalischen Gehversuche unternahm. Ansonsten war es bei drückender Schwüle und 40°C einfach zu heiß, um etwas anderes zu unternehmen, als zum Mississippi zu fahren.

Unser Austausch rückte nun immer näher. Auf unserem Weg nach Georgetown kamen wir durch solche wichtigen und berühmten Orte wie Hope, Arkansas, *Birthplace of the president Bill Clinton* und Waco, Texas, wo alle Mitglieder einer fanatischen Sekte unter dubiosen Umständen den Tod fanden.

Dann war es endlich soweit. Wir kamen nachts auf dem Gelände der Southwestern University in Georgetown an, trafen dort den Rest unserer Gruppe und wurden jeweils einem/r Studenten/in zugeteilt, mit denen wir für die nächsten knapp vier Wochen ein Zimmer teilen sollten. Mein *Roommate* hieß Julien. Seine Mutter ist Amerikanerin, sein Vater Franzose. Außer perfektem Englisch und Französisch sprach er auch noch sehr gut Deutsch mit amerikanischem, französischem und sächsischem Akzent. Er konnte zwischen all diesen Akzenten bewußt und problemlos hin- und herspringen. Zuerst war es für mich gewöhnungsbedürftig, mit jemandem in einem Zimmer zu wohnen, was für amerikanische Studenten/innen während ihres gesamten, mindestens vier Jahre dauernden Studiums vollkommen normal ist. Sehr auffällig für mich war, daß mich alle zu grüßen schienen, obwohl ich diese Menschen noch nie zuvor gesehen hatte. Anfangs nur schwer verständliches Gemurmel entzifferte ich bald als Sätze wie „What´s up?", „What´s rollin´?" oder „What´s shakin´?" Selbst die Campuspolizei grüßte mich nachts auf meinem Weg zum Wohnheim. Das war für mich „sturen Norddeutschen" bemerkenswert, wenn ich mir vorstellte, ich würde wildfremde Menschen in Deutschland einfach so grüßen. Ich fand diese Sitte jedoch schnell sehr angenehm, integrierte mich voll in das System und grüßte auch jeden, den ich traf.

Ungewohnt für mich war auch, daß alle Einrichtungen der Universität und die Wohnheime der Studenten/innen sich auf einem abgetrennten Gelände, dem *Campus* befinden. Das gesamte gesellschaftliche Leben der Studenten/innen findet fast ausschließlich auf diesem engen Raum statt, zumal es in Georgetown wirklich nichts gibt, wo man ausgehen könnte. Georgetown liegt in einem *Dry county*, das heißt, es gibt keine Kneipen, Bars oder ähnliches und der Verkauf von alkoholischen Getränken ist verboten. Dafür sind ca. fünf Autominuten entfernt genau hinter der Grenze zum nächsten *County*, gleich drei *Liquor-stores*, die immer gut besucht waren. Wenn wir etwas unternehmen wollten, mußten wir ins ca. dreißig Minuten entfernte Austin fahren. Dort tauchte dann allerdings gleich das nächste Problem auf. Unter einundzwanzig oder ohne Ausweis darf man keine Bar oder Disco betreten. Da die Southwestern University jedoch nur *Undergraduate studies* anbietet und die Studenten demzufolge in der Regel zwischen 18 und 21 Jahre alt sind, kam es so gut wie nie vor, daß alle alt genug waren, um in ein und denselben Laden zu gehen. Wir mußten uns entweder alle in einen *Coffeeshop* setzen oder uns trennen, was auf die Dauer störend war.

Auffallend war für mich weiterhin, daß, zumindest an dieser amerikanischen Universität, die Studenten viel stärker als bei uns in *Fraternities* und *Sororities* organisiert waren. Zwar gibt es auch bei uns studentische Burschenschaften und Schwesternschaften, die amerikanischen Zusammenschlüsse umfaßten hier jedoch einen größeren Teil der Studenten/innen und waren meines Erachtens weniger politisch als in Deutschland, obwohl einige auf mich reaktionär und tendenziell rassistisch wirkten. Um in eine *Fraternity* aufgenommen zu werden, die alle mit griechischen Buchstabenkürzeln wie zum Beispiel Kappa Alpha benannt sind, muß man ganz spezielle Aufnahmerituale über sich ergehen lassen, über deren Ablauf strengstes Stillschweigen bewahrt wird, die aber wohl häufig schmerzhaft und demütigend sind. Die *Fraternities* besitzen einen starken inneren Zusammenhalt. Konflikte mit anderen *Fraternities* kommen gelegentlich vor und werden nicht immer gewaltfrei ausgetragen. Ein wesentlicher Grund für die Existenz der *Fraternities* scheint mir jedoch die Ausrichtung diverser Partys zu sein, zu denen jeweils fast die gesamte Studentenschaft erschien. Obwohl Alkohol eigentlich auf dem Campus verboten ist, konnten alle unbehelligt auf dem Gelände der *Fraternities* Alkohol trinken, was sie während meiner Zeit in großer Zahl häufig und gern taten, weil die Gebäude den *Fraternities* selbst gehören und die Universitätspolizei dort keinen Zutritt hat. Aber wehe, man verläßt das Haus aus Versehen mit einem Bier in der Hand!

Der Campus mit den Gebäuden, den Springbrunnen und großzügigen Rasenflächen war sehr schön anzusehen. Überhaupt wirkte alles sehr adrett und gepflegt. Die technische Ausstattung wirkte auf mich überwältigend. Die Universität scheint einen internettauglichen Rechner für jede/n Studenten/in zu haben, die Bibliothek ist riesig, man besitzt ein eigenes Theater, ein Schwimmbad, verschiedene Sporthallen, zwölf Tennisplätze, einen kompletten Golfkurs, ein Baseballstadion, und während meines Aufenthalts wurde ein eigenes Observatorium feierlich eröffnet. Allein für Gebäude und Ausstattung gab die Southwestern University 1996 über 35 Millionen Dollar aus. Dafür könnte man wahrscheinlich die ganze Osnabrücker Universität kaufen, wenn man sie denn haben wollte.

Die Lehrveranstaltungen empfand ich als sehr angenehm. Es waren nie mehr als zwanzig Studenten/innen in einem Seminar, so daß der Professor intensiv auf jeden einzelnen eingehen konnte. In manchen Seminaren fanden für mich ungewohnt persönliche Gespräche und Diskussionen statt, woran man erkennen konnte, daß die Beziehung zwischen den Studenten/innen und ihren Dozenten viel enger ist als in europäischen Universitäten. Dieses wird in erster Linie ermöglicht durch das günstige Student/in-Dozent-Verhältnis von 11:1 und dem relativ kleinen Campus. Insgesamt hat mich die Southwestern University stärker an eine Schule oder besser an ein Internat erinnert als an eine Universität. Die Studenten/innen konzentrieren sich noch nicht auf bestimmte Fächer, bekommen vielmehr eine umfassende Allgemeinbildung. Später entscheiden sie dann, in welchem Fach oder welchen Fächern sie einen Abschluß, den sogenannten *Bachelor* machen wollen. Der Schulcharakter wurde noch dadurch verstärkt, daß die Studenten/innen nicht dazu aufgefordert waren, sich eigenverantwortlich um ihr Studium zu kümmern. Der Stundenplan wurde ihnen, an dieser Universität jedenfalls, erstellt. Leistungsnachweise wurden nicht über eigenverantwortlich ausgearbeitete Referate oder Hausarbeiten erbracht, sondern durch eine immens große Anzahl von Tests und mündlichen Prüfungen, in denen meines Erachtens aber überwiegend auswendig gelerntes Wissen getestet wurde. Im Hinterkopf behalten muß man allerdings, daß die Studenten/innen auf dem College zwischen 18 und 21 sind, also bei uns im Oberstufenalter wären.

Während meines Aufenthaltes bekam ich mehr und mehr den Eindruck, daß hinter dem deutschen und dem amerikanischen Bildungssystem zwei völlig unterschiedliche Philosophien stehen. Ohne unser Bildungssystem zum Ideal erklären zu wollen, waren die gesamten Abläufe innerhalb des College für mich zu sehr verschult und reglementiert. Bei aller Kritik hat mir meine Zeit an der Southwestern University in Georgetown, Texas aber sehr gut gefallen. Die häufigen Partys, das phänomenale Essen in der Mensa und die phantastischen Sportmöglichkeiten werde ich vermissen und auf jeden Fall mit einigen Studenten/innen weiterhin in Kontakt bleiben.

Nach diesen gelungenen vier Austauschwochen ging mein ganz persönliches Abenteuer dann jedoch erst richtig los. Ich verabschiedete mich, schulterte meinen Rucksack und machte mich auf in Richtung Westen. Ein wenig mulmig war mir schon zu Mute, als ich ganz allein mit meinen wenigen Sachen am *Interstate Highway 10* stand und westwärts die Straße entlangblickte, die auf direktem Wege ins über zweitausend Meilen entfernte Kalifornien führt.

Nachdem mich ein verrückter Evangelist mit seinem Truck mitgenommen hatte, legte ich meinen ersten Stopp mitten im ländlichen Texas bei den Eltern eines Freundes ein. Anna und Russell waren früher Hippies. Sie haben den *Summer of love* in Haight Ashbury in San Francisco erlebt. Später, nachdem die Hippiebewegung abgeflaut war, lebten sie mit anderen Familien nördlich von San Francisco in den wunderschönen Wäldern mit den Mammutbäumen, den legendären *Redwood-trees*, direkt am Pazifik. Es war einfach toll, zum ersten Mal mit Menschen zu sprechen, die diese für mich schon immer faszinierende Zeit wirklich miterlebt haben, von ihnen spannende Geschichten über ihre Jugend und ihre damaligen und teilweise auch noch heutigen Träume zu hören. Der Ort, in dem sie leben, wurde von deutschen Freidenkern gegründet und hieß früher „Gemütlichkeit". Weil mit der Zeit jedoch keiner mehr diesen schwierigen Namen aussprechen konnte, wurde er schließlich in *Comfort*, das englische Wort für Gemütlichkeit, geändert. Der Ort heißt nicht ohne Grund so. Es gibt dort keine Industrie, Geld verdienen die Leute fast ausschließlich mit dem Verkauf von Antiquitäten und Kunstgegenständen. Die Zeit schien hier stehengeblieben zu sein. Ich traf Menschen, die abenteuerliche Mixturen aus altem Deutsch, Englisch und Spanisch sprachen, uralte Cowboys, die aussahen, als hätten sie schon in den ersten Schwarz-Weiß-Stummfilmwestern mitgespielt und andere skurrile Originale. Aber eines hatten sie gemeinsam: Sie waren unheimlich nett und gastfreundlich, interessierten sich für mich und alles, was ich über Deutschland und Europa erzählen konnte. Obwohl ich mich über zehntausend Kilometer entfernt von zu Hause befand, mußte ich mir vor Augen halten, daß die allermeisten von ihnen deutsche oder zumindest europäische Vorfahren hatten. Erst hier wurde mir richtig bewußt, daß Amerika entgegen der weit verbreiteten überheblichen Meinung vieler Europäer, eine Geschichte besitzt und wie spannend diese Geschichte der Einwanderer aus so vielen unterschiedlichen Ländern war und ist. Inmitten von freundlichen Menschen und einer idyllischen Landschaft einen so tiefen Einblick in die Vergangenheit, aber auch Gegenwart Amerikas erhalten zu haben, dafür werde ich ewig dankbar sein. Während dieser Zeit hatte ich den Eindruck, daß „dieses" ruhige und bescheidene Amerika im Gegensatz zum hektischen, konsumorientierten Amerika eigentlich das wahre Gesicht dieses so beeindruckenden Landes ist.

Mein weiterer Weg führte mich dann mit dem Greyhound Bus durch die Wüsten New Mexicos und Arizonas. Diese endlosen Weiten voller Sand und Felsen waren das Überwältigendste, was ich bisher in meinem Leben gesehen hatte. Mal leuchtete alles feuerrot und war mit den bizarrsten Felsformationen durchzogen, mal war die Wüste gelb oder orange, und es war keine einzige Erhebung bis zum Horizont zu sehen. Über Stunden und Stunden kein Haus, keine Menschenseele, nur majestätische Wüste soweit das Auge reichte. Kein Bericht, kein Foto, kein Film kann auch nur annähernd beschreiben oder einfangen, wie bewegend und unbeschreiblich schön die Wüsten des amerikanischen Westens sind. Es war eine transzendente, spirituelle Erfahrung mitten in dieser Unendlichkeit zu stehen und einfach nur die Blicke und Gedanken streifen zu lassen. Der Grand Canyon in Arizona rief in mir ganz ähnliche Eindrücke hervor. Diese gigantische, in Jahrmillionen von der Natur aus purem Fels herausgearbeitete Schlucht läßt alles Menschliche so klein und unbedeutend erscheinen und vermittelte mir ein bisher kaum gekanntes Gefühl der Ruhe und Zufriedenheit.

Einen krasseren Gegensatz zu den vorangegangenen Impressionen hätte meine nächste Station nicht bieten können. Von den überwältigenden Naturerlebnissen führte mich mein Weg in die in gewisser Weise wohl beeindruckendste, von Menschenhand geschaffene

Stadt der Welt. Las Vegas in Nevada, das Spielerparadies, wo alle Träume wahr werden oder auch von einer Sekunde auf die andere zerplatzen können. Hier findet man den absoluten Konsum, den totalen Kommerz. Hier dreht sich alles nur noch um Geld und Vergnügen. Die riesigen Casinos des *Strip* mit ihren mehrere tausend Gäste fassenden Hotels haben 365 Tage im Jahr 24 Stunden am Tag geöffnet. Außer der obligatorischen Spielhalle mit den unzähligen, unaufhörlich in ohrenbetäubendem Lärm dudelnden Geldspielautomaten befinden sich auf dem Gelände der Casinos große Showbühnen, Restaurants, Bars und weitläufige Einkaufspassagen. Manche haben sogar ganze Freizeitparks mit Achterbahn und anderen Karussells unter ihrem Dach. Durch immer wieder neue, noch extremere Attraktionen muß ständig um die Gunst der Millionen Besucher gebuhlt werden. Wo man hinguckte, wurde abgerissen, umgebaut und neu gebaut.

Die drei Tage in Las Vegas mit den flirrenden Lichtermeeren, den Menschenmassen und etwas gewonnenem Geld haben sich tief in mein Gedächtnis eingeprägt. Las Vegas ist das Schrillste, was die Welt zu bieten hat. Wenigstens einmal, vielleicht aber auch nur einmal, sollte man Las Vegas aber auf jeden Fall gesehen haben.

Meine Reise Richtung Westen endete im gelobten Land Kalifornien. Mit unzähligen Mythen im Hinterkopf war das schon ein ganz besonderes Gefühl, endlich selbst dort zu sein. Von Los Angeles gibt es für mich nicht viel zu berichten, außer vielleicht, daß es mir so groß, so laut und so dreckig erschien, wie ich vorher schon gehört hatte. Ich wohnte eine Woche in Santa Monica, 25 Meilen von *Downtown* L.A., zwei Minuten Fußweg vom Pazifischen Ozean entfernt. Genau wie von den USA, habe ich auch schon immer vom Pazifik geträumt, gehofft mich einmal in seine tosenden Fluten stürzen zu können. Auch dieser Traum ging in Venice Beach an einem endlosen Sandstrand schließlich in Erfüllung. Vorbei am Fernsehteam, das wohl gerade eine Folge *Baywatch* drehte, schnurstracks hinein in die im November schon recht kühle Brandung. Retten mußte mich keiner. Eigentlich schade, wer ließe sich nicht gern einmal von einer der *Baywatch*-Schönen aus dem Wasser retten?

Die letzte Stadt, in die ich auf meiner USA-Reise von Ostküste zu Westküste kam, war San Francisco. Sie war die mit Abstand schönste amerikanische Stadt. Ich hätte Blumen im Haar tragen sollen. All die niedlichen bunten, viktorianischen Häuser mit den Erkerchen, die vielen teilweise extrem steilen Hügel, die ausgedehnten Parks, der mächtige Pazifik und die riesige Bay verleihen der Stadt ihr ganz eigenes Flair. Sie wirkte regelrecht freundlich auf mich. Diese Freundlichkeit schien sich direkt auf die Menschen zu übertragen. Die Stimmung war gelassener und relaxter als in anderen Millionenstädten. Es machte einfach Spaß, diese Stadt zu erkunden, obwohl es sehr anstrengend war, die immensen Höhenunterschiede zu bewältigen. Dabei fällt mir ein Zitat ein, das ich in einem San Francisco-Führer gelesen habe. „Ich liebe diese Stadt. Wenn man zu erschöpft ist, um weiterzugehen, kann man sich einfach an sie lehnen." Zum Glück gab es die berühmten *Cable Cars*. Mit ihnen bergauf bergab durch die Straßen von San Francisco zu fahren, dabei außen am Wagen auf einem kleinen Trittbrett zu stehen und sich den Fahrtwind durchs Haar streichen zu lassen, war phantastisch. Am letzten Tag ging ich zur Golden Gate Bridge, die tatsächlich rotgolden im Sonnenlicht schimmerte. Einen gelungeneren Abschluß als den Anblick dieses imposanten und gleichzeitig so schönen Bauwerks hätte ich mir für meine Reise nicht wünschen können.

Meine drei Monate in den USA waren so voller positiver, beeindruckender Erlebnisse, daß es mir heute, knapp ein halbes Jahr, nachdem ich wieder nach Europa zurückgekehrt bin, immer noch vorkommt, als wäre ich erst gestern aus Kalifornien abgereist. Vor allem die faszinierende Natur und die offenen, freundlichen Menschen in den USA werden mir mein ganzes Leben in Erinnerung bleiben.

# The American Way of Life

## 9. Kapitel

# The American Way of Life

## Nützliche Tricks und Tips für Einwanderer und alle Amerika-Interessierten

*von Judith Geisler*

K ulturelle Vielfalt und ein innovatives Klima charakterisieren die USA als Traumland vieler Menschen, die dort einwandern möchten. *„The American Dream"* faszinierte nicht nur in der Zeit der großen Einwanderungswellen, sondern steht auch heutzutage noch als Sinnbild für Freiheit und Erfolg und veranlaßt viele dazu, alte Zelte abzubrechen, um sich im „Land der unbegrenzten Möglichkeiten" niederzulassen und dort ein neues Leben zu beginnen.

Je nach individuellen Vorstellungen gestaltet sich dieser Traum für jeden anders und kann sich auf unterschiedlichste Art und Weise erfüllen. Dennoch gibt es unabhängig von ganz persönlichen Vorstellungen zahlreiche Berührungspunkte zwischen den Lebenssituationen der Menschen, die seit Generationen in den USA leben oder jenen, die diesen Schritt erst vor kurzer Zeit getan haben: Traditionen werden weitergegeben und somit kulturelle Eigenarten bewahrt oder durch das Integrieren anderer Bestandteile zu einer neuen *amerikanischen* Tradition geformt. So gestaltet jeder neue Einwanderer den *American Way of Life* Tag für Tag aktiv und passiv mit.

Damit auch Sie den amerikanischen Alltag so schnell wie möglich bewältigen lernen und Ihren individuellen Teil dazu beitragen können, möchte ich Ihnen innerhalb dieses Kapitels einige Aspekte des alltäglichen Lebens in den USA beschreiben. Diese sind manchmal genau *so* und nicht anders, weil sie eben amerikanischen Ursprungs sind und zur Größe des Landes, seiner Infrastruktur, dem Klima oder dem kulturellen Mischmasch gehören.

Sie werden einige Aspekte wiedererkennen, die auch den deutschen Alltag kennzeichnen. Meistens gibt es jedoch Varianten, die „spezifisch amerikanisch" sind und die man erst einmal kennenlernen muß, damit man sich in den USA schnell heimisch fühlen kann.

Für diejenigen, denen die Integration gerade in den Alltag am Anfang ein wenig schwerer fällt, gibt es immer noch die Möglichkeit,
an vielen traditionell deutschen Festen, die von deutschen Einwanderern in Amerika gefeiert werden, wie zum Beispiel dem Ok-
toberfest, teilzunehmen. Daneben kann man deutsche Produkte, an
die man sich jahrelang gewöhnt hat, in speziellen „deutschen" o-
der großstädtischen Supermärkten erwerben, so daß niemand auf
sein geliebtes Weißbier, Schwarzbrot oder Nutella-Brötchen verzichten muß.

Die amerikanische Art zu leben ist geprägt von Freiheit, Selbständigkeit und den vielzitierten „unbegrenzten Möglichkeiten". Diese werden
uns nicht nur in Kinofilmen, Musik oder Literatur nahegebracht, sondern gehören auch zum Erfahrungsschatz eines jeden Amerikabesu-
chers. Voller Begeisterung kommen Urlauber aus den USA zurück und
schwärmen von den unterschiedlichsten amerikanischen „Eigenarten":
der Weite des Landes, der Größe der Städte, von den praktischen Ein-
kaufsmöglichkeiten, dem freundlichen Service in Restaurants, den
vielfältigen Möglichkeiten, die das Leben angenehmer gestalten. Die
Spannbreite der Berichte ist weit: Da erzählt der Student von unge-
mein benutzerfreundlichen Bibliotheken und großen Buchläden, in
denen man bei Kaffee oder Tee seine Lektüre vor dem Kauf ganz in
Ruhe lesen - und nach Wunsch ins Regal zurückstellen darf -, ein
anderer berichtet begeistert vom zuvorkommenden Service und dem
vielfältigen Angebot der großen amerikanischen Supermarktketten,
„wo man wirklich *alles* bekommt", oder der Theaterfan, der von zahlreichen Angeboten, die ihm in einer der großen Städte des Landes
offeriert wurden, schwärmt.

Da die Eindrücke sehr vielfältig sind und sicher nicht alle in dieses
Kapitel gehören, sollen hier einfache, aber wichtige Punkte behandelt
werden, die eher praktischer Natur sind.

Schauen Sie doch mal bei einigen Museen im Internet vorbei:

• National Gallery of Art

http://www.nga.gov

• Fine Arts Museum of San Francisco

http://www.thinker.org

> • The Butler Institute of American Art
> http://www.butlerart.com
> • The Metropolitan Museum of Art
> http://www.metmuseum.org

Ich gehe dabei vor allem von eigenen Erfahrungen und den Erfahrungsberichten anderer aus, um konstruktive und nützliche Tips geben zu können. Wie sich gezeigt hat, fallen nahezu allen Befragten ähnliche Beispiele ein, was bedeutet, daß fast jeder am Anfang vor den gleichen Problemen wie der sprichwörtliche Ochs vorm Berg stand. Aus diesem Grund bedarf es vorerst einiger Basisinformationen, um dem Einwanderer die Erfüllung seines ganz persönlichen Traumes so, sagen wir ruhig, bequem wie möglich zu machen.

Unter dem amerikanischen Alltag verstehe ich *das*, was das Leben des body-buildenden Kaliforniers, des New Yorkers Brokers oder des Fischers in Alaska Tag für Tag ausmacht, und sich auch aufgrund anderer äußerer Umstände nicht grundlegend unterscheidet. Interessant für Sie ist dabei, daß es zu Ihrem bisher geführten Leben sicherlich Unterschiede geben wird, die man so schnell wie möglich angleichen sollte, damit der amerikanische Alltag rasch zu Ihrem eigenen wird!

Den vorangegangenen Kapiteln konnten Sie etliche Tips und Informationen entnehmen, die auf die verschiedensten Fragen eine Antwort geben konnten. Gleichzeitig waren sie aber auch ein Spiegel des amerikanischen *Way of Life*. Wie Sie erkannt haben, kennzeichnen bunte Vielfalt und ein intensiver Service das alltägliche Leben in den Staaten und leuchten einem, egal in welcher Stadt oder in welchem Staat man sich befindet, neongrell entgegen. Aber auch die Nutzung dieses breiten, dem an hektische Verkäuferinnen und sperrige Beamte gewöhnten Europäer manchmal schon fast aufdringlich erscheinenden Angebots will gelernt sein. Ansonsten kann man auch schnell mal in eine *Servicefalle* tappen und manövriert sich, auch das werden mir sicherlich viele von Ihnen bestätigen, in zum Teil unfreiwillig komische Situationen.

So stehen Sie zum Beispiel mit Ihrer soeben erworbenen Telefonkarte vor einem öffentlichen Fernsprecher und müssen dringend Ihren Rückflug bestätigen. Kein allzu schwieriges Vorhaben, hatten Sie sich doch schon die Worte zurechtgelegt, und schließlich handelte es sich hier nicht um Ihren ersten Auslandsbesuch... Aber: Sie finden den Schlitz für die Karte nicht! Panik macht sich breit, und Sie stellen sich, wie so viele vor Ihnen, die Frage, wie hoch der IQ eigentlich sein muß, um ein Telefon zu bedienen... Aber da das Telefonat sehr wichtig ist, wendet man sich mit einem kleinlauten „Excuse me m'am" an eine gerade vorbeigehende ältere Dame, die Ihnen dann, wie es die amerikanische Art ist, mit sehr freundlichen Worten - war da nicht auch ein leiser ironischer Unterton? - darauf hinweist, daß es diese „Schlitze" an amerikanischen Fernsprechern nicht gibt, sondern die Handhabung hier etwas anders verläuft.

Mit dem charmanten Hinweis, doch einmal die Anleitung auf der Karte zu studieren, verabschiedet sich die Dame, nicht ohne ein vielsagendes „Have a nice time in America" zu hinterlassen.

Um Ihnen die praktischen Tips und Informationen möglichst übersichtlich bieten zu können, sind diese alphabetisch geordnet. Sie können so die Informationen, die Sie besonders interessieren, ganz einfach und rasch nachlesen.

### Datum

Es gibt drei verschiedene Schreibweisen für das Datum, die für den Europäer manchmal etwas irritierend scheinen, da der Monat zumeist vor dem Tag genannt wird.

Monat/Tag/ Jahr= 11/22/98 (dies ist die üblichste Schreibweise)
Tag Monat Jahr=22 November 1998
Monat Tag, Jahr = November 22, 1998

### Einkaufen in den USA

Outlet-Stores und
Discount-Stores

Das Einkaufen in den USA ist für den Europäer, vor allem was amerikanische Marken angeht, oft sehr viel günstiger.

Die berühmte Levi's Jeans und gegenwärtig beliebte Marken wie Ralph Lauren oder Calvin Klein kosten wesentlich weniger als bei uns und sind noch günstiger zu erwerben, wenn man sich in den sogenannten *Outlet*-Stores umschaut, wo Artikel zweiter Wahl oder der letzten Saison angeboten werden. Dort werden auch Sportartikel, zum Beispiel von Nike verkauft, und es lohnt sich auf jeden Fall, einmal in einem solchen *Outlet* zu stöbern. Neben den *Outlets* gibt es auch sogenannte Discount-Stores, wo regulär heruntergesetzte Waren angeboten werden. Diese sind zwar nicht ganz so preiswert, aber günstiger als zum Normalpreis. Wenn Ihr Einkauf einmal mehrere Stücke umfassen sollte, können Sie auf jeden Fall versuchen, einen Rabatt auszuhandeln, egal wo oder was Sie gerade gekauft haben. Die Amerikaner lassen da wesentlich eher mit sich reden, als man das aus deutschen Geschäften kennt.

Malls: Amerikanische
Einkaufszentren

Besonders praktisch sind die überall in den USA angesiedelten *Malls*, Einkaufszentren, in denen man eigentlich alles unter einem Dach vereint hat. Sie können dort in Ruhe einkaufen und sich kleine Pausen in einem der vielen dort untergebrachten Restaurants mit Speisen aller möglichen Nationalitäten gönnen. Auch elektronische Artikel sind vielfach wesentlich günstiger als in Deutschland, vor allem Computer und Zubehör. Die Liste könnte noch erheblich verlängert werden, aber ich denke, Sie werden schnell die Vorteile, die Ihnen das Einkaufen in den USA bietet, erkennen und herausfinden, wo Ihre gesuchten Artikel am günstigsten angeboten werden.

Größensystem

Damit Sie sich im amerikanischen Größensystem zurechtfinden können, folgt eine Tabelle, die vergleichend aufgebaut ist. Größen für Jeans, die mit Weite und Länge angegeben sind, sind sowieso amerikanisch und deshalb in beiden Ländern dieselben.

## Kleidergrößen im Vergleich

### Damen

Damengrößen für Kleider, Röcke und Mäntel:

| | | | | | | | | |
|---|---|---|---|---|---|---|---|---|
| Deutschland | 36 | 38 | 40 | 42 | 44 | | | |
| USA | 7 | 9 | 11 | 13 | 15 | | | |

Damengrößen für Blusen und Pullover

| | | | | | | | | |
|---|---|---|---|---|---|---|---|---|
| Deutschland | 38 | 40 | 42 | 44 | 46 | 48 | | |
| USA | 10 | 12 | 14 | 16 | 18 | 20 | | |

Damenschuhe

| | | | | | | | | |
|---|---|---|---|---|---|---|---|---|
| Deutschland | 35,5 | 36 | 36,5 | 37 | 37,5 | 38 | 38,5 | 39 |
| USA | 4,5 | 5 | 5,5 | 6 | 6,5 | 7 | 7,5 | 8 | 8,5 |

### Kinder

Kleidergrößen

| | | | | | |
|---|---|---|---|---|---|
| Deutschland | 98 | 104 | 110 | 116 | 122 |
| USA | 3 | 4 | 5 | 6 | 7 |

Bei größeren Kindern entsprechen die Kleidergrößen dem Alter

Kinderschuhe

| | | | | | | | | |
|---|---|---|---|---|---|---|---|---|
| Deutschland | 24 | 25 | 26 | 27 | 28 | 29 | 30 | 31 | 32 |
| USA | 8 | 9 | 10 | 11 | 12 | 13 | 14 | 15 | 16 |

### Herren

Kleidergrößen

| | | | | | | | |
|---|---|---|---|---|---|---|---|
| Deutschland | 44 | 46 | 48 | 50 | 52 | 54 | 56 | 58 |
| USA | 34 | 36 | 38 | 40 | 42 | 44 | 46 | 48 |

Hemdengrößen

| | | | | | | | | |
|---|---|---|---|---|---|---|---|---|
| Deutschland | 37 | 38 | 39 | 40 | 41 | 42 | 43 | 44 | 45 |
| USA | | | 14,5 | 15 | 15,5 | 16 | 16,5 | 17 | 17,5 |

Herrenschuhe

| | | | | | | | |
|---|---|---|---|---|---|---|---|
| Deutschland | 39,5 | 40 | 41 | 42 | 43 | 44 | 45 | 46 |
| USA | 7 | 8 | 9 | 10 | 11 | 12 | 13 | 14 |

Hutgrößen

Deutsche Hutgröße geteilt durch 8

Handschuhgrößen

Deutschland gleich USA

### Feiertage

Über die amerikanischen Feiertage möchte ich Sie aus mehreren
Gründen informieren: Einerseits sind Feiertage je nach Bundesstaat
Urlaubstage und andererseits Teil des kulturellen Lebens. Sie müssen
bedenken, daß Einwanderer aus etlichen Kulturkreisen in Amerika
leben, die ganz verschiedene Feiertage haben. Es wäre doch unange-

nehm, wenn man an einem jüdischen oder islamischen Feiertag ungebeten beim Nachbarn hereinplatzen würde.

Die amerikanischen Feiertage sind zum Großteil keine christlichen, sondern historische Festtage, wobei zusätzlich zu den unten aufgeführten noch weitere begangen werden, die allerdings von Staat zu Staat unterschiedlich sind. Genaue Daten werden nur teilweise angegeben, da sich die Feiertage jährlich verschieben, wie das bei uns zum Beispiel bei Ostern der Fall ist.

| Feiertage | |
|---|---|
| Neujahr | 1. Januar |
| Martin Luther King's Birthday | 16. Januar |
| Washington's Birthday | |
| Passah | um Ostern |
| Easter Sunday | |
| Mother's Day | 2. Sonntag im Mai |
| Memorial Day | Ende Mai |
| Father's Day | Mitte Juni |
| Independence Day | 4. Juli |
| Labor Day | Anfang September |
| Columbus Day | Oktober |
| Halloween | 31. Oktober |
| Election Day | Anfang November |
| Veteran's Day | 11. November |
| Thanksgiving Day | Ende November |
| Hanukkah | Dezember |
| Christmas Day | 25. Dezember |

### Feierlichkeiten

Wie schon angedeutet, spielen rein religiöse Feiertage insgesamt eine untergeordnete Rolle, so werden zum Beispiel Pfingsten oder der zweite Weihnachtstag, genauso wie der Ostermontag oder Buß- und Bettag gar nicht, und Karfreitag nur in einigen Bundesstaaten gefeiert. Es gibt aber auch spezifisch amerikanische Feste, die hierzulande kaum bekannt sind.

Baby Shower und Bridal Shower

Da wäre zum Beispiel der *Baby shower*, kein babyreicher Duschtag, sondern eine Party, die Freundinnen und Kolleginnen traditionell für eine werdende Mutter ausrichten. Es werden viele Geschenke „rund

328

ums Baby" gemacht, auch aus dem praktischen Grund, der Mutter den Kauf der recht teuren Erstausstattung zu verbilligen.

Etwas ähnliches wie der hierzulande stattfindende „Junggesellinnen"-Abschied ist der *Bridal shower*, der wenige Tage vor der Hochzeit für die Braut ausgerichtet wird.

**Verlobung**  Verlobung wird auch in den USA gefeiert, als traditionelles Verlobungsgeschenk gilt ein Brillantring.

**Thanksgiving**  Das Hauptfest der Amerikaner ist allerdings nach wie vor *Thanksgiving*, an dem die gesamte Familie zusammenkommt und meistens über mehrere Tage gefeiert wird. Ein reißender Absatz von Truthähnen ist dann in ganz Amerika zu verzeichnen, und die festliche Stimmung ist mit unserem Weihnachtsfest zu vergleichen.

Wissenswerte Fakten zum Thema finden Sie unter:

http://www.holidays.net/page2.htm

### *Klima*

Die USA bieten unterschiedlichste klimatische Verhältnisse, so beträgt die Durchschnittstemperatur im November in Chicago zum Beispiel 2° Celsius, während in Miami 22° Celsius gemessen werden.

Je nach Wetter- und klimatischem Empfinden sollte man sich also unabhängig von sonstigen Interessen vorher ganz genau erkundigen, wie die Bedingungen am Wunschort aussehen. Es ist doch ein gewaltiger Unterschied, ob man monatelange klirrende Kälte und eisige Winde aushalten muß oder das ganze Jahr hindurch fast täglich ein Sonnenbad nehmen kann. Aber man kann dem einen oder anderen ja auch immer entweichen, wenn man seinen Urlaubsort geschickt auswählt. Nähere Informationen finden Sie im Kapitel von Axel Baumann.

### *Kreditkarte/Zahlungsarten*

Das Zahlen mit Kreditkarte ist in den USA absolut üblich, daneben kann man auch überall mit Schecks bezahlen, wenn man ein Konto in den USA hat.

Sie können natürlich auch bar bezahlen, wobei das Kreditkartensystem auf jeden Fall praktischer und vor allem wesentlich sicherer ist. Es ist in den USA selbstverständlich, eine Kreditkarte zu besitzen, und gehört schlicht und einfach zum *American Way of Life*. Letztlich ist die Art der Kreditkarte (Sie kennen die Unterschiede der Edelmetalle...) auch Indikator für die Höhe des Einkommens des Eigentümers. Da die Amerikaner das in Deutschland propagierte „Understatement" nicht so sehr schätzen und es absolut üblich ist, Preise und Einkommensverhältnisse publik zu machen, ist die platinfarbene Kreditkarte natürlich ein beeindruckendes Mittel zum Zweck. Diese mittlerweile gängigste aller Zahlungsmethoden ist das Ergebnis einer im Laufe der Jahre sich immer vergrößernden Diebstahlsrate, denn größere Bargeldmengen sind eine leichte Beute, Kreditkarten hingegen nur individuell nutzbar. Die Kreditkarte bietet gerade in den USA noch etliche Vorteile, neben denen, die Kreditkarten sowieso mit sich bringen. Da diese Zahlungsart auch in Deutschland fast gang und gäbe ist, werde ich hier nicht auf die allgemeinen Vorteile eingehen. Sie können diese und weitere Geschäftsbedingungen bei jedem Kreditinstitut erfragen.

**Kreditkartenzahlung ist absolut üblich**

In Amerika können Sie überall „mit ihrem guten Namen" zahlen und anders als hier erregt man fast Argwohn, wenn man zum Beispiel ein Hotelzimmer bar bezahlen möchte. Auch in Restaurants und Einkaufsgeschäften ist die Zahlung per Kreditkarte üblich, wenn der Betrag $10 übersteigt. Daneben werden Ärzte, Krankenhäuser, Rechtsanwälte etc. auf diesem Wege honoriert, das gleiche gilt insbesondere für große Versandhäuser.

**Auto möglichst mit Kreditkarte mieten**

Ein Hinweis anbei: Wenn Sie zum Beispiel ein Auto mieten möchten, empfiehlt sich diese Zahlungsart unbedingt, da Sie sonst bis zu $500 Kaution hinterlegen müssen oder sogar in vielen Fällen überhaupt kein Auto mieten können!
Kreditkarten werden allerdings nicht von städtischen Transportunternehmen und Taxis akzeptiert. Große Supermarktketten haben ihre eigenen Kreditkarten, ähnlich wie hier die Kaufhof AG. Sie benötigen also nur selten größere Bargeldsummen.

**Credit History**

Der Besitz einer Kreditkarte ist in den USA also unerläßlich, und es empfiehlt sich deshalb für Auswanderer, diese, falls Sie noch keine besitzen, schon vor der Einreise in die Staaten zu beantragen. Dies hat auch mit der *Credit history* zu tun, das heißt, falls Sie keine Kreditkarte haben, wird schnell angenommen, daß Sie von keiner Kreditkartenfirma als Kunde akzeptiert wurden, also im Zweifelsfall zahlungsunfähiger Kunde sind beziehungsweise Ihre Rechnungen in der Vergangenheit nicht bezahlt haben!

Vorsicht!

Wenn Sie überall mit Ihrer Kreditkarte zahlen, ist es möglich, daß jemand ihre Kreditkartennummer notiert und zum Beispiel telefonische Bestellungen bei Versandhäusern aufgibt und dabei Ihre Nummer und Ihren Namen benutzt.

Tip: Um die längerfristige unliebsame Nutzung Ihrer Kreditkarte durch andere zu vermeiden, vergleichen Sie Ihre monatliche Abrechnung mit den Belegen, die Sie bei jedem Einkauf erhalten.

*Maßangaben*

| Handelsgewichte | | |
|---|---|---|
| 1 grain (gr.) | 0,0648 g | |
| 1 dram | 27,34 grains | 1,77 g |
| 1 ounce (oz) | 16,00 drams | 28,35 g |
| 1 pound (lb) | 16,00 ounces | 453 g |
| 1 stone (st.) | 14 pounds | 6,35 kg |
| 1 quater (qr) | 25 pounds | 11,33 kg |
| 1 hundredweight | 100 pounds | 45,36 kg |
| **Hohlmaße** | | |
| Trockenmaße | | |
| 1 dry pint | 0,55 l | |
| 1 dry quart | 1,10 l | |
| 1 bushel | 35,24l | |
| Flüssigkeitsmaße | | |
| 1 liquid gill | | 0,118 l |
| 1 liquid pint | | 0,473 l |
| 1 liquid quart | | 0,946 l |
| 1 gallon | | 3,785 l |
| 1 barrel | 31,5 gallons | 119,00 l |
| 1 barrel Petroleum | 42 gallons | 158,97 l |
| **Längenmaße** | | |
| 1 inch (in.) | | 2,54 cm |
| 1 foot (ft.) | 12 inches | 30,48 cm |
| 1 yard (yd.) | 3 feet | 91,44 cm |
| 1 mile (mi.) | 1609,34 m | |
| 1 km | 0,621 Meilen | |
| 1 m | 1,09 yards (3,38 feet) | |
| 1 cm | 0,39 inches | |
| **Flächenmaße** | | |
| 1 square inch (sq in.) | | 6,45 qcm |
| 1 square foot (sq.ft.) | | 0,092 cm |
| 1 acre (a.) | 40,47 a | 4 047qm |

*Medien*

*Zeitschriften/Tageszeitungen*

Die Pressefreiheit ist in den USA gesetzlich verankert. Auch dem Ausländer ist die umfassende, vor kaum einer moralischen Grenze zurückschreckende Berichterstattung der Fernsehsender und Printmedien hinreichend bekannt. Neben seriöser Berichterstattung zu vielfältigen

Themen werden vor allem *Sex and Crime* und damit zusammenhängende Affären in den populären Medien ausgebreitet und jedem Interessierten zugänglich gemacht. Dementsprechend erscheinen zahlreiche Magazine und Zeitschriften unterschiedlichster Couleur dann auch täglich, wöchentlich oder monatlich auf dem Amerikanischen Markt. Es gibt für jedes erdenkliche Thema Spezialzeitschriften: Computer, Surfen, Kochen, Internet, Porno, Video, Feminismus, Sport usw.

**Tageszeitungen** Eine der angesehensten Tageszeitungen der USA ist die *New York Times*. Sie genießt ein so großes Ansehen, daß fast alle Bibliotheken des Landes die Ausgaben der „Times" auf ihren elektronischen Datenbanken sammeln. Egal was man über die amerikanische Geschichte seit 1851, dem Gründungsjahr der Zeitung, sucht, in der Times wird es zu finden sein. Besonders interessant ist die Sonntagsausgabe, die bis zu 1 000 (!) Seiten haben kann und eine unglaubliche Fülle an Informationen bietet. Daneben gilt die *Washington Post* als besonders interessant für die neuesten politischen Informationen und das *Wall Street Journal* als aktuellster Träger für Informationen über den Finanzmarkt. Die *Los Angeles Times* sowie die *Chicago Tribune* gelten als weitere seriöse Tageszeitungen. Auch wenn man diese Tageszeitungen nicht überall kaufen kann, ist es möglich, sie sich nach Hause zu bestellen. Als so etwas wie ein „allgemein-amerikanisches" Blatt kann man die *USA Today* bezeichnen, die nicht auf eine bestimmte Region oder ein besonderes Thema spezialisiert ist, sondern USA-weit Bericht erstattet.

**Stadtzeitungen** Daneben gibt es noch spezielle Stadtzeitungen, die vor allem über das kulturelle Angebot der Städte berichten, so zum Beispiel die New Yorker *Village Voice*.

## Fernsehen

Das amerikanische Fernsehprogramm ist genauso vielfältig und umfangreich in seinen Themen wie die Printmedien und in seiner Vielfältigkeit kaum zu schildern. Viele amerikanische Sendungen, Serien und Talkshows sind auch vom deutschen Fernsehen übernommen worden und spiegeln das amerikanische Fernsehleben mittlerweile facettenreich wider.

Sitcoms  Besonders beliebt bei den Amerikanern sind die *Sitcoms* (*Situation comedies*), die die amerikanischen Haushalte zuerst in den 50er Jahren über das Radio erreichten und später für das Fernsehen adaptiert wurden. In den *Sitcoms* werden alltägliche Szenen aus dem Leben des „Durchschnittsamerikaners" wiedergegeben und übertrieben dargestellt. Wer kennt nicht Al Bundys Fergusons oder Bill Cosbys ereignisreiches Leben mit ihren turbulenten Familien?

Daily Soap  Daneben gibt es die *Daily Soap*, die jede für sich ihre eigenen Anhänger hat und zum täglichen Fernsehprogramm der meisten Amerikaner gehört, der mit seinen Figuren leidet und fiebert, hier vergleichbar mit der „Verbotenen Liebe" oder „Gute Zeiten, Schlechte Zeiten".

Auch die Late-Night-Shows sind hierzulande durch die „Harald-Schmidt-Show" zu einem Begriff geworden. In den USA gibt es davon zahlreiche, als bekannteste sind wohl die „Late Night with David Letterman", „The Tonight Show" und die „Conan O'Brien Show" zu nennen.

Reality-TV  Neben Shows, Serien und Filmen nimmt das sogenannte *Reality-TV* einen recht großen Stellenwert in der amerikanischen Fernsehlandschaft ein, so daß Sie via Satellit an Raubüberfällen, Unfällen oder Geiselnahmen life teilnehmen oder auch an Gerichtsverhandlungen (Sie erinnern sich sicher an das O.J. Simpson Drama) am Bildschirm beiwohnen können. Insgesamt können die Amerikaner zwischen mehr als hundert Programmen wählen und machen von diesem Angebot auch reichlich Gebrauch, denn kein anderes Medium ist mehr Teil des amerikanischen Alltags als das Fernsehen.

### Öffentliche Ordnung

Hundedreck muß entfernt werden  In den USA herrscht das strikte Verbot, öffentliche Anlagen wie Straßen, Plätze, Strände und Wanderwege zu verunreinigen. Das dokumentieren auch die vielerorts aufgestellten Schilder mit der Aufschrift, das Wegwerfen oder Hinterlassen von Abfall mit Strafen bis zu US$ 500 zu ahnden.

Auch Hundebesitzer sind von diesem Ordnungsdrang betroffen und dazu verpflichtet, die Hinterlassenschaft ihres Hundes in extra dafür vorgesehenen Tüten zu entsorgen und diese in den nächstbesten Mülleimer zu werfen.

Verbot der Nackheit

Ein Aspekt der öffentlichen Ordnung ist auch das Verbot jeglicher Nacktheit in der Öffentlichkeit, das gesetzlich verankert ist und dessen Übertretung kostspielig werden kann. Dieses Verbot erstreckt sich auf die Printmedien, Film und Fernsehen sowie den Besuch von Badestränden, sofern es keine FKK-Strände sind. Die Darstellung weiblicher Nacktheit ist nur insofern erlaubt, als daß lediglich eine entblößte Brust gezeigt werden darf – und das möglichst in gedämpftem Licht.

## Post

Die Post ist, wie in Deutschland, ein rein staatliches Unternehmen. Ebenso gibt es hier aber auch einige Ausnahmen, wie bestimmte private Paketdienste, so zum Beispiel UPS.

Postgebühren sind niedrig

Die Postgebühren sind in den USA niedriger als in Deutschland, allerdings gibt es dort auch weniger Amtsstellen, und die Öffnungszeiten entsprechen nicht denen der übrigen Einkaufsgeschäfte. Werktags ist von 8-17 Uhr geöffnet, samstags von 8-12 Uhr und am Sonntag nur in großen Städten.

Briefmarken und Briefkästen

Wenn man Briefmarken nicht auf dem Postamt, sondern im Supermarkt, Drugstore oder in Hotels beziehungsweise an Automaten kauft, sind diese ein paar Cents teurer.

Briefkästen gibt es auf den Postämtern selbst nicht, sondern sie sind in großer Zahl an den Straßen aufgestellt.

Aber Vorsicht beim Einwerfen: Die Briefkästen haben sehr große Ähnlichkeit mit Mülltonnen, das heißt: Immer nachsehen, ob auch US-Mail auf den Tonnen steht! Auf den Öffnungsklappen sind die Leerzeiten angegeben.

| US-Postgebühren für das In- und Ausland | | |
| --- | --- | --- |
| Art | Inland | Ausland |
| Postkarte | 0,20 | 0,50 |
| Briefe/Gewicht | | |
| 0,5 oz | 0,33 | 0,60 |
| 1,0 oz | 0,33 | 1,00 |
| 1,5 oz | 0,55 | 1,40 |
| 2,0 oz | 0,55 | 1,80 |
| 3,0 oz | 0,77 | 2,60 |
| 4,0 oz | 0,99 | 3,40 |
| 5,0 oz | 1,21 | 4,20 |
| 7,0 oz | 1,65 | 5,80 |
| 10,0 oz | 2,31 | 8,20 |
| 11,0 oz | 2,53 | 9,00 |

| Versenden von Paketen nach Deutschland (Maximal sin l 44 Pounds zugelassen, bei höheren Gewichten sollte man s ch gesondert erkundigen) | | |
| --- | --- | --- |
| Gewicht | Land- und Seeweg | Luftpost |
| 2,0 lb | 9,00 | 12,25 |
| 3,0 lb | 10,92 | 16,25 |
| 4,0 lb | 12,84 | 20,25 |
| 5,0 lb | 14,76 | 23,45 |
| 10,0 lb | 24,36 | 39,45 |
| 15,0 lb | 33,96 | 53,85 |
| 20,0 lb | 43,56 | 68,25 |
| 22,0 lb | 47,40 | 73,37 |

Alle obenstehenden Angaben sind Gebühren für die First-Mail, die immer in zwei bis drei Tagen beim Adressaten ankommt. Daneben gibt es noch andere Versandkategorien, die günstiger, aber weniger schnell sind. Am besten ist, man fragt immer auf dem Postamt nach der günstigsten Möglichkeit.

Ein sehr praktischer Service der amerikanischen Post ist es, nicht nur Sendungen auszuliefern, wie das hierzulande der Fall ist, sondern auch die Post, die man selber verschicken möchte, mitzunehmen. Man braucht sich also theoretisch nicht einmal zum Briefkasten zu bemühen. Übrigens sind die Hausbriefkästen in den Gebieten außerhalb der

Großstädte von Alaska bis nach Mexiko einheitlich. Sie befinden sich zumeist am Wegesrand in Autofensterhöhe, damit der Postbote nicht jedesmal aus dem Wagen steigen muß, sondern die Post direkt einwerfen beziehungsweise neue Post mitnehmen kann.

### Reisen innerhalb der USA

Wenn man von Stadt zu Stadt oder auch von Küste zu Küste fahren möchte, gibt es verschiedene Möglichkeiten, die je nach Geldbeutel, Zeit und Anspruch auf Komfort gewählt werden können.

### Reisen per Bus

Die kostengünstigste, dafür aber zeitaufwendigste Möglichkeit ist das Reisen per Bus, wie zum Beispiel mit dem Greyhound-Unternehmen. Die Linien der Greyhound-Busse sind sogar USA-übergreifend und führen auch nach Kanada und Mexiko. Es bestehen Haupt- und Nebenstrecken, so daß die Anbindung an kleinere Orte zumeist nur durch mehrfaches Umsteigen zu bewältigen ist.

### Reisen per Eisenbahn (Amtrak)

Das Reisen per Bahn ist zwar teurer als mit dem Bus, dafür aber auch wesentlich bequemer. Es werden dem Reisenden Schlafabteile verschiedener Größen, Speisewagen, sehr komfortable Sitzwagen und Gepäckwaggons angeboten, wobei der allgemeine Service mit dem der Fluggesellschaften zu vergleichen ist. In landschaftlich schönen Gegenden setzt Amtrak auch Panoramawaggons ein, deren Dächer verglast sind. Das Streckennetz umfaßt vier Hauptlinien zwischen der Ost- und Westküste. Zwischen Norden und Süden verlaufen sechs Hauptlinien mit mehreren Abzweigungen. Anzumerken ist hier, daß der geringer besiedelte mittlere Teil der USA kaum vom Eisenbahnnetz erfaßt wird, so daß es zum Beispiel in South Dakota, Wyoming und Oklahoma keine Eisenbahnstationen gibt. Hier ist der Reisende dann auf die Greyhound-Busse angewiesen.

### Reisen per Flugzeug

Hier haben wir die schnellste, dafür aber teuerste Variante des Reisens innerhalb der USA, wobei hier hinzugefügt werden muß, daß Flüge im allgemeinen nicht so teuer sind, wenn man die Preise für ähnlich weite Strecken innerhalb Europas vergleicht.

### Sicherheitsstandard

Das Polizeiaufkommen ist in den USA wesentlicher höher als zum Beispiel in Deutschland. Polizisten patrouillieren entweder zu zweit zu Fuß oder fahren langsam die Straßen ab. Dieses hohe Aufkommen und der zusätzliche Einsatz privater Sicherheitsdienste resultieren aus innergesellschaftlichen Spannungen, die vor allem in den Großstädten aufgrund des Zusammenlebens verschiedener Kulturen und sozialer Schichten bestehen. Da diese nicht immer gegenseitige Toleranz ausüben, sind die gegenwärtigen Sicherheitsmaßnahmen notwendig und machen ein einigermaßen sicheres Leben auch in den Großstädten möglich.

Im Vergleich dazu trifft man in den Vororten von Chicago zum Beispiel auf das Phänomen, Haustüren unverschlossen zu halten, auch wenn man das Haus für einige Stunden verläßt.

### Sport

Football, Baseball, Basketball

Sport ist in den USA ein großes Thema, und wenn man irgendwo den gemeinsamen Geist der Amerikaner erkennen kann, dann ist das bei großen sportlichen Anlässen. Football und Baseball sind die amerikanischen Sportarten schlechthin; daneben avancierte Basketball zu einer äußerst beliebten Sportart. Alle drei werden auf vielfältigen Ebenen gespielt und gelten darum, wie bei uns der Fußball, als Massensportarten. Jede Stadt, jede Universität und Schule hat ihre eigenen Clubs, die in den unterschiedlichen Ligen spielen und viel zum Ansehen der einzelnen Städte oder Universitäten beitragen. Die Spieler erfahren eine fast heldenhafte Verehrung und gelten deshalb als Vorbilder vor allem für die Jugend und erfüllen damit eine interessante innergesellschaftliche Funktion. Nicht zuletzt aufgrund des hohen Prestiges, das die Spieler genießen, und wegen der extrem hohen Verdienstmöglichkeiten eiferten und eifern unzählige amerikanische Teenies ihren Idolen nach und stellen gleichzeitig eine große Zielgruppe für amerikanische Firmen dar, die mit den Stars der Kinder werben.

## Stiftungen und Schenkungen

In den USA ist es seit langem üblich, daß sehr wohlhabende Familien Stiftungen für Museen ihrer Wahl gründen oder Teile eigener Kunstsammlungen an Museen spenden oder vererben. Diese Spenden bestehen nicht nur aus Leihgaben oder Schenkungen musealer Gegenstände, sondern auch aus beträchtlichen Summen, die häufig in Fonds angelegt werden, um auch die Forschung innerhalb der Museen zu fördern. Bestes Beispiel hierfür ist das neuerbaute Getty-Museum in Los Angeles, das aus dem Getty Fond finanziert werden konnte. Dieser Fond ist mittlerweile so groß, daß auch teuerste Gemälde und Skulpturen erworben werden können und das Museum daneben Praktika für Studenten finanzieren kann. Dementsprechend können Forschungseinrichtungen in den USA immer wieder modernisiert werden und haben deshalb einen großen Vorteil gegenüber den deutschen Forschungsanstalten und Museen, deren technische Mittel oftmals veraltet sind. Diese Stiftungen sind Teil des amerikanischen Spendensystems.

Seit Bestehen der amerikanischen Gesellschaft ist das Spenden ein allgemeiner Brauch, und zwar nicht im Sinne von Almosen, sondern zur effektiven Unterstützung zumeist allgemeinnütziger Organisationen im sozialen oder auch wissenschaftlichen Bereich. Es bestehen Fonds für alle möglichen Belange: Neben oben erwähnten musealen Fonds, auch für Theater, Orchester, Forschungsunternehmen, Krankenhäuser, soziale Vereinigungen etc. 1988 spendeten die Amerikaner rund US$ 104,3 Milliarden, eine für europäische Verhältnisse kaum nachvollziehbare Summe. Dieses hohe Spendenaufkommen resultiert natürlich nicht ausschließlich aus gesellschaftlich wohlwollendem Interesse, sondern hat auch publizistische Gründe. Spendernamen werden veröffentlicht und die gespendeten Beträge beziffert. Eine Methode, die manch amerikanischem Bürger zu einem positiven Image in der breiten Öffentlichkeit verholfen hat und auch manch ruinierten Ruf wiederherstellen konnte. In dieselbe Kategorie fallen die Wohltätigkeitsfeste und -veranstaltungen. Diese finden verstärkt in der Wintersaison statt und dienen vornehmlich sozialen Zwecken. Im allgemeinen werden hohe Eintrittsgelder verlangt, die dann die Spendensumme ergeben.

Bei extrem hohen Spenden erfährt der Wohltäter eine permanente Ehrung, hier ist das Beispiel Getty stellvertretend für die vielen anderen zu nennen, die sich ebenso auf unterschiedlichste Bereiche des gesellschaftlichen Lebens erstrecken. Interessant ist in diesem Zusammenhang auch, daß sogar Universitäten nach ihren Spendern benannt werden (Yale, Harvard), eine Gepflogenheit, die in Deutschland nur schwer denkbar wäre, da man hier im allgemeinen keine Beträge dieser Größenordnung spendet und normalerweise Spenden auch nicht in der Öffentlichkeit bekannt macht.

### Telefonieren

In den USA gibt es, wie bei uns, verschiedene Möglichkeiten in der Öffentlichkeit oder privat zu telefonieren. Anders als in Deutschland, gibt es in den USA allerdings den sogenannten Operator, eine Dame oder Herr, die sich zum Beispiel in das Gespräch schalten, wenn Sie nicht genug Münzen nachgeworfen haben, oder die Ihnen ankündigen, wie viele Münzen für den Aufbau eines Gespräches verlangt werden.

**Telefonieren mit Operator**

Man wählt die gewünschte Nummer, Europa über die Zugangsnummer 001 zum internationalen Netz, dann die Landesvorwahl, 49 für Deutschland, anschließend die Ortsvorwahl ohne Null und zuletzt die Durchwahlnummer des Teilnehmers. Nachdem man eine Verbindung hat, wird sich automatisch der Operator melden und auf den zu zahlenden Betrag hinweisen. Dieser Operator kann Ihnen auch die Leitung für R-Gespräche aufbauen. Falls Sie während eines Telefonats eine schlechte Verbindung hatten, können Sie übrigens den *Operator* anrufen, die „00" wählen und sich die Gebühren gutschreiben lassen, dies geht natürlich am einfachsten, wenn Sie auf Kreditkarte oder Telefonkarte telefoniert haben.

Die USA sind das Land des Telefonierens. Es ist üblich, fast alles über das Telefon zu regeln. Sie reservieren in Restaurants, Kinoplätze, können erfragen, wie man an einen bestimmten Ort kommt, ob die von Ihnen gewünschte Hose noch in Ihrer Größe vorrätig ist und und und... Das ist absolut üblich, und niemand wird über ein solches Telefonat verwundert sein.

## Collect Call, das amerikanische R-Gespräche

Beim R-Gespräch zahlt nicht derjenige, der anruft, sondern der Teilnehmer, der angerufen wird. Das ist besonders praktisch, wenn man länger andauernde Auslandsgespräche führen will, weil man sonst nonstop Münzen nachwerfen müßte, da die öffentlichen Fernsprecher nur kleine Münzen annehmen. Ein weiterer Vorteil ist, daß man auch bei leerem Geldbeutel telefonieren kann, vorausgesetzt, der Angerufene ist bereit, die Kosten für das Gespräch zu übernehmen.

Durch Buchstabentasten<br>leichter die Telefon-<br>nummern merken

Ein R-Gespräch meldet man folgendermaßen an: Man setzt sich mit dem Operator in Verbindung (Nummer ist auf den Fernsprechern angegeben) und nennt diesem die gewünschte Nummer und den Namen des Teilnehmers. Der Operator ruft an, fragt, ob der gewünschte Teilnehmer das Gespräch annehmen möchte (er muß schließlich die Kosten übernehmen) und verbindet die beiden Teilnehmer gegebenenfalls. Sie können zu diesem Zweck auch z.B.: 1-800-collect wählen. Die Buchstaben beziehen sich auf die Buchstaben, die auf den Telefontasten angegeben sind, aber so können Sie sich die Nummernfolge leichter merken. Dies ist oft günstiger, als einen „normalen" *Collect Call* zu machen.

## Telefonieren mit Karte

Natürlich kann man in den USA auch mit Karte telefonieren, aber anders als in Deutschland steckt man die Karte nicht in einen dafür vorgesehenen Schlitz, sondern ruft eine auf der Karte angegebene Nummer an. Eine Stimme vom Band teilt dann mit, wann die zweite auf der Karte vermerkte Nummer angewählt werden kann und gibt danach das noch vorhandene Guthaben an. Dann wählt man „seine" Nummer und anschließend die Nummer des gewünschten Teilnehmers. Die Einheiten werden dann vom persönlichen Guthaben abgebucht. Diese Karten haben den Vorteil, daß man sie auch von privaten Apparaten aus verwenden kann, zum Beispiel, wenn ein Vertrag mit einer Telefongesellschaft nur über die Abwicklung innerstädtischer Gespräche besteht oder ein Sperrcode für internationale Gespräche eingerichtet wurde. Dann brauchen Sie nicht zu einem öffentlichen Telefon zu laufen, sondern können bequem zum Beispiel vom Hotelzimmer aus telefonieren.

Neben den Telefonkarten kann man hier auch auf seine persönliche Kreditkarte zurückgreifen. Man ruft den Operator an, läßt sich mit einer Telefongesellschaft verbinden, gibt Namen und Kreditkartennummer an und eine Leitung wird freigeschaltet. Aber Achtung, das kann teuer werden!

> Unter der Nummer 411 können Sie kostenlos Adressen erfragen! Wenn Sie zum Beispiel ein bestimmtes Restaurant oder Geschäft suchen, können Sie so ganz einfach vom öffentlichen Telefon aus Adresse und Telefonnummer erfragen. Das Restaurant, die Behörde, die Mall oder das Geschäft wird Ihnen gern eine detaillierte Wegbeschreibung geben.

### Telefonieren innerhalb der USA

Amerikanische Telefonnummern setzen sich folgendermaßen zusammen:

zum Beispiel die Nummer: 1-212-456-8896.

Die 1 steht für den gewünschten Fernbereich (also ein anderer Staat), die 212 ist der Area Code, also der Bereich im Fernnetz, in dem der Teilnehmer wohnt, und die letzten sieben Ziffern stellen den Teilnehmeranschluß dar.

Gebührenfrei telefonieren

1-800-Nummern sind gebührenfrei und werden meistens von Fluggesellschaften, Hotelketten, Versandhäusern usw. angeboten.

Es ist noch darauf hinzuweisen, daß es in Amerika etliche Telefongesellschaften gibt, die jede für sich bestimmte Sonderleistungen anbietet. Es empfiehlt sich, sich darüber bei längeren Aufenthalten detailliert zu informieren, etwa indem Sie sich Werbematerial verschiedener Firmen schicken lassen, deren Telefonnummern Sie den *Yellow pages*, den gelben Seiten, entnehmen, da man mit der richtigen Wahl etliche Dollar sparen kann.

Es gibt inzwischen viele verschiedene *Area-codes* innerhalb der einzelnen Staaten. Am einfachsten ist es, die aktuellen Vorwahlen auf einer Webseite nachzuschlagen. Die hier angegebene Webseite ist auch in anderer Hinsicht interessant. Dort finden Sie die *Yellow pages* – die gelben Seiten –, die *White pages* – die lokalen Telefonbücher – und Zip codes, also Postleitzahlen. Als Bonbon gibt es den *Celebrity Search*, um die Wohnorte der Stars ausfindig zu machen.

*Nützliche Webadresse:*

http://www.555-1212.com

## *Trinkgeld (Tip)*

### *In Restaurants*

Trinkgeld ist obligatorisch. Erwartet werden mindestens 15% vom Gesamtpreis. Es wird nicht als Belohnung für sehr guten Service gegeben, sondern zum Aufstocken des Gehalts. Als Anerkennung des guten Services gilt also erst jede Summe, die über den erwarteten 15% liegt. Oftmals leben die Kellner vom Trinkgeld, da ihr Stundenlohn zum Teil bei US$ 2,50 liegt und auf die Aufstockung durch Trinkgelder ausgelegt ist. Der Tip steht zumeist nur in den zum Großteil von Touristen besuchten Restaurants auf der Rechnung. Für den Amerikaner, der die Gabe des Trinkgeldes als selbstverständlich erachtet, wäre dies eine Beleidigung. Am besten ist, man läßt den Betrag auf dem Tisch liegen, wenn man das Restaurant oder Café verläßt. Deutschen erscheint dieses hohe Trinkgeld oft sehr viel, aber bitte, es steht der Bedienung zu; immer wieder verkennen Ausländer, daß es eine Unverschämtheit ist, weniger zu geben, und wundern sich dann, wenn die sonst so überaus freundliche Bedienung unhöflich wird.

### *Beim Taxi fahren*

Ebenso wie für den Kellner ist ein Trinkgeld für den Taxifahrer obligatorisch. Hier ist die Summe nicht eindeutig festgelegt, beträgt aber ungefähr 10%.

### *Für Kofferträger*

Für ein großes Gepäckstück gibt man zwei Dollar Tip, insgesamt aber nicht mehr als fünf Dollar.

*Urlaub*

Gesetzlich zugesichert werden dem amerikanischen Arbeitnehmer lediglich zwei Wochen bezahlter Urlaub pro Jahr, was nach langer Firmenzugehörigkeit auf drei, maximal vier Wochen ausgedehnt werden kann, wobei dies ganz im Ermessen des Arbeitgebers liegt. Ein paar Tage mehr sind es im öffentlichen Dienst.

Den Berichten einiger amerikanischer Arbeitnehmer konnte ich allerdings entnehmen, daß die Zahl der bezahlten Urlaubstage auch wesentlich geringer ausfallen kann. In einigen Fällen wurden lediglich drei (!) Urlaubstage im ersten Jahr des bestehenden Arbeitsverhältnisses gewährt, die dann um einige wenige im folgenden Jahr ergänzt werden sollten. Das ist natürlich äußerst wenig und für den deutschen Arbeitnehmer, der grundsätzlich durch eine Gewerkschaft vertreten wird, schlichtweg undenkbar. Auch zu häufiges Kranksein (das dem Arbeitgeber nicht plausibel scheint, wie zum Beispiel das „verlängerte Wochenende") kann ausschlaggebend für das Streichen von Urlaubstagen sein (hier dürfen allerdings die gesetzlichen zwei Wochen nicht angetastet werden), wobei im umgekehrten Fall die Anzahl der Urlaubstage gesteigert werden kann, wenn man ein Jahr nicht krank war.

Interessant ist auch, daß der in Deutschland noch nicht so lange praktizierte Vorruhestand in Amerika schon länger auf freiwilliger Basis möglich ist. Ausschlaggebend dafür ist, neben persönlichen Gründen, die schnell verlaufende Entwicklung im industriellen Bereich, der viele ältere Arbeitnehmer kaum noch folgen können.

*Zeitzonen*

Die durchschnittliche Ausdehnung der USA in Ost-West-Richtung von rund 4 000 Kilometern bringt eine Differenzierung in vier verschiedene Zeitzonen mit sich.

*Eastern Time*

Gilt in Maine, New Hampshire, Vermont, Massachusetts, Rhode Island, Connecticut, New York, New Jersey, Pennsylvania, Michigan, Ohio, Delaware, Maryland, Virginia, West Virginia, North and South Carolina, Georgia, Florida und in den östlichen Teilen von Kentucky und Tennessee.

### Central Time

Gilt in den Staaten Wisconsin, Minnesota, Iowa, Illinois, Indiana, Missouri, Arkansas, Mississippi, Alabama, Louisiana, Texas, Oklahoma, Kansas, in den östlichen Teilen von Nebraska, North und South Dakota und in den westlichen Teilen Kentuckys und Tennessees.

### Montain Time

Gilt in den Staaten Montana, Idaho, Wyoming, Utah, Colorado, Arizona, New Mexico und in den westlichen Teilen von North und South Dakota und Nebraska.

### Pacific Time

Gilt in den Staaten Washington, Oregon, Nevada, Alaska und Hawaii und Kalifornien.

## New York, New York - An American Dream

*von Mareike Lanbacher (Autorin des Buches „Zur High School in die USA, TIA Verlag 1999)*

An American-Dream - wie ein Traum kommt es mir tatsächlich vor. Von einem wohlhabenden New Yorker wurde ich zusammen mit einem anderen deutschen Mädchen namens Silvia für vier Monate nach New York eingeladen. Peter Hartig, ein 82jähriger Jude, der 1938 aus Hamburg in die USA emigrierte, nimmt bereits seit einigen Jahren junge Menschen bei sich auf und finanziert ihren Aufenthalt in der Stadt. „Wo ist der Haken?", fragen meine Eltern. Noch in Deutschland lerne ich Peter und einige Mädchen, die für kurze Zeit bei Peter in New York gelebt haben, „Ehemalige" sozusagen, kennen. Ich finde keinen Haken, Peter hat wohl nur den Wunsch, seine Welt auch anderen zu öffnen, jungen Leuten, die sonst nicht die Möglichkeit hätten, für längere Zeit in New York zu leben.

Ende August komme ich am Kennedy-Airport an, und Peter und Riyad empfangen mich hinter der Passkontrolle. Riyad ist Peters Fahrer für weitere Strecken, wie ich später erfahre, innerhalb von Manhattan mietet er Limousinen. Na dann..., denke ich.

Einige Tage später kommt auch Silvia in New York an, und Peter zeigt uns Manhattan von der teuren Seite: Essen im *Windows of the World*, Hubschraubertour über den Wolkenkratzern und Shoppen bei Bloomingdale's und Macy's. Aber an den verschwenderischen Luxus gewöhnt man sich ebenso schnell, wie an die langen Straßenfluchten, Menschen- und Automassen, die ein Teil des Lebens dieser Stadt sind.

In der folgenden Zeit sind Silvia und ich damit beschäftigt, uns um Kurse an der Uni zu kümmern. Ich möchte einen Kurs in Altgriechisch belegen, und Peter ist so nett, mir einen exklusiven Intensivkurs an der Columbia University zu finanzieren. Legal ist das zwar nicht, da man mit dem Touristenvisum eigentlich nicht studieren darf, aber letztendlich hat beim Einschreiben auch niemand nach der Aufenthaltsgenehmigung gefragt. Statt dessen sollte man den Kurs bezahlen und einen *Placement-Test* absolvieren.

Weil ich nach drei Tagen immer noch vom Jetlag geplagt bin und mit der Zeitumstellung nicht zurechtkomme, ist es für mich zwei Uhr nachts und nicht acht Uhr morgens. Prompt habe ich zwei Punkte zu wenig, und man empfiehlt mir, einen zusätzlichen Englischkurs zu besuchen. Da die Kurse zusammengerechnet zu teuer wären und ich Peter nicht um das Geld bitten will, nutze ich die Chance, die mir eine Angestellte einräumt, und schreibe ein Essay, um meine Punktzahl anzuheben.Ich bekomme den gewünschten Kurs und habe meine erste Lektion in Amerika gelernt: Hartnäckig sein und nicht unterkriegen lassen. Unser New Yorker Alltag sieht dann folgendermaßen aus: Dreimal pro Woche besuche ich die Uni und zweimal pro Woche nehme ich an einem Dramakurs an der *New School* teil. Silvia belegt einen Englischkurs am Marymount College. Unsere Pflichten gegenüber Peter bestehen darin, abwechselnd für ihn zu kochen und einzukaufen und die Post zu sortieren. Gelegentlich begleiten wir ihn zum

Mittagessen, das er immer auswärts einnimmt. Durch Peter lernen wir auch junge Leute kennen, darunter einige „Ehemalige". Auch in den Unikursen schließt man schnell Freundschaft, da die Amerikaner sehr offen und kontaktfreudig sind. Und noch nie habe ich so viele Leute in der U-Bahn kennengelernt.

Die Stadt bietet ein umfangreiches Freizeitangebot, und wir merken schnell, daß vier Monate zu kurz sind, um alles wahrzunehmen. Wir besuchen Konzerte und gehen ins Theater, wobei Peter lieber zuhause bleibt, da er meint, schon alles zu kennen. Vielleicht ein bißchen dekadent, aber wer für ein Stück Butter zu einem deutschen Delikatessengeschäft fährt...

Wir veranstalten Picknicks im Central Park oder brunchen im Essex House. Unser Freundeskreis wird größer, und wir erfahren so auch Insidertips, die das Leben in New York etwas günstiger gestalten: Ein Kinobesuch für drei Dollar an der W 50th Str/8th Ave, freier Eintritt am Mittwoch im World Trade Center, einen Dollar Eintritt für das Museum of Modern Art am Freitag und und und...

Geld auszugeben ist in New York allerdings sehr einfach und wird durch die vielen Geschäfte und das ausgefallene Angebot maßgeblich provoziert. Für junge Leute ist diesbezüglich SoHo, East- und Greenwich Village zu empfehlen. Dort gibt es etliche Second-Hand-Shops und Läden mit den neuesten Klamotten.

Das New Yorker Nachtleben bietet ebenso viele Extravaganzen. Wir gehen am liebsten in die Webster Hall. Hier gibt es, wie in fast allen angesagten New Yorker Clubs, eine Gästeliste. Wir haben uns einfach über das Internet dort eintragen lassen und konnten dadurch wiederum einige Dollar sparen, da man als geladener Gast wesentlich weniger Eintritt bezahlt.

Mitte Dezember fliegen wir auf die Bahamas, wo Peter zweimal im Jahr seinen Urlaub verbringt. Zusammen mit Peter, seiner Schwester und sechs Ehemaligen genießen wir eine Woche Ruhe von der Großstadt.

Zurück in New York herrscht schon Abschiedsstimmung. Silvia fliegt zwei Tage vor Weihnachten zurück nach Deutschland, und ich habe die Aufgabe, zwei neue Mädchen einzuweisen. Die letzten

Tage genieße ich noch und lasse New York abschließend auf mich
wirken.

Silvester ziehe ich mit zwei waschechten New Yorkern von Party zu
Party, die gefeiert werden, wie man es aus Filmen kennt: Die A-
partments werden ausgeräumt und die Gäste mit Papphüten und
Tröten versorgt. Die Straßen sind noch voller als an normalen Tagen. Zum Abschied gibt Peter für mich eine *Farewell-Party* im
Waldorf Astoria und begleitet mich zum Flughafen. Der Abschied
ist kurz, Peter mag keine langen Abschiedsszenen, und wir sehen
uns ohnehin im Sommer in Deutschland wieder. Der Gepäckträger
fragt mich: "Firstclass, Ma'am?" Ich lache nur und antworte: „No, I
go economy class!" und denke: Zurück in mein Leben.

# Deutsche Einwanderung in den USA

*10. Kapitel*

# Deutsche Einwanderung in den USA

*von Victoria Berg*

S eit die ersten Pioniere aufbrachen, um die Neue Welt zu erforschen und zu besiedeln, haben immer wieder Menschen ihre Heimat verlassen, um jenseits des Atlantiks ihr Glück zu suchen. Bis heute hat Amerika in den Augen vieler nichts von der Aura des Landes der unbegrenzten Möglichkeiten eingebüßt. Die Gründe für die Entscheidung, die Zelte zu Hause abzubrechen, um in Amerika einen neuen Start zu wagen, haben sich über die Jahrhunderte ebenso verändert, wie sich die Bedingungen änderten, welche die Auswanderer an ihrem Ziel vorfanden. Doch immer war es der *"American dream"*, die Hoffnung auf die Verwirklichung der eigenen Träume und auf ein besseres Leben, der die Menschen in die Ferne trieb.

## Einwanderung im 17. Jahrhundert

### Einzelschicksale

Die Geschichte der Deutschen in Amerika beginnt mit der Entdeckung des Kontinents. So befand sich bereits unter der Mannschaft, mit der der Wikinger Leif Ericson im Jahr 1 000 n. Chr. die Neue Welt erreichte, ein Deutscher namens Tyrker. Und auch 600 Jahre später, als der britische Captain John Smith die Kolonie Jamestown gründete, waren deutsche Handwerker unter den ersten Siedlern.

*Viele Auswanderer kamen aus religiösen Gründen*

Die Deutschen, die im 17. Jahrhundert nach Amerika auswanderten, hatten hauptsächlich religiöse Gründe, ihre Heimat zu verlassen. Der Weg führte meist über Holland. Seit sich die Niederländer von Spanien freigekämpft hatten, strömten die politisch und religiös Verfolgten in das liberalere Nachbarland. Gemeinsam mit den Holländern brachen viele von ihnen auf, um in den Kolonien ein neues Leben anzufangen. Einige siedelten sich in Westindien und in Südamerika an, der Großteil aber zog nach Nordamerika. Hier fand man ein Klima und eine Landschaft vor, die den Lebensbedingungen, die man aus Deutschland gewohnt war, am nächsten kamen. Bis ins späte 17. Jahrhundert waren es aber zunächst Einzelpersonen, die sich auf den

Weg in die Neue Welt machten. Ob als angeworbene Handwerker, als Soldaten unter der Flagge europäischer Kolonialstaaten, oder als Pioniere der Siedlungsbewegung, es blieben zunächst Einzelschicksale.

New Amsterdam

So wurde im Dienst der Holländer der Rheinländer Peter Minnewit 1626 von der „Westindischen Kompanie" zum Gouverneur der jungen Kolonie New Holland mit Sitz in New Amsterdam, dem späteren New York, ernannt. Um die Inbesitznahme des Landes auf eine sichere Rechtsgrundlage zu stellen, trat er sofort nach seiner Ankunft mit den Indianern in Verhandlungen. Er wollte die Insel vor der Küste, von den Indianern „Manhattas" genannt, offiziell erwerben. Für nur 60 holländische Gulden konnte Minnewit sein Ziel erreichen. Der Kauf Manhattans gehört noch heute zu den besten Landgeschäften der Geschichte. Peter Minnewit wurde, trotz seiner Erfolge, 1631 von der „Westindischen Kompanie" aus seinem Amt entlassen.

New Amsterdam wird zu New York

Lange konnten sich die Holländer jedoch nicht an Manhattan und den Besitzungen an der Ostküste erfreuen. In den 60er Jahren des 17. Jahrhunderts erschienen die Engländer mit einer Kriegsflotte an der Hudson-Mündung und forderten New Amsterdam zur Kapitulation auf. Der Gouverneur Peter Stuyvesant mußte die weiße Fahne hissen und aus *New Amsterdam* wurde New *York*. Von jetzt an wehte über der gesamten nordamerikanischen Küste die britische Flagge.

Jacob Leisler

New York wurde auch Schauplatz eines weiteren deutschen Schicksals in den Anfangsjahren der Kolonialisierung. Der ehemalige Soldat Jacob Leisler, der 1660 noch im Dienst der Holländer in New York eintraf, wurde schnell zu einem erfolgreichen Händler und zu einem angesehenen und beliebten Bürger der Kolonie. Als in England 1688 der zum Katholizismus übergetretene Jakob II. von Wilhelm von Oranien entthront wurde, kam es auch in New York zu Unruhen. Der katholische Gouverneur wurde von der vorwiegend protestantischen Bevölkerung gestürzt und Jacob Leisler vorübergehend zum Anführer gewählt. Damit geriet er jedoch in die Schußlinie der einflußreichen Großgrundbesitzer und Kaufleute, die in ihm schon lange einen Konkurrenten sahen. Als schließlich 1691 der vom neuen König eingesetzte Gouverneur Colonel Henry Sloughter eintraf, schwärzten Leislers Feinde ihn als Aufwiegler an, er wurde gefangengenommen, in den

Kerker geworfen und bald darauf öffentlich hingerichtet. Das britische Parlament hob den Schuldspruch gegen Leisler ein paar Jahre später wieder auf. Für den Teil der Kolonisten, der bereits nach Unabhängigkeit von der britischen Krone strebte, wurde Jacob Leisler damit zum ersten Märtyrer der Bewegung.

### Germantown

Im späten 17. Jahrhundert beginnt schließlich die Geschichte der Gruppen-Auswanderungen. Im Oktober 1683 ging am Ufer des Delaware das Schiff „Concord" vor Anker. An Bord befanden sich 13 Familien aus Krefeld, insgesamt 33 Personen, die nach zehn langen Wochen auf See endlich ihr Ziel erreicht hatten, das wenige Wochen zuvor gegründete Philadelphia. Sie gehörten der Glaubensgemeinschaft der Mennoniten an, die im Zeitalter der Reformation gegründet worden war. In Deutschland war die Verfolgung der Mennoniten nicht so grausam wie beispielsweise in den Niederlanden unter der Hoheit der katholischen Spanier. Doch auch hier hatten es die Mitglieder einer Religionsgemeinschaft, zu deren wesentlichen Merkmalen unter anderem die Verweigerung des Kriegsdienstes gehörte, nicht leicht, ihren Glauben frei zu leben. Den Mennoniten in ihren Forderungen nahe waren die Quäker. Bald nach Gründung der Glaubensgemeinschaft Mitte des 17. Jahrhunderts in England waren die Quäker bemüht, unter den deutschen Mennoniten neue Anhänger zu finden. Einer ihrer Missionare, William Penn, hatte von seinem Erbe die Eigentumsrechte an Ländereien in Nordamerika erworben und das Gebiet zum Andenken an seinen Vater „Pennsylvania" genannt. Sein Ziel war, allen Gleichgesinnten die Möglichkeit zu bieten, sich in den Gebieten anzusiedeln und so jenseits des Atlantiks eine neue Heimat zu finden, in der niemand mehr in der Ausübung seines Glaubens eingeschränkt werden sollte. In Frankfurt und Krefeld war Penn bereits aufgrund seiner Predigten bekannt. Einige Mitglieder der Mennoniten gründeten die „Frankfurter Gesellschaft" mit dem Ansinnen, sich in Pennsylvania Land für deutsche Siedler zu sichern. Den Vertrag arbeitete der junge Rechtsgelehrte Franz Daniel Pastorius aus. Als schließlich im April 1683 ein Schiff mit Ziel Pennsylvania in See stach, befand sich Pastorius an Bord, begleitet von einigen wenigen deutschen Siedlern.

Mit den Krefelder Familien, die bereits zur Auswanderung entschlossen waren, vereinbarte er, alles für ihre Ankunft in Philadelphia vorzubereiten. Zu diesem Schritt hatte ihn der Gedanke bewogen, seine Religion fern von Unterdrückung und Bevormundung durch deutsche Landesfürsten leben zu können. Später erinnerte er sich:

*Weilen ich nun alldar von meinen Bekannten Pennsylvanien zum öfteren sehr rühmen hörte und verschiedene Relationsschreiben davon zu lesen bekam, auch einige Gott fürchtende Menschen sich bereits dorthin zu transportieren entschlossen und schon zusammengepackt hatten, entstund eine nicht geringe Begierde bei mir, in ihrer Gesellschaft mit über zu segeln und daselbst, nach überdrüssig gesehenen und gekosteten europäischen Eitelkeiten, nebst ihnen ein still und christlich Leben zu führen.*

[Franz Daniel Pastorius, ca. 1692]

Concord Als die „Concord" mit den 13 Familien an Bord in Philadelphia eintraf, wurden sie von Pastorius und Penn erwartet. Etwa sechs Meilen von Philadelphia entfernt, machten sich die deutschen Neuankömmlinge daran, ihre eigene Siedlung aufzubauen. Sie errichteten Holzhütten und legten Gärten und Felder an. Die Siedler, hauptsächlich Leinweber, mußten hierzu Urwald roden und sich die Wildnis erst einmal zugänglich machen. Aber in den Jahren darauf kamen ihnen immer mehr Neuankömmlinge aus Deutschland zu Hilfe. Schuster, Schneider, Schmiede und Bauern hatten von den Möglichkeiten im fernen Amerika gehört und waren entschlossen aufgebrochen, um ebenfalls ihr Glück zu suchen. Der Anfang war mit Entbehrungen und Strapazen verbunden, aber nach und nach entstand eine eigenständige Siedlung, Germantown, die ihre Erzeugnisse in Philadelphia verkaufen konnte.

*Den Ort nannten wir Germantown, welches der deutschen Brüder Statt bedeutet. (...) Und mag weder genug beschrieben, noch von deren vermöglicheren Nachkömmlingen geglaubt werden, in was Mangel und Armut, anbei mit welch einer christlichen Vergnüglichkeit und unermüdetem Fleiß dieses Germantownship begonnen sei.*

[Franz Daniel Pastorius, ca. 1684]

Aufgrund des nicht endenden Einwandererstroms aus Deutschland entstanden in der näheren Umgebung weitere Siedlungen. Ihre Namen - Krefeld, Sommerhausen oder Kriegsheim - erinnerten an die zurückgelassene Heimat. Auf politischer Ebene äußerte sich die Glaubenseinstellung der Mennoniten und Quäker in Germantown deutlich: 1688 wurde hier der erste schriftliche Protest gegen Sklavenhandel und -haltung in Amerika formuliert. Ein Jahr später erhielt Germantown offiziell die Stadtrechte. Der erste und in späteren Jahren mehrfach wiedergewählte Bürgermeister Franz Daniel Pastorius starb 1719, doch entwickelte sich Germantown auch nach seinem Tod weiter.

## Das 18. Jahrhundert

### Die Pfälzer vom Hudson River

Im 18. Jahrhundert schritt die Besiedelung Amerikas, auch durch Deutsche, weiter fort. Nicht immer war es für die Einwanderer leicht, einen Platz zu finden, an dem sie ohne Konflikte mit den Obrigkeiten ihr neues Leben beginnen konnten. Oft war es auch die finanzielle Situation, die den Neuankömmlingen zum Problem wurde. So erreichte 1708 eine Gruppe von 53 protestantischen Rheinpfälzern New York, von wo aus ihnen Land am Hudson-River zugewiesen wurde. Sie waren aus ihrer Heimat geflohen, nachdem der Spanische Erbfolgekrieg sie ins Elend gestürzt hatte. Über England waren sie in die Neue Welt geschickt worden, um dort Siedlungen aufzubauen, die den Engländern als Pufferzone zwischen ihren eigenen Regionen und dem Indianergebiet dienen sollte. 1710 kamen weitere 3 000 Pfälzer Flüchtlinge nach. Dadurch, daß die Deutschen die Auswanderungsentscheidung nicht bewußt gefällt hatten, sondern auf ihrer Flucht mehr oder weniger in die Neue Welt geschickt wurden, erreichten sie Amerika bettelarm. Demzufolge hatten sie auch keine Möglichkeit, Land zu erwerben, so daß die Kolonialverwaltung ihrem Wunsch nach Land nur zögernd nachkam. Der überwiegende Teil dieser deutschen Einwanderer wurde als Schiffsbauer und Teerkocher zwangsverpflichtet. Von ihren Aufsehern schlecht behandelt und miserabel versorgt, waren ihre Lebensbedingungen nicht besser als die der rechtlosen Sklaven.

Mohawks

Als der Häuptling der Mohawks den Deutschen ein Gebiet am Shoharie-River anbot, verweigerte der Gouverneur seine Zustimmung. Er ließ sogar Truppen aufmarschieren, um einen drohenden Aufstand der Pfälzer zu verhindern. Doch die deutschen Siedler ließen sich nicht auf Dauer unterdrücken. Entgegen der Anweisung des Gouverneurs zogen die ersten 50 Familien 1712 in das Gebiet, das ihnen die Indianer offeriert hatten. Die Ansiedlung blühte schnell auf, man baute Häuser und legte Felder an. Aber der Konflikt mit dem Gouverneur, der sich konstant weigerte, Besitztitel auf das neu besiedelte Land auszustellen, riß nicht ab. Um die zermürbenden Auseinandersetzungen mit den Behörden zu beenden, verließen 1722 viele der Pfälzer ihre gerade neu geschaffene Heimat, um nach Pennsylvania umzusiedeln. Hier konnten sie endlich unbehelligt ein neues Leben beginnen.

Viele Deutsche kommen nach Pennsylvania

In weiten Teilen Pennsylvanias hatten sich nach der Gründung Germantowns Deutsche angesiedelt. Es waren hauptsächlich religiöse Gruppierungen und Sekten, die dorthin auswanderten. Neben den Mennoniten und Protestanten kamen Amish-People, Tunker und Lutheraner, welche bald die am stärksten vertretene Gruppe darstellten.

Deutsche ziehen südwärts

Auch in anderen Gebieten Amerikas hatten sich inzwischen Deutsche angesiedelt. So sind in Maryland schon 1660 erste deutsche Kolonisten verzeichnet, und nach Errichtung Baltimores zählten zahlreiche Deutsche zu den Erstbürgern der Stadt. Virginia wurde seit 1714, New Jersey ab 1713, Nord- und Süd-Carolina seit 1710 und Georgia von 1730 an durch deutsche Einwanderer besiedelt. In Neuengland, Main und Massachusetts kam es zunächst nur zögerlich zu deutschen Ansiedlungen, wenngleich in Massachusetts bereits 1719 die Ortschaft Bremen existierte.

### Deutsche Entwicklungen

Die Deutschen machten sich sehr bald auf vielen Gebieten um ihre neue Heimat verdient. So entstand 1738 in Germantown auf Christoph Saurs Druckerpresse die erste deutsche Zeitung, die sechste in Amerika überhaupt. Und auch die erste deutsche Bibel in der Neuen Welt wurde 1743 ebenfalls an diesem Ort gedruckt. Christoph Saur junior gehörte 1761 zu den Mitbegründern der „Germantown-Academy", auf der die Schüler bereits ihre Hochschulreife erlangen konnten.

New York Weekly
Journal und New York
Gazette

In New York wuchs der Deutsche Peter Zenger, der 1710 mit den Pfälzer Familien in Amerika eingetroffen war, bei einer Pflegefamilie, den Bradfords, auf. Er ging bei seinem Ziehvater, dem Herausgeber der „New York Gazette", in die Lehre und eröffnete 1733 seine eigene Druckerei. Hier gab er das „New York Weekly Journal" heraus und trat darin in offene Opposition zu dem regierenden englischen Gouverneur Cosby, dessen Willkür und Machtherrschaft Zenger anprangerte. 1735 stellte man ihn deshalb vor Gericht, aber Zenger wurde schließlich freigesprochen, ein Urteil, das den Beginn der·amerikanischen Pressefreiheit markiert.

Auch auf anderen Gebieten machten die Deutschen von sich reden. So stellte der 1740 in Deutschland geborene Matthias Roisier das „Lancester-Kentucky-Rifles", sozusagen das Gewehr des Jahrhunderts, her. Waffen galten zwar einerseits als Sinnbild für Freiheit und Unabhängigkeit, in Deutschland war ihr Besitz dem Adel vorbehalten, andererseits stellten sie für die amerikanischen Siedler einen notwendigen Überlebensfaktor dar.

Daneben waren es im pennsylvanischen Conestoga Tal angesiedelte Wagenbauer, die den *„Conestoga-Schoner"* konstruierten, den sogenannten Planwagen, der im 19. Jahrhundert zu *dem* Symbol für die Erschließung des *„Wilden Westens"* werden sollte. Bereits 1789 nannte man diese Wagen *„Ships of Inland Commerce"*.

### Unabhängigkeitsbestrebungen

Obwohl die deutschen Einwanderer zuweilen auch kritisch beäugt wurden, galten sie doch als zuverlässig. Die Kaufleute hielt man für korrekt und kulant, die Produkte, die von deutschen Farmern, Fleischern und Bäckern angeboten wurden, befand man als besonders schmackhaft. Deutsche Handwerker waren hochgeschätzt, und auch die Schulen der Deutschen besaßen ein hohes Ansehen.

Deutsche Siedlungspoli-
tik

Man schaffte es, sich schnell einen guten Ruf aufzubauen, so daß deutsche Dörfer und Städte bald als Musterbeispiele für Siedlungspolitik galten. Das ehrgeizige Bemühen der Deutschen, sich durch Leistung und Qualität in Amerika einen Namen zu machen, stand in Abhängigkeit zu der Tatsache, daß die Siedler in der alten Welt verarmte und verelendete Untertanen gewesen waren, Besitzlose ohne Hoffnung auf eine bessere Zukunft. Die Chance, die sich ihnen in Amerika bot, wollte man nicht ungenutzt lassen und stürzte sich mit allen Kräften in die Aufbauarbeit, und es fiel ihnen deshalb leicht, sich mit der neuen Heimat zu identifizieren. Schnell wurden die Deutschen zu selbstbewußten Bürgern des Landes, und somit erscheint es nicht verwunderlich, daß die meisten von ihnen im Unabhängigkeitskrieg auf amerikanischer Seite kämpften.

Im Verlauf des 18. Jahrhunderts wuchsen die Spannungen zwischen Amerika und England: Der siebenjährige Krieg, in dem die Franzosen aus Nordamerika vertrieben wurden, konnte diesen Konflikt nur für kurze Zeit überdecken.

Die Deutschen hatten sich ohnehin schon früher als andere Volksgruppen der Neuen Welt von England distanziert und gehörten daher zu den ersten, die sich 1775 den Kolonialtruppen anschlossen. Auf den Beschluß des amerikanischen Kongresses hin, hob man 1776 ein erstes deutsches Regiment aus..

 *Die Teutschen in Pennsylvanien nah und fern haben sich sehr hervorgetan und nicht allein ihre Milizen errichtet, sondern auch auserlesene Corps Jäger formiert, die in Bereitschaft sind zu marschieren, wohin es gefordert wird; und diejenigen unter den Teutschen, die selbst nicht Dienst tun können, sind durchgehend willig, nach Vermögen zum gemeinen Besten zu kontribuieren.*

[Schreiben des evangelisch-lutherischen und reformierten Kirchenrats sowie der Deutschen Gesellschaft der Stadt Philadelphia 1775]

Viele Deutsche wurden Offiziere in der Kontinentalarmee. So kommandierte beispielsweise der ehemalige preußische Major Bartholomäus van Heer seit 1778 die unabhängige berittene Truppe, „*Independent Troop of Horse*" und die Leibwache George Washingtons, die gegründet worden war, nachdem in seiner ersten Leibwache Anhänger der britischen Krone entdeckt worden waren.

Baron Friedrich Wilhelm von Steuben

Als einer der wichtigsten Deutschen in diesem Krieg galt der preußische Baron Friedrich Wilhelm von Steuben. In Paris hatte er 1777 Benjamin Franklin kennengelernt, der ihn für die Kontinentalarmee anwerben konnte. In Amerika angekommen, begann von Steuben damit, im Winterlager Washingtons, in Valley Forge aus den übriggebliebenen ungeschulten Soldaten wieder eine funktionstüchtige Armee zu machen, die es mit den Engländern aufnehmen konnte. Er avancierte zu einem der wichtigsten Generäle George Washingtons und wurde zum Generalmajor und Generalinspekteur ernannt. Bald schon bezeichnete man ihn als „Vater der Armee". Den Höhepunkt seiner militärischen Karriere erreichte von Steuben, als er vor Yorktown die Kapitulation der Briten entgegennehmen und mit seinen Truppen als erster Offizier in die befreite Stadt einreiten konnte. Viele Amerikaner wollten ihn nach dem Krieg 1784 zum Kriegsminister machen. Aber obwohl es nicht zu dieser Krönung seiner Laufbahn kam, blieb von Steuben in Amerika, erwarb die Staatsbürgerschaft und ließ sich auf seinen Ehrenbürger-Ländereien nieder.

Die Anerkennung, die den Erfolgen von Steubens entgegengebracht wurde, steht stellvertretend für die namenlosen deutschen Soldaten, die in der Miliz und der Kontinentalarmee für die Freiheit und Unabhängigkeit ihrer neuen Heimat kämpften.

### Die Reise von der Alten in die Neue Welt

Seit die ersten Deutschen im 17. Jahrhundert nach Amerika gekommen waren, hatte sich die Situation der Neuankömmlinge nicht verbessert, sondern für die meisten eher verschlechtert. Auch die Bedingungen, unter denen die Menschen über den Atlantik transportiert wurden, blieben über hundert Jahre gleichermaßen menschenunwürdig. Sie wurden auf sogenannten „Seelenverkäufern" eingeschifft; zu Hunderten auf engstem Raum zusammengepfercht, konnten die Menschen froh sein, wenn sie ihr Ziel überhaupt lebend erreichten. Etliche wurden krank, sie hungerten, froren und wurden mit ihrem Kampf ums nackte Überleben während der Überfahrt meist allein gelassen. Ein Großteil der Menschen, die den Schritt wagten, in der Ferne die

Freiheit und ein neues Leben zu suchen, wurden Opfer der „weißen Sklaverei" und endeten oft in noch größerem Elend.

**Geschäfte mit Auswanderern**

So kam es sehr häufig vor, daß die ohnehin verarmten Auswanderer ihr letztes Geld in den Wartelagern der Ausgangshäfen verbraucht hatten. Grund dafür waren die teilweise monatelangen Wartezeiten auf eine Passage. Viele konnten demzufolge schon die Überfahrt nicht mehr bezahlen und wurden zu wehrlosen Opfern skrupelloser Geschäftemacher. Man bot ihnen an, sich die Reise bei Ankunft in Amerika bezahlen zu lassen, um dann das Geld bei demjenigen abzuarbeiten, der sie dort auslösen würde. Sie ahnten nicht, daß die Dienstverträge, die man mit ihnen aushandelte, meist über einen unangemessen langen Zeitraum abgeschlossen wurden. Hinzu kam, daß diese Verträge übertragbar waren, so daß über die jeweiligen Personen nach Belieben verfügt werden konnte und diese „weiterverkauft" werden durften: Familien wurden rücksichtslos auseinandergerissen und Kinder mußten sogar bis zu ihrer Volljährigkeit im Dienst der neuen „Herren" bleiben. Für lange Jahre waren die Neuankömmlinge demnach in einer Situation, die nicht einmal geringfügig besser war, als die in ihrem Heimatland, die sie dazu bewogen hatte, nach Amerika zu gehen.

Wer erst einmal einen Platz auf einem der Schiffe ergattert hatte, dem stand eine lange und beschwerliche Reise unter menschenunwürdigen Bedingungen bevor. Die Kapitäne konnten schalten und walten, wie es ihnen gefiel. Schutzbestimmungen für Passagiere gab es bis Anfang des 19. Jahrhunderts so gut wie keine. So konnte es sogar vorkommen, daß Kapitäne zuerst England ansteuerten, um gegen Provision Auswanderer an die königliche Armee zu verkaufen. Fast auf allen Schiffen gehörten Lebensmittelrationierungen, physische wie psychische Unterdrückung, unzureichende hygienische Bedingungen und hoffnungslose Überfrachtungen zum normalen Bild. Die Kapitäne und Schiffsgesellschaften kalkulierten menschliche Verluste im Vorfeld ein und verkauften deshalb bis zu 100% mehr Passagen, als eigentlich auf den Schiffen zulässig waren. In den verdreckten und engen Zwischendecks breiteten sich Infektionskrankheiten und Seuchen unter den geschwächten Passagieren aus, und viele bekamen wochenlang kein

Tageslicht zu sehen. Stürme und Seegang taten das übrige, um die Menschen in Angst, Schrecken und Elend zu versetzen.

*Man sagte mir, daß man auf dem Schiff nur des Mittags zu essen bekomme... heute Erbsen, ohne Fett, voll von Würmern, morgen ebenso abscheuliche Gerste, übermorgen wieder Erbsen, und so fort, jeden Tag einen Schoppen Wasser und den Schiffszwieback...*

*Ich machte mit dem Schiffskoch einen Akkord, daß ich für eine Bouteille Wein einigemale von den Bohnen bringen sollte, die die Schiffsmannschaft bekam. Einmal ging dies an, als aber der Koch mir wieder Bohnen bringen wollte, vertrat der Kapitän den Weg und verbat ihm bei scharfer Strafe, einem Passagier etwas anderes zuzutragen, als was ihm gehöre. ...*

*Es kam ein sehr starker Sturm; wir Weibsleute mußten, wie gewöhnlich bei solchen Fällen, das Verdeck räumen und uns in die Kajüten sperren lassen. Da saßen wir, herumgeworfen wie Bälle, voll Todesangst und erstickten beinahe in den engen Kajüten...*

*Nach kurzer, erträglicher Zwischenzeit fingen die Stürme wieder an, die uns fast bis Philadelphia begleiteten. Es waren die stärksten, die wir noch erfahren hatten, mit steten Blitzen und Donnern. Wer auf dem Lande schon die Gewitter fürchtet, wie ich, den bringen sie auf der See dem Tode nahe.*

[anonyme Verfasserin aus Württemberg, ca. 1786]

Wer das Glück hatte Amerika, lebend zu erreichen, konnte nur dann seine erhoffte Freiheit finden, sofern er nicht zu denjenigen gehörte, die sich vor der Abreise aus Geldmangel zwangsverpflichtet hatten. Diejenigen, die derartige Verträge unterzeichnet hatten, mußten einen regelrechten „Sklavenmarkt" über sich ergehen lassen. Sobald die Schiffe angelegt hatten, wurden sie von amerikanischen Farmern, Handwerkern und Geschäftsleuten aufgesucht, die sich aus den Neuankömmlingen diejenigen auswählten, die sie für ihre Zwecke als geeignet beurteilten. Die Einwanderer, die glaubten, das Schlimmste überstanden zu haben, wurden wie Ware begutachtet und dann wie eine Fracht „gelöscht" und bei den Kapitänen ausgelöst.

„Käuflinge" bis ins 19.
Jahrhundert

Erst im 19. Jahrhundert endete das System der sogenannten „Käuflinge". 1820 wurden erstmals die Passagierzahlen stark beschränkt, was dem Geschäft, das hauptsächlich durch die Überfrachtung erzielt worden war, einen Riegel vorschob. In Bremen wurden 1832 die ersten Schutzbestimmungen erlassen, die nur noch besonders vereidigten Schiffsmaklern die Vermittlung von Passageplätzen gestatteten. In den folgenden Jahren wurden die Sicherheitsgarantien für Auswanderer weiter ausgebaut. Es entstand ein System von Passageverträgen, mit denen sich Agenturen verpflichteten, für die Einhaltung der Schutzbestimmungen zu sorgen. Nachdem der Passagier seine Überfahrtskosten bezahlt hatte, wurde ihm nun auch durch die Schiffseigner zugesichert, daß für die Einhaltung der Sicherheitsbestimmungen, für ausreichend Verpflegung und Medikamente gesorgt war. Mitte des 19. Jahrhunderts galten in Deutschland schließlich schärfere Schutzbestimmungen als in den Nachbarländern. Viele Auswanderer, die sonst in Le Havre, Rotterdam oder Antwerpen ihre Reise angetreten hätten, machten sich nun von Bremen oder Hamburg aus in die Neue Welt auf.

### Die Deutschen Gesellschaften

Entscheidend zur Verbesserung der Lage, die die deutschen Auswanderer an ihrem Ziel vorfanden, hatten die „Deutschen Gesellschaften" beigetragen. Verstärkt hatten sich die Deutschen in Amerika über die Behandlung ihrer Landsleute empört. Im „Staatsboten", der deutschen Zeitung in Philadelphia, erschien 1764 ein Artikel über den elenden Zustand der Neuankömmlinge, die als „lebende Leichen" beschrieben wurden, mit dem dringenden Aufruf, durch Spenden den Brüdern und Schwestern aus der alten Heimat zu helfen. Die gemeinsame Verwaltung der Spendengelder führte zu dem Gedanken, eine Vereinigung ins Leben zu rufen, die dauerhaft planmäßige Hilfe leisten sollte. Man wollte das Elend der Einwanderer lindern und ihnen die Chance zu einem Neuanfang geben. So gründete sich die *„Deutsche Gesellschaft von Philadelphia".*

Deutsche Gesellschaften

In den folgenden Jahren entstanden in mehreren Städten Amerikas Vereinigungen mit ähnlichen Motivationen. Es ging nicht nur darum,

finanzielle Hilfe und Rechtsberatung anzubieten, sondern darüber
hinaus Gesetze und Verordnungen durchzusetzen, die die Bedingungen während der Überfahrt und nach der Ankunft in geregelte und
menschenwürdige Bahnen lenken sollten. Weiterreichende Ziele, die
sich verstärkt nach dem Unabhängigkeitskrieg manifestierten, wie
beispielsweise, sich mit den Gesellschaften als Träger deutscher Kultur
und Traditionen zu profilieren, scheiterten am Desinteresse der Bevölkerung. Dafür konnten die Gesellschaften ihre Aktivitäten allerdings
im 19. Jahrhundert um medizinische Versorgung durch deutsche Ärzte, Abendkurse für Englisch und für die Einführungen in amerikanische Verhältnisse und ständige Komitees für Rechtsschutz erweitern.
Darüber hinaus waren sie maßgeblich an dem Aufbau von Hospitä-
lern, Altenheimen, Waisenhäusern und Armenasylen beteiligt. So
leisteten die „Deutschen Gesellschaften" seit den 30er Jahren des 18.
Jahrhunderts einen erheblichen Beitrag dazu, die Auswanderung für
die Menschen, die aus Deutschland in die Neue Welt zogen, sicherer
zu machen, ihnen den Start zu erleichtern und innerhalb der Gemeinschaft den Zusammenhalt und den Einsatz füreinander zu fördern.

## Das 19. Jahrhundert

### Flucht vor Verelendung

Seit die ersten deutschen Pioniere im 17. Jahrhundert nach Amerika
gekommen waren, hatte der Zuzug aus der Heimat nicht innegehalten.
Nie aber war die Bewegung so stark wie im 19. Jahrhundert. Wenn
das 20. Jahrhundert möglicherweise später als das Jahrhundert der
Flüchtlinge und Vertriebenen seinen Platz in den Geschichtsbüchern
findet, so war das 19. Jahrhundert das Jahrhundert der Auswanderer.
Neben den ungünstigen wirtschaftlichen Verhältnissen sorgten religiöse Verfolgung (vornehmlich im 17. und 18. Jahrhundert) und politischer Druck (zum Beispiel nach der Revolution von 1848) dafür, daß
die Menschen die Entscheidung trafen, ihrem Land den Rücken zu
kehren. Es war fast immer eine Reise ohne Wiederkehr und die Auswanderung meist die letzte Möglichkeit für diejenigen, die sich in
einem Stadium des Elends befanden, aus dem sie trotz allergrößten

Einsatzes kein Entrinnen mehr sahen. Meist war die Verzweiflung so groß, daß der Weg nach Amerika als die letzte Rettung erschien.

*Im Märzen (1816) hat es angefangen, da haben meine Kinder zum ersten mal nach Brot geschrien, und wir hatten schier keins. Derweil im 1814er und 1815er alles schlecht geraten war. Und ist hernachmals alles so teuer geworden, als man es nimmer hat verzahlen mögen...*

*Es fehlt an Milch und Schmalz; auch für die kleinen Kinder hat man jetzt fast keine Milch und es sterben ihrer viele von den Kleinen...*

*In dieser Woche sind schon wieder einige Bürgerskinder nach Amerika ausgereist. Da ging ein Mann um, man nannte ihn nur den Amerikaner; der bewog die Leute, daß sie auswanderten, welchen des Nachts, da sie wanderten, ein christlicher Vers zum Dorf hinausgesungen wurde."*

[Zeitgenössischer Bericht (o.V.) 1816]

**Starker Bevölkerungs-wachstum führt zu Hungersnöten**

Ausgangspunkt für die Verelendung war schon im 18. Jahrhundert, stärker aber im 19. Jahrhundert, das ungewöhnlich hohe Bevölkerungswachstum. So lebten in Deutschland 1800 rund 24,5 Millionen Menschen, und nur 30 Jahre später war die Einwohnerzahl um 5 Millionen auf 29,5 Millionen gestiegen. Die Industrie steckte noch in den Kinderschuhen und war viel zu schwach ausgebildet, um genügend Arbeitsplätze bieten zu können. Gleichzeitig war die Landwirtschaft nicht einmal in guten Jahren dazu in der Lage, die Menschen zu ernähren. Hinzu kamen immer wieder Mißernten. Dadurch entstand Lebensmittelknappheit, und die lebensnotwendigen Güter verteuerten sich so drastisch, daß sie kaum noch jemand bezahlen konnte. Es kam zu Massenverelendungen und Hungersnöten.

**Massenauswanderungen**

In den Hungerjahren 1816/17 kam es zu den ersten Massenauswanderungen des 19. Jahrhunderts. Die Abwanderung ging in zwei entgegengesetzte Richtungen: ein kleiner Teil wandte sich nach Rußland, aber die meisten zog es über den großen Teich. Es schien ihnen das Land der größten Möglichkeiten und besten Aussichten zu sein. Das hatten viele von ihnen bereits aus Schilderungen von Verwandten,

Bekannten und früheren Nachbarn vernommen, die bereits dort lebten. Daneben gab es sogenannte „Auswanderungsagenten", die Propaganda für das Leben in den USA machten. Das taten sie aber nicht umsonst, sie kassierten Kopfgelder für jeden, den sie zur Auswanderung bewegen konnten. Diese erste große Welle blieb aber zunächst eine einzelne Episode. Zu dieser Zeit, als schon eine Reise in die nächstgrößere Stadt ein Ereignis war, hielt die Vorstellung, sich in einem Land mit einer fremden Sprache und einem fremden gesellschaftlichen System eine Existenz aufzubauen, viele von der Auswanderung ab.

**1854: über 215 000 Deutsche wandern aus**

In den 30er Jahren des 19. Jahrhunderts nahm die Zahl der Auswanderer dann wieder stetig zu. Wieder waren Mißernten und daraus folgende Hungerperioden die ausschlaggebenden Gründe. Der erste Höhepunkt war 1854 erreicht: über 215 000 Deutsche gingen in diesem Jahr in den Häfen der Neuen Welt an Land. In der Heimat taten die Verwaltungsbehörden der deutschen Staaten ebenso wie auch die Pachtherren nicht das geringste, um der Verelendung der Bevölkerung entgegenzuwirken: ganz im Gegenteil. Sie bestanden auch bei Mißernten rücksichtslos auf die Zahlung der Abgaben und schreckten selbst vor Zwangsvollstreckungen nicht zurück. Viele Menschen verloren ihre Höfe und endeten im Frondienst oder im Elend. Diejenigen, die diese Mißstände öffentlich anprangerten, wurden verfolgt und zum Schweigen gebracht. Für viele Betroffene war die Auswanderung die einzige Hoffnung auf Rettung. Ihr Motto: Es kann dort nur besser sein als hier!

**Neben Tagelöhnern und Handwerkern auch immer mehr Industriearbeiter**

Nach den Jahrhunderten der Familienauswanderungen kamen wieder mehr und mehr Einzelpersonen nach Amerika. Neben Tagelöhnern und Handwerkern kamen später immer mehr Industriearbeiter hinzu. Das Gros der Einwanderer blieb aber ländlich geprägt. Allerdings war es gar nicht so einfach, Deutschland für immer zu verlassen. Seit 1768 existierte ein Dekret von Kaiser Joseph II., das die Auswanderung aus deutschem Reichsgebiet strengstens untersagte. Der Erlaß wurde aber regional unterschiedlich streng befolgt, er wurde oft nach Zweckmäßigkeit angewandt oder ignoriert. Meist waren die kommunalen Behörden sogar eher froh, die verarmten Kleinbauern und arbeitslosen

Handwerker loszuwerden. Und besonders zu Zeiten der Hungersnöte verlor die Auffassung, durch Auswanderungen gingen dem Staat wichtige Arbeitskräfte verloren, an Überzeugungskraft. Vor dem Hintergrund des Bevölkerungswachstums hielten viele Wissenschaftler, Publizisten und Regierungsvertreter die Auswanderung für eine dringend notwendige Entlastung des Staates.

Andere wiederum sahen die abwandernden Massen arbeitswilliger Menschen und plädierten für tiefgreifende Reformen in Deutschland. Man wollte die Leute davon abhalten, ihr Heil in der Ferne zu suchen, und regte an, statt dessen die Situation in der Heimat zu verbessern. Es erstaunt nicht, daß diese Vorschläge wenig Anklang bei den herrschenden Fürsten fanden, die alles unterdrückten, was an dem herrschenden System zu rütteln wagte. Viele sahen in den Abwanderungen auch ein „soziales Ventil". Dabei ging es jedoch weniger um die Angst, die Wohlfahrtskassen zu stark zu belasten, als vielmehr darum, soziale Spannungen abzubauen. Man fürchtete sich vor der immer stärker werdenden revolutionären Energie, in der man eine Gefahr für das System sah.

 *Manche Kabinette... betrachten die Auswanderung vielmehr als einen glücklichen Ableiter überschießender, gefährlicher Kräfte, und bieten sogar die Hand zu deren Beseitigung; eine Politik, die, in Ermangelung einer höheren, allerdings auch die beste ist; denn wer Kräfte nicht zu benutzen oder zu beschäftigen weiß, tut wohl, die Klappe zu öffnen und sie entweichen zu lassen, sonst zersprengen sie den Mechanismus!*

[Traugott Bromme, Publizist, 1853]

Die Hindernisse, die es vor einer Ausreise zu überwinden galt, wurden aber nur langsam abgebaut. Bis ins 19. Jahrhundert hinein mußte man zunächst einen Ausreiseantrag stellen, um einen Reisepaß nachsuchen und dann erst einmal warten. Und das konnte oft sehr lange dauern. Während der Krisenjahre 1816/17 drängten schließlich sogar die örtlichen Behörden auf eine schnellere Bearbeitung der Anträge. In den Jahren zwischen 1830 und 1840 gingen einige deutsche Staaten sogar soweit, einmalige Zahlungen für Ausreisewillige zu leisten. Man dachte, immer noch viel zu sparen, wenn man statt dauerhafter Unterstützungszahlungen lieber einmal eine bestimmte Summe ausgab und damit die Problemfälle für immer los wurde. Damit wurde allerdings gegen die offizielle Politik Preußens verstoßen. Auch wenn man allgemein dazu überging, den Abwanderern keine unnötigen Steine in den Weg zu legen, so lehnte man es strikt ab, die Menschen zum Verlassen ihrer Heimat zu ermuntern.

Keine Schutzbestimmungen für die Reisenden

Schutzbestimmungen gab es zuerst gar nicht. Das Schicksal der Auswanderer war den Behörden meist gleichgültig, Hauptsache, sie schafften die Abreise und fielen dem Staat nicht mehr zur Last. Diejenigen, die nicht irgendwann wieder umkehren mußten, nicht selten krank und ausgehungert, wurden, wie bereits geschildert, schnell zu Opfern der Auswanderungsagenten, der Schiffahrtsgesellschaften und der Kapitäne. Man sah in ihnen nur eine Ware, nicht mehr den Menschen. In der Presse kritisierte man zwar die gleichgültige Haltung der Regierung gegenüber den Schicksalen der Auswanderer, aber erste Vorstöße, für alle deutschen Staaten übergreifende und allgemeingültige Schutzbestimmungen zu erlassen, blieben im Ansatz stecken. So trat bereits 1848 die Nationalversammlung in Frankfurt zusammen, um das Problem zu diskutieren, ohne wirklich etwas zu erreichen. Selbst nach Gründung des Deutschen Reiches 1871 änderte sich die Situation nicht wesentlich. Die Auswanderer blieben lange Zeit die „Stiefkinder der Bürokratie". Es blieb den Hansestädten überlassen, sich um den Schutz der Abreisenden zu kümmern. Gemeinsam mit der Hilfe privater Initiativen, wie zum Beispiel der der „Deutschen Gesellschaften", schaffte man es schließlich, in den Häfen und auf den Schiffen den „Freiwild"-Status der Auswanderer zu beseitigen.

*Zwangsauswanderungen*

Neben Siedlungspionieren, religiös Verfolgten, Abenteurern und Flüchtlingen vor Hunger, Not und Elend gab es noch eine weitere Gruppe, die von Mitte des 18. Jahrhunderts bis in die 50er Jahre des 19. Jahrhunderts nach Amerika kam, und das nicht immer ganz freiwillig. Das Phänomen ist mit dem Begriff „Zwangsauswanderungen" aber nicht wirklich korrekt beschrieben. Denn seit die ersten Abschiebungen von Kriminellen nach Amerika stattgefunden hatten, heimlich versteht sich, war es in den meisten Fällen so, daß die Gefangenen selbst ihre Zustimmung gegeben hatten. Es reichte allerdings auch das Einverständnis der Verwandten.

**Abschiebungen von Sträflingen**

Die Engländer hatten noch im 18. Jahrhundert in großem Umfang Sträflinge nach Amerika abgeschoben. Aber die USA legten keinen Wert mehr auf Neuzugänge dieser Art. Aus diesem Grund fanden die Abschiebungen aus Deutschland auch unter größtem Stillschweigen statt. Es gab immer nur einen kleinen Kreis von Eingeweihten, zu denen zum Beispiel der Kapitän des Schiffes gehörte, der die Gefangenen aufnahm, meist in Nacht- und Nebelaktionen. Da es im deutschen Strafrecht die Deportation nicht gab, nannte man das, was hier praktiziert wurde, statt dessen „Transportation". Die Überlegung der Behörden war, daß es billiger sei, die Überfahrt für den Sträfling zu zahlen, als ihn über längere Zeit in den ohnehin überfüllten Gefängnissen durchzufüttern. Der Deal sah so aus, daß dem Gefangenen mit seiner Abschiebung nach Amerika die Reststrafe erlassen wurde. Es handelte sich zwar hauptsächlich um Kleinkriminelle in der Größenordnung von Taschendieben, Landstreichern und Prostituierten, aber es waren sicher auch das ein oder andere Mal Straßenräuber oder Einbrecher darunter.

Die Abschiebungen fanden nicht nur aus den Hansestädten statt. In mehreren deutschen Staaten beteiligte man sich an den Zwangsauswanderungen. Ähnlich wie bei der Befürwortung der Armen-Abwanderung spielte auch hier der Gedanke an ein „soziales Ventil" eine Rolle.

*Von vorzüglich heilsamen Folgen würde eine solche Kolonie für Verbrecher sein, welche in Deutschland in einigen Gegenden ganz unverbesserlich sind, indem alle Zuchtmittel bei denselben ihre Wirkung gleichfalls verfehlen.*

[Ernst Braun, „Ideen über die Auswanderung nach Amerika", 1827]

Generell hatten aber die „Transportationen" aus Deutschland einen grundsätzlich anderen Charakter als die Deportationen, wie sie England, Rußland oder Frankreich praktizierten. Die Transportation sollte keine Fortsetzung der Strafe sein, sondern war mit einer vorzeitigen

Freilassung verknüpft. Außerdem konnte der Sträfling an einem Ort, wo ihn niemand kannte und es keine Vorurteile ihm gegenüber gab, völlig frei ein neues Leben beginnen.

Dennoch hatte Bremen bereits 1847 eine Verordnung gegen die Abschiebungen erlassen. Man fürchtete Konflikte mit dem aufblühenden Amerika, das zu einem der wichtigsten Handelspartner Deutschlands geworden war. Und in Amerika wuchs der Groll dagegen, sich von Europa als Abfalleimer mißbrauchen zu lassen, denn die Praxis der Deportationen war dort natürlich lange bekannt. Aber erst 1875 erließen die USA ein Gesetz, daß die Abschiebung von Kriminellen, politischen Unruhestiftern oder Sozialfällen untersagte. Amerika wollte sich nicht mehr das „Land der Wildnis und Barbarei", sondern auch auf politischer Ebene als ernstzunehmender Partner verstanden wissen. Die Abschiebungen empfand man in der Neuen Welt als Hochmut des „alten" Europa und verwehrte sich dagegen. In der zweiten Hälfte des 19. Jahrhunderts hörten die Deportationen schließlich nach und nach auf.

### Auswanderungsgesellschaften

Bereits die Gründung Germantowns im 17. Jahrhundert ging auf die Initiative einer Auswanderungsgesellschaft in Frankfurt zurück. Vereinen dieser Art ging es darum, die deutsche Auswanderung in geordnete Bahnen zu lenken. Als im 19. Jahrhundert immer größere Massen den Weg in die Neue Welt suchten, kam diesen privaten Initiativen nach und nach immer mehr Bedeutung zu. In vielen deutschen Städten entstanden nun Vereine zur Förderung und zum Schutz der Auswanderer.

Dabei war das soziale Engagement der Mitglieder aber nur ein Teilaspekt der Arbeit. Genauso wichtig war die nationale Komponente. Man hoffte, durch die Besiedelung amerikanischer Gebiete deutsche Kolonien zu schaffen und dadurch Deutschlands Position zu stärken. Einige gingen sogar so weit zu glauben, auf dem riesig erscheinenden neuen Kontinent einen freiheitlichen deutschen Idealstaat errichten zu können, der sich den USA anschließen sollte. Diese Wünsche blieben aber reine Utopie. Selbst die noch unbesiedelten Gebiete standen bereits unter amerikanischer Verwaltungshoheit. Deutsche Siedler konnten sich zwar daran beteiligen, in diesen Gebieten eine staatsbildende Gesellschaft aufzubauen, eine national isolierte Beherrschung eines Staatsgebiets zu erreichen, war ihnen aber nicht mehr möglich. Die Wunschträume, mit deutschem Charakter und deutscher Kultur die gesellschaftlichen Bedingungen Amerikas bestimmen zu können, scheiterten alle. Besonders nach der Revolution 1848 hofften viele Mitglieder der Gesellschaften, in den USA das verwirklichen zu können, was in Deutschland gescheitert war. Obwohl längst alle weißen Flächen von der Landkarte verschwunden waren, plädierte man in den Vereinen noch bis 1880 gegen eine völlige Integrierung der Deutschen in die amerikanische Gesellschaft. Aber Bestrebungen, die die Deutschen in Amerika isolieren sollten, hatten im „Schmelztiegel USA" wenig Aussicht auf Erfolg.

**Hilfe für Auswanderer**

Dennoch hatten die Vereine großen Zulauf. In erster Linie waren es national-liberale Besserverdienende, die den Auswanderungsgesellschaften beitraten. Den Ärzten, Rechtsanwälten und Gewerbetreibenden ging es zu einem Teil auch darum, ihr Gewissen zu beruhigen, indem sie sich sozial engagierten. Und so konnten sie über die Jahre erfolgreiche Arbeit und Hilfe leisten. Sie führten kostenlose Beratungen durch, halfen bei der Ausreise und den Vorbereitungen auf den Neuanfang, sie gaben wirklichkeitsgetreue Auskünfte und hielten somit auch den ein oder anderen allzu rosig denkenden Menschen von der Auswanderung ab. Seit der Jahrhundertwende sah man schließlich auch die Lage hinsichtlich nationalistischer Hoffnungen in Amerika realistischer. Neben der rein praktischen Vorbereitungshilfe hatte so zum Beispiel das 1917 gegründete „Deutsche Auslandsinstitut" zum Ziel, den Deutschen in Amerika dabei zu helfen, die Traditionen zu bewahren und ihre Wurzeln nicht zu vergessen. Nach und nach wurden die Vereine zu Kultur- und Geschichtsvereinen. Und so findet man noch heute, zum Beispiel in Texas, Orte wie New Braunfels oder Fredricksburg, deren Namen den deutschen Ursprung immer noch deutlich erkennen lassen.

# Das 20. Jahrhundert

### Das Amt der verlorenen Worte

Anfang des 20. Jahrhunderts emigrierten im Vergleich zum vorangegangenen Jahrhundert nur noch wenige Deutsche nach Amerika. Jetzt waren die Schiffe voll mit Menschen aus osteuropäischen Ländern. Im Ersten Weltkrieg kam die deutsche Auswanderung in die USA schließlich völlig zum Erliegen, spätestens seit Amerika 1917 zum Feindesland geworden war. Nach Kriegsende litt Deutschland unter den Reparationsforderungen der Siegermächte. Es kam zu Massenarbeitslosigkeit und zu einer starken Inflation. Die Menschen des Industriezeitalters sahen sich plötzlich einer ähnlichen Verelendung ausgesetzt, wie sie ihre Vorfahren erlebt hatten. Von 1920 bis 1923 stiegen die Zahlen derjenigen, die ihre Rettung in Amerika suchten, von 10 000 auf 115 000 an. Bis zum Beginn des Zweiten Weltkriegs sollten es 1,5 Millionen werden, die Deutschland in Richtung Neue Welt verließen. Mit dem Ende der Inflation pendelte sich die Zahl bis zum Beginn der 30er Jahre zunächst bei einer Marke von rund 50 000 pro Jahr ein. Für die wenigsten war die Übersiedlung jedoch noch ein wirkliches Abenteuer. Die meisten hatten Verwandte oder Freunde in Amerika, die sie erwarteten, ihnen oft die Passage bezahlten und den Start jenseits des Atlantiks erleichterten.

Reichswanderungsamt

Mit dem „Reichswanderungsamt" hatte man kurz nach dem Ersten Weltkrieg eine Behörde eingerichtet, die sich neben dem Schutz der Auswanderer besonders um eine umfassende Beratung im Vorfeld bemühte. Man wollte verhindern, daß der Volkswirtschaft zu viele willige Arbeitskräfte verlorengingen. Die Behörde arbeitete eng mit den Arbeitsämtern und Paßbehörden zusammen. Erst wenn ein Ausreisewilliger tatsächlich auf keine Arbeit vermittelt werden konnte, bekam er eine Bescheinigung, die für ihn die Erlaubnis zur Abreise bedeutete. Von den 1,5 Millionen Menschen, die zwischen 1919 und 1932 hier vorsprachen, kehrten trotz Beratung über 600 000 von ihnen der Heimat den Rücken. Der Volksmund sprach von dieser Behörde spöttisch als „Reichsverhinderungsamt" oder „Amt der verlorenen Worte".

Quoten für Einwanderer
werden eingeführt

In Amerika waren seit Ende des Ersten Weltkriegs Stimmen laut geworden, die sich gegen zu große Massen an Neuzugängen für die Zukunft wehrten. Es kam schließlich 1921 zu einem Einwanderungsgesetz, das jährliche Quoten für jedes Land festlegte. Darüber hinaus begann man in den späten 20er Jahren, die Bestimmungen, die sich auf gesundheitliche oder finanzielle Ablehnung der Einwanderung bezogen, voll auszuschöpfen. Das hieß, daß fast nur noch diejenigen Einreisevisa erhielten, die über genügend Geld und Vermögen oder aber über umfassende Bürgschaften verfügten.

### Flüchten vor dem Rassenwahn

Mit der Machtergreifung durch die Nationalsozialisten 1933 kam es in der Geschichte der Auswanderung zu einem neuen Kapitel. Für die jüdischen Deutschen, die im Dritten Reich Deutschland verließen, ging es nicht mehr um eine Flucht aus wirtschaftlicher Not, sondern um eine Flucht vor Diskriminierung, vor Verfolgung, vor dem drohenden Tod. Es ging ums nackte Überleben. Unmittelbar nach der Berufung Adolf Hitlers zum Reichskanzler hatte man sich mit dem „Ermächtigungsgesetz" die Grundlage geschaffen, Gesetze ohne Zustimmung des Reichstags und sogar ohne Übereinstimmung mit der Verfassung zu erlassen. Durch die „Nürnberger Gesetze" von 1935 wurde den deutschen Juden das Bürgerrecht genommen, Hochzeiten zwischen jüdischen und nicht-jüdischen Deutschen verboten und die bereits geschlossenen sogenannten „Mischehen" für ungültig erklärt. Doch zunächst konnten viele Juden in Deutschland nicht glauben, daß es sich bei diesen Diskriminierungen um etwas Ernsteres als eine „Phase" handeln würde, daß sich ihre Heimat gegen sie verschwören könnte. Erst als im November 1938 in der „Reichskristallnacht" die Synagogen in Flammen aufgingen und jüdische Geschäfte zerstört wurden, wurde klar, daß die Anstrengungen der Nationalsozialisten nicht nachlassen würden, bis sie die Vertreibung und die totale Vernichtung der deutschen Juden erreicht hatten. Die Verfolgten suchten nun zu einem großen Teil ihre Rettung in der Flucht.

Mehr als eine halbe
Million Menschen
verlassen Deutschland

Zwischen 1933 und 1945 verließen weit mehr als eine halbe Million Menschen Deutschland, um dem Rassenwahn der Nationalsozialisten

371

zu entkommen. Viele trieb es zunächst in die Nachbarländer. Sie hofften, dort abwarten zu können, bis das „Schlimmste" vorbei sei. Immer noch glaubten sie nicht daran, daß sie Deutschland für immer verlassen müßten, sondern wollten wieder zurückkehren. Als aber der Krieg die Nazis über die Grenzen brachte und die Deutschen jüdischer Abstammung auch in den benachbarten Ländern nicht mehr sicher waren, ging ihre Flucht weiter. Ihre Spuren führen weltweit in rund 75 Länder, aber Amerika wurde das bei weitem wichtigste Auswanderungsziel. Sowohl für die jüdischen Emigranten als auch für die politische Opposition wurde die Flucht ins nahe Exil, die Flucht vor der tödlichen Bedrohung, durch den Krieg schließlich zur definitiven Auswanderung.

St. Louis    Aber nicht alle hatten das Glück, als Flüchtlinge in Amerika oder anderen Ländern aufgenommen zu werden. Spätestens kurz vor Beginn des Zweiten Weltkriegs wurde es immer schwerer, Asyl zu finden. Als ein Beispiel für das furchtbare Ende einer Flucht steht die Geschichte der „St. Louis". Über 900 jüdische Auswanderer sollten mit dem Atlantikdampfer im Mai 1939 nach Kuba gebracht werden. Aber dort angekommen machte Kuba einen Rückzieher und wies die Flüchtlinge ab. Auch die verzweifelten Verhandlungen änderten nichts an der Entscheidung Havannas. Kapitän Schröder nahm schließlich Kurs auf Florida, um die Menschen mit Rettungsbooten dort an der Küste abzusetzen. Aber sie wurden von amerikanischen Patrouillenbooten vertrieben. Die Appelle von seiten der amerikanischen Presse, von einflußreichen Bürgern und von Rechtsanwälten bei Präsident Roosevelt brachten den verzweifelten Menschen auch nicht den erhofften Erfolg. Roosevelt erklärte die Angelegenheit zum Routinefall, und die zuständigen Immigrationsbehörden wiesen die Flüchtlinge ab. Die Flucht endete, wieder in Europa, damit, daß alle Flüchtlinge auf Frankreich, Holland, Belgien und England verteilt, Asyl fanden. Aber als wenige Wochen später der Krieg begann und in kürzester Zeit Holland, Frankreich und Belgien von den Nazis besetzt waren, fielen die meisten der Passagiere der „St. Louis", nachdem sie schon vor der Küste Amerikas ihre Rettung vor Augen hatten, doch noch in die Hände der Gestapo.

Dennoch hatten in den Jahren von 1933 bis zum Kriegseintritt Amerikas 1941 mehr als 80% der jüdischen Flüchtlinge in Amerika Aufnahme gefunden. Auch nach dem Krieg gingen die meisten nicht mehr zurück. Das Vertrauen in ihr ehemaliges Heimatland, in dem ihre Verwandten, Freunde und Bekannten ermordet worden waren, in dem Millionen Juden dem Rassenwahn des nationalsozialistischen Regimes zum Opfer gefallen waren, blieb bei vielen dauerhaft zerstört.

**Erst in den 50er Jahren erhält die Bundesrepublik Reisefreiheit**

Nach der bedingungslosen Kapitulation 1945 war die Lage in Deutschland teilweise verheerend. Zwischen den Trümmern der ausgebombten Städte drängten sich Menschenmassen. Allein über sechs Millionen Flüchtlinge hatten die östlichen Provinzen verlassen, es gab keine Unterkünfte, die Menschen froren und hungerten. Aber bis 1948 gab es kaum eine Möglichkeit, Deutschland zu verlassen. Erst in den 50er Jahren, als die Bundesrepublik Deutschland von den Alliierten ihre Reisefreiheit zurückerhielt, nutzten etwa 100 000 Deutsche pro Jahr die Möglichkeit, sich in einem anderen Land niederzulassen. Der weitaus größte Teil wandte sich nach Amerika. Erst seit 1960, dem ersten Jahr der Vollbeschäftigung in der BRD, ließ der Wunsch nach Auswanderung bis heute mehr und mehr nach.

*Der Mythos bleibt...*

In den vergangenen drei Jahrhunderten sind rund sieben Millionen Deutsche über den Atlantik nach Amerika ausgewandert. Nicht alle schafften es, sich dort eine neue Existenz aufzubauen. Die meisten aber blieben, und es gelang ihnen, sich ihren Traum von einem besseren Leben zu erfüllen.

Heute ist Deutschland kein Auswanderungsland mehr, vielmehr ist es zu einem der begehrtesten Einwanderungsländer geworden. Heute suchen Menschen aus vielen Teilen der Welt in Deutschland das, was unsere Vorfahren in Amerika suchten: Hoffnung. Und solange sich die Lebensbedingungen in den Herkunftsländern nicht grundlegend verbessern, wird der Strom nicht abreißen, ebenso wie es die Geschichte der deutschen Auswanderung in den vergangenen Jahrhunderten gezeigt hat.

Aber auch heute noch hat der Reiz, den Amerika auf die Deutschen ausübt, nicht nachgelassen. Es ist nicht mehr die Angst ums Überleben, die uns über den „großen Teich" zieht, sondern der Hunger nach dem Mythos „Amerika". Und immer noch steht die Freiheitsstatue als das Symbol für das „Land der unbegrenzten Möglichkeiten". So wird es auch in Zukunft immer wieder Deutsche geben, die nach Amerika gehen, um zu arbeiten, um Erfahrungen zu sammeln, um zu lernen und, vielleicht, wenn sich ihnen die Möglichkeit bietet, für immer dort zu leben.

### *Buchtip*

Hoerder, Dirk und Diethelm Knauf (Hrsg.), *Aufbruch in die Fremde. Europäische Auswanderung nach Übersee*, Bremen 1992.

Krohn, Heinrich, *Und warum habt ihr denn Deutschland verlassen? 300 Jahre Auswanderung nach Amerika*, Bergisch Gladbach 1992.

Kügler, Dietmar, *Die Deutschen in Amerika. Die Geschichte der deutschen Auswanderung in die USA seit 1683*, Stuttgart 1983.

Rehs, Michael und Hans-Joachim Haager (Hrsg.): *Wurzeln in fremder Erde. Zur Geschichte der südwest-deutschen Auswanderung nach Amerika*, Leinfelden-Echterdingen 1984.

Daves, Philip, *The History Atlas of North America*, Macmillan 1998.

Ausführliche Buchbeschreibungen finden Sie am Ende des Buches.

# US-amerikanische Einwanderungsgesetze

## 11. Kapitel

# Die US-amerikanischen Einwanderungsgesetze

*von Stephen Yale-Loehr und Jessica Bellinder*    *Übersetzung von Frederike Haberkamp und Julia Stein*

## Einleitung

Dieses Kapitel soll mehreren Zwecken dienen. Es bietet eine allgemeine Übersicht über die US-amerikanischen Einwanderungsgesetze und deren Entstehung und gibt Einblicke in die Organe, die Einwanderungsgesetze verwirklichen und aufrechterhalten. Zusätzlich diskutiert das Kapitel einige der Schlüsselkonzepte des US-amerikanischen Einwanderungsgesetzes. Abschließend werden verschiedene mit der Thematik der Einwanderung zusammenhängende Themen behandelt, wie Staatsbürgerschaft und öffentliche Wohlfahrt.

## Die konstitutionellen Quellen des Einwanderungsgesetzes

Die US-amerikanische Verfassung enthält keine ausdrücklichen Hinweise darauf, daß dem Präsidenten oder dem Kongreß, die Kontrolle über die Einreise von Ausländern zukommt. Die Verfassung enthält Bestimmungen, die dem Kongreß die Autorität zur Regulierung des ausländischen Handelsverkehrs sowie über die Annahme einer einheitlichen Regelung der Einbürgerung verleihen, aber keine dieser Bestimmungen erwähnt in direkter Weise die Immigration. Schon um 1875 hatte der Oberste Gerichtshof der Vereinigten Staaten festgelegt, daß die Bundesregierung, die vom Kongreß repräsentiert wird, fast vollständige Macht über die Regelung der Einwanderungspolitik besitzt und dadurch verhindert, daß die Staaten eine eigene Einwanderungsgesetzgebung ausüben können. Der Oberste Gerichtshof betrachtet die Kontrolle der Grenzen einer Nation als eine absolut föderative Macht, wesentlich zum Aufbau und zur Erhaltung nationaler Souveränität.

# Bezugsrahmen der Einwanderungsgesetze

Das US-amerikanische Einwanderungsgesetz beschäftigt sich mit der kontrollierten Zuwanderung von Ausländern[1] einschließlich der Kriterien und Mittel, die für ihre Auswahl benötigt werden sowie der Grundlage und dem Verfahren für ihre Ausweisung. Gesetze regeln die Bedingungen des Aufenthalts der Ausländer in den Vereinigten Staaten und bestimmen ihre jeweiligen Rechte und Ansprüche sowie die Beschränkungen ihrer Aktivitäten. Einwanderungsgesetze entwerfen auch die Grundlage und Verfahren zur Ausweisung von Ausländern oder alternativ die Befreiung von der Ausweisung. Sie regeln sowohl die verwaltungstechnische und juristische Überprüfung der jeweiligen Verfahren als auch die zivile und kriminelle Haftbarkeit als Mittel, um Einwanderungskontrollen zu erzwingen.

Bürgerrecht als Teil der Einwanderungsgesetze

Das US-amerikanische Bürgerrecht wird traditionell als Teil des Einwanderungsgesetzes verstanden. Das Bürgerrecht behandelt vor allem den Weg, auf dem die Staatsangehörigkeit durch Geburt in den Vereinigten Staaten erreicht wird oder, unter bestimmten Umständen, durch Geburt außerhalb der Vereinigten Staaten, wenn einer der beiden Elternteile US-Bürger ist. Das US-Gesetz enthält auch Bestimmungen zum Erhalt der Staatsangehörigkeit durch Einbürgerung (*Naturalization*) und deren Verlust durch Ausbürgerung (*Denaturalization*).

---

[1] "Ausländer" ist ein Ausdruck, der vom US-Einwanderungsgesetz definiert und gebraucht wird, um jede Person zu bezeichnen, die kein Bürger oder Gebürtiger der Vereinigten Staaten ist. *Immigration and Nationality Act* (INA) Abschnitt 101(a)(3), 8 Code der Vereinigten Staaten (U.S.C) Abschnitt 1101 (a)(3). Hierbei handelt es sich sowohl um ein juristisches als auch um ein Kunstwort. Einige Leute meinen, daß die Verwendung des Wortes "Ausländer" unsensibel und politisch inkorrekt ist. Dieses Kapitel verwendet den Ausdruck nur, um juristisch präzise zu bleiben.

# Kurze Geschichte des US-amerikanischen Einwanderungsrechts

Die Vereinigten Staaten haben schon immer eine ambivalente Haltung gegenüber der Einwanderung eingenommen. Während die US-Amerikaner individuelle Einwanderer favorisieren, fürchten sie andererseits, daß eine zu große Anzahl von Immigranten unser Land gefährden könnte.

**Während der ersten 100 Jahre uneingeschränkte Einwanderungsmöglichkeiten**

Während der ersten 100 Jahre boten die USA praktisch uneingeschränkte Einwanderungsmöglichkeiten. In den frühen Jahren wurden viele Menschen gebraucht, um das enorm große Land zu bevölkern und die Arbeit zu leisten, die der Aufbau einer Nation erfordert. Koloniale Anstrengungen, die Einwanderung ”unerwünschter” Personen, armer und krimineller Personen und solcher, die wahrscheinlich zum Sozialhilfeempfänger werden würden, zu reduzieren, wurden bis 1875 nicht in die Bundesgesetzgebung aufgenommen. Mit den Jahren wuchs die Anzahl qualitativer Einwanderungskontrollen beständig und schloß unter anderem Personen mit bestimmten Krankheiten, Polygamisten, Geisteskranke, Anarchisten und Personen mit geringen IQs ein. Der Kongreß übte auch offensichtlich rassistische Beschränkungen aus, um die Einwanderung aus bestimmten Regionen der Welt aufzuhalten. 1952 fand der erste erfolgreiche Versuch statt, die gesamten existierenden Einwanderungsgesetze unter einer einzigen Satzung zusammenzufassen, nämlich dem *Immigration and Nationality Act* von 1952 (INA). Obwohl der INA ursprünglich ”Qualitätskontroll”-Ausschlüsse mit einem rassistischen Quotensystem je nach nationaler Herkunft mit einem Vorzugssystem für bestimmte Kategorien von Immigranten verband, bleibt der INA die Grundlage des gegenwärtig gültigen Einwanderungsgesetzes der USA.

**Das Ende der rassistischen Abstammungsquoten**

Seit 1952 hat der Kongreß dem INA mehrere bedeutende Ergänzungen hinzugefügt. 1965 bedeutete das Ende für die rassistischen und umstrittenen nationalen Abstammungsquoten und statt dessen den Beginn von Landesquoten.

In diesem Jahr verlagerte der Kongreß auch die Prioritäten des Aus-
wahlsystems für Einwanderungsvisa und stärkte die Bevorzugung von
Familienangehörigen von US-Bürgern und ansässigen Ausländern.

**1986: Einmalige Amnestie für statuslose Ausländer**

1986 verabschiedete der Kongreß den *Immigration Reform and Control
Act of 1986*. Dieses Gesetz versuchte, das Problem der illegalen Einwanderung auf zwei Arten zu lösen. Erstens garantierte der Kongreß
eine einmalige Amnestie für bestimmte statuslose Ausländer, die das
Recht erhielten, dauerhafte Einwohner (*Permanent residents*) zu werden. Zweitens wurden vom Kongreß Arbeitgebersanktionen gegen
Unternehmen verhängt, die unautorisierte Arbeiter beschäftigten. IR-
CA entwickelte auch die Anforderungsrichtlinien, um die Arbeitseig-
nung von Angestellten zu überprüfen.

**Diversity-Programm**

Der *Immigration Act* von 1990 erhöhte die legale Einwanderung um
35%, ermöglichte so familiengesponserte Einwanderung und wach-
sende, vom Arbeitsverhältnis abhängige Einwanderung und führte das
*Diversity*-Programm für Einwanderer aus Ländern ein, die im US-
Immigrantengemisch traditionell unterrepräsentiert sind (zum Beispiel
Irland und einige afrikanische Länder). Dieses Programm ist auch als
*Green Card Lotterie* bekannt. (Beachten Sie das ausführliche Sonder-
kapitel in diesem Buch.)

1996 nahm der Kongreß mit der Ausübung des *Illegal Immigration
Reform and Responsibility Act of 1996* eine zunehmend harte Haltung
gegenüber den statuslosen Ausländern ein. Das Gesetz von 1996 erhöhte die Strafen für viele Einwanderungsverstöße. Das Gesetz ist
auch für legale Einwanderer, Nichteinwanderer, Flüchtlinge und viele
andere in überraschend vielen Hinsichten relevant.

## Die Entstehung von Einwanderungsgesetzen

Die Gesetze der Vereinigten Staaten werden im US-Kongreß verabschiedet. Der Kongreß ist in zwei Kammern aufgeteilt, den Senat und
das Repräsentantenhaus. Nachdem entweder im Repräsentantenhaus
oder im Senat einen Gesetzentwurf zur Einwanderung vorgestellt
wurde, wird dieser normalerweise entweder dem Unterausschuß des
Juristischen Ausschusses des Senats für Einwanderungs- und Flücht-
lingspolitik oder dem Unterausschuß des juristischen Ausschusses des

Repräsentantenhauses für Einwanderungs-, Flüchtlings- und Internationale Gesetzgebung übergeben. Gesetzentwürfe mit wichtigen Einwanderungsvorschriften können aber auch auf andere Unterausschüsse verteilt werden beziehungsweise auf mehr als einen Unterausschuß. Dies geschah zum Beispiel mit den Gesetzentwürfen zur öffentlichen Wohlfahrt aus den Jahren 1996 und 1997, die wichtige Einwanderungsbestimmungen enthielten.

**Der Weg der Gesetzenwürfe**

Die Unterausschüsse halten Anhörungen über die Gesetzvorlage ab. Von da aus gelangt sie zum jeweiligen Ausschuß, der weitere Änderungen vornehmen kann und einen formalen Bericht über den Gesetzentwurf erstellt. Nachdem der gesamte Ausschuß über seine Version des Gesetzentwurfs abgestimmt hat, stimmt das gesamte Repräsentantenhaus oder der Senat über die gesetzliche Maßnahme ab und kann weitere Änderungen vornehmen. Von dort aus wird die Gesetzvorlage in der anderen legislativen Kammer vorgestellt und durchwandert dort den gleichen Prozeß.

**Haus und Senat schließen einen Kompromiß, der Präsident stimmt zu und die Vorlage wird Gesetz**

Im allgemeinen unterscheiden sich die Gesetzvorlagen, die vom Haus beziehungsweise dem Senat verabschiedet werden, hinsichtlich ihrer Formulierungen. In diesem Fall gelangen sie an einen vereinten Konferenzausschuß von Repräsentantenhaus und Senat. Dieser Ausschuß erstellt einen Konferenzbericht, der die Kompromisse zwischen den Versionen der Gesetzentwürfe von Haus und Senat und die Empfehlungen des Ausschusses umreißt. Diese vereinheitlichende Gesetzvorlage wird sowohl an das Haus als auch an den Senat zur endgültigen Bestätigung zurückgesandt. Sofern beide Häuser eine identische Gesetzvorlage verabschieden, wird sie als durch den Kongreß verabschiedet betrachtet und dann an den Präsidenten für dessen Zustimmung beziehungsweise Veto gesandt. Wenn der Präsident die Gesetzvorlage unterzeichnet, wird sie Gesetz.

## Die *Statute*

Eine *Statute* ist eine legislative Handlung, die etwas deklariert, bestimmt oder verbietet. Abhängig vom jeweiligen Zusammenhang kann eine *Statute* einen einzelnen legislativen Akt meinen oder auch eine Gesamtheit von nach bestimmten Schemata arrangierten Handlungen.

Manchmal wird auf eine *Statute* als "Gesetz schwarzer Buchstaben" (*Black letter law*) Bezug genommen, was bedeutet, daß das, was die *Statute* vorschreibt, absolut gilt, sozusagen schwarz auf weiß vorliegt. Unglücklicherweise ist eine *Statute*, wie alles Geschriebene, normalerweise nicht so eindeutig, wie Menschen glauben oder gerne hätten.

Die Haupteinwanderungsstatute ist der „Immigration and Nationality Act"

In der US-amerikanischen Einwanderungsgesetzgebung werden fast alle Einwanderungsstatuten auf Bundesebene durch den Kongreß erlassen. Die Haupteinwanderungsstatute, der *Immigration and Nationality Act* (INA), ist als Titel 8 des Vereinigten Staaten Codes (U.S.C.) kodifiziert, wobei der U.S.C. die vollständige Sammlung der Bundesgesetze der Vereinigten Staaten darstellt. Unterschiedliche Titel der U.S.C. behandeln verschiedene Themen. Titel 8 des U.S.C. betrifft die Einwanderung.

Die neuen Einwanderungsgesetze ergänzen im allgemeinen den INA. So wird man Verweise wie den folgenden finden: *section 301 of the Illegal Immigration Reform and Immigrant Responsibility Act of 1996, amending INA-section 212(a)(9), 8 U.S.C. section 1182 (a)(9)*.

## Bestimmungen

Während der INA die Basisstruktur des Einwanderungssystems darstellt, geben die verschiedenen Regierungsorgane, die das Einwanderungsgesetz verwalten, Regelungen aus, die diese *Statute* verwirklichen. Diese Regelungen werden im Bundesregister veröffentlicht und in den Code der föderativen Bundesverordnungen (C.F.R.) aufgenommen. Diese Regelungen müssen jedoch sowohl mit der *Statute* als auch mit der Verfassung der USA übereinstimmen.

Die Regelungen der Einwanderungs- und Einbürgerungsbehörde, des *Immigration and Naturalization Service* (INS) sind unter Titel 8 des C.F.R. zu finden. Die Verordnungen des Außenministeriums sind in Titel 22 des C.F.R. zu finden, genauso wie die J-1 Bestimmungen, die von der *US Information Agency* (USIA) ausgegeben werden. Die Verordnungen des Arbeitsministerien finden sich unter Titel 20 der C.F.R.

# Organe, die das Einwanderungsgesetz verwalten

In erster Linie sind das Justiz- und das Außenministerium für die Verwaltung der Einwanderungsgesetze verantwortlich. Die Behörde für Konsulats- und Visaangelegenheiten des Außenministeriums führt konsularische Dienste in Übersee aus. Diese Dienste beinhalten die erste Überprüfung und Visaausstellung beziehungsweise Ablehnung potentieller Einwanderer und Nichteinwanderer. Für die meisten Nichteinwanderungsvisa, also für befristete Visa, bewirbt sich der Kandidat einfach bei einem Konsulatsbeamten um ein Visum und belegt seine oder ihre Qualifikationen. Bei einigen wenigen befristeten Visakategorien sowie bei nahezu allen Einwanderungskategorien muß eine *Visa petition*, ein Visumantrag, der üblicherweise von einem US-Bürger oder rechtmäßigen Dauereinwohner (*Permanent resident*) gestellt wird (nicht durch den Ausländer, der das Visum erhalten will und als *Beneficiary* bezeichnet wird), durch den INS bestätigt werden, bevor der Konsulatsbeamte den Fall bearbeitet. Der Antragsteller, also der US-Bürger oder Dauereinwohner, ergreift die Initiative, um dem INS zu demonstrieren, daß bestimmte Voraussetzungen erfüllt werden: zum Beispiel, daß der *Beneficiary* familiäre Beziehungen zum Antragsteller unterhält, die für bestimmte Einwanderungskategorien notwendig ist, oder daß für eine Stelle, die der *Beneficiary* bekleiden will, nicht genügend amerikanische Arbeitskräfte zur Verfügung stehen.

**Attorney General, Commissioner und INS**

Abgesehen von der Visaausstellung liegt nahezu die gesamte Autorität bei der Verwaltung und der Kontrolle der Einwanderungsgesetze beim Justizminister *Attorney General*, der seinerseits den größten Teil seiner Verantwortung auf andere Beamte des Justizministeriums (DOJ) überträgt. Der wichtigste Bereich des DOJ für Einwanderungsangelegenheiten ist der INS, dem ein *Commissioner* vorsteht. Der INS unterhält eine Zentralstelle in Washington D.C. sowie vier regionale Dienststellen und 34 Bezirksbüros im gesamten Gebiet der Vereinigten Staaten und in Übersee. Die Bezirksstellen, denen jeweils ein Bezirksleiter vorsteht, wie auch die regionalen Dienststellen sind die Basiseinheiten des INS. Den Einwanderungs-Prüfern in den Bezirksstellen und in den regionalen Servicezentren obliegt eine Vielzahl von Gebieten: Visaanträge, Anträge auf Aufenthaltsverlängerung, die von Nichteinwanderern eingereicht werden, Anträge auf Arbeitserlaubnis, ebenfalls von Nichteinwanderern gestellt, jeweils in denjenigen Bereichen, in denen diese Erlaubnis zugestanden werden kann, sowie Anträge zur Änderung des Einwanderungsstatus, dem *Adjustment of status*. Zusätzlich kontrolliert die INS durch Überprüfung der Reisenden an über 200 ausgewiesenen Einreisestellen und durch Grenzkontrollen, die Einreise in die USA.

## Schlüsselkonzepte

### Ausländer

Ein „Ausländer" ist eine Person, die im Ausland geboren wurde und kein Bürger beziehungsweise Angehöriger der USA ist. INA-Abschnitt 101(a)(3), 8 U.S.C. Abschnitt 1101(a)(3). Im Rahmen des Einwanderungsgesetzes der USA gibt es vier allgemeine Klassen von Ausländern: (1) Personen, die in die USA einreisen wollen, (2) Personen, die als permanente Einwanderer zugelassen wurden (auch als Green-Card–Besitzer, *Green Card holder* beziehungsweise Dauereinwohner, *Permanent residents* bezeichnet), (3) Personen, die vorübergehend als Nichteinwanderer zugelassen werden, und (4) undokumentierte Personen, oder auch „illegale" Ausländer genannt, die sich in den USA ohne Einwilligung der Bundesbehörde aufhalten. Im allgemeinen hat eine Person keinerlei Rechte gemäß dem US-Gesetz, bis daß sie in die USA zugelassen wurde. Der Kongreß entscheidet, wer zugelassen wird. Einmal zugelassen, können Ausländer jedoch gemäß der Verfassung bestimmte allgemeine Schutzrechte beantragen.

### Nichteinwanderer und Einwanderer

Ausländer dürfen in die Vereinigten Staaten als Nichteinwanderer oder als Einwanderer einreisen. Der wesentliche Unterschied zwischen Nichteinwanderern und Einwanderern ist, daß die meisten Nichteinwanderer nach Ablauf des autorisierten Aufenthaltszeitraumes die Rückkehr in ihr jeweiliges Herkunftsland beabsichtigen, während Einwanderer normalerweise die Absicht haben können und haben sollten, auf Dauer in den USA zu bleiben.

**Nichteinwanderer sollten die Absicht zeigen, in ihr Heimatland zurückzukehren**

Nichteinwanderer sind Personen, die aus einem bestimmten Grund vorübergehend in die Vereinigten Staaten kommen (zum Beispiel als Studenten, Touristen, Diplomaten oder als Arbeiter auf Zeit). Der Bewerber um ein Nichteinwanderungsvisum muß normalerweise den INS oder einen Konsulatsbeamten davon überzeugen, daß er oder sie nicht beabsichtigt, in die USA einzuwandern, sondern daß er oder sie beabsichtigt, am Ende des bewilligten Aufenthaltes in die Heimat zurückzukehren. Dennoch haben das Außenministerium und der INS die Doktrin der *Dual intent*, der „doppelten Absicht" schon lange anerkannt. Der INS hat zum Beispiel bestätigt, daß die Tatsache, daß ein Antragsteller für ein Nichteinwanderungsvisum zuvor „seinen Wunsch geäußert hat, als Einwanderer in die Vereinigten Staaten zu kommen - und immer noch diesen Wunsch hat – weder unmittelbar die Ausgabe eines Nichteinwanderungsvisums ausschließt noch seinen Status als ein „Nichteinwanderer mit ehrlicher Absicht" beeinflußt. *Matter of H-R-, 7 I. & N. Dez. 651, 654 (INS Reg.Comm'r 1958).* Auf diese Weise besteht die Möglichkeit für ein Individuum, sich für ein Nichteinwanderungsvisum zu bewerben und dieses zu erhalten, nachdem ein Einwanderungsvisum abgelehnt wurde oder während der Wartezeit auf ein Einwanderungsvisum. Der Erhalt eines Nichteinwanderungsvisums unter diesen Bedingungen ist jedoch oft schwierig. Vieles hängt von den Umständen des jeweiligen Falls ab, der Glaubwürdigkeit des Bewerbers und der Haltung des konsularischen beziehungsweise INS-Entscheidungsträgers.

Es ist oft möglich, die Dauer eines Nichteinwanderungsaufenthaltes zu verlängern, und unter bestimmten Umständen kann ein Nichteinwanderer seinen Status in den eines Einwanderers ändern, *Adjust status,* und hierdurch das Recht auf dauerhaften Wohnsitz erhalten.

**Lawful permanent residents, Green card holders, Permanent residents**

Einwanderer sind Personen, die das Dauerwohnrecht in den Vereinigten Staaten haben. Sie haben unterschiedliche Namen: rechtmäßige Dauereinwohner (*Lawful permanent residents, LPR's*); Green-Card–Besitzer (*Green card holders*); Daueranwohner (*Permanent residents*). Alle Bezeichnungen meinen dasselbe.

Ausländer qualifizieren sich im allgemeinen für den Einwanderungsstatus, wenn sie einen nahen Familienangehörigen oder Arbeitgeber haben, der für sie bürgt. Ist der Einwanderungsstatus einmal bestätigt, werden sie als rechtmäßige Dauereinwohner geführt und erhalten die *Alien registration card*, die Green Card, die ihnen die Wiedereinreise gestattet und das Recht gibt, überall in den Vereinigten Staaten zu leben und jeden beliebigen Beruf auszuüben.

**Staatsbürgerschaft nach fünf Jahren**

Die meisten *Resident alien*, Ausländer mit Dauerwohnrecht, kommen nach fünf Jahren Aufenthalt für die amerikanische Staatsangehörigkeit in Frage. Dennoch müssen sie nicht Staatsbürger werden und können unbegrenzt einen rechtmäßigen dauerhaften Anwohnerstatus aufrechterhalten.

### *Konsularisches Überseeverfahren und* Adjustment of status *in den Vereinigten Staaten*

Ausländer, die sich für eine der Einwanderungsvisakategorien qualifizieren, können auf zwei Arten Dauereinwohner werden. Sie können bei einem US-Konsulat ihres Heimatlandes in Übersee ein Einwanderungsvisum erhalten, mittels eines Verfahrens, das als Konsularverfahren, *Consular processing,* bekannt ist. Alternativ können sie ihren Status möglicherweise durch den INS in den Vereinigten Staaten anpassen. INA Abschnitt 245, 8 U.S.C. Abschnitt 1255. Ein *Adjustment of status* erlaubt dem auch ansonsten qualifizierten Ausländer, sich bei der INS-Stelle um eine dauerhafte Aufenthaltsgenehmigung zu bewerben, sofern ein Visum unmittelbar verfügbar ist. Dieser *Adjustment of status*, der dem freien Ermessen gemäß gewährt werden darf, kann abgelehnt werden, wenn der INS-Beamte meint, daß der Bewerber als Nichteinwanderer mit der im voraus gefaßten Absicht eingereist ist, als Einwanderer zu bleiben. Der INS-Beamte, der den Antrag anerkennt, muß überprüfen, ob die üblichen Erfordernisse für die Genehmigung eines Visumantrages erfüllt sind und auch die Nachprüfungen vornehmen, die normalerweise von einem Konsulatsbeamten gemacht werden (das heißt, in erster Linie muß er feststellen, ob der Ausländer nicht infolge einer der Ausschlußgründe aus dem INA-Abschnitt 212(a), 8 U.S.C. Abschnitt 1182(a) abgelehnt wird). Wie beim Konsularverfahren liegt die Beweislast beim *Adjustment of status* beim Ausländer, der zeigen muß, daß er oder sie zur Zeit des *Adjustment* von keinem Ausschlußgrund betroffen ist.

### Einreise und Zulassung

Bis 1996 waren Ausländer, die durch Umgehung, oder besser heimliche Umgehung einer Einreisekontrolle in die Vereinigten Staaten „einreisten", Deportationsbestimmungen und Deportationsverfahren ausgesetzt. Ausländer, die die Vereinigten Staaten noch nicht betreten hatten, waren Ausschlußbestimmungen und -verfahren unterworfen. Ausländer in Deportationsverfahren hatten größere konstitutionelle und das Verfahren betreffende Rechte als Ausländer in Ausschlußverfahren. Dies verschaffte denjenigen Ausländern einen Vorteil, die die Grenze illegal übertreten hatten und erfolgreich der Kontrolle entgingen, anstatt daß sie das Gesetz beachteten und an der Grenze Einlaß suchten. Um diesen Vorteil auszuschalten ersetzte der Kongreß 1996 den Begriff „*Entry*" (Einreise) mit „*Admission*" (Zulassung), um so die nach Überprüfung rechtmäßige Einreise eines Ausländer zu bezeichnen. INA Abschnitt 101(a)(13), 8 USC. Abschnitt 1101(a)(13). Siehe auch den Abschnitt zu den Zulassungsverfahren. Zugelassene Ausländer haben größere Rechte unter dem US-amerikanischen Einwanderungsgesetz als nicht zugelassene Ausländer.

### Ausschluß und Unzulässigkeit

Mit Inkrafttreten des *Illegal Immigration Reform and Immigrant Responsibilty Act of 1996* (IIRIRA) änderte der Kongreß überall im INA den Begriff *Exclusion*, Ausschluß in *Inadmissibility*, Unzulässigkeit. Trotz der Begriffsänderung sind die Begriffe „Ausschluß" und „Unzulässigkeit" funktional gleich. Beide meinen, daß der so Bezeichnete für die Einreise in die Vereinigten Staaten nicht in Frage kommt, weil eine oder mehrere der vorgegebenen Zulassungskriterien nicht erfüllt werden oder aus Gründen der Unzulässigkeit. INA Abschnitt 212(a), 8 USC. Abschnitt 1182(a). Bis 1996 war die Unterscheidung zwischen den Begriffen „Ausschluß" und „Deportation" wichtig und hing davon ab, ob ein Ausländer die Vereinigten Staaten tatsächlich „betreten" hatte.

### Ausweisung und Ausschluß/Deportation

Die IIRIRA schloß zudem die Ausschluß- und die Deportationsverfahren zu einem einzigen „Ausweisungsverfahren" zusammen. Obwohl es jetzt nur einen Verfahrenstyp gibt, bleiben einige Unterschiede bestehen, die funktional äquivalent zu den vorherigen Verfahren Ausschluß und Deportation sind. Genauso wie in den Gesetzen vor dem IIRIRA trägt ein Ausländer, der nicht in die USA zugelassen worden ist, die Beweislast seine Zulässigkeit zu zeigen. Falls ein Ausländer in die USA zugelassen worden ist, hat jedoch die Regierung die Aufgabe, das Vorliegen von Deportationsgründen zu zeigen.

### Visum und Status

Ein Visumstempel im Paß eines Ausländers ist nicht notwendigerweise das gleiche wie der Status dieses Ausländers in den Vereinigten Staaten. Ein Visum ist wie der Schlüssel zu einer Tür: Sie brauchen ihn, um in die Vereinigten Staaten einzureisen, aber nachdem Sie einmal zugelassen wurden, können Sie den Schlüssel ignorieren, solange Sie sich im Zimmer aufhalten (also innerhalb der Vereinigten Staaten). Sie können auch mehr als einen Visumstempel besitzen (d.h. mehr als einen Schlüssel zu der Tür der USA), aber Sie verwenden nur einen Visumstempel, um in die Vereinigten Staaten einzureisen. Die I-94 Karte oder andere dokumentarische Belege, die ein Nichteinwanderer erhält, wenn er zugelassen wird, kontrolliert die Länge des Aufenthaltes dieses Ausländers in den Vereinigten Staaten, nicht der Visumstempel oder das Ablaufdatum des der Visumeinstufung zugrundeliegenden Antrages.

I-94 bestimmt Länge des Visums

Zum Beispiel kann der INS eine Petition für die H-1B Nichteinwanderungskategorie für Arbeiter für drei Jahre genehmigen. Aufgrund der Reziprozitätsgrenze in einigen Ländern kann der Konsulatsbeamte jedoch das H-1B-Visum im Paß für die Gültigkeit von drei Monaten abstempeln. Siehe zum Beispiel das *US Department of State, 9 Foreign Affairs Manual (FAM) Part IV Appendix C, Reciprocity Schedule for*

*Iran* (dort steht geschrieben: H-Visa auf drei Monate begrenzt). Nach Ankunft in den Vereinigten Staaten sollte der Ausländer jedoch eigentlich für den Zeitraum der Visumklassifizierung zugrundeliegenden Petition (in diesem Fall drei Jahre) zugelassen werden. Ist der H-1B-Arbeiter dann vier Monate später ohne Status, weil das Visum nicht mehr gültig ist? Nein. Der Ausländer besitzt einen gültigen Einwanderungsstatus, weil er für drei Jahre zugelassen wurde, wie das Ablaufdatum auf seiner I-94-Karte zeigt.

**Studentenvisa**

Oder nehmen Sie einen F-1-Studenten, dessen F-1-Visum zwei Monate nach Studienabschluß abläuft, der sich aber erfolgreich um ein Visum für ein Jahr zusätzliche, praktische Ausbildung (*Optional practical training*) beworben hat. Verliert der Student seinen Status, wenn sein Visum ausläuft? Nein, weil sein Status in den Vereinigten Staaten für zwölf Monate verlängert würde.

**Einmal in den Staaten ist der Status maßgebend, nicht die Gültigkeitsdauer des Visums**

Wenn ein Ausländer die Vereinigten Staaten verläßt, egal aus welchem Grund, braucht er oder sie einen neuen „Schlüssel" (d.h. Visum) zur Wiedereinreise. Falls das Visum des Ausländers noch gültig ist, ist damit die Wiedereinreise möglich. Ist das Visum eines Ausländers abgelaufen, braucht er oder sie ein neues Visum, um wieder in die Vereinigten Staaten eingelassen zu werden. Einmal in den Vereinigten Staaten ist der Status und nicht die Gültigkeitsdauer des Visums maßgebend.

# Visakategorien

### *Nichteinwanderungsvisa/Befristete Visakategorien*

Ein Ausländer, der die Vereinigten Staaten als Nichteinwanderer besuchen möchte, muß in eine der zahlreichen Qualifizierungskategorien passen, die durch die Symbole „A" bis „S" bezeichnet werden, und im allgemeinen mit den Paragraphen des INA-Abschnitts 101(a)(15), 8 U.S.C. Abschnitt 1101(a)(15) korrespondieren, wo sie definiert sind. Die meisten Nichteinwanderungskategorien erfordern, daß der Ausländer einen vorübergehenden Aufenthalt plant und einen Wohnsitz in einem anderen Land hat, den er oder sie nicht aufgeben will. Die meisten Nichteinwanderungskategorien sind hinsichtlich der Anzahl von Ausländern, die die Vereinigten Staaten betreten können, nicht begrenzt.

### Einwanderungsvisa/Unbefristete Visakategorien

Der INA-Abschnitt 203, 8 U.S.C. Abschnitt 1153 beschreibt drei allgemeine Typen von Einwanderungsvisa, je nachdem, ob sie aufgrund Familienbürgschaft (Abschnitt 203(a)), Arbeit (Abschnitt 203(b)) oder Nationalitätsdiversität (Abschnitt 203(c)) genehmigt werden. Es gibt keine Einwanderungsbeschränkung hinsichtlich der Anzahl der Verwandten ersten Grades von US-Bürgern. Die anderen Einwanderungsvisa-Kategorien sind allerdings jährlichen Zahlenbeschränkungen unterworfen.

## Flüchtlinge und Asylsuchende

Die Begriffe „Flüchtling" und „Asylsuchende/r" beziehen sich beide auf Personen, die Verfolgung fürchten. Die Überprüfung der Legalität ist für beide Gruppen gleich: sie müssen zeigen, daß sie eine wohlbegründete Furcht vor der Verfolgung „aufgrund von Rasse, Religion, Nationalität, Zugehörigkeit zu einer bestimmten sozialen Gruppe oder politischen Meinung haben". INA-Abschnitt 101 (a) (42) (A), 8 U.S.C. Abschnitt 1101(a)(42)(A). Die Verfahren unterscheiden sich dennoch, abhängig vom jeweiligen Standort. Als Flüchtlinge werden Ausländer bezeichnet, die Schutz vor Verfolgung suchen, während sie sich noch in einem anderen Land aufhalten. Sie erreichen nicht den Boden der USA, bis sie überprüft und als Flüchtlinge ausgewählt wurden. Asylsuchende stellen den gleichen Antrag, sind aber, wenn sie Schutz suchen, physisch innerhalb der Vereinigten Staaten oder deren Grenzen.

Flüchtlinge

Typischerweise werden die Personen, die durch ein überseeisches Flüchtlingsprogramm Schutz suchen, zum Zeitpunkt der Auswahl in einem Flüchtlingslager in einem anderen Land untergebracht. Manchmal werden sie jedoch, während sie sich noch in ihren Herkunftsländern aufhalten, für den Flüchtlingsstatus ausgewählt. Der Präsident behält sich vor, nach Konsultation des Kongresses, jährlich über die Anzahl der Flüchtlinge, die für die Zulassung aus dem Ausland ausgewählt werden, sowie über die in Frage kommenden Herkunftsländer zu entscheiden.

**Asylsuchende**

Im Gegensatz zu Personen, die das überseeische Flüchtlingsprogramm in Anspruch nehmen, erreichen Asylsuchende das Territorium der Vereinigten Staaten selbst und suchen erst dann Schutz gegen unfreiwillige Rückkehr. Bewerber reisen über verschiedene Wege ein: einige reisen über Nichteinwanderungsvisa ein und bleiben länger als vorgesehen; andere reisen, bevor sie ihren Antrag abgeben, ohne Überprüfung ein; andere suchen beim Grenzposten Asyl oder wenn sie erstmals auf den Grenzschutz treffen; wiederum andere sind vom Status her Nichteinwanderer, die zum Beispiel ihren Antrag aufgrund eines plötzlichen politischen Wechsels in der Heimat, der die Rückkehr für sie schwierig macht, stellen. Es gibt keine gesetzlichen Regelungen bezüglich der jährlichen Anzahl von Asylsuchenden. Historisch gesehen erhalten 15-30% der Bewerber Asyl. Unter nahezu allen Umständen bleiben Asylsuchende, während über ihre Anträge entschieden wird, in den Vereinigten Staaten, was unter Umständen Jahre dauern kann.

Personen, die als Flüchtlinge ausgewählt sind beziehungsweise die Asylstatus erhalten haben, kommen als Dauereinwohner der Vereinigten Staaten in Betracht, und nach Bearbeitung und Abschluß des Verfahrens erhalten sie ihren gesetzmäßig gültigen Dauereinwohnerstatus.

# Zulassung

### Gründe für Unzulässigkeit

Lange bevor der Kongreß zahlenmäßige Einwanderungsbeschränkungen für die Vereinigten Staaten erließ, wurden Ausländer aus qualitativen Gründen ausgeschlossen. Obwohl es mehrere Gründe der Unzulässigkeit gibt, ist die Anzahl der tatsächlich ausgeschlossenen Ausländern relativ klein und hat sich mit der Zeit verringert. Im allgemeinen beziehen sich die Gründe der Unzulässigkeit sowohl auf Einwanderer als auch auf Nichteinwanderer.

Die Gründe der Unzulässigkeit, wie sie im INA aufgeführt werden, sind exklusiv. Sie können weder per Erlaß erweitert noch von ausführenden Beamten oder Gerichten mißachtet werden. Ein Ausländer darf nur aus den Gründen, die im INA Abschnitt 212, 8 U.S.C. 1182 dargelegt sind, abgelehnt werden.

**Gründe für Unzulässigkeit sind verbindlich**

Die verschiedenen Gründe der Unzulässigkeit, wie sie in neun weitreichenden Kategorien dargelegt werden, bilden eine imposante Liste von Hindernissen. Die aufgezählten Gründe der Unzulässigkeit sind: gesundheitsbezogene Gründe, kriminalitätsbezogene Gründe, Gründe nationaler Sicherheit, die Wahrscheinlichkeit, zum Sozialhilfeempfänger zu werden (von öffentlichen Mitteln zu leben), unzureichende Arbeitsqualifikation (oder bei ausländischen Medizinern unzureichende medizinische Qualifikation), Ausweisung während der vergangenen fünf Jahre, Mangel an bestimmten erforderlichen Dokumenten, bleibende Nichteignung für Staatsbürgerschaft und Kriegsdienstverweigerung, sowie eine Kategorie, die Polygamisten, internationale Kindesentführer und Betreuer gewisser hilfloser ausländischer Personen betrifft.

**Gründe der Unzulässigkeit sind unabhängig von zahlenmäßigen Kontingenten**

Die Gründe der Unzulässigkeit sind völlig verschieden von den zahlenmäßigen Erfordernissen. Zum Beispiel kann eine Ausländerin als unverheiratete Tochter eines US-Bürgers, die sich für die erste Vorzugskategorie der Einwanderungsvisa für Einwanderer mit Familienbürgschaft qualifiziert, dennoch unzulässig sein, weil sie AIDS hat.

Ausnahmen für einige Gründe der Unzulässigkeit sind möglich, können aber schwierig zu erhalten sein (*Waiver*).

### Zulassungsverfahren

Unter dem zweifach überprüfenden Zulassungssystem der USA müssen Ausländer, die die USA betreten möchten, im allgemeinen zuerst ein passendes Visum bei einer konsularischen Behörde in Übersee erhalten. Ein Visum ist keine Garantie, die Vereinigten Staaten zu betreten. Wenn ein Ausländer einen Einreisepunkt erreicht, sei dies ein Flughafen, Seehafen, oder die Landesgrenze, muß ein INS-Beamter eine unabhängige Beurteilung vornehmen, ob der Ausländer in die Vereinigten Staaten eingelassen werden sollte. Siehe den Abschnitt

Visa und Status betreffend. Dieser Prozeß ist auch als *Inspection*, Überprüfung bekannt. Wie oben im Abschnitt über Einreise und Zulassung festgestellt, wird eine Person nicht rechtmäßig in die Vereinigten Staaten eingelassen, bis daß sie überprüft wurde. Eine Person mag sich physisch auf dem Boden der USA aufhalten, aber dennoch nicht zugelassen werden.

Eine Person, die am Flughafen eine zweite Überprüfung erlebt, eine Person in einem Wagen, die sich an einem Grenzposten mit einem INS-Beamten unterhält, Passagiere auf einem Schiff in einem US-Hafen, die auf die Abfahrt warten: All dies sind Beispiele von Personen, die sich physisch in den Vereinigten Staaten aufhalten, aber noch nicht inspiziert und zugelassen wurden.

**Ankunft von Nichteinwanderern**

Der Visumantragsprozeß unterscheidet sich bei Nichteinwanderern und Einwanderern. Nichteinwanderer müssen beweisen, daß sie für die Visumkategorie qualifiziert sind, die sie anstreben. Bei Ankunft am Einreisehafen muß der Bewerber Paß und Visum präsentieren, sofern verlangt, und kann Fragen bezüglich seiner Zulassungseignung ausgesetzt werden. Sofern er oder sie zugelassen wird, erhält der Nichteinwanderer im allgemeinen ein Ankunfts-Abfahrts-Protokoll (INS Form I-94), das den Visumstatus und die Dauer der Zulassung angibt. Vergleiche mit dem Abschnitt über den Unterschied zwischen Visa und Status. Formular I-94, im allgemeinen an eine Paßseite geheftet, ist beim Verlassen der Vereinigten Staaten abzugeben. Der INA behält zur Kontrolle ein Gegenstück ein.

**Ein Nichteinwanderer kann sich um eine Aufenthaltsverlängerung oder Statusänderung bewerben**

Ein Nichteinwanderer kann sich beim INS um Verlängerung seines oder ihres Aufenthaltes in den Vereinigten Staaten oder um Änderung des Nichteinwanderungsstatus bewerben. Eine Statusänderung erfordert kein neues Visum, sofern der Ausländer nicht beabsichtigt, die Vereinigten Staaten zu verlassen. Es macht ein Visum aber nicht überflüssig: Falls der Ausländer ins Ausland fährt oder fliegt und eine Wiederzulassung in diesem neuen Status wünscht, dann braucht er oder sie ein Visum in der neuen Kategorie.

Der Zulassungsprozeß für Einwanderer ist normalerweise aufwendiger. Fast für alle potentiellen Einwanderer muß ein Familienmitglied bürgen, das ein US-Bürger oder *Resident alien* ist beziehungsweise ein

US-Arbeitgeber. Die Bewerbung um ein Einwanderungsvisum wird normalerweise sorgfältig geprüft und Fragen werden manchmal bezüglich des Inhaltes gestellt, aber letztendlich hinsichtlich der Zulässigkeit. Die Zulassung wird im Paß festgehalten und die Green Card wird für die spätere Aushändigung an den Ausländer, der rechtmäßiger, dauerhafter Einwohner ist, sobald die Inspektion beendet ist, bearbeitet.

Technisch gesehen soll jeder Ausländer, der dem INS-Beamten als nicht einreisezulässig erscheint, für eine Ausweisungsanhörung vorgesehen werden. Praktisch gesehen aber schickt ein Beamter, der sich einer langen Warteschlange gegenüber sieht, einen fragwürdigen Bewerber zu einer "zweiten" Inspektion für eine intensivere Befragung. Wird der Ausländer dann nicht zugelassen, kann der Beamte die Überprüfung auf einen späteren Zeitpunkt in das örtliche INS Bezirksbüro verlegen. Der Ausländer wird im allgemeinen vorläufig für die noch unentschiedene Überprüfung in die Vereinigten Staaten eingelassen. Alternativ kann der Beamte dem Ausländer eine Ausweisungsanhörung bekanntgeben, um über Zulässigkeit durch einen Einwanderungsrichter zu entscheiden.

**Rücknahme eines Visumantrags** Unter einigen Umständen kann der INS dem Ausländern erlauben, seine oder ihre Bewerbung um Zulassung zurückzuziehen und in die Heimat zurückzukehren. In diesem Fall wird das Visum des Ausländers aufgehoben und das ausgebende Konsulat wird über diesen Umstand unterrichtet. Durch das Zurückziehen der Bewerbung um Zulassung vermeidet ein Ausländer die legalen Einschränkungen, die auf denjenigen lasten, die sich Ausweisungsprozeduren in den Vereinigten Staaten unterzogen haben.

# Gründe der Ausweisung

## *Deportationsgründe*

Das allererste Immigrationsgesetz von 1798 versah den Präsidenten mit der Macht, jeden Ausländer zu deportieren, der als gefährlich „für den Frieden und die Sicherheit der Vereinigten Staaten" befunden wurde. Der Oberste Gerichtshof hat wiederholt die Macht des Kongresses bestätigt, die Ausweisung von Ausländern aus den Vereinigten Staaten zu ermöglichen. Der Gerichtshof hat diese Gewalt als inhärenter Bestandteil der Souveränität der US-amerikanischen Nation gerechtfertigt - dies ist die gleiche Basis wie die der Macht des Kongresses, über Unzulässigkeit zu entscheiden. Der Gerichtshof hat konstitutionelle Herausforderungen gegenüber der Deportationsautorität des Kongresses zurückgewiesen, daran festhaltend, daß die Deportation eine zivile, nicht eine kriminellen Sanktion ist.

**6 weitgefaßte Kategorien der Deportation**

INA Abschnitt 237, 8 U.S.C., Abschnitt 1227, enthält sechs weitgefaßte Kategorien der Deportation, viele mit zahlreichen Unterabschnitten. Einige Deportationsgründe sind dazu bestimmt, die Integrität des Zulassungsprozesses zu schützen. Andere bestrafen Ausländer, die bestimmte Verbrechen begangen haben. Andere beziehen sich auf betrügerische Meldung von Ausländern oder Einreisedokumente. Einige beziehen Gründe der Sicherheit mit ein. Ein Deportationsgrund zielt auf Ausländer ab, die innerhalb von fünf Jahren nach Einreise zum Sozialhilfeempfänger werden. Ein anderer Grund gilt für Ausländer, die Einwanderungsdokumente gefälscht haben.

Einige, aber nicht alle dieser Deportationsgründe können durch den Generalstaatsanwalt aufgehoben werden. Ein Ausländer kann nach fünf Jahren aus bestimmten Gründen vor Ausweisung sicher sein. Dennoch, falls der Ausländer das Land verläßt und dann wieder einreist, kann die Wiedereinreise die Deportationsgründe vom Tag der Wiedereinreise an reaktivieren.

### *Ausweisungsverfahren*

Wie oben kurz erwähnt, konsolidierte der Kongreß 1996 die zuvor getrennten Verfahren der Ausschluß- und Deportationsanhörung in ein einziges Ausweisungsverfahren. Trotz des vereinheitlichten Namens unterscheiden sich einige Aspekte des Ausweisungsverfahrens, abhängig davon, ob der Ausländer in die Vereinigten Staaten zugelassen wurden oder nicht. Zum Beispiel trägt ein Ausländer in Ausweisungsverfahren, der Zulassung ersucht, die Beweislast zu zeigen, daß er oder sie „klar und ohne Zweifel" zur Zulassung berechtigt ist und nicht unzulassungsfähig gemäß INA Abschnitt 212, 8 U.S.C. Abschnitt

1182 ist. Im Gegensatz hat der INS die Beweislast, „durch klare und überzeugende Beweise" darzulegen, daß der Ausländer zur Ausweisung vorgesehen ist, wenn ein Ausländer begründen kann, daß er aufgrund einer früheren Zulassung rechtmäßig im Lande ist.

Notice to appear

Jedes Ausweisungsverfahren beginnt mit einer *Notice to appear*, einer Vorladung. Diese ist ähnlich der früheren Anweisungen *to show case*. Die Vorladung gibt die Gründe an, die den INS annehmen lassen, daß der Ausländer unzulässig oder deportierbar ist, und nennt Zeit und Ort der Anhörung durch einen Einwanderungsrichter. Der Ausländer wird auch über das Recht zur kostenlosen Beratung durch die Regierungsorgane informiert und erhält eine Liste mit kostenlosen juristischen Serviceprogrammen.

### Beschleunigte Ausweisung

*Expedited removal*, beschleunigte Ausweisung ist der Begriff, der von der IIRIRA für die verkürzten Verfahren geprägt wurde, durch die die Einwanderungsbeamten beschleunigt beschließen können, daß ein Ausländer in die Vereinigten Staaten nicht zugelassen werden kann. Dies heißt bisweilen auch *Summary exclusion*, Schnellausschluß. INA Abschnitt 235(b), 8 U.S.C. Abschnitt 1225 (b). Falls ein Einwanderungsbeamter feststellt, daß ein eintreffender Ausländer unzulässig ist, da er entweder ohne Einwanderungsdokumente oder mit gefälschten Dokumenten angekommen sind, kann der Beamte die Ausweisung des Ausländers aus den Vereinigten Staaten anordnen, ohne daß eine reguläre Ausweisungsanhörung stattgefunden hat. Dennoch, falls der Ausländer entweder Furcht vor Verfolgung, oder die Absicht, sich um Asyl zu bewerben zeigt, muß der Ausländer für eine Befragung an einen Asylbeamten verwiesen werden.

### Befreiung von der Ausweisung

Es gibt viele verschiedene Arten der Befreiung von Deportation und Unzulässigkeit. Anzahl und Vielfalt sind derart, daß es ratsam ist, rechtlichen Rat über die Arten von Befreiung einzuholen, die in einem gegebenen Fall am ehesten zum Erfolg führen können.

**Befreiung von Deportation durch Abreise**

Eine übliche Art der Befreiung von Deportation ist die freiwillige Abreise. Die VD (*Voluntary departure*), wie sie oft genannt wird, kann durch den INS bis zu 120 Tage bewilligt werden, bevor ein Ausweisungsverfahren einsetzt, oder auch bis zu 60 Tagen durch einen Einwanderungsrichter am Ende der Ausweisungsverfahren.

Der IIRIRA begrenzte die *Voluntary departure* in verschiedener Hinsicht. Zum Beispiel sind Verlängerungen der VD nicht mehr möglich. Ein Ausländer, dem VD bewilligt ist, kann auch keine Arbeitserlaubnis erhalten. Dies begrenzt die Nützlichkeit der *Voluntary departure* für internationalen Studenten und Forscher, die ihren Status verloren haben.

## Beibehaltung des Einwanderungsstatus

Viele Ausländer glauben, daß der Erhalt des rechtmäßigen Dauereinwohnerstatus (*Lawful permanent resident status*, LPR) in den Vereinigten Staaten ihre Einwanderungsangelegenheit beendet. Einmal Green-Card-Besitzer, immer Green-Card-Besitzer, so die vorherrschende Meinung. Falsch. Der LPR-Status kann verloren werden, entweder absichtlich oder durch Zufall, insbesondere sofern die Person sich zu lange außerhalb der Vereinigten Staaten aufhält.

**Drei Möglichkeiten der Wiedereinreise in die USA**

LPRs, die ins Ausland fahren, haben im allgemeinen drei Möglichkeiten, die Vereinigten Staaten wieder zu betreten. Erstens, falls sie sich weniger als ein Jahr außerhalb der Vereinigten Staaten befinden, reisen sie normalerweise aufgrund ihrer *Alien registration receipt card*, (INS Formular I-551), gewöhnlich als Green Card bezeichnet, wieder ein. Zweitens können sie sich im voraus für eine Wiedereinreiseerlaubnis, eine *Reentry permit* (INS-Formular I-131) bewerben. Drittens können sie sich als ein wiederkehrender Einwohner um ein spezielles Einwanderungsvisum bei einem US-Konsulat beziehungsweise einer Botschaft in Übersee bewerben. Keiner dieser drei Wege ist jedoch narrensicher.

**Wer die Vereinigten Staaten weniger als 6 Monate verlassen hat, reist unbehelligt ein**

Der IIRIRA kann auf die Art der Behandlung von zurückkehrenden LPRs durch INS-Beamte Einfluß nehmen. Der INA Abschnitt 101(a)(13)(C), 8 U.S.C. Abschnitt 1101(a)(13)(C) bestätigt, daß ein LPR solange nicht als in die Vereinigten Staaten Einlaß suchender betrachtet wird, bis daß mindestens einer von sechs Faktoren erfüllt ist. Einer dieser Faktoren ist, ob der LPR sich länger als 180 Tage kontinuierlich außerhalb der Vereinigten Staaten aufgehalten hat. Praktisch bedeutet dies, daß die meisten LPRs, die die Vereinigten Staaten für weniger als sechs Monate verlassen und dann wieder einreisen, keine Probleme haben sollten. Der INS erwartet noch nicht einmal, daß sie Zulassung ersuchen. Im Gegensatz dazu, muß ein LPR, der sich länger als sechs Monate außerhalb der Vereinigten Staaten aufgehalten hat, dann formell wiederzugelassen werden, wobei alle Gründe der Nichtzulässigkeit in Kraft treten.

Ein weiterer der sechs Faktoren, der beeinflußt, ob ein LPR bei der Wiedereinreise durch die Zulassungprüfung muß, ist derjenige, ob vermutet wird, daß er oder sie den LPR-Status verloren hat. Hier sind einige Faktoren, die entscheiden, ob ein LPR seinen Status verloren hat: (1) die Länge der Abwesenheit, (2) ob der LPR einen Wohnsitz in den Vereinigten Staaten aufrecht erhalten hat, während des Aufenthaltes in Übersee, (3) ob der Einwanderer im Ausland angestellt war, (4) ob seine Familie ihn ins Ausland begleitet hat, und (5) ob der Einwanderer Verbindungen zu den Vereinigten Staaten aufrechterhalten hat, wie zum Beispiel durch Eigentum/Besitz, Bankkonten und Familie.

Hier sind vier praktische Tips, um den LPR-Status aufrechtzuerhalten.

❶ Der LPR sollte weiterhin eine Steuererklärung in den USA abgeben und ein Bankkonto in den USA beibehalten.

❷ Bei der Rückkehr in die USA für einen Besuch, sollte der LPR vielleicht eine einfache Fahrkarte, ein *One-way*-Ticket dem *Round-trip*- Ticket vorziehen.

❸ Bei der Ankunft in den USA sollte der LPR, sofern möglich, in ein eigenes Haus oder eine Eigentumswohnung anstelle eines gemieteten Apartments zurückkehren können. Sofern es ein gemietetes Apartment ist, sollte die Miete nicht auf wöchentlicher Basis bezahlt werden, sondern einen längeren Zeitraum abdecken.

❹ Der LPR sollte einige Besitztümer dauerhaft in den USA lassen.

Dies sind einige der mehr gewöhnlichen Tips zur Aufrechterhaltung des LPR-Status. Jeder LPR, der sich mehr als sechs Monate außerhalb der USA aufhalten will, sollte einen guten Einwanderungsanwalt konsultieren.

## Staatsbürgerschaft

Mit wenigen Ausnahmen (in erster Linie die Kinder ausländischer Diplomaten betreffend) ist jeder der in den Vereinigten Staaten geboren wurde, automatisch ein US-Bürger. Die Staatsbürgerschaft von Kindern, die in Übersee geboren wurden, ist allerdings nicht eindeutig festgelegt. Im allgemeinen ist das Kind ebenfalls US-Bürger, wenn ein Elternteil US-Bürger ist und nach dem 14. Lebensjahr in den USA lebte, wobei die Aufenthaltsdauer in den USA variieren kann. Kinder, die mit doppelter Staatsbürgerschaft geboren wurden, die beide Staatsangehörigkeiten beibehalten wollen, sollten verschiedene Pässe verwenden, um jedes Land als Bürger zu bereisen und wann immer möglich, kein Visum benutzen. Dies sorgt für ein Staatsangehörigkeitsprotokoll, das nützlich sein wird, wenn Fragen hinsichtlich der Staatsbürgerschaft geklärt werden müssen.

**Einbürgerung für LPRs**

Einbürgerung ist normalerweise für Personen möglich, die mindestens während der letzten fünf Jahre LPR, rechtmäßige Dauereinwohner, waren. Der Zeitraum rechtmäßiger Dauereinwohnerschaft ist für die Ehefrau eines US-Bürgers und unter gewissen anderen Umständen auf drei Jahre reduziert. Ein Ausländer, der die Einbürgerung beantragt, muß sich einer Überprüfung seines Strafregisters durch das FBI unterziehen, muß einen guten moralischen Charakter demonstrieren und normalerweise mit den Grundlagen der englischen Sprache vertraut sein sowie über Kenntnis und Verständnis der Grundprinzipien der US-Geschichte und US-Regierung verfügen. INA Abschnitt 312, 8 U.S.C. Abschnitt 1423. Für Ausländer, die im Militär der Vereinigten Staaten dienen oder gedient haben sowie für Kinder sind die Anforderungen für die Einbürgerung vereinfacht und der Zulassungsprozeß beschleunigt.

**Eid auf die Vereinigten Staaten**

Alle Bewerber um die Einbürgerung müssen einen Eid auf die Vereinigten Staaten leisten. INA Abschnitt 337, 8 U.S.C. Abschnitt 1448.

Der Eid besagt an einer Stelle, daß „ich völlig und absolut, jedem Treueeid oder Treueschwur gegenüber jedwedem ausländischen Regierenden, Herrscher, Staat oder Macht entsage, denen gegenüber ich bislang Bürger oder Untergebener gewesen bin". Trotz dieser Aussage heißt dies noch lange nicht, daß die Annahme als eingebürgter US-Staatsbürger bedeutet, daß diese Person ihre oder seine frühere Staatsbürgerschaft aufgeben muß. Falls ein anderes Land sich entscheidet, einen seiner Bürger immer noch als Bürger zu behandeln, obwohl dieser die US-Staatsbürgerschaft angenommen hat, müssen die USA diese Entscheidung respektieren und tun dies auch. Auf diese Weise besitzen viele eingebürgerte US-Bürger eine doppelte Staatsbürgerschaft, was bedeutet, daß sie Bürger von mehr als einem Land sind.

**Nur für Staatsbürger: Wählen, die Bewerbung um öffentliche Ämter und das Anrecht auf öffentliche Mittel**

Die Staatsbürgerschaft, die durch die Einbürgerung erreicht werden kann, bringt mehrere Vorteile: die Möglichkeit, sich für die meisten öffentlichen Ämter zu bewerben, die Möglichkeit zu wählen und das Anrecht auf öffentliche Mittel.

## Sozialleistungen/Rechte der Ausländer

Der *Personal Responsibility and Work Opportunity Reconciliation Act of 1996 (Welfare Act)* hatte erhebliche Auswirkungen auf die öffentlichen Leistungen und Regierungsservices, die von legalen Immigranten in Anspruch genommen werden. Zum ersten Mal haben legale Immigranten keinen gleichberechtigten Zugang zu den Programmen, die mit ihren Steuern finanziert werden. Während der Wohlfahrtsakt alle Nichtbürger von verschiedenen öffentlichen Benefizprogrammen auszuschließen scheint, bleibt der volle Umfang der Begrenzungen im unklaren und zahlreichen Ausnahmen unterworfen, dem Ermessen einzelner Staaten vorbehalten und der endgültigen Interpretation zahlreicher zweideutiger Begriffe und Vorkehrungen der Gesetzgebung unterworfen. Darüber hinaus stellen einige Restriktionen konstitutionelle Herausforderungen dar, die eine gerichtliche Auseinandersetzung provozieren, was eine vollständige Einführung des Wohlfahrtsaktes über Jahre hinaus behindern könnte.

Die Auswirkungen des
Wohlfahrsaktes sind
noch nicht absehbar

Die vollen Auswirkungen des Wohlfahrtsaktes könnten unter Umständen über einige Zeit nicht richtig wahrgenommen werden, da die Verwirklichung einiger Maßnahmen dem Ermessen einzelner Staaten vorbehalten bleibt und wiederum andere Bestimmungen erst nach fünf Jahren vollständig implementiert sein werden. Wenn er in Kraft tritt, hält der Wohlfahrtsakt tatsächlich alle Nichtbürger von der Nutzung von zwei wichtigen Bundesprogrammen ab: „Essensmarken" *(Food Stamps)*, das Hauptprogramm zur Nahrungsmittelunterstützung für die Armen und „Zusätzliches Sicherheitseinkommen" (*Supplemental Security Income, [SS]*), das Cashassistenzprogramm für Personen mit niedrigem Einkommen, die alt, blind oder behindert sind. Der Wohlfahrtsakt ermöglicht den Staaten auch, legale Ausländer aus den drei Bundesprogrammen, die auf Staatsebene verwaltet werden, auszuschließen: *Medicaid* für Nichtnotfälle, verschiedene soziale Services, inklusive Versorgung von Kindern und behinderten Personen und Programmen gegen häusliche Gewalt, und die neue „Zeitweilige Unterstützung für bedürftige Familien" (*Temporary Assistance for Needy Families [TANF]*), ein Programm, das die „Familienhilfe mit abhängigen Kindern" (*Aid to Families with Dependent Children* [AFDC]) ersetzte. Drei Gruppen legaler Ausländer sind von diesen Bedingungen ausgenommen: Flüchtlinge und Asylsuchende, legale Einwohner, die dem US-Militär dienen oder gedient haben und deren Angehörige sowie rechtmäßige Dauereinwohner, die 40 "qualifizierende Viertel" (zehn Jahre) für Sozialversicherungszwecke gearbeitet haben.

Öffentliche Wohlfahrt
für qualifizierte Aus-
länder

Andere Vorkehrungen des Wohlfahrtsaktes beschränken den Zugang zur bundesstaatlichen öffentlichen Wohlfahrt auf "qualifizierte" Ausländer. Dies schließt nur rechtmäßige Dauereinwohner ein und zudem Flüchtlinge und Personen, denen mindestens ein Jahr Aufenthalt in den Vereinigten Staaten gewährt wurde, und solche, denen Asyl zugestanden wurde, die von der Deportation befreit wurden oder einen vorläufigen Einreisestatus besitzen. Da der Begriff „qualifizierter Ausländer" so eng definiert ist, werden sowohl viele Ausländer, die rechtmäßig in den Vereinigten Staaten sind und dort arbeiten, wie zum Beispiel Bewerber um Asyl oder um Aufenthaltsstatusänderung, als auch viele Nichteinwanderer, nicht als „qualifizierte Ausländer" für föderative Programme der öffentlichen Wohlfahrt in Frage kommen.

Im Lichte dieser und anderer öffentlicher Wohlfahrtsbeschränkungen ist es zwingend notwendig, daß Nichteinwanderer ausreichende finanzielle Mittel für sich selbst und für ihre Familien vorsehen, und daß sie wissen, daß die Annahme öffentlicher Mittel Einwanderungsprobleme schaffen kann.

## Zusammenfassung

Wie bereits viele Gerichtshöfe festgestellt haben, ist das Einwanderungsgesetz eines der kompliziertesten Gebiete der US-Gesetzgebung, direkt nach der Steuergesetzgebung. Die neue Einwanderungsgesetzgebung, wie der IIRIRA, macht es sogar noch schwieriger, sorgfältig und ethisch korrekt Personen anderer Nationalitäten zu beraten. Es ist daher immer ratsam, eine qualifizierte Einwanderungsberatung heranzuziehen.

Eine frühere Version dieses Kapitels erschien im *NAFSA Advisor's Manual*. Copyright © 1998 Stephen Yale-Loehr. Alle Rechte vorbehalten.

Dieses Kapitel wurde zwar von Experten vorbereitet, jedoch verallgemeinert und sollte nicht als Ersatz für professionellen Rat in spezifischen Situationen betrachtet werden. Falls rechtlicher Rat erforderlich ist, sollten die Dienste eines kompetenten Fachmanns eingeholt werden.

# Adressen

# Adressen

# Aussenministerien

**Auswärtiges Amt**
Postfach 1148
53001 Bonn
Tel.: 0228-17-0
Fax: 0228-17-3402
Webadresse: http://www.auswaertiges–
amt.de

**United States Department of State**
2201 C Street N.W.,
Washington, DC 20520
USA
Tel.: 001-202-647-4000
Webadresse: http://www.state.gov,
http://travel.state.gov

# Auslandsvertretungen Deutschlands in den USA

**Embassy of the Federal Republic of Germany**
4645 Reservoir Road, N.W.
Washington, DC 2007-1998
USA
Tel.: 001-202-298-8141
Fax: 001-202-298-4249
Email: ge-embus@ix.netcom.com
Webadresse: http://www.germany-
info.org

*Konsularischer Amtsbezirk: District of
Columbia, Delaware, Maryland, Virginia, West Virginia*

**Consulate General of the Federal Republic of Germany**
Marquis Two Tower, Suite 901
285 Peachtree Center Avenue,
NE, Atlanta, GA 30303-1221
Tel.: 001-404-659-4760 bis –4762
Fax: 001-404-659-1280

*Amtsbezirk: Alabama, Georgia, Missis-
sippi, North Carolina, South Carolina,
Tennessee*

Three Copley Place, Suite 500
Boston, Ma 02116
USA
Tel.: 001-617-536-8172 (Anrufe aus
Übersee)
Tel.: 617-536-4414 (Anrufe innerhalb
USA)
Fax: 001-617-536-8573

*Amtsbezirk: Connecticut, Maine, Massachusetts, New Hampshire, Rhode Island, Vermont*

676 North Michigan Avenue, Suite
3200
Chicago, IL 60611
USA
Tel.: 001-312-580-1199
Fax: 001-312-580-0099

*Amtsbezirk: Illinois, Iowa, Kansas, Minnesota, Missouri, Nebraska, North Dakota, South Dakota, Wisconsin*

Edison Plaza, Suite 2100
660 Plaza Drive
Detroit, MI 48226-1271
USA
Tel.: 001-313-962-6526
Fax: 001-313-962-7345

*Amtsbezirk: Indiana, Kentucky, Michigan, Ohio*

1330 Post Oak Blvd., Suite 1850
Houston, TX 77056-3018
USA
Tel.: 001-713-627-7770
Fax: 001-713-627-0506

*Amtsbezirk: Arkansas, Louisiana, New Mexico, Oklahoma, Texas*

6222 Wilshire Boulevard, Suite 500
Los Angeles, CA 90048
USA
Tel.: 001-213-930-2703
Fax: 001-213-930-2805
Email: InterGerma@aol.com,
GermaConLA@aol.com

*Amtsbezirk: Imperial, Kern, Los Angeles, Orange, Riverside, San Bernardino, San Diego, San Luis Obispo, Santa Barbara und Verntura in Kalifornien sowie Arizona*

Biscayne Boulevard, Suite 2200
Miami, FL 33132
USA
Tel.: 001-305-358-0290
Fax: 001-305-358-0307
Email: gkmiami@ix.netcom.com
Webseite: www.gk-miami.de

*Amtsbezirk: Florida, Puerto Rico und die Virgin Islands*

871 United Nations Plaza,
New York, NY 10017
USA
Tel.: 001-212-610-9700
Fax: 001-212-940-0402

*Amtsbezirk: New York, New Jersey,
Pennsylvania, Fairfield County in Connecticut, Bermuda*

1960 Jackson Street
San Francisco, CA 94109
USA
Tel.: 001-415-775-1061
Fax: 001 415-775-0187
Email: gksf@pacbell.net

*Amtsbezirk: Kalifornien (ohne Impe-
rial, Kern, L.A., Orange, Riverside, San
Bernardino, San Diego, San Luis Obi-
spo, Santa Barbara und Ventura),
Colorado, Hawaii, Nevada, Utah,
Wyoming und die amerikanischen
Außengebiete Baker-, Howland-, Jar-
vis-, Johnstonsinsel, Midway und
Palmyrainsel*

One Union Square, Suite 2500
600 University Street
Seattle, WA 98101
USA
Tel.: 001-206-682-4312
Fax: 001-206-682-3724

*Amtsbezirk: Alaska, Idaho, Montana,
Oregon, Washington*

## Botschaften und Konsulate

### Botschaft der Vereinigten Staaten von Amerika

*Konsularabteilung*
Clayallee 170
14195 Berlin

*Konsularischer Amtsbezirk: Berlin,
Hamburg, Bremen, Schleswig-Holstein,
Niedersachsen, Mecklenburg-
Vorpommern, Sachsen-Anhalt, Sach-
sen, Thüringen, und Brandenburg.
ACHTUNG: Visa-Auskünfte erteilt nur
der Visainformationsdienst unter der
Nummer: 0190-915000 (DM 2,42/pro
Minute). Ein Tonband unter der Num-
mer: 0190 270789 (DM 1,21/Minute).*

### Generalkonsulat
Siesmayerstr. 21
60323 Frankfurt/Main
Tel.: 069-75350
Fax: 069-748938
Öffnungszeiten: Mo.-Fr. 8:00-11:00

*Amtsbezirk: Nordrhein-Westfalen,
Hessen, Rheinland-Pfalz, Saarland,
Regierungsbezirk, Unterfranken des
Landes Bayern, Baden-Württemberg.*

**Generalkonsulat**

Königinstr. 5

80539 München

Tel.: 089-288 80

Fax: 089-280-9998

*Amtsbezirk: Bayern (außer Unterfranken)*

*Das Generalkonsulat München erteilt keine Einreisesichtvermerke.*

**Generalkonsulat**

Kennedydamm 17

40476 Düsseldorf

Tel.: 0211 470 61 0

Fax: 0211 431 448

*Services für Amerikaner in Nordrhein-Westfalen.*

**Generalkonsulat**

Alsterufer 27/28

20354 Hamburg

Tel.: 040-41 17 10

Fax: 040-44 30 04

*Das Generalkonsulat Hamburg erteilt keine Einreisesichtvermerke.*

**Generalkonsulat**

Wilhelm-Seyfferth-Str. 4

04107 Leipzig

Tel.: 0341 213 84 10

Fax: 0341 21384 71

# Amerika-Häuser und Deutsch-Amerikanische Institute

In den Amerika-Häusern berät zu Fragen, die Studium und Ausbildung angehen *Education USA*. Die zentrale Telefonnummer für Beratung lautet 0190-572727 (DM 1,20/Minute), von Montag-Freitag 10-18 Uhr. Die Bibliotheken können kostenlos genutzt werden und auch eine persönliche Beratung wird angeboten. In den Instituten und Zentren wird vielfach eine kostenlose Beratung angeboten. In manchen Fällen werden allerdings nur Einwohner des jeweiligen Bundeslandes beraten. Von den Instituten, Zentren und von *Education USA* werden Seminare und Informationsveranstaltungen angeboten.

**Education USA Amerika-Haus Berlin**

Hardenbergstr. 22-24

10623 Berlin

Tel.: 030-3132732

Education USA Amerika-Haus
Frankfurt
Staufenstr. 1
60232 Frankfurt/Main
Tel.: 069-97205649

Amerika-Zentrum im Curio-Haus
Rothenbaumchaussee 15
20148 Hamburg
Tel.: 040-45010416

Amerika-Haus Köln
Apostelnkloster 13-15
50672 Köln
Tel.: 0221-2580290

Edudation USA im Amerika-Haus
Leipzig
Wilhelm-Seyfferth-Str. 4
04107 Leipzig
Tel.: 0341-2138444

Bayerisch-Amerikanisches Zentrum
Karolinenplatz 3
80333 München
Tel.: 089-553578

Carl-Schurz-Haus - Deutsch-
Amerikanisches Institut e.V.
Kaiser-Joseph-Str. 266
79098 Freiburg
Tel.: 0761-2924416
Fax: 0761-39827
Email: cummins@carl-schurz-haus.de
Webseite: www.carl-schurz-haus.de

Deutsch-Amerikanisches Institut
Sofienstr. 12
69115 Heidelberg
Tel.: 06221-60730
Bibliothek: 062-1607315
Fax: 06221-607373
Webseite: www.dai.hd.bib-bw.de
Email: biblio@dai.hd.bib.bw.de

Kennedy-Haus
Holtenauerstr. 9
24103 Kiel
Tel.: 0431-554866
Fax: 0431-555483
Email: Kennedy@t-online.de

Deutsch-Amerikanisches Institut
Gleissbühlstr. 13
90402 Nürnberg
Tel.: 0911-230690
Fax: 0911-2306923
Email: DAIAmerikahausNbg@compuserve.com

Deutsch-Amerikanisches Institut
Haidplatz 8
93047 Regensburg
Tel.: 0941-52476
Fax: 0941-52198

Deutsch-Amerikanisches Institut
Berliner Promenade 15
66111 Saarbrücken
Tel.: 0681-31160
Fax: 0681-372624

**Deutsch–Amerikanisches Institut**
Karlstr. 3
72072 Tübingen
Tel.: 07071-34071/2
Fax: 07071-31873
Email:dai_tuebingen@compuserve.com

*Nachfolgeinstitution des ehemaligen Amerika-Hauses in Stuttgart, das nunmehr von der Stadt Stuttgart und dem Land Baden-Württemberg getragen wird und im Institut für Auslandsbeziehungen (ifa) untergebracht ist.*

**Deutsch–Amerikanisches Zentrum**
James-F.-Byrnes-Institut e.V.
Charlottenplatz 17
70173 Stuttgart
Tel.: 0711-22818 0
Fax: 0711-22818 40
Email: info@daz.org
www.daz.org

*Das Deutsch-Amerikanische Zentrum / James-F.-Byrnes-Institut e.V. ist die*

# Presse- und Öffentlichkeitsarbeit

**USIA, Office of Public Liaison**
301 4th Street S.W., Room 602
Washington, D.C. 20547
Tel: 202 619-4355
Webadresse: http://www.usia.gov

*Dies ist die für auswärtige Kultur- und Informationspolitik zuständige amerikanische Behörde.*

# Wirtschaft

*In Deutschland*

### American Chamber of Commerce in Germany e.V.

National Executive Office
Roßmarkt 12
60311 Frankfurt/Main
Tel.: 069-929104-0
Fax: 069-929104-11

### American-German Business Club Bonn e.V.

Beethovenallee 85
53173 Bonn
Tel.: 0228-354845
Fax: 0228-365628

*Fördert den Kontakt zwischen Geschäftsleuten, gibt ein Monatsmagazin heraus und vergibt auch Stipendien an Studenten. Der Verein hat weitere Vertretungen in Düsseldorf, Frankfurt, Hamburg, Heidelberg, Sembach-Flugplatz, Leipzig, München. Der Dachverband ist zur Zeit unter folgender Adresse zu erreichen:*

### American-Business Club Deutschland e.V.i.G.

Beethovenallee 85
53173 Bonn
Tel.: 0228-351474
Fax: 0228-365628
Email: national@agbc.de

### US Agricultural Trade Office

Alsterufer 28
20354 Hamburg
Tel.: 040-414607-0
Fax: 040-460720

### Bundesstelle für Außenhandelsinformation (BfAI)

Agrippastr. 87-93
50676 Köln
Postfach 10 05 22
50445 Köln
Tel.: 0221-2057–319
Fax: 0221-2057–212
Internet: http://www.bfai.com

### Zweigstelle Berlin:

BfAI Berlin
Scharnhorststr. 36
10115 Berlin
Postfach 65 02 68
13302 Berlin
Tel.: 030-20145201
Fax: 030-20145204

*Sie können sich über die Publikationen des BfAI anhand eines kostenlosen Publikationsspiegels informieren.*

*In den USA*

**German American Chamber of Commerce, Inc.**
40 West, 57th Street – 31st Floor
New York, NY 10019-4092
USA
Tel.: 001-212-974-8830
Fax: 001-212-974-8867

**German American Chamber of Commerce of the Midwest, Inc.**
401 North Michigan Ave., Suite 2525
Chicago, IL 60611-4212
Tel.: 001-312-644-2662
Fax: 001-312-644-0738

**German American Chamber of Commerce of the Western United States, Inc.**
5220 Pacific Concourse Drive – Suite 280
Los Angeles, CA 90045
USA
Tel.: 001-310-297-7979
Fax: 001-310-297-7966

**German American Chamber of Commerce of the Western United States, Inc.**
465 California Street - Suite 910
USA - San Francisco, CA 94104
Tel.: 001-415-392-2262
Fax: 001-415-392-1314

*Region: Alaska, Kalifornien (nördlich von Fresno), Hawaii, Idaho, Montana,* *Nevada (nördlicher Teil - Reno), Oregon, Washington, Wyoming*

**German American Chamber of Commerce of the Southern US, Inc.**
3340 Peachtree Road N.E., Suite 500
USA - Atlanta, GA 30326
Tel.: 001-404-239-9494
Fax: 001-404-264-1761

*Region: Alabama, Florida, Georgia, North Carolina, South Carolina, Tennessee*

**German American Chamber of Commerce, Inc.**
5599 S. Felipe - Suite 510
USA - Houston, TX 77056
Tel.: 001-713-877-1114
Fax: 001-713-877-1602

*Region: Arkansas, Louisiana, Mississippi, Oklahoma, Texas*

**German American Chamber of Commerce, Inc.**
1515 Market Street, Suite 505
USA - Philadelphia, PA 19102
Tel.: 001-215-665-1585
Fax: 001-215-665-0375

*Region: Delaware, südliches New Jersey (einschl. Princeton), östliches Pennsylvania (einschl. Harrisburg)*

**German Business Round Table**
c/o Golden Gate International
Hearst Building - Suite 1232
Market at 3rd Street
USA - San Francisco, CA 94103
Tel.: 001-415-921-2882
Fax: 001-415-434-1057

**German-American Business Association (GABA)**
700 Princess Street
Suite 3
USA - Alexandria, VA 22314-
Tel.: 001-703-836-6120
Fax: 001-703-836-6160
Webadresse: www.gaba.org

**German-American Business Council**
1413 K Street, Suite 1400
USA - Washington, DC 20005
Tel.: 001-202-371-0555
Fax: 001-202-408-9369

## Tourismus

Die Fremdenverkehrsämter haben verschiedene Adressen. Sie verschicken kostenloses und kostenpflichtiges Informationsmaterial. Unter der Nummer Tel.: 0190 780 078 (DM 2,40 pro Minute) gibt es Informationen. Eine gute erste Anlaufadresse finden Sie im Internet unter www.us-embassy.de/travel/index.htm

**TIA-Travel-Service**
Hans-Böckler-Str. 19
53225 Bonn
Tel.: 0228-9735-140 oder -200
Fax: 0228-9735190

*Gute Angebote für günstige Flüge, Sprachreisen, Sprachkurse, Abenteuerreisen, Sommerkurse, TOEFL-Kurse usw.*

**Fachverband deutscher Sprachreise-Veranstalter (FDSV)**
Hauptstr. 26
63811 Stockstadt
Tel.: 06027-2790
Fax: 06027-418847

*Angebote zu: Sprach- und Gruppenreisen für Schüler und Erwachsene, TOEFL-Kurse, High school year, Internationale Schul- und Collegejahre, Community Colleges, Studium in den USA. Der Ratgeber für Sprachreisen kostet 5,-DM bei der Geschäftsstelle.*

413

**AMTRAK Service Center Deutschland**
Greyhound Service Center Deutschland
Deutsches Reiseb‚ro GmbH (DER)
Emil-von-Behring-Str. 6
60439 Frankfurt (Main)
Tel.: 069-95 88 17 58
Fax: 069-95 88 17 67

**Fremdenverkehrsämter der USA**
(eine Auswahl):
Alabama: 0521 986 0414
New Orleans/Louisiana: Tel.: 069-435655
New York: Tel.: 089-23662134
Arizona: Tel.: 02204-85052
Texas: 089-23662143
Florida Tourism: Tel.: 069-1310731
California Tourism Office: Tel.: 069-6032023

Deutsches Jugendherbergswerk (DJH)
Postfach 1455
32754 Detmold
Tel.: 05231-7401-0
Fax: 05231-7401-49 oder 66/67

*Städte- und Individualreisen*

**American Youth Hostels**
Administrative Office
733 15th Street NW, Suite 840
Washington, DC 20005
USA
Tel.: 001-202-783-6161
Fax: 001-202-783-6171
Webadresse: www.hiayh.org

# Förderungsmöglichkeiten für Studium und Wissenschaft

**Alfried Krupp von Bohlen und Halbach-Stiftung**
Hügel 15
45133 Essen
Postfach 23 02 45
45070 Essen
Tel.: 0201-1 88-1
Fax: 0201-41 25 87

**Alexander von Humboldt-Stiftung (AvH)**
Jean-Paul-Straþe 12
53173 Bonn
Tel.: 0228-8 33-0
Fax: 0228-8 33-1 99
Email:http://www.avh.de/_mail.htm

**Bertelsmann Stiftung**
Carl-Bertelsmann-Straþe 256
33335 Gütersloh
Postfach 103
33311 Gütersloh
Tel.: o5241-8 17-0
Fax: 05241-81 66 77

**Cusanuswerk - Bischöfliche Studienförderung**
Baumschulallee 5
53115 Bonn
Tel.: 0228-631-407
Fax: 0228-651912

*Fördert Auslandsstudien seiner Stipendiaten durch Beratung und finanzielle Unterstützung (Reisekosten, Studiengebühren, Auslandszuschlag). Neben regulären, zumeist zweisemestrigen Studienaufenthalten werden auch Praktika und Famulaturen (in begrenztem Maße in der Promotionsförderung auch Forschungsaufenthalte) gefördert.*

**DAAD**
Kennedyallee 50
Postfach 200404
53134 Bonn
Tel.: 0228-8820
Fax: 0228-882444
Webadresse: www.daad.de
Email: postmaster@daad.de

*Weit gefächerte Förderungsmöglichkeiten für Studierende, Graduierte, Promovierte, Wissenschaftler.*

**Deutsche Forschungsgemeinschaft**
Kennedyallee 40
Postfach 205004
53170 Bonn
Tel.: 0228-885-01
Fax: 0228-885 2599

*Auslandsstipendien, Reisebeihilfen*

*www.dfg.de*

**Dräger Stiftung**
Moislinger Allee 53-55
23558 Lübeck
Tel.: 0451-8 82 21 51

Fax: 0451-8 82 30 50

Email: draeger-stiftung@draeger.com

### Friedrich-Ebert-Stiftung

Abteilung Studienförderung

Godesberger Allee 149

53175 Bonn

Tel.: 0228-8830

Fax: 0228-883697

Webadresse: www.fes.de

*verschiedene Förderungsmöglichkeiten*

### Friedrich-Naumann-Stiftung

Institut für Forschung und Begabten-
förderung

53637 Königswinter

Tel.: 02223/701-349

Fax: 02223/701-222

Webadresse: www.fnst.de

### Fritz Thyssen Stiftung

Am Römerturm 3

50667 Köln

Postfach 18 03 46

50506 Köln

Tel.: 0221-2 57 50 – 51

Fax: 0221-2 57 50 – 92

Webseite:www.fritz-thyssen-stiftung.de

### Fulbright-Kommission (FulKom)

Oranienburgerstr. 13

10178 Berlin

Tel.: 030-284443-0

*Deutsch-amerikanische Institution für*
*den Austausch von Studenten, Wissen-*
*schaftlern, Lehrern und besonderen*
*Berufsgruppen.*

### German-American Academic Council (GAAC)

Foundation

1055 Thomas Jefferson St., N.W. Suite 2020

Washington, DC 20007

Tel.: 202-296-2991

Fax: 202-833-8514

Email: tuch@gaac.org

### Herbert Quandt Stiftung

Postfach 40 02 40

80702 München

Hanauer Str. 46

80788 M¸nchen

Tel.: 089-38 21 16 30

Fax: 089-38 21 16 36

### The German Marshall Fund of the United States

Friedrichstr. 113a

10117 Berlin

Tel:030-283 49 02

Fax: 030-283 48 53

*Forschungsstipendien für junge, deut-*
*sche Wissenschaftler auf den Gebieten*
*amerikanischer Politik, Wirtschaft,*
*Geschichte oder Gesellschaftswissen-*
*schaften und Reisekostenzuschüsse für*
*Forschungsreisen*

### John-F.-Kennedy-Institut für Nord-amerikastudien

Freie Universität Berlin

Lansstr. 5-9

14195 Berlin

Tel.: 030-8382703

Fax: 030-8382882

*Institut mit umfangreicher Bibliothek.
Es werden Forschungsstipendien für 1-
3 Monate vergeben.*

### Körber Stiftung

Kurt-A.-Körber Chaussee 100

21033 Hamburg

Tel.: 040-72 50 38 67 (USA-Program)

Fax: 040-72 50 39 22

Email: usable@stiftung.koerber.de

Web Site:

http://www.stiftung.koerber.de

Web Site: http:// www.usable.de

### Landesamt für Ausbildungsförde-
rung

Behörde für Wissenschaft und Forschung

Hamburger Str. 37

22083 Hamburg

### Robert Bosch Stiftung GmbH

Heidehofstr. 31

70184 Stuttgart

Postfach 10 06 28

70005 Stuttgart

Tel.: 0711-460 84 - 0

Fax: 0711-462 08 - 6

### Stifterverband für die Deutsche
Wissenschaft e.V.

Barkhovenallee 1

45239 Essen

Tel.: 0201-84 01 - 0

Fax: 0201-84 01 - 3 01

### Stiftung Volkswagenwerk

Postfach 81 05 09

30505 Hannover

Kastanienallee 35

30519 Hannover

Tel.: 0511-83 81 - 0

Fax 0511-83 81-344

Email: mail@volkswagen-stiftung.de

### Studienstiftung des deutschen Vol-
kes

Mirbachstr. 7

53173 Bonn

Tel.: 0228-820960

*Auslandsstipendien*

### Verband der Deutsch-
Amerikanischen Clubs

Brigitte Driehaus

Chairperson Student Exchange Program

Meisenweg 5

97299 Zell a.Main

Tel.:0931-4675231

# Austauschprogramme

**Aktion Bildungsinformation e.V. (ABI)**
Alte Poststr. 5
70173 Stuttgart
Postfach 10 01 64
70001 Stuttgart
Tel.: 0711-299335
Fax: 0711-299330

*Auskunfts- und Verbraucherschutzein-richtung in Bildungsfragen, insbesondere im Bereich Sprachreisen, High-school-Aufenthalte, Sprachkurse u. a. Die Broschüre „Englisch lernen in Übersee" vermittelt detaillierte Informationen über Sprachreisen, und die Publikation „Schuljahresaufenthalte in USA" informiert über private Anbieter. Eine kostenlose Beratung über einzelne Anbieter ist auch telefonisch (montags bis freitags 11:00 – 12:00 Uhr) möglich.*

**Informationsbüro für deutsch-amerikanischen Austausch**
Information Office for German American Exchange
Brümmerstr. 52
14195 Berlin
Tel.: 030-8313820
Fax: 030-8318031

*Das Berliner Informationsbüro will die Begegnung von Amerikanern und Deutschen fördern. Es informiert über Schüleraustausch, außerschulischen Ju-gendaustausch, über Programme im wissenschaftlichen und kulturellen Bereich sowie Möglichkeiten der beruf-lichen Fortbildung. Auf Anfrage ist das Büro bemüht, Kontakte sowohl zwischen Einzelpersonen und Einrichtun-gen als auch zwischen verschiedenen Institutionen zu vermitteln. Ein weite-rer Schwerpunkt der Arbeit des Infor-mationsbüros ist die Erweiterung des Austausches von Berufstätigen zwi-schen Berlin und den Vereinigten Staa-ten.*

**Arbeitsgemeinschaft gemeinnützi-ger Jugendaustauschorganisationen (AJA)**
Friedensallee 48
22765 Hamburg
Postfach 50 01 42
22701 Hamburg
Tel.: 040-3909800
Fax: 040-39922299

**AFS - Interkulturelle Begegnungen**
Friedensallee 48
22765 Hamburg
Tel.: 040-3992220
Fax: 040-3992299
Email: infos@afs.de
www.afs.de

*Programm für junge Arbeitnehmer Berufsbezogenes Fach- und Begeg-nungsprogramm.*

**AIESEC, Deutsches Komitee der AIESEC e.V.**
Subbelrather Str. 247
50825 Köln
Tel.: 0221-551056
Fax: 0221-5507676

Email: aiesec.gery@uni-koeln.de
www.aiesec.de

*Internationaler Praktikantenaustausch*
*Studenten, die an Wirtschaftswissen-*
*schaften interessiert sind.*

**Action Sühnezeichen**
Friedensdienste e.V.
Auguststr. 80
10117 Berlin
Tel.: 030-28395184
Fax: 030-28395135

*Soziale Freiwilligendienste*
*junge Leute zwischen 18 und 30 Jah-*
*ren.*

**Arbeitsgemeinschaft für Jugendhilfe**
Haager Weg 44
53127 Bonn
Tel.: 0228-910240
Fax: 0228-9102466

*Vermittelt Praxisaufenthalte in den*
*USA für Fachkräfte der Sozial- und*
*Jugendarbeit.*

**Arthur F. Burns-Fellowship Programm**
c/o Initiative Jugendpresse e.V.
Postfach 1565
61455 Königstein
Tel.: 06174-7707
Fax: 06174-4123

*Bilaterales Stipendienprogramm für*
*Journalisten.*

**ASPECT**
Generalvertretung für Deutschland
Annette Drews
Blumenthalstr. 35
29076 Osnabrück
Tel.: 0541-47721

*Au pair- Aufenthalte für 15-18jährige*
*Schüler. Außerdem Community College*
*Campus- und Internatsprogramme.*

**ASSIST**
**American Secondary Schools for International Students**
Thomas-Mann-Str. 7
51503 Rösrath
Tel.: 02205-88232

*Vermittelt 16-18jährige Schüler/innen,*
*auch Stipendien für amerikanische*
*Privatschulen.*

**AYUSA International e.V.**
Ringstr. 69
12205 Berlin
Tel.: 030-8439390
Fax: 030-84393939
Email: info@ayusa.de

*Führt 3-, 5- oder 10monatige Austauschprogramme für deutsche Schüler zwischen 15 und 18 Jahren durch.*

**Bayerischer Jugendring**
Körperschaft des öffentlichen Rechts
Herzog-Heinrich-Str. 7
80336 München
Tel.: 089-51458-0
Fax: 089-51458-88

*Zweimonatiger Schüleraustausch zwischen Bayern und dem US-Bundesstaat Virginia.*

**Bertelsmann AG**
Zentrale Management Entwicklung
Postfach 111
Carl-Bertelsmann-Str. 270
33311 Gütersloh
Tel.: 05241-802629

*Vermittelt deutschen Schülern zwischen 15 und 19 Jahren einen drei- bis sechswöchigen Aufenthalt in den Sommerferien bei einer amerikanischen Gastfamilie.*

**Bertelsmann Stiftung**
Carl-Bertelsmann-Str. 256
Postfach 103
33311 Gütersloh
Tel.: 05241-817 0
Fax: 05241-816677
www.stiftung.bertelsmann.de

*Dreimonatige Auslandspraktika für junge Buchhändler mit Berufserfahrung und Lehreraustausch.*

**Bundesministerium für Familie, Senioren, Frauen und Jugend (BMFSFJ)**
Rochusstr. 8-10
53123 Bonn
Postadresse: 53107 Bonn
Tel.: 0228-930-0
Fax: 0228-930-2221

*Fördert Austauschprogramme im Bereich der außerschulischen Jugendarbeit, unterstützt Begegnungen deutscher Jugendgruppen mit amerikanischen Partnergruppen sowie Programme für junge Multiplikatoren in der Jugendarbeit.*

**Carl Duisberg Gesellschaft e.V.**
Weyerstr. 79-83
50676 Köln
Tel.: 0221-2098 0 oder -102, -148, -229
Fax: 0221-2098111
Webseite: http://www.cdg.de
• *Die Carl Duisberg Gesellschaft bietet eine Vielzahl an Programmen für Berufstätige und Studenten ver-*

*schiedener Sparten an. Beachte die
ausführlichen Beschreibungen im
Buch.*

## The Council of International Programs (C.I.P.) for Youth Leaders and Social Workers

Arbeitsgemeinschaft für Jugendhilfe
(AGJ)
Haager Weg 44
53127 Bonn
Tel.: 0228-910240
Fax: 0228-9102466

*Studienaufenthalte in den USA für
hauptberufliche und ehrenamtliche
Fachkräfte der Jugend- und Sozialarbeit.*

## Council on International Educational Exchange e.V.

Oranienburger Str. 13-14
10178 Berlin
Tel.: 030-284859 0
Fax: 030-28096 180
Email: InfoGermany@councilexchanges.de
Webseite: www.council.de und
www.councilexchanges.org

*Austauschprogramme für Schüler,
Studenten und Hochschulabsolventen,
z.lB. High School USA, Praktikum
USA oder Work & Travel USA und
Kanada.*

## Deutsche Auslandshandelskammern (AHK)

Informationen:
Deutscher Industrie- und Handelstag
Abt I AHK - Personal
Adenauerallee 148
53113 Bonn
Tel.: 0228-104-0
Fax: 0228-104-58

*Praktikum an deutschen Auslandshandelskammern und Wahlstationen für
Rechtsreferendare.*

## Deutscher Bauernverband e.V.

Internationaler Praktikantenaustausch
Godesberger Allee 142-148
53175 Bonn
Tel.: 0228-81 98299
Fax: 0228-81 89205

*Bietet Praktika für junge Landwirte/Gärtner/Hauswirtschafter sowie
praxiserfahrene Studenten in den USA
an.*

## Deutscher Bundesjugendring (DBJR)

Haager Weg 44
53127 Bonn
Tel.: 0228-91021-0
*Fax: 0228-91021-22*

**Deutscher Famulantenaustausch für Humanmediziner**

Godesberger Allee 54

53175 Bonn

Tel.: 0228-375340

Fax: 0228-8104155

Email: dfa@cmex.de

www.cmex.de/dfa

*Die Vermittlung in die USA ist allerdings schwierig.*

**Deutscher Bundestag**

Verwaltung

Referat Internationale Austauschprogramme (PB 4)

Bundeshaus

Adenauerallee 133

53113 Bonn

Tel.: 0228-1629336

Fax: 0228-26574

*Schüleraustausch, Austausch für Berufstätige, Community college.*

**Eirene – Internaionaler Christlicher Friedensdienst. e.V.**

Postfach 1322

56503 Neuwied

Tel.: 02631-8379-0

Fax: 02631-31160

www.eirene.org

**Gesellschaft für internationale Jugendkontakte**

- GIJK-High School International -

- Au Pair International-

Oststr. 8-14

53173 Bonn

Tel.: 0228-957300

Fax: 0228-9573010

*Familienaufenthalte, High-school-Aufenthalte, Jahresprogramm Au pair und Camp Amerika.*

**GIVE e.V.**

In der Neckarhelle 127a

69118 Heidelberg

Tel.: 06221-801993

Fax: 06221-809687

*Bietet 5- und 10monatige High-school-Programme für deutsche Schüler und 12monatige Austauschprogramme für amerikanische Schüler an, außerdem einjährige Au pair-Programme.*

**Hardt-Forum**
**Verein für internationalen Jugend- und Kulturaustausch e.V.**

Kurhausstr. 22

13467 Berlin

Tel.: 030-4041069

Fax: 030-4040525

*Bietet High-school-Programme von 3-10 Monaten an, Internatsprogramme von 1-10 Monaten, Vermittlung von Studienplätzen in den USA, einmal jährlich in den Sommerferien eine internationale Jugendbegegnung in den USA.*

ICXchange-Deutschland
Gesellschaft für Internationalen
Kulturaustausch e.V.
Bahnhofstr. 16-18
26122 Oldenburg
Tel.: 0441-92398-0
Fax: 0441-92398-99

*Organisiert High-school-Besuche für 1
Schuljahr beziehungsweise 1 Schul-
halbjahr sowie Homestay-Programme
(Aufenthalt bei einer amerikanischen
Gastfamilie mit/ohne Sprachkurs und
Freizeitprogramm).*

IAESTE International Association
for the Exchange of Students for
Technical Experience
Kennedyallee 105
53175 Bonn
Postfach 200404
53134 Bonn
Tel.: 0228-30831-14
Fax: 0228-882 550
Email: iaeste@daad.de

*Internationaler Praktikantenaustausch
in den Fachrichtungen Ingenieur- und
Naturwissenschaften, Land- und
Forstwirtschaft.*

Internationale Jugendgemein-
schaftsdienste e.V. (IJGD)
Kaiserstr. 43
53113 Bonn
Tel.: 0228-228000
www.ijgd.de

*Auslandsaufenthalte, Freiwilligendiens-
te.*

Internationaler Christlicher Jugend-
austausch e.V. (ICJA)
Kiefernstr. 45
42283 Wuppertal
Tel.: 0202-506563
Fax: 0202-501081/82
Email: ICJA.Germany@t-online
www.icja.de

*Auslandsaufenthalte, freiwillige soziale
Dienste im Ausland.*

INTO-DOUGLAS Schüleraustausch
e.V.
Ostlandstr. 14
50858 Köln
Tel.: 02234-946360
Fax: 02234-9463623

*Führt 3-, 5- oder 10-monatige Aus-
tauschprogramme für deutsche Schüler
zwischen 15 und 17 Jahren durch.*

Michael-Jürgen-Leisler-Kiep-
Stiftung
Postfach 12 67
61476 Kronberg
Tel.: 06173-62 33 1

*Eine Pauschale für mindestens sechs-
wöchige USA-Aufenthalte für ein Volontariat bei einer Fernseh- oder Rund-
funkanstalt oder einer Zeitung.*

## Open Door-Student Exchange Program e.V.

Ubierring 50
50678 Köln
Tel.: 0221-326550
Fax: 0221-325961

Pahlenweg 15
04289 Leipzig
Tel.: 0341-8615495
Fax: 0341-8615495

*Bietet deutschen Schülern 3-, 5- oder
10-monatige High-school-Besuche mit
Familienunterbringung an und betreut
amerikanische Schüler, die in Deutschland ein Gymnasium oder eine Gesamtschule besuchen.*

## Service Civil International

Deutscher Zweig e.V.
Blücherstr. 14
53115 Bonn
Tel.: 0228-212086
Fax: 0228-264234

*Workcamps.*

## Zahnmedizinischer Austauschdienst (ZAD) e.V.

Mallwitzstr. 16
53177 Bonn
Tel.: 0228-855744
Fax: 0228-3406711

*Auslandsfamulatur.*

## ZAV Zentralstelle für Arbeitsvermittlung der Bundesanstalt für Arbeit

Auslandsabteilung
Feuerbachstr. 42-46
60325 Frankfurt/Main
Postfach 170545
60079 Frankfurt/Main
Tel.: 069-71110
Fax: 069-7111540

*Arbeitsvermittlung in verschiedenen
Bereichen zum Beispiel Camp Counselor USA, EPCOT-Center Florida, Transamerica Job-Programm.*

# Juristen

Elsa Deutschland e. V.

Friedrich Ebert Anlage 6-10

69117 Heidelberg

Tel./Fax: 06221-547731

*Jura, Programme ein bis drei Monate, Studenten müssen mindestens im fünften Semester sein.*

## Deutsch-amerikanische Juristenvereinigung e.V.

Alte Bahnhofstr. 10
53173 Bonn
Tel.: 0228-361376
Fax: 0228-357972

## American Bar Association, International Legal Exchange Program

1700 Pennsylvania Avenue, N.W.,
room 160, Washington, DC 20006
Tel.: 001-202-662-1000 Fax: 001-202-347-9015

*Für Ärzte und Krankenschwestern*

## Educational Commission for Foreign Medical Graduates (ECFMG)

3624 Market Street, 4th Floor,
Philadelphia, Pennsylvania 19104-2685
USA
Tel.: 001-215-386-5900
Fax: 001-215-387-9963
Internet: http://www.ecfmg.org

## Commission on Graduates of Foreign Nursing Schools (CGFNS)

3600 Market Street, Suite 400
Philadelphia, Pennsylvania 19104-2651
Tel.: 001-215-349-8767
Fax: 001-215-662-0425
Email: 102432.735@compuserve.com

## Zahnmedizinischer Austauschdienst (ZAD) e.V.

Mallwitzstr. 16
53177 Bonn
Tel.: 0228-85570

*Auslandsfamulatur*

# Deutsche Schulen in den USA

## Deutsche Schule Washington, DC

8617 Chateau Drive
USA - Potomac, MD 20854-4599
Tel.: 001-301-365-4400
Fax: 001-301-365-3905
Webadresse:www.germanschool.org/home

## Deutsche Schule New York

50 Partridge Road
USA - White Plains, NY 10605
Tel.: 001-914-948-6513
(Verw./Leitung)
Fax: 001-914-948-6529

Email-Adresse: office@dsny.org
Webadresse:www.dsny.org
White Plains NY 10605
Tel.: 001-914-9486514

**Deutsch-Amerikanische Schule in San Francisco**
275 Elliott Drive
USA - Menlo Park, CA 94025
Tel.: 001-650-324-8617
Fax: 001-650-324-9548
Email-Adresse: Infodas@tsoft.com

# Amerikanische und internationale Schulen in Deutschland

**John-F.-Kennedy-Schule**
Teltower Damm 87-93
14167 Berlin
Tel.: 030-8091-2710
Fax: 030-807-3377

**International School of Düsseldorf e.V.**
Leuchtenberger Kirchweg 2
40489 Düsseldorf
Tel.: 0211-94066
Fax: 0211-4080774

**The Frankfurt International School**
An der Waldlust 15
61440 Oberursel
Tel.: 06171-202-0
Fax: 06171-202-384

**Hamburg International School**
Internationale Schule Hamburg
Holmbrock 20
20605 Hamburg
Tel.: 040-8830010
Fax: 040-8811405

**Europäische Schule Karlsruhe**
Albert-Schweitzer-Str. 1
76139 Karlsruhe-Waldstadt
Tel.: 0721-680090
Fax: 0721-687233

**Europäische Schule München**
Elise-Aulinger-Str. 21
81739 München
Tel.: 089-6302290

**Munich International School**
Percha-Schloß Buchhof
82319 Starnberg
Tel.: 08151-366-0
Fax: 08151-366-119

# Goethe-Institute in den USA

**Goethe-Institut**
German Cultural Center
Colony Square, Plaza Level
1197 Peachtree St., NE
Atlanta, Georgia 30361
Tel.: 001-404-892-2388
Fax: (001-404) 892-3832
Email:goetheatlanta@mindspring.com

**Goethe-Institut**
German Cultural Center for New Eng-
land
170 Beacon St.
Boston, Mass. 02116
Tel.: 001-617 2626050
Fax: 001-617 2622615
Email Sprach.:ddemmel@giboston.org
Email Prog.:ckodis@giboston.org
Email IL:jkeil@giboston.org
Email Verw.:lnarath@giboston.org
Email "Interner Lese-
saal":njones@giboston.org

**Goethe-Institut**
German Cultural Center
150 North Michigan Avenue, Suite 200
Chicago, Illinois 60601
Tel.: 001-312 263-0472
Fax: 001-312 263-0476
E-Mai:goethe@interaccess.com
E-Mai Bibl.:gibibl@interaccess.com
E-Mai Progr.:gipro@interaccess.com
E-Mai Sprach.:gispr@interaccess.com

**Goethe-Institut**
German Cultural Center
3120 Southwest Freeway, Suite 100
Houston, Texas 77098
Tel.: (001-713) 5282787 (Büro),
5230966 (Bibliothek)
Fax: 001-713 5284023
Email Bibl.:libr@goethe-houston.org
Email Progr.:program@goethe-
houston.org
Email:pvhouston@aol.com

**Goethe-Institut**
5750 Wilshire Boulevard, Suite 100
Los Angeles, California 90036
Tel.: 001-323-5253388
Fax: 001-323-9343597
Email Bibl.:gila@artnet.net
Email L.:vclark@artnet.net
Email Spra.:sylvia@artnet.net
Email Progr.:margit@artnet.net

**Goethe-Institut**
1014 Fifth Avenue
New York, N.Y. 10028
Tel.: 001-212 439-8700
Fax: 001-212 439-8705
Email Prog.:program@goethe-
newyork.org
Email:exhibit@goethe-newyork.org
Email L.:director@goethe-newyork.org
Email Bibl.:library@goethe-
newyork.org

427

Email Spra.:language@goethe-newyork.org

Fax: 001-206 6237930
Email:goethe@eskimo.com

**Goethe-Institut**
530 Bush St.
San Francisco, CA 94108
Tel.: 001-415-263-8760
Bibliothek: 001-415-263-8765
PV-Abt.: 001-415 263-8761
Fax: 001-415 391-8715
Email Prog.:gisfprog@sirius.com
Email Bibl.:gisfinfo@sirius.com
Email Spra.:gisfspr@sirius.com

**Goethe-Institut**
810 Seventh Street, NW
Washington, DC 20001-3718
Tel.: 001-202 289-1200
Fax: 001-202 289-3535
Email:Info@goethe-dc.org
Email Progr.:program@goethe-dc.org

**Goethe-Institut**
City Center Building
220 E. Huron - Suite 210
USA - Ann Arbor, MI 48104
Tel.: 001-734-996-8600
Fax: 001-734-996-0777
Mail:goethe@goethe-annarbor.org

**Goethe-Institut**
Mutual Life Building
605 First Avenue, Suite 401
Seattle, Wash. 98104
Tel.: 001-206 6229694

# Brieffreundschaften

**Internationaler Katholischer Korres-pondenz- und Austauschdienst**
Veilchenweg 2
66798 Wallerfangen
Tel.: 06831 60638
Fax: 06831 60638

**Student Letter Exchange**
211 Broadway, Suite 201
Lynbrook, NY 11563
PH: 516-887-8628
FAX: 516-887-8631
penpals@pen-pal.com

**People-to-People International**
Letter Exchange Program
501 East Armour Boulevard
USA - Kansas City, MO 64109
Tel.: 001-816-531-4701
Fax: 001-816-561-7502
Email: ptpi@ptpi.org

**The English Speaking Union**
16 East 69th Street
USA - New York, NY 10021
Tel.: 001-212-879-6800
Fax: 212 772-2886

**World Pen Pals**
International Institute of Minnesota

1694 Como Avenue
USA - St. Paul, MN 55108
Tel.: 001-612-647-0191

*Für Kinder und Jugendliche zwischen*
*12 und 20 Jahren.*

# Deutsch-amerikanische Vereinigungen

*In Deutschland*

**Atlantik-Brücke e.V.**
Magnus-haus
Am Kupfergrabe 7
10117 Berlin
53113 Bonn
Tel.: 030-201 01-06
Fax: 030-20101-07

*Fördert die deutsch-amerikanische und*
*deutsch-kanadische Freundschaft. Ins-*
*besondere vermittelt sie Begegnungen*
*zwischen Deutschen und Amerikanern,*
*organisiert Konferenzen für Führungs-*
*kräfte aus Politik, Wirtschaft, Wissen-*
*schaft und Publizistik und erstellt Pub-*
*likationen.*

**Verband der Deutsch-**
**Amerikanischen Clubs e.V.**
President Brigitte Driehaus
Meisenweg 5
97299 Zell am Rhein
Tel.: 0931-4675231
Fax: 0931-4675231

*Die Verbandsclubs führen auf örtlicher*
*Ebene gesellschaftliche und kulturelle*
*Programme durch, um Kontakte zwi-*
*schen Deutschen und Amerikanern*
*herzustellen und zu pflegen. Etwa ein*
*Drittel ihrer Mitglieder sind Amerika-*
*ner. Der Verband führt auch Aus-*
*tauschprogramme für Schüler durch.*
*Die einzelnen Mitgliederverbände kön-*
*nen beim Verbands-Sekretariat erfragt*
*werden. Direkten Anfragen ist ein*
*selbstadressierter Freiumschlag beizu-*
*fügen.*

# Religionsgemeinschaften

### Evangelische Kirche in Deutschland (EKD)
Kirchenamt - Hauptabteilung III
Ökumene und Auslandsarbeit
(Kirchliches Außenamt)
Abteilung Amerika
Herrenhäuser Str. 12
30419 Hannover
Tel.: 0511-2796-230
Fax: 0511-2796-717

*Ökumenische Beziehungen und Part-
nerschaften zu den Kirchen in den
USA, Austauschprogramme für Studenten und kirchliche Mitarbeiter,
zuständig für Auslandsgemeinden in
den USA. Ein Verzeichnis der deutschen Gottesdienste in den USA und
Kanada ist bei der EKD erhältlich.*

### Diakonisches Werk der Evangeli-schen Kirche in Deutschland
- Hauptgeschäftsstelle -
Referat Wanderung
Postfach 10 11 42
70010 Stuttgart
Tel.: 0711-2159-0
Fax: 0711-2159-550

*Das Referat Wanderung und 15 weitere
evangelische Auswandererberatungsstellen beraten in Fragen zu Auswanderung, Auslandstätigkeit, Weiterwande-*

*rung von Flüchtlingen und binationalen
Ehen.*

### Leiterkreis der evangelischen Aka-demien in Deutschland e.V.
Akademieweg 11
73087 Bad Boll
Tel.: 07164-79-272
Fax: 07164-79-410

*Amerikanisch-deutsche Konsultationen
und Konferenzen zu wechselnden Themen. Einzelkooperationen der Akade-
mien mit Partnerorganisationen in den
USA.
Leiterkreis der Evangelischen Akade-
mien*

### Katholisches Auslandssekretariat der Deutschen Bischofskonferenz
Kaiser-Friedrich-Straße 9
53113 Bonn
Postfach 19 01 13
53037 Bonn
Tel.: 0228-218098
Fax: 0228-220722

*Seelsorge für deutschsprachige Katholi-
ken im Ausland.*

## Raphaelswerk Dienst am Menschen unterwegs e.V.

Adenauerallee 41

20097 Hamburg

Tel.: 040-248442-0

Fax: 040-248442-26

*29 kirchliche und staatlich anerkannte Beratungsstellen für Auswanderer, Auslandtätige, für Flüchtlinge und Verfolgte und für binationale Partnerschaften.*

*Das Raphaelswerk kooperiert weltweit mit anderen Organisationen, in den USA mit „USCC" (siehe lfd. Nr. 371), die in Zusammenarbeit mit dem Raphaels-Werk zugewanderten Flüchtlingen unterstützende Hilfe gibt.*

## Zentralrat der Juden in Deutschland

Rüngsdorfer Straße 6

53173 Bonn

Tel.: 0228-357023/24

Fax: 0228-361148

*Im Zentralrat der Juden in Deutschland sind 16 Landesverbände mit insgesamt 65 jüdischen Gemeinden zusammengeschlossen. Sein oberstes Gremium ist die Ratsversammlung, die zuständig für alle Grundsatzfragen der jüdischen Gemeinschaft ist. Der Zentralrat als jüdische Dachorganisation versteht sich als Sprachrohr der Juden in Deutschland. Zu seinen wichtigsten Aufgaben zählen die Förderung und Pflege der religiösen und kulturellen Aufgaben der Gemeinden und Landesverbände sowie die Bewahrung und Stärkung der jüdischen Identität.*

## Zentralwohlfahrtsstelle der Juden in Deutschland e.V.

Hauptgeschäftsstelle

Hebelstraße 6

60318 Frankfurt/Main

Tel.: 069-9443710

Fax: 069-494817

*Spitzenverband der Freien Wohlfahrtspflege, Dachorganisation der jüdischen Sozialdienste in der Bundesrepublik Deutschland.*

## Freunde und Förderer des Leo Baeck Instituts e.V.

Liebigstr. 24

60323 Frankfurt/Main

Tel.: 069-722133

Fax: 069-723841

*Dieses Institut wurde 1955 mit dem Ziel gegründet, das geschichtliche Erbe der Juden in Deutschland und in deutschsprachigen Ländern zu erforschen und zu bewahren. Es beherbergt ein Dokumentationszentrum, bestehend aus Bibliothek, Archiv und Kunstsammlung. Weitere Zweigstellen befinden sich in London und Jerusalem.*

**Hochschule für jüdische Studien**
Friedrichstr. 9
69117 Heidelberg
Tel.: 06221-163131
Fax: 06221-167696
Oder Verwaltung
Bienenstr. 5
69117 Heidelberg, Neckar
Tel.: 06221-163131

*Die 1979 gegründete Hochschule für
Jüdische Studien ist eine Körperschaft
des öffentlichen Rechts, an der ein
Magister für Jüdische Studien abgelegt
werden kann. Die Hochschule veranstaltet alle zwei Jahre ein wissen-
schaftliches Symposium der Judaistik
und gibt eine eigene Zeitschrift unter
dem Titel „Trumah" heraus. Es besteht
eine enge Partnerschaft mit der Hebräi-
schen Universität in Jerusalem.*

# Beratungsstellen für Auslandtätige und Auswanderer

## Bundesverwaltungsamt
50728 Köln
50728 Köln
Tel.: 0221-758-0
Fax: 0221-7582768
Email: bva.eures@dialup.nacamar.de
Webseite:
www.dasan.de/auswanderungswesen01
/info/default.htm

*Auf der Webseite finden Sie die Anschriften der örtlichen Beratungsstellen. Diese verkaufen auch empfehlenswerte Merkblätter für die USA.*

# Visaberatung

## Visaberatung: Rechtsanwalt Jan Frederichs
Tel.: 0190-861145
DM 3,63/Minute
Mo-Fr. 14-18 Uhr
Email: jfrederichs@hotmail.com
Webseite: www.usa-visa.de

*Fragen zum US-Visum werden beantwortet. Mo-Fr. 14-18 Uhr, DM 3,63 pro Minute.*

## Servisum
Postfach 120 513
53047 Bonn

Tel.: 0228-91 76 89
Fax: 0228-54 949 6

*Servisum kümmert sich gegen eine Gebühr von ca. DM 70 um Visa für alle Länder.*

Zusätzlich berät natürlich der angegebene Visainformationsdienst der Konsulate: 0190-915000 (DM 2,42/pro Minute). Ein Tonband unter der Nummer: 0190 270789 (DM 1,21/Minute).

# Fachliteratur

Die Bücher aus dem TIA Verlag und
unser Magazin erhältst Du direkt beim
Buchhändler und im Zeitschriftenhandel!

Die amerikanischen Titel kannst Du
günstig direkt bei uns bestellen.

Beachte die Bestellkarten am Ende des Buches, oder rufen Sie uns an:

TIA Verlag
Hans-Böckler-Str. 19
53225 Bonn
Tel.: (02 28) 97 35-0
Fax: (02 28) 97 35-190
Täglich 9-22 Uhr

Besuche unsere Webseiten:

www.thisisamerica.de

www.freegreencard.de

# USA-Ratgeber aus dem TIA Verlag

Arbeiten, Leben, Studieren in den USA, 2000/01 Ausgabe
von Mike Meier, J.D., LL.M. und
Stephen Yale, Loehr, J.D., 1998          Best. Nr.: 3-933155-002

USA-Experten informieren nach amerikanischer
Art: umfassend, fachlich präzise und leicht
verständlich. Sie möchten in die USA? Erfahrene
Anwälte informieren Sie umfassend über
Visarecht, Arbeits-möglichkeiten, Arbeitssuche,
Immobilienkauf, Studium, Praktika, den
American Way of Life, Green Card Verlosung
und Einwanderungsmöglichkeiten. Auf über 450
Seiten erfahren Sie erstmalig umfassend alle
Möglichkeiten, die die USA Ihnen bieten
können.

454 Seiten, ISBN 3-933155-002, Sprache: Deutsch, DM 44,-


10 sichere Schritte zu einem Studium in den USA
von Julia Stein, 1999          Best. Nr.: 3-933155-03-7

Ein Studium in den USA, ein Jahr oder länger?
Einen MBA oder nur einen Sommer in Berkeley?
Interesse an einem Ph.D. der Naturwissen-
schaften oder daran, einmal ein amerikanisches
College zu besuchen? Auf ca. 450 Seiten wird
genau erklärt, wie's wirklich klappt.

- Wie finde ich die richtige Universität?
- Wie gehe ich vor, wenn ich an einer
   deutschen Universität eingeschrieben bin?
- Wie finanziere ich den Aufenthalt ?

- Wie bewerbe ich mich, damit meine Traum-Universität mich auch annimmt?

- Wo kann ich am besten meine Lieblingssportart betreiben?

- Wo sitzen die Top-Professoren für mein Wunschfach?

Ca. 450 Seiten; ISBN 3-933155-03-7, Sprache: Deutsch; DM 29,80

Best. Nr.: 3-933155-029

**10 sichere Schritte zu einer Bewerbung in den USA. 2000er Ausgabe**
**Dagmar Giersberg et al, 1999**
Perfektes Anschreiben, dynamischer Lebenslauf und ein professionelles Interview, dieser Ratgeber zeigt, wie die Bewerbung garantiert ein Erfolg wird!

- Lebenslauf
- Anschreiben
- Resume
- Interview
- Zusage!

Ca. 300 Seiten; ISBN 3-933155-02-9; Sprache: Deutsch; DM 29,80

**Die Unbefristete Arbeits- und Aufenthaltsgenehmigung der USA per Lotterie: Die Green Card Verlosung**
**Kai Martell, 1999**                 Best. Nr.: 3-933155-01-0

Einer der ungewöhnlichsten Wege, eine Arbeits- und Aufenthaltsgenehmigungen zu erhalten, bieten die USA: Die Verlosung der Green Cards. Wer bei dieser jährlich weltweit einzigartigen Verlosung gewinnt, kann nach fünf Jahren sogar Staatsbürger werden.
Kai Martell ist Geschäftsführer von THIS IS AMERICA, (TIA) des ████████ europäischen Dienstleistungsanbieter im Bereich USA.
TIA hat schon über 3 000 Gewinner der Green

Card Verlosung betreut. Kai Martell stellt hier erstmalig sein gesamtes Know-How zur Verfügung:

- Teilnahmebedingungen

- Verfahren

- Hintergründe

- Einwanderung

- Chancen

- Vorgehensweise nach Gewinn

**Ca. 150 Seiten; ISBN 3-933155-01-0; Sprache: Deutsch; DM 14,80**

**Zur High School in die USA**

**Mareike Lanbacher, 1999**          Best. Nr.: 3-933155 04-5

Tausende von Schülern nutzen die Chance, durch ein High-School-Jahr ihren Horizont zu erweitern. Das Buch beantwortet die wichtigsten Fragen:

- Wieviel muß ich zahlen?

- Wie werde ich vorbereitet?

- Wie werde ich vor Ort betreut

- Wie bewerbe ich mich?

- Wie organisiere ich meine Rückkehr an die deutsche Schule?

- Was ist mit Versicherung und Führerschein?

Dazu gibt es jede Menge spannende Erfahrungsberichte von Ehemaligen.

**Ca. 300 Seiten, ISBN 3-933155-045, Sprache Deutsch, DM 29,80**

**Praktika in den USA**
**von Andrew Mills**
Dieses Buch bietet ▇▇▇▇ gründlich recherchierte

Adressen von amerikanischen Firmen, die internationale Praktikanten aufnehmen! Die Praktika kommen aus allen Sparten: große Firmen, Naturparks, Zeitungen oder Theater: Alles ist möglich!

Ca. 450 Seiten; ISBN 3-933155-061, Sprache: Deutsch, DM 34,80

**Au pair in den USA**

von Silja Linnemann und Mareike Lanbacher

Die Au-Pair-Organisationen werden detailliert vorgestellt: was sie bieten, wie die Betreuung ist, was sie kosten. Dazu kommen zahlreiche

Erfahrungsberichte von Au pairs! Hinweise zur Bewerbung und Vorbereitung, Recht und Pflichten der Au pairs.

Ca. 300 Seiten, ISBN 3-933155-07-X, Sprache: Deutsch, DM 29,80

**Business Chance USA**

**Mike Meier**

Mit diesem Ratgeber ist es leicht, in den USA geschäftlich tätig zu werden.

Dieses Buch erklärt:

- Gschäfstgründung

- Immobilienerwerb

- Investitionen

- Steuerrecht

- Welches Visum benötige ich für meine Geschäftsidee?

- Wie erwerbe ich eine bestehende Firma?

- Wer kann weiterhelfen

- Visarecht

Ca. 300 Seiten, ISBN 3-933155-05-, Sprache Deutsch, DM 39,80

## Der Insider. Studienführer für Deutschland

hg. v. Marc Wilde und Julia Stein

Was zukünftige Studenten wirklich
wissen wollen, bevor sie sich für
ihren Studienort entscheiden.
Erstmalig kommen in diesem
Studinführer Hunderte von
Studenten zu Wort. Die Ergebnise
einer Studienumfrage kombiniert
mit den Fakten, die man wissen
muß. Neben Beschreibungen aller
Universitäten und vieler
Fachhochschulen, findest Du Informationen
über Sport- und

Freizeitmöglichkeiten. Du erfährst, wo die Partys stattfinden und wie
das Essen in der Mensa schmeckt! Eben die Dinge, die nur die Studenten
selbst verraten können!

Ca. 500 Seiten, ISBN 3-933155-08-8, DM 29,80

## this is america Magazin
## Das Ratgeber-, Liefestyle- und Reisemaga-
## zin für die USA

Insider berichten über verschiedenste Wege, in den USA zu arbeiten,
zu leben und zu studieren. Vom Flugschein bis zur Schauspielschule,
vom Filmgeschäft in Hollywood bis zur Existenzgründung in New
York: *this is america* zeigt, wie's geht. Städteportrait und Reiseberich-
te runden das Bild ab. Mit Adressen, Tips & Tricks für Nachahmer.

Ca.130 Seiten, DM 9,80

erscheint vierteljährlich im TIA-Verlag

ISSN 4-394859-509804-01

Sie können das Magazin und alle Bücher von TIA auch im Buchhandel beziehen. Fragen Sie Ihren Buchhändler! Ansonsten: einfach bei TIA anrufen unter (02 28) 97 35-0 oder faxen unter

(02 28) 97 35-190. Sie können auch die Postkarten am Ende des Buches benutzen.

## Arbeiten in den USA:

## Karriere, Praktikum, Weiterbildung, Jobs

**The Internship Bible 1998 Edition**
**von Mark Oldman und Samer Hamadeh**          Best. Nr.: **97001**

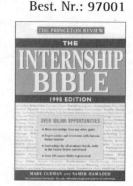

Praktika für jede Altersgruppe. Ein Praktikum ist eine gute Möglichkeit, Kontakte zu knüpfen und sich so den Weg für eine zukünftige Festanstellung zu bahnen. Sie können sich unverbindlich Ihren Wunschberufspartner oder Ihr Traumunternehmen anschauen, zum Beispiel während eines Praktikums bei den Columbia Filmstudios in Kalifornien, in einer großen Public Relations Firma in Dallas oder in einer Investment Bank in New York.

Unerläßlich ist dieses Buch für

- Jobsuchende: unverbindliche Einstiegshilfe in die US-Arbeitswelt

- Auswanderer: erste Möglichkeit, Kontakte zu knüpfen und in ein US-Unternehmen hineinzuschnuppern.

- Auszubildende und Studenten: Erfahrungen bei einem ausländischen Unternehmen, besonders bei einem US-Unternehmen, sind im Rahmen der Globalisierung der Wirtschaft ein Muß für Hochschulabsolventen und Auszubildende.

- Aufsteiger: erweitert Ihren Horizont. Bringt die – heute so sehr gefragte – Auslandserfahrung.

Der beste und größte Praktika-Führer für die USA. Über 100 000 detailliert beschriebene Praktikumsmöglichkeiten für verschiedenste Berufsfelder: Bankwesen, Galerien, Tourismus, Business, Architektur, Archäologie, Public Relations, Werbung, Design, Tanz, Natur und Tierparks, Umwelt, Unterhaltung, Finanzen, Medizin, Recht, Politik, Museen, Zeitungen, Presse, Oper, Ozeanographie... finden Sie übersichtlich auf **über 650 Seiten** im Großformat.

*Interesse? Einfach anrufen und bestellen: Tel.: 0228-97350*

Die Beschreibung der einzelnen Praktika umfaßt: Charakterisierung der Praktikumsstelle, Informationen über das Auswahlverfahren, Bewerbungstermine, Entlohnung, nützliche Zusatzinformation, zum Beispiel wie die Chancen auf eine wirkliche Anstellung nach dem Praktikum stehen, wissenswerte Fakten über das Unternehmen, Ansprechpartner und genaue Anschrift.

Ergänzend gibt es Interviews mit berühmten ehemaligen Praktikanten wie Jodie Foster, George Plimpton, Tipper Gore, mit Vorstandsvorsitzenden, berühmten Journalisten und Politikern. Bewerbungstips und viele weitere interessante und wirklich nützliche Informationen.

**664 Seiten; Sprache: Englisch, leicht verständlich; DM 49,-**

Jobs' 98

von Kathryn Petras et. al

Best. Nr.: 97004

Der Job-Führer für Einsteiger und Umsteiger in die US-Arbeitswelt auf der Suche nach einem Arbeitgeber in den USA.

Der umfangreiche Jobs '98-Führer bietet:

- die besten US-Regionen und Städte für die Jobsuche

- Informationen über Arbeits- und Verdienst-möglichkeiten

- die sichersten Jobs in den USA

- die besten Unternehmen aus allen Industriebereichen

- die Firmen mit den besten Karrieremöglichkeiten

- einen Blick in die Zukunft, aufgeteilt nach Tätigkeitsfeldern, Regionen, Karrierechancen

Interesse? Einfach anrufen und bestellen: Tel.: 0228-97350

696 Seiten; Sprache: Englisch; leicht verständlich; DM 39,-

**Job Seekers Guide to Silicon Valley Recruiters**Fehler! Textmarke nicht definiert.

**von Christopher W. Hunt**

**und Scott A. Scanlon, 1998**

Best. Nr.: 98001

In den USA werden Computerfachleute gesucht!!! Wenn Sie im Silicon Valley oder im Bereich der Informationstechnologie im allgemeinen einen Job suchen, so gibt es wohl keinen besseren Startpunkt als diesen Führer mit über 1 800 Adressen von Recruitern/Head-Huntern des Landes, die exklusiv auf diesen Sektor spezialisiert sind. Sie finden in diesem hilfreichen Ratgeber Name, Adresse, Telefonnummer und Spezialgebiet jedes Recruiters, sowie Informationen über das angebotene Gehalt. Darüber hinaus bietet der Job Seekers Guide unersetzliche Informationen über saisonale Jobs und Tips für Jobeinsteiger, die den

Aufstieg nicht erwarten können. Ebenso werden Grundkenntnisse über die Gestaltung von Lebenslauf und Anschreiben vermittelt sowie Interview-Tips gegeben.

Database Administration, Computersysteme, Programmierung und MIS, wenn Sie in diesen Bereichen einsteigen wollen, ist dieses Buch ein MUSS!

**224 Seiten; Sprache: Englisch, leicht verständlich; DM 59,-**


**Job Seekers Guide to Wall Street Recruiters**
**von Christopher W. Hunt und**
**Scott A. Scanlon, 1998**                    **Best. Nr.: 98002**

Über 1 600 Executive Suchfirmen in den USA konzentrieren sich ausschließlich auf die Bereiche Wall Street und Finanzservice. Dieser wertvolle Ratgeber listet alle diese Recruiters/Head-Hunters auf und versammelt so die entscheidenden Fakten über jeden Recruiter an einem Ort; Fakten, die für den Jobsuchenden unerläßlich sind. Hier erfährt man, welcher Recruiter welche Stellen und welche Gehälter vertritt. Zudem informieren die Insider der Branche, die Top-Recruiter selbst, darüber, wie man den Traumjob bekommt oder erfolgreich die Karriere auf eine neue Bahn bringt. Zusätzlich wird auch hier grundsätzliches Fachwissen über die Erstellung von Lebenslauf und Anschreiben vermittelt. Wenn Sie sich für Sicherheiten, Brokerage Industrie, Venture Capital, Investment Management und Investment Banking interessieren, liegen Sie mit diesem Ratgeber goldrichtig.

**224 Seiten; Sprache: Englisch, leicht verständlich; DM 59,-**

# Bewerben Sie sich erfolgreich

**The Resume Handbook**
**von Arthur D. Rosenberg**
**und David Hizer, 1996**

Best. Nr.: 97002

Der amerikanische Lebenslauf und das Bewerbungsanschreiben: Ihr Lebenslauf ist häufig der erste und wichtigste Eindruck, den das Unternehmen von Ihnen bekommt. Daher müssen Sie besonderes Gewicht auf eine gute inhaltliche und äußere Gestaltung Ihres Lebenslaufes und Bewerbungsschreibens legen. Die Gestaltung eines US-Lebenslaufes unterscheidet sich grundsätzlich von der eines deutschen. In diesem Ratgeber zeigen Ihnen Profis alle Schreibtechniken für Ihren erfolgreichen US-Lebenslauf. Anhand zahlreicher Beispiele aus verschiedensten Berufssparten wird gezeigt, wie Sie Ihre bisherigen Tätigkeiten optimal darstellen und worauf es besonders ankommt. Zudem können Sie anhand Dutzender Negativbeispiele aus Fehlern anderer lernen.

*Interesse? Einfach anrufen und bestellen: Tel.: 0228-97350*

140 Seiten; Sprache: Englisch, leicht verständlich; DM 29,-

**175 High Impact Cover Letters**
**von Richard H. Beatty, 1996**

Best. Nr.: 98003

Arbeitssuchende finden hier 175 exzellente Anschreiben für alle möglichen Gelegenheiten, die zur Orientierung bei der Verfassung des eigenen Anschreibens dienen können. Variierende Schreib- und Formulierungsstile für unterschiedliche Zielgruppen. Richten Sie ein Anschreiben perfekt formuliert an Arbeitgeber, Head-Hunter-Firmen und reagieren Sie vorbildlich auf Stellenanzeigen. Ergänzt durch Formulierungsvorschläge für die in den USA üblichen Dankesnotizen.

**224 Seiten; Sprache: Englisch; DM 29,-**

### 175 High Impact Resumes
### von Richard H. Beatty, 1996

Best. Nr.: 98004

Karriere Guru Richard Beatty versammelt in
diesem Buch 175 topaktuelle Lebensläufe für
Personen mit Arbeitserfahrung genauso wie für
Neulinge auf dem Arbeitsmarkt. Zusätzlich finden Sie Beschreibungen der verschiedenen Le-
benslaufformate, etwa chronologisch oder funktional, und allgemeine Tips.

352 Seiten; Sprache: Englisch; DM 29.-

### Job Smart
### von Tim Haft et al., 1997

Best. Nr.: 97005

Wie bewerbe ich mich in den USA, wie bereite
ich mich auf das Einstellungsgespräch vor? Mit
welchen Strategien gelange ich an mein Ziel?
Ein Titel aus dem *Princeton Review* Verlag, über
eine Million verkaufte Handbücher aus der
„Smart"-Serie sprechen für sich. Wenn Sie sich
auf den Bewerbungsablauf in den USA optimal
einstellen wollen, dann darf dieser Ratgeber
nicht fehlen.

- Wie finde ich eine Arbeit?

- Wie gehe ich Schritt für Schritt bei der Arbeitssuche vor?

- Wie verfasse ich eine Bewerbung?

- Welche Kleidung trage ich zum Interview?

- Wie formuliere ich eine Zusage, eine Absage usw.?

Die Autoren dieses Ratgebers verfügen zusammen über 40 Jahre Erfahrung zum Thema „Richtig bewerben" in den USA und an diesem
reichen Erfahrungsschatz können Sie auf 270 Seiten teilhaben.

270 Seiten; Sprache: Englisch, leicht verständlich; DM 28,-

# Geschäftsgründung USA

**The Entrepreneur Small Business Advisor**
**Verschiedene Autoren, 1996**                    Best. Nr.: 970026

Wie starte ich mein eigenes Business in den
USA? Im innovativen amerikanischen Wirt-
schaftsklima ergeben sich vielfältige Möglichkeiten für Unternehmensgründungen. Durch kurze
Behördenwege oder schnelle Genehmigungsver-
fahren sind Unternehmensgründungen in den
USA verhältnismäßig leicht, schnell und unkompliziert möglich. Die Herausgeber des so erfolgreichen *Entrepreneur Magazine* haben in diesem
umfangreichen Ratgeber ihr bewährtes Know-how zusammengetragen. *Der* Ratgeber für alle, die sich in den USA selbständig machen
wollen, mit aktuellen Informationen zu:

*Interesse? Einfach
anrufen und bestellen:
Tel.: 0228-97350*

- Ideen und Trends auf dem US-Markt

- Standortwahl, intelligente Marktforschung

- Formulare zur Anmeldung bei den Behörden

- der Erstellung eines Business-Plans (unerläßlich in den USA) mit
  vielen Tips und Beispielen

- Übernahme eines Geschäfts beziehungsweise Unternehmens

- Adressen von Behörden, Handelsverbänden, Fachzeitschriften

- Umgang mit Banken, Finanzierung einer Geschäftsidee

**664 Seiten; Sprache: Englisch, leicht verständlich; DM 59,–**

# Business, Marketing, Investment

J.K. Lasser's Invest Online
von Lauramaery Gold and Dan Post,
1998

Best. Nr.: 98005

Dieses Buch erklärt von A-Z, wie Sie Online investieren können, wie Sie ein Konto eröffnen, Online-Services gewinnbringend nutzen, wie Sie durch niedrige Provisionen Geld sparen und wie Sie leichter, schneller, cleverer und preiswerter investieren. Das Buch bietet Ihnen:

- eine umfassende und klare Präsentation über Online-Investitionsmöglichkeiten

- Links zu den besten finanziellen Webadressen

- Informationen über die besten Trader und Analyse-Techniken

Interesse? Einfach anrufen und bestellen: Tel.: 0228-97350

- Vorschläge, wie Sie den 24-Stunden-Zugang am lukrativsten nutzen

- Hinweise, wie Sie niedrigere Provisionen zahlen

- Alles, was Sie über Internet-Sicherheit wissen müssen

240 Seiten; Sprache: Englisch; DM 39,-

How to Incorporate and Start a Business in Florida, 1997

Best. Nr.: 98006

Sie wollen sich in Florida selbstständig machen? In diesem Ratgeber finden Sie wirklich alles an Tips, um erfolgreich ein Unternehmen in Florida zu gründen. Ein Do-it-Yourself-Ratgeber der Spitzenklasse.

281 Seiten, Sprache: Englisch; DM 39,-

### The Portable MBA in Marketing
### von Charles D. Schewe und
### Alexander Hiam, 1998

Best. Nr.: 98007

Die renommierten Autoren versorgen den Leser
mit erfolgreichen Marketing-Strategien. Sie können lernen, den Verkauf zu erhöhen und ihre
Firma auf ein ganz neues Level zu bringen. Auch
ein Blick auf die Marketing Neuheiten der letzen
Jahre und eine Erklärung der klassischen Kon-
zepte fehlt nicht. Sie erhalten einen Crash-
Course in Marketing. Ihnen werden innovative
Wege vorgestellt, wie Sie Wettbewerbsgegner

hinter sich lassen, Zukunftstrends antizipieren, Werbung verbessern
und eine effektive Kundenbindung aufbauen.

Charles D. Schewe, Ph.D. ist bekannter Professor und Consultant, Alexander Hiam ist Marketing Consultant und Autor anderer erfolgrei-
cher Marketing Bücher wie *Marketing for Dummies* und *The Vest
Pocket Marketer.*

560 Seiten; Sprache: Englisch; DM 89,-

### Starting a Limited Liability Company
### von Anthony Mancuso, 1998 (mit Diskette)

Best. Nr.: 98008

Autorisiert in 50 Staaten bietet die Limited Liability Company (LLC) Sicherheiten und beste Steuervorteile. Dieser hervorragende Ratgeber erklärt,
wie man LLCs für Geschäft, Immobilienerwerb,
Risikokapital-Operationen und andere professionelle Praktiken optimal nutzen kann. Beschrieben wird auch, wie man andere Geschäftsformen
in eine LLC umwandelt. Dazu gibt es Beispiel-
formulare, Steuererklärungen u.v.m. auf Diskette.

256 Seiten; Sprache: Englisch; DM 69,-

# Immobilien USA

**10 Steps to Home-Ownership**
**von Ilyce R. Glink, 1996**

**Best. Nr.: 970028**

Sie spielen mit dem Gedanken in den USA Immobilien zu erwerben? Dieser Ratgeber zeigt Ihnen alle Tricks und Kniffe zum Erwerb einer Immobilie in den USA. Worauf Sie beim Kauf achten sollten und wie Sie ein Schnäppchen machen. Themen:

- Finanzierung

- Umgang mit Maklern

- Analyse von Regionen

- Preiskalkulationen u.v.m.

**351 Seiten; Sprache: Englisch, leicht verständlich; DM 49,-**

Interesse? Einfach anrufen und bestellen:
Tel.: 0228-97350

**Getting Started in Real Estate Investing**
**von Michael Thomsett und**
**Jean Freestone Thomsett, 1998**

**Best. Nr.: 98013**

Für den Einstieg in den heißbegehrten Immobilienmarkt. Immobilien sind heutzutage wieder eine der attraktivsten Investitionsgüter, besonders für Investoren, die Ihre Anlagen diversifizieren wollen. Dieser wertvolle Führer zeigt Investoren, wie sie die lukrativsten Möglichkeiten, die der Immobilienmarkt bietet, identifizieren und finanziell ausschöpfen können. Der Ratgeber gibt eine Übersicht des Immobilienmarkts von heute, lesbare und leicht eingängige Definitionen und einfache Beispiele. Zudem wird die Geldanlage in Immobilien anderen traditionellen Geldanlagemöglichkeiten gegenübergestellt. Sie erfahren alles Wissenswerte zu folgenden Themen:

- Wie finde ich Grundstücke und geeignete Objekte?

- Wie finanziere ich meine Investition?

- Steuervorteile bei Immobilien

- Steuerstrategien

- Wie analysiere ich den Markt?

- Wie arbeite ich mit professionellen Anbietern?

- Wie werde ich Eigentümer?

- Instandhaltung und Renovierung

- Kapitalzuwachs

- Miettrends

- Spekulation

- u.v.m.

288 Seiten; Sprache: Englisch; DM 49,-

**Investing in Real Estate, 2nd Edition**
**von Andrew Mc Lean, 1996**                Best. Nr.: 98014
Machen Sie mit Immobilien Geschäfte! Hier finden Sie die richtige
Anleitung dazu. Die Autoren beschreiben gründlich, worauf Sie bei
einer Immobilieninvestition achten sollten, wie Sie kaufen, den Besitz
managen und wieder verkaufen. Sie erhalten hier die neuesten Informationen über Marktlage, Zinssätze und Preise. Zudem gibt es Tips,
wie man Steuern senken kann, nützliche Formulare u.v.m.

336 Seiten; Sprache: Englisch; DM 49,-

## Auswandern

## Green Card

How to Get a Green Card:
Legal Ways to Stay in the U.S.A.
von Loida Nicolas Lewis
und Len T. Madlansacay, 1998                    Best. Nr.: 98009

Die ehemalige Anwältin der Einwanderungsbehörde (INS) Loida Lewis und der Immigrations-
experte Len Madlansacay geben hier Insider-
Ratschläge darüber, wie man mit dem INS umgehen sollte. Sie erklären, wie man sich für eine
Green Card qualifiziert und zeigen Bewerbern,
wie man die Dokumente richtig ausfüllt. Ihnen
wird der schnellste und leichteste Weg, eine

Green Card zu erhalten, gezeigt, etwa durch El-
tern und erwachsene Kinder, Ehemänner und Ehefrauen, politisches
Asyl u.a. Dieses Buch wurde als ein „Outstanding reference book" von
der New York Public Library ausgewählt!

**368 Seiten; Sprache: Englisch; DM 59,-**

Interesse? Einfach
anrufen und bestellen:
Tel.: 0228-97350

U.S. Immigration and Citizenship:
Your Complete Guide
von Allan Wernick, 1997                         Best. Nr.: 98010

Dieser leicht verständliche Ratgeber hilft allen
Interessierten dabei, in die USA zu kommen und
dort zu bleiben. Der Immigrationsanwalt Allan
Wernick erklärt das Einwanderungssystem, gibt
Tips für den Umgang mit den Einwanderungsbe-
hören, zum Ausfüllen von Formularen und klärt
Sie auf, ab wann Sie professionelle Hilfe brau-
chen. Es ist nicht leicht, eine Dauer-
Aufenthaltsgenehmigung zu bekommen, aber je
besser Sie informiert sind, desto eher wird es möglich sein.

285 Seiten; Sprache: Englisch; DM 54,-

Green Card TV-Dokumentation
Die Müllers wandern aus!                        Best. Nr.: TV97001

Eine Familie aus Bergisch-Gladbach gewinnt über
den Service von TIA die Green Card und wandert
in die USA aus. Hier erfahren Sie aus der Sicht
einer ganz normalen deutschen Familie, wie die
Chancen genutzt und die Hürden gemeistert werden können. Und das sehr realistisch und ausgesprochen neutral!
Sehr informative Dokumentation. Gedreht vom
WDR Ende 1996, Schauplätze: USA und Deutschland.
Zusätzlich dazu ca. zehnminütiges Info über die Green Card und andere Möglichkeiten, in den USA zu leben und zu arbeiten.

TV-Doku, Gesamtlänge ca. 50 Min.; DM 39,-

# Wo möchten Sie in den USA leben?

**PLACES Rated Almanac**
**von David Savageau, 1997**

Best. Nr.: 970027

Wo wollen Sie in den USA leben? Places rated untersucht die Lebensqualität von 351 Regionen in den USA nach folgenden Kriterien:

- Der am schnellsten wachsende Arbeitsmarkt

- Das beste Preis-Leistungsverhältnis

- Die besten Immobilien für Ihr Geld

- Die besten öffentlichen Schulen

- Die sichersten Gegenden

- Die beste Gesundheitsversorgung

- Das umfangreichste Kulturangebot

- Die landschaftlich schönsten Gegenden

- Die besten öffentlichen Transportmöglichkeiten

- Das sonnigste Klima u.v.m.

421 Seiten; Sprache: Englisch, leicht verständlich; DM 49,-

Interesse? Einfach anrufen und bestellen:
Tel.: 0228-97350

# Wo möchten Sie in den USA Ihren Ruhestand verbringen?

Retirement Places Rated
von David Savageau, 1995                Best. Nr.: 98011

Sie wollen in den USA in den Ruhestand gehen? Vielleicht möchten Sie sich im sonnigen Süden ein Haus zulegen und Ihren Lebensabend genießen? Aber Sie wissen nicht welche Gegend, welche Stadt die beste für Sie wäre? In diesem umfangreichen Ratgeber erfahren Sie, was über 200 der beliebtesten Gegenden, von Nova Scotia bis zur Westküste, zu bieten haben, und sämtliche populären Plätze werden berücksichtigt. Savageau untersucht die Städte hinsichtlich der Kriterien, die für Sie wichtig sein könnten: Klima, Gesundheitsversorgung, kulturelles Angebot u.v.m, eben die Faktoren, die Ihre Lebensqualität bestimmen. Savageau erklärt zudem genau, wie er zu seinen Bewertungen gekommen ist, ferner sind die Ranglisten quantitativ, was zusammen ein überaus objektives Bild ergibt und dem Leser ermöglicht, sich selbst ein genaues Bild von den jeweiligen Regionen zu machen.

Sprache: Englisch, leicht verständlich; DM 49,-


Where to Retire in Florida:
America's Most complete Guide to Retirement
Areas in the Sunshine State
von Richard und Betty Fox, 1995                Best. Nr.: 98012

Auch dieses Buch bietet umfassende Hilfestellung zur Auswahl des für den Ruhestand geeigneten Ortes. Detaillierte Analyse zahlreicher Orte in Florida, hier finden Sie bestimmt Ihr ideales neues Zuhause!

212 Seiten; Sprache: Englisch, leicht verständlich; DM 44,-

## FODOR's Reiseführer

Newsweek, Washington Post, Chicago Tribune:
Einhellig lobt die tonangebende Presse Fodor's
für seine visuell ansprechenden, gründlich re-
cherchierten und vor Informationen überquel-
lenden Reiseführer. Unvergeßliche Reiserouten
und Sehenswürdigkeiten, Übernachtungsmög-
lichkeiten, Restaurants, Nightlife und Shopping -
mit Fodor's entgeht Ihnen kein Reiseleckerbissen,
und jede Reise wird zum reinsten Vergnügen.

Alle Reiseführer von Fodor's haben noch einen entscheidenden Vorteil: durch ständige Updates sind sie stets topaktuell. Wir bieten Ihnen
die Reiseführer aus der Spezialreihe "Exploring America", die USA
von Insidern geschrieben, eine wirklich begeisternde Kombination aus
klassischem Reiseführer, Reisemagazin und Insider-Ratgeber. Viele
Farbfotos und Karten.

Interesse? Einfach
anrufen und bestellen:
Tel.: 0228-97350

- **Exploring California**                    Best. Nr.: 97027
  ca. 200 Seiten; Sprache: Englisch; DM 39,-

- **Exploring San Francisco**                 Best. Nr.: 97026
  ca. 200 Seiten; Sprache: Englisch; DM 39,-

- **Exploring New York City**                 Best. Nr.: 97009
  ca. 200 Seiten; Sprache: Englisch; DM 39,-

- **Exploring Florida**                       Best. Nr.: 97010
  ca. 200 Seiten; Sprache: Englisch; DM 39,-

- **Exploring Canada**                        Best. Nr.: 97011
  ca. 200 Seiten; Sprache: Englisch; DM 39,-

-

**Ca. 450 Seiten; ISBN 3-933155-03-7, Sprache: Deutsch; DM 29,80**

## Studium

The International Students' Guide
to the United StatesFehler! Textmarke nicht definiert.
von Ian Jacobs und Ellen Shatswell, 1996          Best. Nr.: 97013

Dieses Buch informiert grundlegend über das
US-Bildungssystem, über Visa-Bestimmungen
und Studienbedingungen. Ein großer Teil befaßt
sich mit Eigenheiten des amerikanischen Univer-
sitätssystems und dem Campus-Lifestyle. Dazu
gibt es noch Tips zur Bewerbung. Ein sehr in-
formatives Buch, gerade für den Neuling; alle
Fragen, die sich dem zukünftigen Studenten
stellen oder stellen könnten, werden hier beantwortet.

Interesse? Einfach
anrufen und bestellen:
Tel.: 0228-97350

ca. 200 Seiten; Sprache: Englisch: leicht verständlich; DM 29,-

Student Advantage Guide
to the Best 311 Colleges, 1998 Edition
von Eduard Custard et al.          Best. Nr.:97015

Dieser Studienführer wurde auf CNN, in der New
York Times, der USA Today und in anderen ton-
angebenden Medien vorgestellt. Ausführliche
und essentielle Informationen über die besten
Colleges und Universitäten. Angebote, Preise,
Zulassungsbedinungen, detaillierte Informationen über Stipendien- und Finanzierungsmöglichkeiten und eine Tausende von Studenten
umfassende Umfrage.

ca. 700 Seiten; Sprache: Englisch; DM 39,- Gourman Report for

Graduate Programs

von Jack Gourman, 1997          Best. Nr.: 97016

Wenn Sie einen Master- oder Doktortitel erwerben wollen, dann finden Sie auf über 300 Seiten
im international bewährten Standardwerk die
entscheidenden Informationen und Bewertungen
der 105 besten US-Programme sowie weitere 49
internationale Programme in allen gängigen
Fachrichtungen von Aerospace Engineering über
Computer Science bis Toxicology.

302 Seiten; Sprache: Englisch, leicht verständlich; DM 39,-


**Medizinstudium und Weiterbildung in den USA**     Best.Nr.: M9801
Immer noch sehr informative und hilfreich von einer wirklich kompetenten Autorin geschrieben. Leider etwas älter, dafür aber sehr preiswert, aber wenn Sie wissen möchten, welche Möglichkeiten Ihnen die
USA als Mediziner bietet, leistet das Buch gute Hilfestellung.

212 Seiten; Sprache: Deutsch, DM 15,-

**US-Studienführer: Business Schools,
Law-Schools, Medical Schools, 1998 Edition**
Drei mehrere hundert Seiten starke Top-
Ratgeber, aktueller als alles entsprechende, was
in deutsch erhältlich ist. Wenn Sie in einem dieser Spezialgebiete in den USA studieren wollen,
finden Sie hier wirklich **alles**, was Sie über

- akademische Programme

- Professoren, Studienbedingungen

- Campus-Life

- Zulassungsbedingungen

- Bewerbungsfristen

- Kosten

- Stipendienmöglichkeiten

wissen müssen. Zusätzlich gibt es hilfreiche Informationen zum Bewerbungsverfahren und Expertentips für eine erfolgreiche Zulassung.

**The Best Law Schools, 1998 Edition**          Best. Nr.: 97018
**von Ian van Tuyl**

512 Seiten; Sprache: Englisch, leicht verständlich; DM 45,-

**The Best Business Schools, 1998 Edition**          Best. Nr.: 97017
**von Nedda Gilbert**

ca. 270 Seiten; Sprache: Englisch, leicht verständlich; DM 45,-

Interesse? Einfach
anrufen und bestellen:
Tel.: 0228-97350

**The Best Medical Schools, 1998 Edition**          Best. Nr.: 97019
von Andrea Nagy und Paula Bilstein.

332 Seiten; Sprache: Englisch, leicht verständlich; DM 45,-

**Scholarship Advisor 1998**
**von Chris Vuturo**          Best. Nr.: 97029

Der Autor hat selbst Angebote über $800 000 in Stipendien erhalten! In diesem Ratgeber finden Sie über 500 000 Stipendien aufgelistet. Dazu gibt es Informationen zur erfolgreichen Bewerbung, Beispielaufsätze und Interviews. Viele Stipendien kommen auch für Ausländer in Frage.

832 Seiten; Sprache: Englisch, leicht verständlich; DM 59,-

TOEFL, GMAT, SAT und PSAT, LSAT, GRE, MCAT,
US-Studien-Zulassungstests:
**Die erfolgreichste Ratgeber-Serie**
**von Princeton Review, 1998 Edition**
Zur Vorbereitung auf die verlangten standardisierten
Tests können wir besonders die Ratgeber vom Princeton Review empfehlen, die 1 000fach bewährt sind und
deren Qualität auch die ungeschlagenen Verkaufszah-
len bezeugen. Das Team von Princeton Review hat für
viele Tests unkonventionelle, ganz neue Lösungsstrate-
gien entwickelt und ist eigentlich ein Muß für alle
Testabsolventen. Die Bücher sind umfangreich, einige
mit CD oder CD-Rom, übersichtlich und trotz der theo-
retischen Materie unterhaltsam geschrieben. Mit dieser Vorbereitung
sind Sie einem guten Testergebnis und damit der Zulassung an der
"Traum-" Universität schon ein gutes Stück näher gekommen!

Interesse? Einfach
anrufen und bestellen:
Tel.: 0228-97350

**Cracking the TOEFL, 1998 Edition**
**mit 2 Audio CDs**
**von Liz Buffa und Laurice Pearson**              Best. Nr.: 97020
Jeder Schüler und jeder Student, der in die USA will, muß diesen Test
absolvieren, oft verlangen die Universitäten Mindestpunktzahl.

316 Seiten; Sprache: Englisch; DM 54,-

**TOEFL Test Preparation Kit, 1999 Ed.**              Best. Nr.: 98016
**von Patricia Noble Sullivan**
**und Grace Yi Qui Zhong**
Mit 2 Audio-Kassetten, je 90 Minuten

Über 400 Seiten; Sprache: Englisch; DM 79,-

**Cracking the SAT and PSAT 1998 Ed.**              Best. Nr.: 97021
**von Adam Robinson und John Katzman**
Der Standardtest für College-Bewerber, dieser Ratgeber wurde schon
über eine  Millionen Mal verkauft!

600 Seiten; Sprache: Englisch; DM 39,-

Cracking the GRE, 1998 Edition                    Best. Nr.: 97024
von Adam Robinson und John Katzman
Bedingung für Master- und Ph.D.-Programme.

418 Seiten; Sprache: Englisch; DM 38,-

Cracking the GMAT, 1998 Edition                   Best. Nr.: 97022
von Geoff Martz
Spezialtest für Business-School-Bewerber

ca. 400 Seiten; Sprache: Englisch; DM 39,-

GMAT CAT Super Course, 7th Edition                Best. Nr.: 98017
von Thomas H. Martinson, 1998
Beste Anleitung für den computerisierten GMAT.

784 Seiten; Sprache: Englisch; DM 59,-

Interesse? Einfach
anrufen und bestellen:
Tel.: 0228-97350      Cracking the LSAT, 1998 Edition              Best. Nr.: 97023
von Adam Robinson et al.
Spezialtest für die Law School.

324 Seiten; Sprache: Englisch; DM 44,-

Flowers and Silver MCAT 1997-1998 Edition         Best. Nr.: 97025
von James L. Flowers und Theodore Silver
mit CD-Rom und online-Unterstützung
Test für die Aufnahme an der Medical School. Die Harvard Medical
School rückt mit diesem Ratgeber in realistische Nähe.

480 Seiten; Sprache: Englisch; DM 89,-

# Geschichte der USA

**The History Atlas of North America**
**von Philip Daves et al.**                     Best. Nr.: 98018

Die Geschichte Amerikas vom ersten Schritt auf
amerikanischem Boden vor 30 000 Jahren, über
kontinuierliche Einwanderungswellen, bis hin
zur heutigen globalen Supermacht.
Nordamerika ist ein Land, in dem sich Hunderte
von Rassen getroffen haben, um die weltgrößte
Wirtschafts-, Wissenschafts- und militärische
Macht zu werden.
Der Autor Dr. Philip Daves ist Professor für *A-*
*merican Studies* und Spezialist für moderne Geschichte.

160 Seiten im Großformat, 70 Illustrationen und Fotos, 50 Karten;
Sprache: Englisch; DM 89,-

Interesse? Einfach
anrufen und bestellen:
Tel.: 0228-97350

# Literaturliebhaberangebot

**Cold Mountain**
**Ein Roman von Charles Frazier**                Best. Nr.: 98022

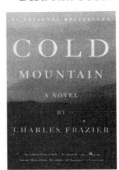

Lesen Sie diesen Bestseller doch im Original, eine
Übersetzung erreicht nur selten das ursprüngli-
che Werk, und zudem trainieren Sie auf diese
Weise Ihr Englisch auf angenehmste Weise. Das
Thema ist auch für geschichtlich interessierte ein
Leckerbissen. Im September erscheint Cold
Mountain als Taschenbuch, Sie können mit TIA
zu den ersten gehören, die es in die Hände und
unter die Augen bekommen.

Cold Mountain ist eine wundervolle Liebesgeschichte, eine fesselnde
Abenteuererzählung und eine Reise in ein vergangenes Amerika in der
Tradition von Ernest Hemingways „Wem die Stunde schlägt", eine
atemberaubende Erzählung von der Reise eines Mannes, der am Ende
des Bürgerkriegs von der Front in die Heimat zurückkehrt.

448 Seiten; Sprache: Englisch; DM 28,-

# Index

# Die Green Card Lotterie

TIA, der in Europa am längsten vertretene Anbieter für Dienstleisungen rund um die Green Card und die USA, bietet Ihnen einen umfangreichen Green Card–Service:

- Ihre Bewerbung wird in die formal richtige und vollständige Form gebracht.

- INFOLINE: Experten beraten Sie telefonisch in allen Fragen zur Green Card-Bewerbung.

- Alle Bewerbungen müssen vor dem amtlichen Stichtag per Post im National Visa Center in Portsmouth eingegangen sein. Um mögliche Fehler im transatlantischen Postverkehr (Bewerbungsverlust, Verspätung) auszuschließen, werden Ihre Unterlagen in die USA nach Portsmouth geflogen, und es wird für fristgerechten Bewerbungseingang gesorgt.

- Sie erhalten von TIA ein sogenanntes „Certificate of Mailing", den offiziellen Beleg der US-Post für Ihren Bewerbungseingang.

- TIA arbeitet eng mit amerikanischen und deutschen Anwälten zusammen, um TIA-Kunden optimal zu betreuen.

- Sollten Sie zu den glücklichen Gewinnern gehören, werden Sie auch beim weiteren Verfahren intensiv betreut.

- TIA veranstaltet Gewinnerveranstaltungen, bereitet auf den Konsulatstermin vor und hilft den Gewinnern auch durch einen Bewerbungsservice bei der Suche nach Arbeit in den USA.

- Umzugsservice: Teilen Sie TIA bei einem Wohnortwechsel Ihre neue Adresse mit. Die Gewinnerbenachrichtigung des National Visa Center wird dann automatisch an Ihre neue Adresse geschickt.

- Sollten Sie als TIA-Kunde nicht auf Anhieb eine Green Card gewinnen, werden Sie automatisch über die Folgeprogramme informiert. Denn auch nach Ihrer Teilnahme an dem Bewerbungsprogramm ist TIA für Sie da und hält Sie auf dem laufenden.

 TIA e.K., Hans-Böckler-Str. 19, 53225 Bonn

## Kopieren und faxen an 0228-9735190

Oder anrufen:

Tel.: 0228-97350

Als Leser von Büchern aus dem TIA-Verlag kann ich an der Verlosung für nur DM 98,- im Jahr teilnehmen.

Bitte senden Sie mir einen Antrag zu, und buchen Sie den Betrag von meinem Konto ab.

Name _____

Adresse _____

Telefonnummer _____

Fax _____

Email _____

Bankleitzahl _____

Kontonummer _____

Datum und Unterschrift _____

Wenn Sie als Medizinstudent, AiP oder approbierter Arzt in die USA wollen, dann werden Sie sich mit grundlegenden Änderungen und angekündigten Neuerungen vertraut machen müssen.

Hierzu liefert Ihnen der MedKompass die benötigten Informationen.

Der MedKompass spart Zeit und Kosten.

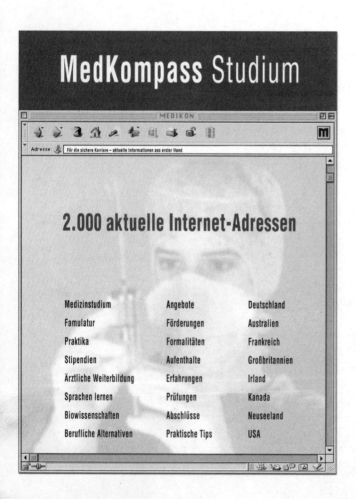

Herausgeber: Andreas M. Sulyma, Myron G. Sulyma
Umfang ca. 140 Seiten, Broschur 210 x 280 mm
ISBN 3-923 866-68-2 · Preis DM 39,80 / ÖS 290,00 / SF 39,00
Medikon Verlag, Berner Str. 144, 81476 München
T (089) 759 10 27· F (089) 759 36 32 · mks@medikon.de

## Mit Hilfe des MedKompass erfahren Sie z.B. ...

... daß im Laufe dieses Jahres Step 1 und Step 2 der USMLE Prüfung von der bisherigen „pencil and paper administration" auf eine Computer-Version umgestellt werden. Die letzte Prüfung nach dem bisherigen Verfahren fand im März 1999 statt. Die Einführungstermine für das neue Computer based-Testing (CBT) sind jetzt bekannt. Für Step 1 begann Anfang Mai 1999, Step 2 soll bis September folgen. Die Prüfungen werden von Sylvan Learning Systems durchgeführt. Nachdem das CBT nicht in allen Sylvan Technology Centers (STC) gleichzeitig beginnen kann, sollte man immer wieder mal ins Internet schauen.

... daß auch Step 3 des USMLE, der übrigens nur in den US abgelegt werden kann, auch im Laufe dieses Jahres auf das CBT umgestellt wird. Zur Erlangung der ECFMG-Certificati ist USMLE Step 3 nicht erforderlich.

... daß die Bestimmungen für den Nachweis ausreichender Sprachkenntnisse geändert wurden. Der ECFMG-English-Te ist im Frühjahr 1999 durch den TOEFL (Test of English as a Foreign Language) abgelöst worden. Die letzte „Papier-un Bleistift-Prüfung" fand Anfang März 1999 statt.

... daß der TOEFL, der den bisherigen ECFMG-English-Test und den „paper-based-TOEFL" ablöst, in Zukunft nur noch einer Computer-Version als CBT-TOEFL absolviert werden kann. Der Test wird nicht wie bisher zweimal jährlich sonde monatlich in Berlin, Hamburg, Frankfurt und München durchgeführt. In diesen Testzentren (STC) werden zukünfti auch Step 1 und Step 2 der USMLE-Prüfung stattfinden.

... daß seit Mitte 1998 eine weitere Hürde zu nehmen ist, Clinical Skills Assessment Test (CSA).

... daß Sie sich im Rahmen der Facharztausbildung für eine Residency-Stelle ab dem nächsten Jahr nur noch online üb den ERA (Electronic Residency Application Service) bewerb können.